Corporate Governance von Banken

**Europäische Hochschulschriften**

European University Studies

Publications Universitaires Européennes

| | |
|---|---|
| Reihe II | **Rechtswissenschaft** |
| Series II | Law |
| Série II | Droit |

Band/Volume **5860**

Sabine Albrecht

# Corporate Governance von Banken

## Die Bedeutung des Aufsichtsrechts und der Aufsichtsbehörden im Rahmen der Unternehmensführung und -kontrolle bei Kreditinstituten

PL ACADEMIC RESEARCH

**Bibliografische Information der Deutschen Nationalbibliothek**
Die Deutsche Nationalbibliothek verzeichnet diese Publikation in der Deutschen Nationalbibliografie; detaillierte bibliografische Daten sind im Internet über http://dnb.d-nb.de abrufbar.

Zugl.: Marburg, Univ., Diss., 2016

D 4
ISSN 0531-7312
ISBN 978-3-631-67518-2 (Print)
E-ISBN 978-3-653-06868-9 (E-Book)
DOI 10.3726/978-3-653-06868-9


PL Academic Research ist ein Imprint der Peter Lang GmbH.
Peter Lang – Frankfurt am Main · Bern · Bruxelles · New York · Oxford · Warszawa · Wien



Diese Publikation wurde begutachtet.

www.peterlang.com

# Vorwort

Die Arbeit lag im Sommersemester 2015 dem Fachbereich Rechtswissenschaften der Philipps-Universität Marburg als Dissertation vor. Das Manuskript wurde im Juli 2015 fertig gestellt und berücksichtigt den Stand von Rechtsprechung, Gesetzgebung und Literatur bis zu diesem Zeitpunkt.

Herrn Prof. Dr. Florian Möslein, LL.M. (London) möchte ich ganz herzlich dafür danken, dass er die Betreuung der Arbeit übernommen hat. Ebenfalls möchte ich Herrn Prof. Dr. Markus Roth herzlich für die zügige Erstellung des Zweitgutachtens danken.

Mein besonderer Dank gilt schließlich all denen, die durch ihre Gesprächsbereitschaft, Ermunterungen und Geduld in den schwierigen Zeiten wesentlich zum erfolgreichen Abschluss der Arbeit beigetragen haben. Ganz besonders aber danke ich meiner Mutter, Waltraud Albrecht. Ohne ihre unentwegte Unterstützung wäre diese Arbeit nicht zustande gekommen. Ihr und Siri ist diese Arbeit gewidmet.

# Inhaltsverzeichnis

# Abkürzungsverzeichnis

| | |
|---|---|
| Am. Econ. Review | American Economic Review |
| Corp. Govern. Int. Review | Corporate Governance: An International Review |
| Europ. Finan. Manage. | European Financial Management |
| Geo. L.J | Georgetown Law Journal |
| J. Bank. Finance | Journal of Banking and Finance |
| J. Bank. Reg. | Journal of Banking Regulation |
| J. Fin. | Journal of Finance |
| J. Fin. Econ. | Journal of Financial Economics |
| J. Fin. Reg. Compl. | Journal of Financial Regulation |
| J. L. & Econ. | Journal of Law and Economics |
| JITE | Journal of institutional and theoretical economics |
| J. Monetary Econ | Journal of Monetary Economics |
| J. Pol. Econ. | Journal of Political Economy |
| Rev. Fin. | Review of Finance |
| Rev. Fin. Stud. | Review of Financial Studies |
| Yale L. J. | Yale Law Journal |

Hinsichtlich der oben nicht augeführten Akürzungen wird verwiesen auf *Kirchner*, Hildebert, Abkürzungsverzeichnis der Rechtssprache, 7. Aufl. Berlin, New York, 2013

# §1 Einleitung

## I) Aktualität der Thematik

Corporate Governance von Banken ist ein Thema in der „Schusslinie". In kaum ein anderes Thema ist nach der Finanzkrise so viel Bewegung geraten wie in dieses. Schon zu Beginn der Aufarbeitung der Finanzkrise wird festgestellt, dass das Thema vor „Herausforderungen" steht.[1] Das „Ringen um eine sinnvolle Corporate Governance"[2] steht plötzlich im Mittelpunkt der öffentlichen Diskussion. Dies verleitet Fleischer zu dem Ausruf „Corporate Governance ist unser Schicksal"[3]. Es wird ein Versagen der internen wie auch der externen Aufsicht angeprangert.[4] Die Vorschläge für Änderungen und gesetzliche Maßnahmen sind ähnlich vielfältig wie die Akteure[5], die diese Vorschläge hervorbringen. Dabei kristallisiert sich der europäische Gesetzgeber als treibende Kraft bei der Schaffung neuer Regelungen heraus.[6] Eine Vielzahl von Gesetzesänderungen[7] – vor allem in Bezug auf Banken – sind in den letzten Jahren zu verzeichnen gewesen, und es ist nicht zu erwarten, dass ein Ende dieser Welle in Sicht ist. Auch Vorschläge, die bisher nicht umgesetzt wurden, verdienen unter dem Aspekt insofern Beachtung, als die Geschichte lehrt, dass, auch wenn sie jetzt noch nicht zum Zuge kommen, die nächste Krise bestimmt kommt und dann vor allem auf alte, nicht umgesetzte Vorschläge zurückgegriffen wird.

Doch bedarf die Diskussion um Corporate Governance bei Banken überhaupt einer speziellen Plattform oder ist dies überflüssig,[8] da sich keinerlei Unterschiede zu „normalen produzierden" Unternehmen der Realwirtschaft ergeben und die dort

---

1 So *Leyens*, AnwBl 2010, 584, 586; *Möslein*, JZ 2010, 72, 73; siehe auch *van der Elst*, Corporate Governance and Banks: How justified is the match?, p 2.

2 *Hilgard*, in: Bankaufsichtsrecht, 2010, S. 157, 159.

3 *Fleischer*, ZGR 2012, 160.

4 In Bezug auf Versicherungsunternehmen *Louven/Raapke*, VersR 2012, 257ff.

5 Mit dem Thema beschäftigt sich Gesetzgeber, Rechtsprechung, Wissenschaft (interdisziplinär), aber auch die Öffentlichkeit.

6 Siehe hierzu nur *Europäische Kommission*, Grünbuch Corporate Governance in Finanzinstituten und Vergütungspolitik, KOM(2010)284 und sich daran anschließend das „Capital Requirements Directive IV Package" (CRD IV) Regulierungspaket.

7 Zuletzt Gesetz zur Umsetzung der Richtlinie 2013/37/EU über den Zugang zur Tätigkeit von Kreditinstituten und die Beaufsichtigung von Kreditinstituten und Wertpapierfirmen und zur Anpassung des Aufsichtsrechts an die Verordnung (EU) Nr. 575/2013 über Aufsichtsanforderungen an Kreditinstitute und Wertpapierfirmen (CRD IV – Umsetzungsgesetz) vom 28. August 2013, BGBl. I S. 3395.

8 So noch im Jahresbericht 2006 der Bundesverband öffentlicher Banken Deutschlands kommuniziert mit dem Argument, dass eine Differenzierung nach Branchen zu einer nicht mehr praxistauglichen Zerstückelung führt, siehe *Bundesverband Öffentlicher Banken Deutschlands* (VÖB), Jahresbericht 2006, S. 13; in diese Richtung auch

gefundenen Ergebnisse 1:1 auf Banken ohne jegliche Änderungen übertragen werden können? Für eine gesonderte Betrachtung der Corporate Governance bei Banken könnten die spezielle Regulierung und Aufsicht der Banken sowie deren Bedeutung für das gesamtwirtschaftliche System sprechen.[9] *Dr. Rolf-E. Breuer*, (ehemaliger) Sprecher des Vorstands bei der Deutschen Bank AG, sprach sich bei einem Vortrag eher gegen das Bedürfnis einer speziellen Governancediskussion für Banken aus. Demnach sei Corporate Governance für Banken genauso kritisch zu sehen wie bei anderen Unternehmen auch.[10] Einziger Unterschied, den *Breuer* explizit herausstellte, sei der des Auftragsstimmrechts der Banken und die sich daraus ergebenden Konfliktsituationen.[11] Hinzu kommt, dass die Erforschung der Corporate Governance speziell für Banken lange Zeit nicht als attraktiv und notwendig erschien. Schuld daran war die sogenannte Substitutionshypothese.[12] Dieser lag die Überlegung zugrunde, dass es in Branchen, die von staatlicher Seite reguliert werden, weniger Corporate Governance durch „privates" Handeln gäbe, und zwar aus dem Grund, dass ein weiteres Einschreiten neben der Seite des Staates unwirtschaftlich wäre, da hierdurch die ohnehin schon vorhandenen Überwachungskosten[13] nur noch vergrößert würden und keinen weiteren Nutzen brächten.[14] In den letzten Jahren hat sich das Interesse an der Corporate Governance von Banken jedoch erheblich gesteigert.[15] Dies ist nicht nur der jüngsten weltweiten Bankenkrise zuzuschreiben, sondern auch der Erkenntnis, dass staatliche Aufsicht nicht unbedingt automatisch auch eine Verbesserung der Corporate Governance im beaufsichtigten Unternehmen bewirkt. Infolgedessen ist ein verstärktes Interesse an diesem Thema vonseiten des Gesetzgebers und auch der Aufsichtsbehörden in den letzten Jahren zu verzeichnen. Die Aufsichtsbehörden haben erkannt, dass sie einer ihrer Aufgaben – nämlich der Erhaltung der Finanzmarktstabilität – besser beikommen können, wenn die beaufsichtigten Institute nicht nur die Liquiditätsvorgaben einhalten, sondern daneben auch ein transparentes und gut ineinander greifendes System von Leitung und Kontrolle aufweisen.

Während eine branchenspezifische Diskussion der Thematik Corporate Governance im angloamerikanischen Rechtsraum schon länger besteht, vor allem im

---

*Kirschbaum*, BKR 2006, 139, 141, der jedoch für öffentliche Banken gesonderte Vorgaben fordert.

9 *Heremans*, Corporate Governance Issues for Banks – A Financial Stability Perspective, 2007, S. 2 abrufbar unter http://papers.ssrn.com/sol3/papers.cfm?abstract_id=1024693.

10 *Breuer* in: v. Rosen (Hrsg.), Corporate Governance, 2001, S. 18, 28.

11 *Breuer* in: v. Rosen (Hrsg.), Corporate Governance, 2001, S. 18, 28.

12 *Wohlmannstetter*, in: Hommelhoff/Hopt/v. Werder, Handbuch Corporate Governance, 2. Aufl., 2009, Köln, S. 905, 916; dazu noch unten §7 II)1).

13 Zu den "agency costs" siehe unten § 2 III)7)a)dd).

14 Zu dieser Erkenntnis kommend *Shleifer/Vishny*, J. Fin. 52 (1997) 737.

15 *Hopt*, Better Governance of Financial Institutions, 2013, S. 48 abrufbar unter http://papers.ssrn.com/sol3/papers.cfm?abstract_id=2212198##.

Hinblick auf Banken[16], ist diese Entwicklung in Deutschland noch relativ neu.[17] Doch hat die Diskussion angesichts der weltweiten Wirtschafts- und Bankenkrise, die auch Deutschland nicht verschont hat, an Fahrt gewonnen.[18] In einem ersten Schritt wurde zunächst versucht zu klären, ob ein Zusammenhang zwischen der Krise und dem Versagen der Corporate Governance in den Bankinstituten besteht.[19] Als Motor der Diskussion erwies sich die Europäische Kommission, die sich des Themas im Schatten der Krise angenommen hat. So hat sie in einer Mitteilung vom 4. März 2009[20] angekündigt, die Mechanismen der Corporate Governance in Banken unter die Lupe zu nehmen und gegebenenfalls Empfehlungen oder auch regulatorische Maßnahmen vorzuschlagen. Dieser Ankündigung folgte im Juni 2010 ein Grünbuch mit dem Titel „Corporate Governance in Finanzinstituten und Vergütungspolitik". Angeschlossen haben sich verschiedene gesetzliche Maßnahmen. Eine besonders starke gesetzgeberische Aktivität auf nationaler wie auf europäischer Ebene war zunächst im Bereich Vergütung zu verzeichnen.[21] Das größte europäische Gesetzgebungsverfahren, das auch Regelungen zur Corporate Governance enthielt,

---

16 Wegweisend *Ciancanelli / Reyes-Gonzales*, Corporate Governance in Banking: A Conceptual Framework, 2000, abrufbar unter SSRN http://papers.ssrn.com/sol3/papers.cfm?abstract_id=253714; weiterhin *Levine*, The Corporate Governance of Banks: A Concise Discussion of Concepts and Evidence; World Bank Policy Research Paper No. 3404, September 2004, abrufbar unter http://papers.ssrn.com/sol3/papers.cfm?abstract_id=625281; *Macey/o'Hara*, The Corporate Governance of Banks, FRBNY Economic Policy Review, April 2003, S. 97–107, abrufbar unter http://www.newyorkfed.org/research/epr/03v09n1/0304mace.pdf; *Barth/Caprio/Levine*, Bank Regulation and Supervision: What works best?; World Bank Policy Research Working Paper No. 2725, abrufbar unter http://www.wds.worldbank.org/servlet/WDSContentServer/WDSP/IB/2002/01/17/000094946_01120104231862/Rendered/PDF/multi0page.pdf; in Bezug auf den Aspekt der Vergütung *Bebchuk*, How to fix bankers' pay, Harvard Law School John M. Olin Center Discussion Paper No. 677, abrufbar unter http://papers.ssrn.com/sol3/papers.cfm?abstract_id=1673250.

17 Für eine unternehmensgegenstandsspezifische Corporate Governance auch schon *Schünemann*, VVW 2003, 26, 29.

18 So erkennt auch die Bundesregierung das Bedürfnis einheitlicher Governance-Regeln unabhängig von der Rechtsform an, *Bundesregierung*, Grünbuch Corporate Governance in Finanzinstituten und Vergütungspolitik Stellungnahme der Regierung der Bundesrepublik Deutschland, 01.09.2010, S. 1, abrufbar unter https://circabc.europa.eu/sd/a/7bd8934e-f4c9-41ea-a0c6-05b98a22b7c4/German_Federal_Government_de.pdf; es spiegelt sich auch in der Wissenschaft wider, siehe dazu *Hopt/Wohlmannsstetter*, Handbuch Corporate Governance von Banken, 2011.

19 So z.B. *Mülbert*, ZHR 173 (2009), 1–11, der in diesem Beitrag aufgestellten Irrelevanzthese, derzufolge die Banken trotz funktionierender Corporate Governance in die Krise geschlittert sind, mag hier jedoch nicht gefolgt werden.

20 *Europäische Kommission*, Mitteilung für die Frühjahrstagung des Europäischen Rates, Impulse für den Aufschwung in Europa, TEIL 1, KOM 2009(114).

21 Auf nationaler Ebene Gesetz zur Angemessenheit der Vorstandsvergütung (VorstAG) vom 31. Juli 2009, BGBl. I S. 2509, und die Verordnung über die aufsichtsrechtlichen

war das „Capital Requirements Directive IV Package", wodurch das Basel III-Rahmenwerk umgesetzt wurde. Das alles spiegelt eine Erkenntnis der letzten Jahre wider. Stabile Banken entstehen nicht alleine durch staatliche Regulierung und Aufsicht. Daneben bedarf es auch einer guten Unternehmensführung und einer Organisation, die die Unternehmensführung hinreichend kontrolliert.[22] Des Weiteren ist man in den letzten Jahren zu der Einsicht gelangt, dass Stabilität des Bankensektors alleine durch eine Aufsicht über die Liquidität nicht gewährleistet werden kann, sondern dass es dazu vielmehr einer guten Corporate Governance bedarf, an die zum Teil spezielle Anforderungen zu stellen sind.[23] Die entscheidende Frage, die sich an diese Erkenntnis anschließt, ist die nach einer „Andersartigkeit" der Corporate Governance bei Banken.[24] Um das Bedürfnis einer speziellen Corporate Governance für Banken zu klären, benötigt es Gewissheit darüber, ob und in welchen Punkten sich Banken von anderen Unternehmen unterscheiden. Lassen sich Unterschiede feststellen, bedingt es einer Analyse, ob diese Unterschiede auch Auswirkungen auf die Corporate Governance haben und in welchem Rahmen die Unterschiede Berücksichtigung finden können.

Diese Arbeit hat sich zur Aufgabe gemacht, Andersartigkeiten im Bereich von Banken aufzudecken, die eine gesonderte Betrachtung rechtfertigen oder aber sogar nötig machen. In einem weiteren Schritt ist dann zu klären, inwiefern die Besonderheiten von Banken im Rahmen der Corporate Governance wirken und was daraus für die weitere Ausgestaltung abzuleiten ist. Daneben werden die aktuelle Entwicklung und deren Auswirkung in den Blick genommen. Es geht dabei um die verstärkte Durchwebung des Aufsichtsrechts mit Vorgaben zur Unternehmenssteuerung und -kontrolle und der damit einhergehenden Überwachungsaufgabe der Aufsichtsbehörde. Hier ist vor allem auf die Rolle des Aufsichtsrechts und der Aufsichtsbehörden im Rahmen der Corporate Governance der Banken einzugehen. Aufgrund der zu beobachtenden Entwicklung in den letzten Jahren mit europäischer und nationaler punktueller Regulierung einzelner Themen (zum Beispiel Vergütung, Voraussetzungen an Geschäftsführer und Verwaltungsrat bzw. Aufsichtsratsmitglieder) stellt sich

Anforderungen an Vergütungssysteme von Instituten (Institutsvergütungsverordnung - InstitutsVergV) vom 16. Dezember 2013, BGBl. I S. 4270.

22 *Heremans*, Corporate Governance Issues for Banks – A Financial Stability Perspective, 2007, S. 4ff. abrufbar unter http://papers.ssrn.com/sol3/papers.cfm?abstract_id=1024693; *Macey/o'Hara*, The Corporate Governance of Banks, FRBNY Economic Policy Review, April 2003, S. 97–107, abrufbar unter http://www.newyorkfed.org/research/epr/03v09n1/0304mace.pdf.

23 *Heremans*, Corporate Governance Issues for Banks – A Financial Stability Perspective, 2007, S. 4ff. abrufbar unter http://papers.ssrn.com/sol3/papers.cfm?abstract_id=1024693; *Macey/o'Hara*, The Corporate Governance of Banks, FRBNY Economic Policy Review, April 2003, S. 97–107, abrufbar unter http://www.newyorkfed.org/research/epr/03v09n1/0304mace.pdf.

24 Dies mit den Worten „Banks are special, so is governance of financial institutions" bejahend *Hopt*, ZIP 2013, 1793, 1795.

die Frage, ob das Konzept „Nachregulierung im Notfall" wirksam ist oder aber ob es ein besseres Konzept gibt. Darauf aufbauend soll untersucht werden, ob im Bereich der Corporate Governance für Banken (noch) Platz für Selbstregulierung ist und ob sich ein Bankenkodex empfiehlt.

## II) Banken, Corporate Governance und die Finanzkrise

Geht man zurück zu den Anfängen der branchenspezifischen Diskussion der Corporate Governance, bestätigt sich die Annahme, dass die Thematik vor allem durch Krisen vorangetrieben wird. Denn als diskussionsauslösendes Ereignis kann die Asienkrise des Jahres 1997 identifiziert werden. Im Nachgang dieser Krise veröffentlichten die ersten Institute ihre individuellen, unternehmenseigenen Kodizes zur Corporate Governance.[25]

Auch die gegenwärtige Diskussion des Themas ist von einer Krise angestoßen worden. Als Ausgangspunkt der aktuellen Diskussion ist die Finanzkrise, die ihren Ursprung im Jahre 2007 hat und sich von einer Bankenkrise hin zu einer Staatsschuldenkrise entwickelte, zu identifizieren. Da die letzte Krise des Finanz- und Bankenmarkts ein wichtiger Faktor und ein „Nährboden für allerlei regulatorische Initiativen"[26] im Rahmen der Diskussion rund um die Corporate Governance ist, soll hier ganz knapp der Verlauf der Finanzkrise skizziert werden.[27]

Die Anfänge der Krise liegen in den USA und stehen im Zusammenhang mit dem Platzen einer Immobilienblase. Verursacht wurde die Immobilien- und Hypothekenkrise (auch Subprimekrise) durch eine exzessive Immobilienkreditvergabe ohne hinreichende Prüfung der Bonität der Schuldner über viele Jahre hinweg.[28] Eine Anhebung der Zinsen führte dann dazu, dass viele Kreditnehmer die Kredite nicht mehr bedienen konnten und mehr und mehr sogenannte „faule" Kredite entstanden. Dadurch brach der Handel mit strukturierten Papieren, in denen die Kredite verbrieft und verkauft wurden, ein und erschütterte die Finanzmärkte weltweit.[29] Denn die strukturierten Wertpapiere wurden global gehandelt, so waren diese Produkte auch in Deutschland lange Zeit gefragte Anlagen. In Deutschland war es im Juli 2007 die IKB, an der sich die Krise als Erstes zeigte.[30] Die IKB hatte sich mit Fehlinvestitionen

---

25 *Mülbert*, Corporate Governance of Banks after the Financial Crisis, 2010, S. 5, abrufbar unter http://papers.ssrn.com/sol3/papers.cfm?abstract_id=1448118##.

26 *Hennrichs*, GmbHR 2011, R 257.

27 Ein ausführlicher Bericht findet sich bei *High Level Expert Group on reforming the structure of the EU banking sector*, Final Report, S. 4ff. oder auch bei *Kemter*, Corporate Governance nach der Finanzkrise, 2013, S. 71ff.

28 *Romeike*, Die Bankenkrise, S. 4f.

29 Zur Bedeutung von strukturierten Wertpapieren im Rahmen der Krise *Grundmann/Hofmann/Möslein* in: Grundmann/Hofmann/Möslein, Finanzkrise und Wirtschaftsordnung, S. 1ff.

30 Es folgte eine intensive Aufarbeitung in der Rechtsprechung *OLG Düsseldorf*, Beschl. v. 9.12.2009 – 6 W 45/09, NJW 2010, 1537; *BGH*, Beschl. v. 1.3.2010 – II ZB 1/10, NZG

in strukturierte Wertpapiere verspekuliert. Zu diesem Zeitpunkt entwickelte sich die Immobilienkrise zu einer Banken- und Finanzkrise.[31] Trauriger Höhepunkt der Bankenkrise war der Zusammenbruch der „Lehman Brothers“-Bank im September 2008. In der Folge kam der Interbankenhandel zeitweise nahezu zum Erliegen[32] und führte zu einer nachhaltigen Vertrauensstörung unter den Instituten.[33] Zu diesem Zeitpunkt standen die Finanzmärkte und Finanzinstitute weltweit vor dem Zusammenbruch. Ein Blick in die Gläubigerlisten der gefallenen Institute bestätigt das, was schon lange vermutet wurde. Banken sind durch gegenseitige Kredite eng miteinander verknüpft[34] und in den Gläubigerlisten finden sich dabei auch viele öffentlich-rechtliche und genossenschaftliche Institute, die das ihr anvertraute Geld über Grenzen hinweg an andere Bankinstitute ausgegeben haben. In etlichen Ländern müssen taumelnde Banken von staatlicher Seite gestützt werden (zum Beispiel AIG, Fanny Mae, UBS, Commerzbank), manche werden auch verstaatlicht. So wird auch in Deutschland ein Finanzmarktstabilisierungsfonds (FMStFV) eingerichtet. Diese umfangreichen Finanzspritzen lassen die ohnehin schon hohe Verschuldung einiger Staaten nochmals in die Höhe schnellen. Um der Unruhe unter den „normalen“ Einlegern zu begegnen und um das Vertrauen auszubauen, erfolgten Nachbesserungen an den Einlagensicherungssystemen.

Die Bankenkrise schwappte nach und nach auch auf die Realwirtschaft über. Auch hier kam es zu einigen „spektakulären“ Zusammenbrüchen (zum Beispiel General Motors). Die Realwirtschaft litt vor allem auch darunter, dass die Versorgung mit Krediten bei den Banken schwierig geworden war. Aus der Bankenkrise entwickelte sich in einer zweiten Phase eine Staatsschuldenkrise. Den Beginn markiert hier die Offenbarung Griechenlands hinsichtlich seines desolaten Haushalts und der Bitte um finanzielle Hilfspakete. Das Vertrauen in die Zahlungsfähigkeit und die Wettbewerbsfähigkeit einiger europäischer Staaten trug dadurch schweren Schaden davon. Hiervon war das Bankensystem zwar nicht direkt betroffen, aber indirekt. Denn unter den Gläubigern der Banken befand sich auch eine Vielzahl von Staaten. Dabei war die Höhe der Außenstände der Staaten bei den einzelnen Banken regelmäßig nicht klar festzustellen. Das wiederum befeuerte das gegenseitige Misstrauen der Banken untereinander, bezogen auf die Verflechtung mit den Krisenstaaten.

Um den Ursachen der Krise beizukommen, wurden in verschiedenen Ländern mehrere großangelegte Untersuchungen betrieben, die jeweils in einem Bericht ihre Untersuchungsergebnisse zusammenfassten. Zu nennen sind hier insbesondere der

---

2010, 347; *BGH*, Beschl. v. 20.7.2011 – 3 StR 506/10, NZG 2011, 1075; einen Überblick dazu bei *Rieder/Holzmann*, AG 2011, 265ff.

31 *Hellwig*, Finanzmarktregulierung, Gutachten E zum 68. Deutschen Juristentag, E 16.

32 *Rudolph* in: FS Hopt, S. 2407, 2409.

33 *Kirchner* in: FS Hopt, S. 2095, 2100.

34 *High-level Expert Group on reforming the structure of the EU banking sector* (chaired by Erkki Liikanen), Final Report, 2012, S. 6, abrufbar unter http://ec.europa.eu/internal_market/bank/docs/high-level_expert_group/report_en.pdf.

*Walker*[35] -Report und der *de Larosiere*[36] -Report. Zudem hat auch der *Liikanen*[37] -Bericht das Thema am Rande aufgegriffen, wenn es auch in diesem Bericht in erster Linie um Strukturreformen und insbesondere die Einführung eines Trennbankensystems geht.[38] Die Empfehlungen des *Liikanen*-Berichts wurden auf europäischer Ebene umfangreich im Rahmen der Richtlinie 2013/36/EU[39] umgesetzt. Die Untersuchungen förderten zutage, dass es Mängel im Bereich Corporate Governance gab und gibt.[40] Dabei war man sich einig, dass das Versagen im Bereich Corporate Governance die Finanzkrise nicht unmittelbar verursacht hat, aber dennoch einen Beitrag leistete, indem sie der Krise den Weg „erleichtert" hat.[41] Auch wenn der konkrete Beitrag

35 *Walker*, A Review of Corporate Governance in UK Banks and other financial industry entities – Final recommendations, November 2009, abrufbar unter http://webarchive.nationalarchives.gov.uk/+/http:/www.hm-treasury.gov.uk/d/walker_review_261109.pdf; hier wurde geschlussfolgert, dass ein starkes Bedürfnis danach besteht, das Thema Corporate Governance anzugehen („the need is now to bring corporate governance issues close to centre stage").

36 *High-level Group on Financial Supervision in the EU* (chaired by Jacques de Larosiére), Report, 2009, abrufbar unter http://ec.europa.eu/internal_market/finances/docs/de_larosiere_report_en.pdf.

37 *High-level Expert Group on reforming the structure of the EU banking sector* (chaired by Erkki Liikanen), Final Report, 2012, S. 6, abrufbar unter http://ec.europa.eu/internal_market/bank/docs/high-level_expert_group/report_en.pdf.

38 Die Thematik des Trennbankensystems greift aber auch der *de Larosiere*-Report auf, *High-level Group on Financial Supervision in the EU* (chaired by Jacques de Larosiére), Report, 2009, abrufbar unter http://ec.europa.eu/internal_market/finances/docs/de_larosiere_report_en.pdf.

39 Richtlinie 2013/36/EU des Europäischen Parlaments und des Rates vom 26. Juni 2013 über den Zugang zur Tätigkeit von Kreditinstituten und die Beaufsichtigung von Kreditinstituten und Wertpapierfirmen, zur Änderung der Richtlinie 2002/87/EG und zur Aufhebung der Richtlinien 2006/48/EG und 2006/49/EG, ABl. Nr. L 176 S. 338, ber. ABl. Nr. L 208 S. 73.

40 *High-level Group on Financial Supervision in the EU* (chaired by Jacques de Larosiére), Report, 2009, S. 32, abrufbar unter http://ec.europa.eu/internal_market/finances/docs/de_larosiere_report_en.pdf: „The main bank failures have been [...] weak corporate governance"; *Kirchner* in: FS Hopt, S. 2095; kritisch *Mülbert*, der von einem weitgehenden Versagen der Corporate Governance nur dann sprechen möchte, wenn das Versagen auch empirisch belegt ist, *Mülbert*, Corporate Governance of Banks after the Financial Crisis, 2010, S. 27, abrufbar unter http://papers.ssrn.com/sol3/papers.cfm?abstract_id=1448118##.

41 *Europäische Kommission*, Commission Staff Working Document, Corporate Governance in Financial Institutions: Lessons to be drawn from the current financial crisis, best practices, SEC(2010)669, S. 3; *Deutscher Bundestag*, Drucks, 17/3112, S. 3; *Kirkpatrick*, Corporate Governance – Lessons from the Financial Crisis, June 2009, S. 5f., abrufbar unter http://www.oecd.org/finance/financial-markets/42229620.pdf; *BaFin*, Jahresbericht der Bundesanstalt für Finanzdienstleistungsaufsicht 2009, S. 63ff.; darauf abstellend, dass Schwächen der Corporate Governance übermäßige

von Schwächen im Bereich Corporate Governance zur der Finanzkrise nicht genau beziffert werden kann und man sich über ihn auch nicht einig ist, steht doch fest, dass Defizite im Bereich Corporate Governance, zur Anfälligkeit des Finanzsystems beitragen können.[42] Schwächen im Bereich Corporate Governance werden unter anderem dafür mitverantwortlich gemacht, dass die einzelnen Institute überhöhte Risiken eingegangen sind, angetrieben durch falsche Anreize[43], die sich letztlich verwirklicht haben und in die Krise mündeten.[44] Als größte Schwachstellen innerhalb der Corporate Governance wurden vor allem das Risikomanagement[45], die Überwachungstätigkeit des Aufsichtsrats bzw. der Aufsichtsorgane[46] und die Vergütungsstrukturen identifiziert.[47] Für die Zukunft wird eine breit angelegte, auf allen Ebenen des Unternehmens wirkende Corporate Governance gefordert.[48] Die Europäische Kommission hat die Reformen im Bereich Corporate Governance gar zu einer „Priorität“ ausgerufen.[49]

Es ist nicht überraschend, dass die Feststellung von Mängeln im Bereich Corporate Governance zum Anlass genommen wurde, gesetzgeberisch aktiv zu werden und Reformen im Bereich Corporate Governance weiter voranzutreiben.[50] Zunächst konzentrierte sich der Gesetzgeber auf den Aspekt der Vergütung, denn es war ein im Verhältnis einfach zu fassendes Thema, das auch bei der breiten Bevölkerung

Risikoballungen gefördert haben *Europäische Kommission*, KOM(2011)453, S. 3; eine „zentrale Rolle“ absprechend *Möslein*, JZ 2010, 72, 74f.; betonend, dass der Beitrag immer noch fraglich ist *Bachmann*, AG 2011, 181, 185; bejahend im Hinblick auf die Schweiz *Emmenegger/Kurzbein*, GesKR 2010, 462, 474; auf Schwächen auch in der Realwirtschaft hinweisend *Bayer*, NZG 2013, 1.

42 *Ciancanelli/Gonzalez*, Corporate Governance in Banking: A Conceptual Framework, 2000, S. 11, abrufbar unter http://papers.ssrn.com/sol3/papers.cfm?abstract_id=253714; *Kirkpatrick/Lehuedé/Teichmann*, Corporate Governance Lessons from the Financial Crisis, 2012, S. 2, abrufbar unter http://papers.ssrn.com/sol3/papers.cfm?abstract_id=2393978.

43 *Pacces*, ECFR 2010, 479, 481 f.

44 *Europäische Kommission*, Grünbuch Corporate Governance in Finanzinstituten und Vergütungspolitik, KOM(2010)284; *Deutscher Bundestag*, Drucks. 17/3112, S. 3.

45 *CEBS*, Consultation paper on the Guidebook on Internal Governance, 2010, S. 4, abrufbar unter http://www.eba.europa.eu/documents/10180/105241/CP44v2.pdf; für die USA *Scott*, Journal of Applied Corporate Finance 22, 22–29 (2010).

46 *Deutscher Bundestag*, Drucks. 17/3112, S. 3, *CEBS*, Consultation paper on the Guidebook on Internal Governance, 2010, S. 3 abrufbar unter http://www.eba.europa.eu/documents/10180/105241/CP44v2.pdf; *Weber-Rey*, KSzW 2013. 77, 78.

47 *Weber*, Kreditwesen 2010, 722; *Weber-Rey*, ZGR 2010, 543, 565.

48 Mitteilung der *Europäischen Kommission*, KOM(2010)301, S. 6; für *Mülbert*, ist von den Defiziten der Corporate Governance vor allem die Unternehmung und nicht der Rechtsträger betroffen, *Mülbert*, ZHR 173 (2009), 1, 3.

49 *Europäische Kommission*, KOM(2011)453, S. 3.

50 *Mülbert*, ZHR 174 (2010), 375f.; ein Bedürfnis für Reformen sieht auch *Leyens*, JZ 2011, 418; *Hemeling*, ZHR 174 (2010) 635, 637; *Bachmann*, AG 2011, 181, 185.

auf Entgegenkommen traf.[51] Bestehende Vergütungssysteme sollen Anreize gesetzt haben, zu hohe Risiken einzugehen, und damit auch zur Finanzkrise beigetragen haben. Auf deutscher Ebene wurde das VorstAG[52] erlassen, das sich nicht explizit auf Banken, sondern auf Aktiengesellschaften allgemein bezog. Mit dem Gesetz über die aufsichtsrechtlichen Anforderungen an die Vergütungssysteme von Instituten und Versicherungsunternehmen[53] vom 27.7.2010 wurde die gesetzliche Grundlage für die Regulierung der Managergehälter der Banken geschaffen. Zur näheren Ausgestaltung der Vergütungssysteme wurde flankierend die Institutsvergütungsverordnung erlassen.[54] Die Institutsvergütungsverordnung wurde zuletzt im Dezember 2013 geändert, um sie an europäische Vorgaben anzupassen.[55] Daneben gibt es mittlerweile eine nahezu unüberschaubare Menge an Empfehlungen zur Vergütung von Bankmanagern von unterschiedlichsten Akteuren. Nachdem der Aspekt der Vergütung reguliert und in Gesetzesform gegossen war, wendete sich der Gesetzgeber auch anderen Themen der Corporate Governance zu. Die weitreichendsten Änderungen hat das Aufsichtsrecht unter dem Aspekt der Corporate Governance im Jahr 2013 durch das CRD IV-Umsetzungsgesetz erfahren.[56] Dadurch hat erstmals eine strafrechtliche Verankerung der Thematik den Weg ins Gesetz gefunden. Denn das Versäumnis zur Etablierung einer umfassenden Geschäftsorganisation wird erstmals mit Strafandrohung versehen, § 54a KWG.[57]

Nun ist in den Fokus der Gesetzgeber nicht nur alleine die Governance der Banken, sondern auch die Corporate Governance der Wirtschaftsunternehmen

---

51 Auch in der Schweiz wurde zunächst ein Schwerpunkt auf die Vergütung gelegt, siehe dazu *Emmenegger/Kurzbein*, GesKR 2010, 462, 472f.

52 Gesetz zur Angemessenheit der Vorstandsvergütung (VorstAG) v. 31.7.2009, BGBl. I S. 2509.

53 Gesetz über die aufsichtsrechtlichen Anforderungen an die Vergütungssysteme von Instituten und Versicherungsunternehmen vom 21. Juli 2010, BGBl. I, S. 950.

54 Verordnung über die aufsichtsrechtlichen Anforderungen an Vergütungssysteme von Instituten, BGBL. I, S. 1374.

55 Die Änderung diente der Umsetzung der Richtlinie 2013/36/EU des Europäischen Parlaments und des Rates vom 26. Juni 2013 über den Zugang zur Tätigkeit von Kreditinstituten und die Beaufsichtigung von Kreditinstituten und Wertpapierfirmen, zur Änderung der Richtlinie 2002/87/EG und zur Aufhebung der Richtlinien 2006/48/EG und 2006/49/EG (ABl. L 176 vom 27.6.2013, S. 338) sowie der Anpassung des Aufsichtsrechts an die Verordnung (EU) Nr. 575/2013 des Europäischen Parlaments und des Rates vom 26. Juni 2013 über die Aufsichtsanforderungen an Kreditinstitute und Wertpapierfirmen und zur Änderung der Verordnung (EU) Nr. 646/2012 (ABl. L 176 vom 27.6.2013, S. 1).

56 Gesetz zur Umsetzung der Richtlinie 2013/36/EU über den Zugang zur Tätigkeit von Kreditinstituten und die Beaufsichtigung von Kreditinstituten und Wertpapierfirmen und zur Anpassung des Aufsichtsrechts an die Verordnung (EU) Nr. 575/2013 über Aufsichtsanforderungen an Kreditinstitute und Wertpapierfirmen v. 28.8.2013, BGBl. I S. 3395.

57 Dazu *Schröder*, WM 2014, 100 ff.; *Cichy/Cziupka/Wiersch*, NZG 2013, 846ff.

im Allgemeinen gerückt.[58] Dabei besteht die Gefahr, dass es zu einer gefährlichen Vermischung der beiden Ebenen kommt, mit dem Resultat, dass sektorspezifische Phänomene auf die Gesamtwirtschaft übertragen werden und in flächendeckenden Regelungen münden. Im Mittelpunkt der Reformbestrebungen steht das Ziel, zukünftige Krisen zu verhindern oder mindestens abzumildern und so die Kosten für die Allgemeinheit zu reduzieren.[59] Ob es zum Erreichen dieses Ziels tatsächlich branchenspezifischer und aufsichtsrechtlich verankerter Corporate Governance Vorgaben bedarf, soll diese Bearbeitung klären. Auch wenn die erste Flut an Gesetzgebungsverfahren umgesetzt worden ist und die hitzigsten Diskussionen ein Ende gefunden haben, ist nicht damit zu rechnen, dass das rechtspolitische Interesse an dem Thema Corporate Governance bei Banken in der nächsten Zeit an Aktualität verliert.[60] Das birgt Gefahren in sich, und zwar die einer Überregulierung und totalen Verrechtlichung der Thematik. Diese Angst wird genährt durch die Äußerung des europäischen Gesetzgebers, dass der unverbindliche Charakter vieler Empfehlungen im Bereich der Corporate Governance eine wirksame Governance Struktur nicht entwickeln konnte und daher zwingende Vorgaben erforderlich sind.[61] Wird der Zustand der Überregulierung und totalen Verrechtlichung einmal erreicht, ist eine Umkehr davon nur noch schwer möglich.[62]

## III) Gang der Untersuchung

Das Thema Corporate Governance ist äußerst vielschichtig, eine umfassende Bearbeitung des Themas ist im Rahmen dieser Arbeit nicht möglich und wird daher auch nicht angestrebt. Die Bearbeitung konzentriert sich auf die Betrachtung des Themas im Hinblick auf branchenspezifisches Aufsichtsrecht und die damit einhergehenden Wirkungen. Dabei soll der Blick nicht auf Institute bestimmter Rechtsformen beschränkt sein[63], sondern vielmehr alle Bankinstitute, die das Einlagegeschäft nach § 1 Abs.1 Nr. 1 KWG betreiben, unabhängig von ihrer gesellschaftsrechtlichen Struktur in den Blick nehmen. Im Hinblick auf manche Aspekte muss der Blick speziell auf die Aktiengesellschaft gerichtet werden. Dies ist aber unter anderem darauf zurückzuführen, dass sich die Diskussion am Beispiel der Aktiengesellschaft entwickelt hat und im Hinblick darauf der Forschungsstand am fortgeschrittesten ist. Das ist wiederum darauf zurückzuführen, dass das Thema Corporate Governance vor allem für diese Gesellschaft zuerst relevant wurde, die sich am Kapitalmarkt finanzierten. Am stärskten im Fokus standen dabei die Gesellschaften, die an einer Börse notiert

58 Siehe nur das Grünbuch „Europäischer Corporate Governance Rahmen“ KOM(2011) 164/3 der *Europäischen Kommission.*
59 *Rocholl,* ZBB 2012, 388, 390.
60 *Bachmann,* AG 2011, 181, 187.
61 *Europäische Kommission,* KOM(2011)453, S. 22.
62 *Hopt,* ZHR 175 (2011), 444, 462.
63 Sich auf börsennotierte Banken und Versicherungen beschränkend: *Ludwig,* Branchenspezifische Wirtschaftsaufsicht und Corporate Governance, 2012.

waren und sind. Da kapitalmarktorienterte Gesellschaften häufig als Aktiengesellschaften organisiert sind, hat sich die Diskussion um Corporate Governance in Deutschland stark auf die Aktiengesellschaft konzentriert.

Die Arbeit beginnt einleitend mit einer Darstellung der wichtigsten Begriffe für die Arbeit: Bank, Gesellschaftsrecht und Aufsichtsrecht sowie Corporate Governance. Während die Begriffe Bank[64] und Gesellschafts- und Aufsichtsrecht nur einer kurzen Erörterung bedürfen, fallen die Ausführungen zu dem Schlagwort Corporate Governance deutlich ausführlicher aus. Dies ist auch dem Umstand geschuldet, dass es sich um ein relativ junges Forschungsgebiet handelt, dessen Entwicklung Erklärungsbedarf aufwirft. Die Arbeit beschränkt sich nicht auf die Erklärung des Begriffs und der mit ihr untrennbar verbundenen Prinzipal-Agenten-Theorie, sondern geht anschließend detailliert darauf ein, mit welchen Mitteln eine gute Corporate Governance etabliert werden kann. Hier wird insbesondere auch das Nebeneinander von gesetzlichen Regeln und Selbstverpflichtungsmechanismen („soft law“) in Form von Kodizes in den Blick genommen. Nachdem der allgemeine Rahmen der Corporate Governance abgesteckt ist, schließt sich eine vertiefte Tätigkeitsanalyse des Unternehmens Bank an. Um die Strukturen zu verstehen, werden die Besonderheiten, die der Tätigkeit anhaften, und anschließend der gesetzliche Regulierungs- und Aufsichtsrahmen dargelegt, mit denen der Gesetzgeber auf die Eigenheiten der Bankindustrie reagiert.

Um eine Antwort zu der Frage zu finden, ob Banken tatsächlich eine spezielle Corporate Governance benötigen, findet eine Analyse der Prinzipal-Agenten-Beziehungen von Banken unter Berücksichtigung der zuvor herausgearbeiteten Besonderheiten statt. Diese Analyse mündet in § 6 „Quellen zur Corporate Governance von Banken im Überlick“ in einer Darstellung des gesetzlichen Rahmens und der vielen anderen Initiativen verschiedenster Akteure zur Corporate Governance von Banken. Insbesondere die vielfältigen gesetzlichen Änderungen und Vorgaben werden in den Blick genommen und auch das Grünbuch der Europäischen Kommission mit dem Titel Corporate Governance in Finanzinstituten und Vergütungspolitik. Anschließend wird der Frage nachgegangen, die sich anhand des Ergebnisses aus dem vorherigen Kapitel stellt. Es geht um die Auswirkungen, die eine zunehmende Verlagerung der Thematik Corporate Governance in das Aufsichtsrecht hat. Im Zuge dessen wird auch das Verhältnis zwischen Aufsichtsrecht und Corporate Governance in den Blick genommen. Im abschließenden § 8 „Stärkung der Corporate Governance durch ‚soft law‘ – Bankenkodex“ wird untersucht, inwiefern ein branchenspezifischer Corporate Governance Kodex eine Bereicherung für die Fortentwicklung einer guten Unternehmensführung und -kontrolle sein könnte. Dazu werden schon bestehende Bankenkodizes aus den Ländern Irland, Niederlande und Schweiz betrachtet und anschließend überprüft, wie die Einführung eines Bankenkodex in Deutschland sinnvoll gestaltet werden könnte.

64 Vertieft zur Tätigkeit von Banken noch unten § 4 I.

# §2 Begriffsbestimmungen

Zunächst sollen die Begriffe Bank, Gesellschaftsrecht, Aufsichtsrecht und Corporate Governance, die für diese Arbeit von besonderer Bedeutung sind, geklärt werden. Während das für die Begriffe Bank sowie Gesellschafts- und Aufsichtsrecht nur kürzerer Ausführungen bedürfen, bedarf die Klärung des Begriffs Corporate Governance breiterer Ausführungen.

## I) Begriff der Bank im Rahmen der Bearbeitung

Der wohl wichtigste Begriff für diese Arbeit, der zu klären ist, ist der der Bank. Hier soll zunächst eine grobe Begriffsbestimmung dargelegt werden. Weiter unten wird dann näher auf die Einzelheiten eingegangen. Für die Definition des Begriffs Bank wird auf die Vorgaben des Bankaufsichtsrechts zurückgegriffen. Das Bankaufsichtsrecht unterscheidet begrifflich zwischen Finanzdienstleistungsinstituten (§ 1 Abs. 1a KWG) und Kreditinstituten (§ 1 Abs. 1 KWG). Die Einteilung erfolgt anhand der Betätigung der Institute. Unter den Begriff des Kreditinstituts fallen die Institute, die Geschäfte betreiben, bei denen sie als Finanzintermediäre auftreten, und das sind in erster Linie das Einlagen- und Kreditgeschäft im Sinne des § 1 Abs. 1 Nr. 1 und Nr. 2 KWG. Das Einlagegeschäft beschreibt die Entgegennahme von Geldern und dient der Beschaffung von Finanzierungmitteln. Es ist dem Passivgeschäft zuzuordnen. Im Rahmen des Kreditgeschäfts werden die eingesammelten Finanzmittel in Form von Gelddarlehen und Akzeptkrediten wieder ausgegeben.[65] Finanzdienstleistungsinstitute hingegen bieten andere Dienstleistungen mit Bezug zum Finanzmarkt an. Beispielhaft können hier die Anlagevermittlung (§ 1 Abs. 1a Nr. 1 KWG), die Anlageberatung (§ 1 Abs. 1a Nr. 1 a KWG) und die Abschlussvermittlung (§ 1 Abs. 1a Nr. 2 KWG) genannt werden. In der Praxis betreiben viele Institute sowohl Geschäfte, die sie als Kreditinstitut qualifizieren, als auch solche, die ihnen die Eigenschaft als Finanzdienstleistungsinstitut zukommen lassen. Das KWG fasst Kreditinstitute und Finanzdienstleistungsinstitute gemeinsam unter dem Begriff Institute zusammen. Die Aufsichtsbefugnis der Aufsichtsbehörde knüpft an den Begriff des Instituts an, § 6 KWG. Die Gleichbehandlung der Institutsgruppen erfolgt aufgrund des Prinzips „same business, same risks, same rules“[66].

Die Untersuchung bezieht sich in erster Linie auf die Institute, die das Einlagen- und Kreditinstitut betreiben und somit als Kreditinstitut im Sinne des § 1 Abs. 1 KWG zu qualifizieren sind. Diese Fokussierung erfolgt, da sich bei Kreditinstituten ein Konflikt in einer besonderen Ausprägung findet, der Rückwirkungen auf die Corporate Governance haben kann. Gemeint ist die Beziehung zu den Einlegern und

65 Zu Einzelheiten *Schäfer* in Boos/Fischer/Schulte-Mattler, KWG, § 1 Rn. 44ff.

66 *Schneider*, Europäisches Bankenrecht und Wettbewerb der Bankensysteme, S. 22.

damit auch Kreditgebern. Wenn daher nachfolgend der Begriff Bank oder Institut genutzt wird, soll damit ein Kreditinstitut im Sinne des § 1 Abs.1 KWG gemeint sein.

## II) Gesellschaftsrecht und Aufsichtsrecht

Die Begriffe Gesellschaftsrecht und Aufsichtsrecht sollen hier rein formal verwendet werden. Ist somit vom Gesellschafts- oder Verbandsrecht die Rede, sollen damit die rechtsformspezifischen Normen mit Bezug auf eine Personenvereinigung (zum Beispiel AktG, GmbHG, GenG) gemeint sein. Gesellschaftsrecht ist Teil des Privatrechts. Dem Privarecht immanent ist, dass es Rechtsbeziehungen zwischen privaten, gleichberechtigten Rechtssubjekten ordnet. Die Durchsetzung des Rechts erfolgt durch die Rechtssubjekte selber, regelmäßig vor den ordentlichen Gerichten, § 13 GVG. Das Gesellschaftsrecht gibt Strukturen für die einzelnen Arten der Verbände vor und wird in erster Linie durch die an den Verbänden beteiligten Interessengruppen durchgesetzt.

Im Gegensatz dazu knüpft das Aufsichtsrecht nicht an die Rechtsform, sondern an die Zugehörigkeit zu einer bestimmten Branche und der Ausübung einer bestimmten Tätigkeit an. Das Aufsichtsrecht ist Teil des öffentlichen Rechts. Das öffentliche Recht regelt die Beziehung zwischen Hoheitsträgern und Rechtsunterworfenen. Die Durchsetzung des Rechts kann durch Verwaltungshandeln angeordnet werden, zum Beispiel durch Erlass eines Verwaltungsaktes. Rechtsstreitigkeiten finden grundsätzlich den Weg vor das Verwaltungsgericht, § 40 VwGO. Das anwendbare Recht ist zwingend und kann nicht zwischen den Parteien ausgehandelt werden. Im Schwerpunkt befindet sich das Aufsichtsrecht für Banken im Kreditwesengesetz (KWG). Es enthält eine Vielzahl von Sondernormen, die unabhängig von der Rechtsform anzuwenden sind und deren Überwachung und Durchsetzung in den Händen einer staatlichen Aufsichtsbehörde liegt.

Unter die Aufsicht im Rahmen des KWG fallen alle Unternehmen, die als Kredit- oder Finanzdienstleistungsinstitut zu qualifizieren sind, § 6 Abs. 1 KWG.[67] Unter den Begriff des Aufsichtsrechts sind alle Gesetze und Normen zu fassen, die behördlich durchsetzbare Anforderungen an Kredit- und Finanzdienstleistungsunternehmen aufstellen.

Im Verlauf der Arbeit wird sich zeigen, dass die strikte Trennung der beiden Rechtsgebiete Gesellschaftsrecht und Aufsichtsrecht nur auf dem Papier besteht. Die beiden Teilbereiche überschneiden sich im stetig steigende Maße und beeinflussen sich wechselseitig.[68] Ein Aspekt, der im Rahmen der Beeinflussung eine besondere Rolle einnimmt, ist der unterschiedliche Anknüpfungspunkt der beiden Rechtsmaterien. Dennoch betreffen sie denselben Regelungsgegenstand, nämlich Verbände, die als Kredit- und Finanzdienstleister auf dem Markt auftreten.

---

67 Zu den Begriffen § 1 Abs.1 und Abs.2 KWG.

68 Dies für das Öffentliche Recht und Privatrecht allgemein vertretend *Rothenhöfer*, in: Perspektiven des Wirtschaftsrechts, 2008, S. 55, 58.

## III) Corporate Governance

Zur Erklärung des Begriffs Corporate Governance muss weiter ausgeholt werden. Daher soll im folgenden Abschnitt die Thematik Corporate Governance überblicksweise dargestellt und dazu auf den Ursprung, die Entwicklung und allgemeine Mechanismen im Rahmen der Corporate Governance eingegangen werden.

### 1) Entwicklung der Diskussion und Grundsätze

Seit dem Ende des letzten Jahrhunderts wird international eine wissenschaftliche, interdisziplinäre Diskussion unter dem Schlagwort Corporate Governance geführt. Als Ausgangspunkt der Diskussion kann die USA identifiziert werden. Hier waren es in der Praxis vor allem Pensionsfonds, die sich bemühten, Unternehmen zu einer besseren Corporate Governance anzuhalten.[69] Stand man der Thematik anfangs noch skeptisch gegenüber und zweifelte vor allem an der Langfristigkeit der Diskussion,[70] hat sich der Begriff mittlerweile in Wissenschaft, Praxis und Gesetzgebung fest etabliert.[71] Heute wird Corporate Governance teilweise schon als eigenständige „wissenschaftliche Teildisziplin" eingeordnet.[72] Da die Thematik in verschiedenen wissenschaftlichen Bereichen diskutiert wird, stellt es sich als Schnittstellenthema dar, das in der Lage ist, den Austausch zwischen verschiedenen wissenschaftlichen Bereichen zu fördern.[73] Die Diskussion des Themas findet mittlerweile aber nicht mehr nur auf wissenschaftlicher Ebene statt, sondern auch die breite Öffentlichkeit nimmt das Thema verstärkt wahr, was sich unter anderem an der wachsenden Zahl

---

69 *Roth*, in: Perspektiven des Wirtschaftsrecht, S. 237, 243; *Graubau/Schlee*, Kreditwesen 2007, 263.

70 So zum Beispiel *Claussen/Bröcker*, AG 2000, 481, 483, denen zufolge es sich „erst noch erweisen muss, ob es sich um einen kurzlebigen Modetrend oder ein dauerhaftes Phänomen handelt"; aber auch *Hopt*, der einst schrieb, dass es sich um „den letzten Schrei der internationalen juristischen Mode" handelt *Hopt*, in: Hachenburg - Dritte Gedächtnisvorlesung, S. 9, 10; *Dauner-Lieb* meint, die Diskussion werden „in ihrer inhaltlichen Bedeutung überschätzt" *Dauner-Lieb*, in: FS Röhricht, S. 83, 87.

71 Strenger spricht von „Zug in voller Fahrt" *Strenger*, in: v. Rosen (Hrsg.), Corporate Governance, 2001, S. 56, 65; *Fleischer* spricht von einem „Gegenwartsthema" *Fleischer*, ZGR, 2001, 1, 23; *v. Werder*, in: Hommelhoff/Hopt/v. Werder, Handbuch Corporate Governance, S. 3, 5.

72 *Leyens*, in: Corporate Governance nach der Finanz- und Wirtschaftskrise, S. 3 f.; *Lutter*, ZGR 2001, 224, 225; *Radke*, Die Entsprechenserklärung zum Deutschen Corporate Governance Kodex nach § 161 AktG, 2004, S. 31; so ähnlich auch *Hopt*, ZGR 2004, 1, 3

73 *Bühler*, Regulierung im Bereich der Corporate Governance, 2009, S. 131; *Goette* in: FS 50 Jahre BGH, S. 123; *Möslein*, JZ 2010, 72, 74; *Trute* spricht von Corporate Governance als ein „Brückenbegriff", *Trute*, in: Schuppert, Privatisierung, S. 13, 17.

von Artikeln in der Presse bezüglich des Themas ablesen lässt.[74] Die These, dass sich die Corporate-Governance-Bewegung wieder abschwächt, wenn „sich neue Trends abzeichnen",[75] scheint in den letzten Jahren jedenfalls widerlegt worden zu sein. Im Gegenteil, das Thema schlägt immer höhere Wellen. Vor allem die Gesetzgeber, sowohl auf nationaler als auch auf europäischer Ebene, haben sich in den letzten Jahren verstärkt mit dem Thema Corporate Governance beschäftigt.

Die anhaltende Diskussion des Themas verdeutlicht eine Eigenschaft der Thematik: die Suche nach „guter" Corporate Governance wird wohl nie ein Ende finden. Denn Corporate Governance ist und bleibt ein ständiger Lernprozess[76]. Daher ist es im Rahmen der Diskussion um Corporate Governance nicht selten, dass das, was gestern noch als Lösung des Problems erschien, morgen nicht mehr verfolgt wird.[77] Auch die fortschreitende Globalisierung und Internationslisierung machen Unternehmensführung und -kontrolle zunehmend anspruchsvoller sowie komplexer und erfordern, dass die „Spielregeln" an die Entwicklung angepasst werden.[78] Antrieb erhält die Diskussion immer wieder durch Krisen, teilweise spektakuläre Zusammenbrüche einzelner Unternehmen, manchmal aber auch Krisen ganzer Branchen. Die Aufarbeitung der Krisen führt zur Aufdeckung der Fehler des jeweiligen Corporate-Governance-Systems und gibt Anlass zur Überprüfung und Verbesserung der Systeme.[79] Und auch wenn die Diskussion um Corporate Governance global geführt wird, gibt es kein globales Modell für „gute Corporate Governance". Jedes Land hat seine unterschiedlichen kulturellen, gesellschaftlichen, sozialen und rechtlichen Verhältnisse, auf welche bei der Entwicklung einer nationalen Corporate Governance Rücksicht genommen werden muss.[80] Das ist unter anderem darauf zurückzuführen, dass Corporate Governance durch eine Vielzahl von Faktoren, rechtlicher wie tatsächlicher Art, beeinflusst wird.[81] Und auch auf nationaler Ebene existiert nicht das einheitliche Modell einer Corporate Governance, denn auch hier

74 *Bebchuk/Weisbach*, Rev. Fin. Stud. 23 (2010) 939; *Kaplan*, in: Corporate Governance, S. 301; auch eine zunehmende Sensibilisierung für das Thema sehend *Weber-Rey*, KSzW 2013, 77, 81f.

75 *Bernhardt*, RIW 2004, 401, 408.

76 *Bühler*, Regulierung im Bereich der Corporate Governance, 2009, S. 221; *Scheffler*, in: Scheffler (Hrsg.), Corporate Governance, 1995, S. 1; *Schneider-Lenné*, in: Scheffler (Hrsg.), Corporate Governance, 1995, S. 27, 50; *Peemöller*, in: GS Helm, S. 581, 582.

77 *Simon*, NZG 2013, 19.

78 *Breuer*, in: v. Rosen (Hrsg.), Corporate Governance, 2001, S. 18, 20, der insbesondere die geänderte Aktionärsstruktur und die damit verbundene Institutionalisierung der Aktionärsstrukturen nennt, die eine Anpassung erforderlich machen.

79 *Hopt*, ZHR 175 (2011), 444, 447; *v. Werder*, in: Hommelhoff/Hopt/v. Werder, Handbuch Corporate Governance, S, 5; *Davies/Enriques/Hertig/Hopt/Kraakman*, in: Kraakman/Armour/Davies, The Anatomy of Corporate Law, S. 305, 313; *Van Hulle/Maul*, ZGR 2004, 484; die äußeren, unternehmensfremden Einflüsse besonders betonend *Weber-Rey*, ZGR 2010, 543, 546.

80 *Schneider*, DB 2000, 2413, 2415.

81 *Merkt*, US-amerikanisches Gesellschaftsrecht, 3. Aufl., 2013, Rn. 141.

ist eine Anpassung an die Eigentümlichkeiten der einzelnen Unternehmen, zum Beispiel Größe, Struktur, Branche, wünschenswert und notwendig.[82] Andererseits ist man sich aber auch einig, dass manche Prinzipien und Mechanismen unabhängig von der konkreten landestypischen und unternehmensspezifischen Struktur Wirkung entfalten.[83] So haben zum Beispiel die von der OECD formulierten Prinzipien zur Corporate Governance wesentlich dazu beigetragen, eine Diskussion sowohl auf internationler als auch auf nationaler Ebene anzustoßen, und einen erheblichen Beitrag zum „Siegeszug" der Corporate Governance geleistet.[84]

## 2) Bedeutung des Begriffs Corporate Governance

Zunächst soll dargelegt werden, was genau man unter dem Begriff Corporate Governance versteht. Bei der Lektüre verschiedener Abhandlungen zu dem Thema Corporate Governance fällt schnell ins Auge, dass der Begriff nicht einheitlich verwendet und interpretiert wird.[85] Der Begriff „Corporate Governance" ist relativ jung und kein Rechtsbegriff.[86] Daher fehlt es auch an einer einheitlich genutzten und akzeptierten Definition. Dabei stellt Deutschland keine Ausnahme dar, sondern in den meisten Jurisdiktionen wird Corporate Governance nicht als Rechtsterminus begriffen.[87] Daraus resultiert das Phänomen, dass verschiedene Definitionen auftauchen und der Begriff nicht immer einheitlich verwendet wird. Beeinflusst wird die jeweilige Definition des Begriffs durch Herkunft, Rolle und politische Präferenz des jeweiligen Verwenders.[88] So wird der Begriff der Corporate Governance in Deutschland sowie in vielen anderen kontinentaleuropäischen Ländern weiter verstanden als in den USA. Während es in den USA bei der Diskussion schwerpunktmäßig um die Beziehgung zwischen Kapitalgebern und Gesellschaft geht, umfasst die Diskussion um Corporate Governance in kontinentaleruopäischen Ländern auch die Beziehung der Gesellschaft zu anderen Interessengruppen. Es bleibt festzuhalten, dass es sich bei Corporate Governance um einen international angewendeten Begriff mit zahlreichen Ausprägungen handelt.[89] Daraus resultiert auch, dass, abgesehen von

---

82 *Peltzer*, in: Max Hachenburg – Dritte Gedächnisvorlesung, 2000, S. 49, 54; *Grundmann*, Europäisches Gesellschaftsrecht, 2. Aufl., 2011, § 13 Rn. 453.

83 So zum Beispiel Transparenzgebot oder Überwachungs- und Kontrollsystem, dazu *Grundmann*, Europäisches Gesellschaftsrecht, 2. Aufl., 2011 § 13 Rn. 454.

84 *Schneider*, in: FS Nobel, S. 337, 344.

85 *Schneider*, Kapitalmarktorientierte Corporate Governance, DB 2000, 2413.

86 *Hopt*, ZHR 175 (2011), 444, 448; *Schneider/Strenger*, AG 2000, 106; *Claussen/Bröcker*, AG 2001, 481, 483

87 Dazu siehe *Hopt*, in: FS Hüffer, S. 355, 358.

88 *Schmidt*, Stakeholderorientierung, Systemhaftigkeit und Stabilität der Corporate Governance in Deutschland, März 2006, Working Paper Series: Finance and Accounting, No. 162, S. 4, abrufbar unter http://hdl.handle.net/10419/23426, S. 4.

89 *Schneider/Strenger*, AG 2000, 106 f.; *Kirchner*, in: FS Hopt, S. 2095, 2100.

Übereinstimmungen in grundsätzlichen Zielen, kein einheitliches globales Modell für Corporate Governance existiert.[90]

### 3) Etymologische Herkunft des Begriffs Corporate Governance

Die etymologischen Wurzeln des Begriffs Corporate Governance liegen in der lateinischen Sprache. Der Begriff Corporate lässt sich zurückführen auf das Wort „corporatio", was so viel heißt wie Körperschaft.[91] Sucht man nach dem Ursprung des Wortes Governance, landet man beim Wortstamm „gubernare". Der Ursprung dieses Wortstammes findet sich wohl im griechischen Wort „Kybermetes", was so viel bedeutet wie Steuermann eines Schiffes.[92] Der lateinische Begriff „gubernare" kann hingegen mit den Worten „Regieren" bzw. „Steuern" übersetzt werden. Übersetzt man die Begriffe wörtlich, erhält man den zusammengesetzten Begriff „körperschaftliche Steuerung".[93]

#### *a) Fehlende Präsenz des Begriffs Corporate Governance im Gesetz*

Durchforstet man die deutschen Gesetze, so fällt auf, dass der Begriff Corporate Governance in keinem Gesetz ausdrücklich erwähnt wird. Lediglich in § 161 AktG findet man einen Verweis auf den Deutschen Corporate-Governance-Kodex und die Verpflichtung der Gesellschaft, sich jährlich über die Einhaltung dieses Kodex zu erklären.[94] Aus der Tatsache, dass der Begriff an keiner Stelle im Gesetz zu finden ist, erklärt sich auch, dass es sich bei dem Begriff Corporate Governance nicht um einen Rechtsbegriff handelt.

#### *b) Wörtliche Übersetzung*

Der Begriff Corporate Governance entstammt dem angelsächsischen Rechtskreis. Er tauchte im Zusammenhang mit der thematischen Diskussion erstmals in den siebziger Jahren auf.[95] Im kontinaleuropäischen Rechtskreis findet man die erste Diskussion unter diesem Stichwort nur wenige Jahre später bei dem von *Hopt/Teubner* herausgebenen Werk „Corporate Governance and Directors' Liabilites".[96] Übersetzt man den Begriff aus dem Englischen frei in die deutsche Sprache, so kommt man zu

90 *Schneider/Strenger*, AG 2000, 106, 107.

91 *Bühler*, Regulierung im Bereich der Corporate Governance, 2009, S. 125.

92 *Bühler*, Regulierung im Bereich der Corporate Governance, 2009, S. 125; *Möslein*, JZ 2010, 72.

93 *Bühler*, Regulierung im Bereich der Corporate Governance, 2009, S. 125; zur Geschichte des Begriffs auch *Möslein* JZ 2010, 72.

94 Dazu noch unten im Einzelnen § 3 IV)2)a)bb)(1).

95 So zum Beispiel in dem Fachartikel von *Brown*, Putting the Corporate Board to work; 1976, S. 107 („Governance of the Corporation").

96 *Hopt/Teubner*, Corporate Governance and Directors' Liabilities.

einer Übersetzung, die so viel bedeutet wie „Herrschaft im Unternehmen".[97] Weitere Begriffe, die im Falle einer Übersetzung genannt werden, sind Unternehmensleitung oder Verwaltungsstruktur.[98] Doch mittlerweile versuchen die meisten erst gar nicht mehr, den Begriff Corporate Governance in die deutsche Sprache zu übersetzen, da man sich einig ist, dass für den Begriff Corporate Governance eine angemessene deutsche Übersetzung nicht existiert.[99]

### *c) Wesen des Begriffs Corporate Governance*

Mittlerweile versuchen nur noch wenige, den Begriff „Corporate Governance" wörtlich in die deutsche Sprache zu übersetzen, sondern definieren den Begriff über Funktion und Nutzen hinter der Diskussion. Für einige ist der Begriff Corporate Governance auch nur das moderne Schlagwort für die Thematik, die in vergangener Zeit unter dem Stichwort „ehrbarer Kaufmann" diskutiert wurde.[100] Überwiegend wird unter dem Begriff aber der Ordnungsrahmen diskutiert, der für die Leitung und Überwachung in einem Verband notwendig ist.

#### *aa) USA*

Die Arbeit hat nicht zum Ziel, eine umfassende rechtsvergleichende Darstellung zu bieten, und dennoch soll an dieser Stelle kurz auf das Verständnis des Begriffs Corporate Governance in den USA eingegangen werden. Dies ist vor allem unter dem Gesichtspunkt des Ursprungs des Begriffs sinnvoll. Auch wenn nicht sicher gesagt werden kann, wo und wann der Begriff Corporate Governance erstmals gebraucht worden ist, hat die Diskussion zu dem Thema in den USA am schnellsten an Fahrt gewonnen.[101] Die „Bewegung Corporate Governance" hat somit wichtige erste Schritte in den USA gemacht. Der Begriff der Corporate Governance wird in den USA enger verwendet als im kontinentaleuropäischen Raum. Ansatzpunkt der Diskussion waren hier anfangs die Probleme, die infolge der Trennung von Eigentum und Verfügungsmacht entstehen, und konzentrierten sich somit zunächst ganz auf das Verhältnis der Anteilseigner zum Management. Unter Corporate Governance versteht man daher schwerpunktmäßig die rechtliche Entscheidungsorganisation in

---

97 Eine andere Übersetzung des Begriffs ist „angemessene Unternehmensorganisation", *Schneider/Strenger*, AG 2000, 106, 107; *v. Werder* sieht ein, dass eine wörtliche Übersetzung „nicht ohne weiteres möglich ist", meint jedoch, dass es „im Kern dem deutschen Begriff Unternehmensverfassung recht nahe kommt", *v. Werder*, in: Ringleb u. a.: Deutscher Corporate Governance Kodex, 5. Aufl., 2014, Vorbemerkung Rn. 1.

98 *Hucke*, in: Aktuelle Entwicklungen im Unternehmensrecht, 2003, S. 72, 73.

99 *Lutter*, Jura 2002, 83; *Niedereichholz*, Einflussfaktoren des deutschen Corporate Governance-Systems auf die Vorstandsvergütung, S. 11.

100 *Cromme/Claassen*, in: Hommelhoff/Hopt/v. Werder, Handbuch Corporate Governance, 2. Aufl., 2009, S. 603, 604.

101 *Müller*, Corporate Governance in den Medien, 2005, S. 61.

Unternehmen, in denen wirtschaftliches Eigentum und Führung auseinanderfallen.[102] Heute werden unter dem Begriff auch andere mit der Unternehmensführung zusammenhängende Fragen diskutiert.[103] Im Mittelpunkt steht aber weiterhin die zweckmäßige rechtliche Strukturierung der Leitungsorgane mit dem Ziel, eine Binnenstruktur zu schaffen, die zur Auflösung der Konflikte zwischen Anteilseigner und Management bestmöglich beiträgt.[104] Das auf das Anlegerinteresse fixierte Modell ist dem Umstand geschuldet, dass die Finanzierung über den Kapitalmarkt in den USA schon seit langer Zeit die dominierende Art der Unternehmensfinanzierung ist. Somit ist das US-amerikanische Modell der Corporate Governance im Schwerpunkt ein kapitalmarktrechtliches, in dessen Mittelpunkt der Schutz der Anteilseigner und ihrer Vermögensinteressen steht.[105]

#### *bb) Deutschland*

In Deutschland hingegen wird unter dem Begriff der Corporate Governance eine breitere Palette an Themen diskutiert. Insbesondere werden die Interessen der Anteilseigner nicht in den Mittelpunkt gestellt, sondern es spielen auch öffentliche Interessen wie struktur-, industrie-, arbeitsmarkt- und wettbewerbspolitische Themen eine Rolle.[106] Die Erstreckung der Diskussion auch auf andere Interessengruppen im Rahmen einer Unternehmung wird als Stakeholder-Modell bezeichnet. Hier wird das Unternehmen nicht nur definiert über das Verhältnis von Anteilseigner und Geschäftsführung. Vielmehr liegt der Vorstellung ein „Koalitionsmodell der Unternehmung" zugrunde, bei der eine gute Unternehmensverfassung dazu dient, konfligierende Interessen – zum Beispiel die der Mehrheits- und Minderheitsanteilseigner, der Beschäftigten und der Gläubigern und Öffentlichkeit – in Ausgleich zu bringen. Die Thematik wird auch in Deutschland nicht nur rein rechtlich verankert, sondern interdisziplinär behandelt und diskutiert.[107]

## 4) Definition des Begriffs Corporate Governance

Wo die sprachliche Fixierung des Begriffs Corporate Governance noch relativ einfach anmutet, wird das Unterfangen schon um einiges komplizierter, wenn man versucht, den Begriff auch inhaltlich mit Leben zu füllen. Denn sucht man nach einer

---

102 So heißt es in den Principles of Corporate Governance des *American Law Institute*, 1994, S. XXV Corporate Governance is „the objective and conduct of the business corporation, the structure of the corporation, the duty of care, the duty of fair dealing, the role of directors and shareholders in the transactions in control and tender offers, and remedies".

103 *Leyens*, JZ 2007, 1061, 1062.

104 *Hopt*, ZHR-Beiheft 71 (2002), S. 27, 30; *Hopt*, in: Max Hachenburg – Dritte Gedächnisvorlesung, 2000, S. 9, 13; *Schneider*, DB 2000, 2413.

105 *Merkt*, AG 2003, 126, 127.

106 *Merkt*, AG 2003, 126, 127.

107 *Möslein*, in: FS Hopt, S. 2861, 2864.

Definition für den Begriff Corporate Governance, findet man keine einheitliche, sondern eine Vielzahl an Definitionen, die im Groben übereinstimmen, aber doch feine und zum Teil wichtige Unterschiede aufweisen. Erste Anhaltspunkte für das, was sich hinter dem Begriff verbirgt, und dass dies von Land zu Land variiert, wurden schon oben gegeben. Der Umstand, dass keine einheitliche Definition des Begriffes existiert, lässt sich schon daraus ableiten, dass Autoren bei der Beschreibung des Begriffs Corporate Governance Worte wie „in etwa“[108] oder „hauptsächlich“[109] benutzen. Da es sich bei dem Begriff nicht um einen Rechtsbegriff[110] handelt, konnte bisher weder der Gesetzgeber noch die Rechtsprechung dazu beitragen, dem Begriff Konturen zu verleihen. Daneben wird der Begriff nicht nur in der Rechtswissenschaft benutzt, sondern auch in anderen wissenschaftlichen Kreisen.[111] Hinzu kommt, dass die Corporate Governance ein verhältnismäßig junger Forschungsbereich ist und sich aus den vielen Vorschlägen noch keine einheitliche Handhabe des Begriffs herauskristallisiert hat.[112] Allgemein wird Corporate Governance immer wieder beschrieben als System, mit dem Unternehmen geführt und überwacht werden.[113]

---

108 *Hauschka,* in: Hauschka, Corporate Compliance, § 1 Rn. 1.

109 *Pampel/Glage,* in: Hauschka, Corporate Complinace, § 5 Rn. 16.

110 *Dörner/Orth,* Bedeutung der Corporate Governance für Unternehmen und Kapitalmärkte, in: Pfitzer/Oser/Orth, Deutscher Corporate Governance Kodex, 2. Aufl., 2005, S. 5, 7.

111 *Konnertz-Häußler,* Corporate Governance als Problemlösungsstrategie bei der GmbH, S. 5;. *Schmidt,* Stakeholderorientierung, Systemhaftigkeit und Stabilität der Corporate Governance in Deutschland, März 2006, S. 4.

112 *Martin/Zimmermann,* in: Allmendinger u. a. (Hrsg.), Corporate Governance nach der Finanzkrise S. 81, 83.

113 *Budäus/Hilgers* verstehen unter Corporate Governance die „verantwortungsvolle Steuerung und Kontrolle von Unternehmen“ *Budäus/Hilgers,* in: Hommelhoff/Hopt/v. Werder, Handbuch Corporate Governance, S. 884, 892; ein recht weites Verständnis legt die *Grundsatzkommission Corporate Governance* zugrunde und definiert Corporate Goverance als die „erfolgsorientierte Unternehmensleitung und verantwortliche Unternehmensverfassung“; *Scheffler,* in: Scheffler (Hrsg.), Corporate Governance, S. 79, 80; Kürzer *R. Schmidt,* der unter Corporate Governance „Unternehmenssteuerung und Kontrolle“ versteht, *Schmidt,* Reinhard, Stakeholderorientierung, Systemhaftigkeit und Stabilität der Corporate Governance in Deutschland, März 2006, Working Paper Series: Finance and Accounting, No. 162, S. 1, abrufbar unter http://hdl.handle.net/10419/23426; so auch in der Gesetzesbegründung zum *TransPuG,* BT-Drucks. 14/8769, S. 10; *Strenger* fasst unter den Begriff „gute Haushaltführung in Unternehmen“, *Strenger,* DStR 2001, 2225; bei *von Rosen* findet sich für den Begriff die Beschreibung „Ordnungsrahmen für eine erfolgsorientierte Unternehmensleitung und verantwortliche Unternehmensüberwachung, die auf eine langfristige Wertschöpfung ausgerichtet ist“ *v. Rosen,* in: v. Rosen (Hrsg.), Corporate Governance, S. 10; weitere Definitionen: Als Corporate Governance wird die Ordnung guter Unternehmensführung bezeichnet.“, *Beisel/Klumpp,* Der Unternehmenskauf, Rn. 94; „die Optimierung der Leitungs- und Kontrollfunktion im Rahmen unternehmerischer Tätigkeit, *Buck-Heeb,* in: FS Westermann, 2008,

In der Gesetzesbegründung zum Transparenz- und Publizitätsgesetz wird Corporate Governance beschrieben als das System der Unternehmensführung und -kontrolle. Teilweise wird bei der Definition des Begriffs Corporate Governance schon die Ausbalancierung der verschiedenen Interessen der an dem Unternehmen beteiligten

---

S. 845, 848; für *Frühauf* bedeutet Corporate Governance „die Strukturierung der Unternehmensführung", *Frühauf*, ZGR 1998, 407; „Corporate Governance betrifft in einem sehr weiten Sinne alle Fragen der Leitung und Kontrolle unternehmerischer Tätigkeit in einem marktwirtschaftlichen Umfeld." *Grundmann/Mülbert*, ZGR 2001, 215; *Grundmann* stellt im Schwerpunkt auf Entscheidungsstrukturen ab, siehe *Grundmann*, Europäisches Gesellschaftsrecht, 2. Aufl., 2011, § 13 Rn. 442; „Die schlagwortartige Verwendung des Begriffs zielt schlichtweg auf die rechtliche und tatsächliche Verteilung der Aufgaben zwischen Aufsichtsrat, Vorstand und Eigentümern" *Geschwandtner/Wieg*, General- und Vertreterversammlung per Internet, S. 13; Begriff der Corporate Governance bezeichnet Führungsgrundsätze, die sich an Gesellschaftsorgane wenden", *Koch*, in: Hüffer, AktG, § 76 Rn. 37; *Hahn* bezeichnet als Corporate Governance „den faktischen als auch rechtlichen Ordnungsrahmen in Bezug auf die Leitung und Überwachung eines Unternehmens", *Hahn*, Das Novellierte Genossenschaftsgesetz, S. 74, so auch *v. Werder*, in: Ringleb u. a., Deutscher Corporate Governance Kodex, 5. Aufl., 2014, 1. Teil, Vorbemerkung Rn. 1; sehr Shareholderorientiert *Highbury*, der unter Corporate Governance das „Führungssystem, mit dem Wettbewerbsunternehmen entstehen und Investoren vor unverbürgten Risiken geschützt werden" versteht, *Highbury*, in: Cromme, Corporate Governance Report 2002, S. 56; *Martinek* versteht unter der Corporate-Governance-Diskussion „die Optimierung der Handlungs- und Haftungsverfassung der AG im Rahmen einer Selbstregulierung der Wirtschaft" *Martinek*, WRP 2008, 51; nach *Mendrzyk* beschäftigt sich Corporate Governance mit der „Frage, welche Unternehmensziele die Geschäftsleitung mit welchen Mitteln verfolgen sollte" *Mendrzyk*, Das deutsche Aktienrecht verglichen mit den Principles of Corporate Goverannce der OECD, S. 6; *Peltzer/v. Werder* AG 2001, S. 1 sehen Corporate Governance als „die Lehre von einer optimalen Unternehmensführung und einer optimalen Überwachung eben dieser Führung."; *Spindler* definiert Corporate Governance als „Funktionsweise der Leitungsorgane, ihr Zusammenwirken und die Überwachung ihres Verhaltens", *Spindler*, in: MünchKomm-AktG, Bd. 2, Vorbem. Rn. 1; mit anderem Schwerpunkt *Wackerbarth*, der davon ausgeht, dass es bei Corporate Goveranance „um die Regeln geht, die praktisch wirksam eine unabhängige Aufsicht der Geschäftsleitung einer Kapitalgesellschaft sicherstellen", *Wackerbarth*, ZGR 2005, 686; *Wymeersch* legt den Begriff extensiv aus und bei ihm umfasst der Begriff Corporate Governance „die gesamte Wirkung der Managementorgane", *Wymeersch*, in: Hommelhoff/Hopt/v. Werder, Handbuch Corporate Governance, 2. Aufl., 2009, S. 137, 142; *Zöller/Noack* fassen unter dem Begriff Corporate Governance Bestrebungen zusammen, „die Leitung des Unternehmens und ihre Überwachung optimal auszugestalten im Sinne einerseits effektiver, andererseits Interessen von Anteilseignern, Gläubigern und Allgemeinheit", *Zöller/Noack*, in: Baumbach/Hueck, GmbHG, Vorbemerkung zu § 32–52, Rn. 11, 20. Aufl., 2013.

oder abhängigen Stakeholder in den Vordergrund gerückt.[114] Aus diesem Blickwinkel heraus ist Corporate Governance in erster Linie dafür da, ein System von „checks and balances“ zu schaffen, das die verschiedenen Interessen der beteiligten Gruppen umfassend berücksichtigt und effektiv ist.[115]

Teilweise wird Corporate Governance fälschlicherweise mit Unternehmensverfassung gleichgesetzt.[116] Legt man diese Sicht zugrunde, geht es bei der Diskussion um Corporate Governance vor allem um die „zweckmäßige rechtliche Strukturierung der obersten Leitungsorgane“,[117] die darauf ausgerichtet ist, das Risiko eines Machtmissbrauchs zu minimieren[118]. Demnach stellt Corporate Governance Anforderungen an die Organisation und die Arbeitsweise der Leitungs- und Kontrollgremien in Gesellschaften.[119] Corporate Governance ist aber eine viel weitere und komplexere Problemsicht als die Diskussion rund um die Unternehmensverfassung.[120] Denn Corporate Governance befasst sich nicht nur mit der internen Struktur der Unternehmung, sondern auch mit den Einflüssen, die von außen auf das Unternehmen und seine Verfassung wirken.[121] Auf der anderen Seite geht es auch um die Auswirkungen, die das „Verhalten“ einer Unternehmung auf Außenstehende hat. Zum Teil wird der Begriff der Corporate Governance auch dahingehend verstanden, dass man unter dem Begriff schon die verschiedenen Mechanismen versteht, die eingesetzt werden, um eine gute Corporate Governance zu schaffen.[122] Mit diesem Verständnis umgeht man die Definition dessen, was man eigentlich erreichen will. Festzuhalten bleibt, dass eine einheitliche Definition des Begriffs Corporate Governance nicht existiert und es sich hierbei um einen vielschichtigen Untersuchungsgegenstand handelt.[123]

Vergleicht man die verschiedenen Ansätze, die in Bezug auf Corporate Governance hervorgebracht werden, lassen sich grundsätzlich zwei verschiedene Ansätze unterscheiden. Zum einen die engere Sichtweise, die sich im Schwerpunkt auf die Führung im Interesse einer Wertsteigerung konzentriert und auf der anderen Seite

---

114 *Schmidt*, Stakeholderorientierung, Systemhaftigkeit und Stabilität der Corporate Governance in Deutschland, März 2006, Working Paper Series: Finance and Accounting, No. 162, S. 1, abrufbar unter http://hdl.handle.net/10419/23426; *Wymeersch*, in: FS Hopt, 2010, S. 156, 166.

115 *Windbichler*, JZ 2008, 840, 845; *Burger/Kalss*, GesRZ 2002, 51; *Ganske*, Corporate Governance in öffentlichen Unternehmen, 2005, S. 27; *Zöller/Noack*, in: Baumbach/Hueck, GmbHG, Vorbemerkung zu § 32–52, 20. Aufl., 2013, Rn. 11.

116 So bei *Schünemann*, VW 2003, 26; *Großfeld*, WPg 1998, 627, 629.

117 *Buck-Heeb*, in: FS Westermann, 2008, S. 845, 852.

118 *Bühler*, Regulierung im Bereich Corporate Governance, 2009, S. 133.

119 *Zöller/Noack*, in: Baumbach/Hueck, GmbHG, Vorbemerkung zu § 32–52, 20. Aufl., 2013, Rn. 14.

120 Dazu *Littger*, Deutscher Corporate Governance Kodex, S. 47f.

121 *v. Werder*, in: Hommelhoff/Hopt/v. Werder, Handbuch Corporate Governance, 2. Aufl., 2009, S. 3, 4; sowie dazu unten § 2 III)5)b).

122 Siehe dazu *Windbichler*, NJW 2012, 2625.

123 *Rudolph*, BB 2003, 2053.

die weitere Definition, die nicht nur das Verhältnis der Unternehmensführung zu den Anteilseignern, sondern auch die Außenbeziehungen des Unternehmens mit einbezieht.[124]

Dieser Arbeit soll ein weites Verständnis von Corporate Governance zugrunde gelegt werden, denn ansonsten würde der Weg versperrt, die Besonderheiten der Corporate Governance von Banken aus allen Blickwinkeln heraus aufzuarbeiten. Es ist somit nicht nur der gesellschaftsrechtliche Einfluss (Binnenstruktur der Gesellschaft) zu untersuchen, sondern vielmehr auch weitere wirtschaftsverwaltungsrechtliche Einflüsse. Weiterhin kann eine zu enge Fokussierung dazu führen, dass es nicht möglich ist, ein die interne und externe[125] Corporate Governance umfassendes Gesamtkonzept zu erstellen.[126] Ist hier die Rede von Corporate Governance, soll darunter der rechtliche und institutionelle Rahmen sowie die unternehmensinternen und -externen Instrumente verstanden werden, die Leitung und Kontrolle einer Unternehmung beeinflussen können und somit letztlich auch auf den Unternehmenserfolg wirken.

### 5) Differenzierung zwischen interner und externer Governance

In der gegenwärtigen Diskussion trennt man zwei große Themenkomplexe im Bereich der Corporate Governance. Man differenziert zwischen interner und externer Corporate Governance. Die Zerlegung der Thematik in zwei Komplexe fördert zutage, dass in der Diskussion um Corporate Governance Regelungskomplexe in einen Zusammenhang gebracht, die sonst isoliert betrachtet werden.[127] Konkret kommt durch die Einteilung in interne und externe Corporate Governance die Verbindungslinie zwischen Gesellschafts- und Kapitalmarktrecht zum Ausdruck.[128] Im Fall von Banken wird zusätzlich die Verbindung zwischen Aufsichts- und Verbandsrecht und in bestimmten Fällen auch zwischen Aufsichts-, Gesellschafts- und Kapitalmarktrecht sichtbar.

---

124 So zum Beispiel die Definition der OECD Grundsätze: „Corporate Governance Mechanismen [...] betreffen das ganze Geflecht der Beziehungen zwischen dem Management eines Unternehmens, dem Aufsichtsorgan, den Aktionären und anderen Unternehmensbeteiligten (*Stakeholder*)." *OECD*, OECD-Grundsätze der Corporate Governance, S. 11; aus der Literatur *Ganske*, Matthias; Corporate Governance bei öffentlichen Unternehmen, 2005, S. 38.

125 Zu der Differenzierung unten unter §2 III)5).

126 So auch *Wohlmannstetter*, in: Hommelhoff/Hopt/v. Werder, Handbuch Corporate Governance, 2. Aufl., 2009, S. 905, 907.

127 Dazu funktional *Kraakman/Armour/Davies*, The Anatomy of Corporate Law, 2009.

128 *Leyens*, JZ 2007, 1061, 1062.

### a) Interne Corporate Governance

Unterscheidet man zwischen interner und externer Corporate Governance, bezeichnet die interne Corporate Governance die „jeweiligen Rollen, Kompetenzen und Funktionsweisen sowie das Zusammenwirken der Unternehmensorgane wie Vorstand und Aufsichtsrat".[129] Verkürzt gesprochen geht es bei der internen Corporate Governance um die Rechte und Pflichten der Organe in dem Unternehmen,[130] um Funktionsweise sowie die Kontrollmechanismen[131] und das Zusammenwirken der beteiligten Organe.[132] Im Mittelpunkt der internen Corporate Governance stehen in der deutschen Diskussion Vorstand und Aufsichtsrat,[133] im angloamerikanischen einstufigen System bildet das Board den Mittelpunkt der Diskussion.[134] Bei der internen Corporate Governance dreht sich somit alles um die Unternehmensverfassung.[135] Der Zweck der internen Corporate Governance liegt vor allem darin, bestehende Prinzipal-Agenten-Konflikte,[136] allem voran den zwischen Management und Aktionären, zu vermindern bzw. im Idealfall komplett aufzulösen. Um das zu erreichen, muss die Binnenorganisation des Unternehmens so gestaltet sein, dass die Leitungsorgane die Aufgaben zugeteilt bekommen, die sie sachgerecht und zweckmäßig erfüllen können. Um die Organe dazu anzuhalten, ihre Pflichten ordnungsgemäß zu erfüllen, besteht in nahezu allen Verbänden eine Innenhaftung im Fall eines sorgfaltswidrigen Pflichtverstoßes. In wenigen Worten zusammengefasst behandelt man unter dem Stichwort der internen Corporate Governance die Führung und Kontrolle innerhalb des Unternehmens („checks and balances").[137] Aus rechtlicher Sicht geht es bei der internen Governance schwerpunktmäßig um Aspekte des Gesellschaftsrechts.[138] Die Unterscheidung zwischen interner und externer Governance entwickelte sich erst mit der Zeit und ist dem Umstand geschuldet, dass sich die Diskussion um das Thema immer weiter ausbreitete.[139] Am Anfang der Diskussion konzentrierte man sich ganz auf die Strukturen in der Gesellschaft. Man

---

129 *v. Werder,* in: Ringleb u.a., Deutscher Corporate Governance Kodex, 5. Aufl. 2014, 1. Teil, Vorbemerkung Rn. 1; *Committee of European Banking Supervisors* (CEBS), Consultation paper on the Guidebook of Internal Governance, 2010, S. 5, abrufbar unter https://www.eba.europa.eu/documents/10180/105241/CP44v2.pdf; auf den Entscheidungsfindungsprozess abstellend *Windbichler,* EBOR 2001, 795, 803.

130 *Hopt,* ZHR 175 (2011), 444, 450; *Gruber/Kaldemorgen,* Kreditwesen 2007, 263.

131 *Claussen/Bröcker,* AG 2000, 481.

132 *Kunze,* Überwachung operationeller Risiken bei Banken, 2007, S. 48.

133 Das beruht darauf, dass im Mittelpunkt der Diskussion die Unternehmen stehen, die in der Rechtsform einer Aktiengesellschaft organisiert sind.

134 *Hopt,* in: FS Nobbe, 2009, S. 853, 854.

135 *Hucke,* in: Aktuelle Entwicklungen im Unternehmensrecht, 2003, S. 72, 82.

136 Näher zu diesem Begriff s.u. §2 III)7)a).

137 *Hopt,* in: FS Nobbe, 2009, S. 853, 854.

138 *Bachmann,* AG 2011, 181.

139 Erste Ansätze zur Unterscheidung finden sich aber schon bei *Hirschman,* Exit, Voice, and Loyalty.

differenzierte noch nicht zwischen interner und externer Corporate Governance, und sprach man von Corporate Governance, meinte man damit immer den Komplex, der heute mit interner Corporate Governance bezeichnet wird.[140]

### b) *Externe Corporate Governance*

Spricht man von externer oder auch äußerer Corporate Governance geht es primär um das Verhältnis des Unternehmens, insbesondere der Unternehmensführung, zu den Gruppen, die mit dem Unternehmen in Verbindung stehen.[141] Diese Bezugsgruppen werden auch als „Stakeholder"[142] bezeichnet. Hier sind die Anleger der Gesellschaft sowie Gläubiger und insbesondere die Belegschaft zu nennen.[143] Bei Gesellschaften, die am Kapitalmarkt gehandelt werden, ist der Einfluss der externen Corporate Governance in der Regel ausgeprägter als bei Gesellschaften, die nicht auf dem Kapitalmarkt anzutreffen sind.[144] Bei der Diskussion rund um die externe Corporate Governance geht es somit auch um Personen, Mechanismen und Wege, die Einfluss auf Entscheidungen und Entscheidungsträger haben und deren Einfluss nicht aus der primären Binnenorganisation des Verbandes resultiert.[145] Zusammenfassend behandelt man unter dem Begriff der externen Corporate Governance zum einen die Unternehmenskontrolle durch Außenstehende, also unternehmensfremde Personen[146], und zum anderen die Unternehmenskontrolle im Interesse von Außenstehenden.[147] In den Bereich der externen Corporate Governance von Unternehmen fallen auch Regelungen und Gesetze, die nicht dem Gesellschaftsrecht entstammen. Hier sind als Beispiel Regelungen aus dem Steuerrecht, Arbeitsrecht, aber auch das Insolvenzrecht zu nennen.[148] Unter den Begriff externe Corporate Governance ist demnach all das zu fassen, das unmittelbar Einfluss auf das Verhalten einer Gesellschaft nimmt und dazu beiträgt, dass bei der Führung des Unternehmens die Interessen Dritter Berücksichtigung finden.

---

140 Dieses anfängliche enge Verständnis des Begriffs zeigt sich zum Beispiel bei *Peltzer*, der Corporate Governance definiert als „die Herrschaft der zweigeteilten Gruppe der Verantwortlichen der großen kapitalmarktfähigen Kapitalgesellschaften", *Peltzer*, in: Max Hachenburg – Dritte Gedächnisvorlesung, 2000, S. 49, 51.

141 *v. Werder*, in: Ringleb u.a., Deutscher Corporate Governance Kodex, 5. Aufl. 2014, 1. Teil, Vorbemerkung Rn. 1; *v. Werder*, in: Hommelhoff/Hopt/v. Werder, Handbuch Corporate Governance, 2. Aufl., 2009, S. 3, 4; *Kunze*, Überwachung operationeller Risiken bei Banken, 2007, S. 48.

142 Dazu näher unten §2 III)7)b)(2)(a).

143 *Claussen/Bröcker*, AG 2000, 481.

144 *Ganske*, Corporate Governance in öffentlichen Unternehmen, 2005, S. 41.

145 *Grundmann*, Europäisches Gesellschaftsrecht, 2. Aufl., 2011, § 13 Rn. 476.

146 *Hopt*, in: FS Nobbe, 2009, S. 853, 855.

147 *Windbichler*, EBOR 2001, 795, 803.

148 *Windbichler*, EBOR 2001, 795, 803; explizit zur Wirkung des Insolvenzrechts, *Binder*, in: Corporate Governance nach der Finanz- und Wirtschaftskrise, 2011, S. 239, 241.

### c) *Interne und externe Corporate Governance als sich ergänzendes Konzept*

Auch wenn man interne und externe Corporate Governance unterscheidet, ist diese Unterscheidung nicht als eine strikte Trennung zu verstehen. Vielmehr handelt es sich bei interner und externer Corporate Governance um ein sich ergänzendes Konzept.[149] Dabei sind die zur Anwendung kommenden Mechansimen teilweise auch funktional austauschbar und können sowohl als interne Governancemittel als auch als externes Governancemittel genutzt werden.[150] Nur wenn interne und externe Corporate Governance als Einheit gesehen und ihre Wirkungen aufeinander abgestimmt werden, kann eine „Good Corporate Governance" im Unternehmen gewährleistet werden. Dabei ist der Anteil der internen und externen Corporate Governance nicht immer gleich, sondern es ist von der individuellen Gesellschaft abhängig, wie viel Gewicht der internen oder externen Corporate Governance jeweils zukommen.[151]

## 6) Entwicklung der Diskussion im Gesellschaftsrecht

Nachdem der abstrakte Begriff Corporate Governance mit Leben gefüllt worden ist, soll nun dargestellt werden, wie sich die Diskussion im deutschen Gesellschaftsrecht verbreitet hat.

### a) *Diskussion in Bezug auf die Aktiengesellschaft*

Zu Beginn der Diskussion rund um Corporate Governance konzentrierte man sich in Deutschland komplett auf börsennotierte Aktiengesellschaften. Auch heute noch ist die Diskussion rund um die Corporate Governance stark aktienrechtlich geprägt.[152] Das rührt daher, dass Treiber der Corporate-Governance-Debatte auch die institutionellen Anleger waren und diese nun einmal besonders an der Corporate Governance der Unternehmen interessiert waren, an denen sie schon beteiligt waren bzw. an denen sie sich grundsätzlich beteiligen können.

### b) *Ausdehnung der Diskussion auf andere Gesellschaftsformen*

Heute beschränkt sich die Diskussion bezüglich Corporate Governance aber nicht mehr nur auf börsennotierte Aktiengesellschaften. Einen ersten Hinweis hinsichtlich dieser Tendenz ist schon der Präambel des Deutschen Corporate Governance

---

149 *Grundmann*, Europäisches Gesellschaftsrecht, 2. Aufl., 2011, § 13 Rn. 488.

150 Für die Anteilseigner von Aktiengesellschaften kann hier auf die von Hirschman aufgezeigte „Voice"- (interne Governance) oder „Exit" (externe Governance) Strategie verwiesen werden, *Hirschman*, Exit, Voice and Loyalty.

151 *Grundmann*, Europäisches Gesellschaftsrecht, 2. Aufl., 2011, § 13 Rn. 488.

152 *Geschwandnter/Wieg*, General- und Vertreterversammlung per Internet, 2002, S. 13.

Kodex (DCGK) zu entnehmen. Denn hier wird die Anwendung des DCGK auch auf nicht börsennotierte Gesellschaften empfohlen. Doch ist man sich heute weitgehend einig, dass die Frage nach guter Corporate Governance nicht nur bei Aktiengesellschaften eine hohe Relevanz besitzt, sondern dass dies eine Frage ist, die sich unabhängig von der Rechtsform stellt.[153] Ein Bedürfnis nach guter Corporate Governance ergibt sich immer dann, wenn ein Rechtsverhältnis besteht, bei dem Prinzipal und Agent[154] des zu verwaltenden Gegenstandes oder Rechts nicht personengleich sind und somit derjenige, der das wirtschaftliche Risiko trägt, nicht identisch ist mit demjenigen, der die Entscheidungen über das Recht oder den Gegenstand trifft.[155] Im Bereich des Gesellschaftsrechts manifestiert sich dieser Konflikt anhand der Einrichtung von Leitungs- und Kontrollorganen, die die Unternehmensführung für die Anteilseigner übernehmen.[156] Dabei sind die Prinzipal-Agenten-Konflikte, die mithilfe einer guten Corporate Governance bewältigt werden sollen, in den einzelnen Gesellschaftsrechtformen verschieden gelagert und unterschiedlich stark ausgeprägt.[157] Zum Beispiel ist bei der GmbH das Problem zwischen Gesellschafter und Geschäftsführer weniger stark ausgeprägt, dafür gibt es aber ein größeres Konfliktpotenzial zwischen Mehrheits- und Minderheitsgesellschafter sowie Gesellschaftern und Gesellschaftsgläubigern.[158] Dennoch lassen sich die Konflikte, sind sie auch

---

153 *v. Werder*, in: Hommelhoff/Hopt/v. Werder, Handbuch Corporate Governance, 2. Aufl., 2009, S. 3, 4; *Feddersen/Hommelhoff/Schneider, U. H.*, in: Feddersen/Hommelhoff/Schneider, Corporate Governance, 1996, 1f.; *Schneider, U.H.*, AG 2005, 493, 494 mit dem Hinweis, dass die Rechtsform aber durchaus Einfluss auf die Ausgestaltung hat; aber so auch schon *Hopt*, in: Max Hachenburg – Dritte Gedächnisvorlesung, 2000, S. 9, 43 f.; *Hopt*, ZHR 175 (2011), 444, 452; explizit die Relevanz Corporate Governance für Genossenschaften betonend *Gätsch*, in: Helios/Strieder, Handbuch Genossenschaft, 2009, § 5 Rn. 35; die strategische Bedeutung der Corporate Governance für Unternehmen aller Rechtsformen hervorhebend *Dörner/Orth*, in: Pfitzer/Oser/Orth, Deutscher Corporate Governance Kodex, 2. Aufl., 2005, S. 5, 8; *Fahl*, Corporate Governance im Versicherungsverein a.G., 2005, S. 111; *Buck-Heeb*, in: FS Westermann, 2008, S. 845, 848; zur Corporate Governance in geschlossenen Gesellschaften *Weller*, ZGR 2012, 386ff.; aus ökonomischer Sicht *Gerum*, Das deutsche Corporate Governance-System, 2007, S. 9; *Voigt*, JITE 2011, 165, 166.

154 Ausführlich zum Prinzipal-Agenten-Konflikt unten §2 III)7)a).

155 *Schäfer*, Fund Governance, 2009, S. 34; speziell in Bezug auf Gesellschaften; *Paschos*, in: Gesellschafsrecht in der Diskussion 2003, 2004, S. 145, 149; *Fahl*, Corporate Governance im Versicherungsverein a.G., 2005, S. 112.

156 *Roh/Vogel*, Sparkasse 2004, Heft 11, S. 8.

157 Zu den GmbH typischen Prinzipal-Agenten-Konflikten in einer GmbH *Fleischer*, in: MünchKomm-GmbHG 2010, Einl. Rn. 275ff.; zu den Konflikten speziell in Sparkassen *Böhm-Dries/Eggers/Hortmann*, Betriebswirtschaftliche Blätter 2011, Ausgabe 1, S. 27ff.

158 *Fleischer*, in: MünchKomm-GmbHG, 2011, Einl. Rn. 276f.; zur Corporate Goverance bei der GmbH insgesamt *Konnertz-Häußler*, Corporate Governance als Problemlösungsstrategie bei der GmbH, 2011.

unterschiedlich ausgeprägt, auf einen kleinsten gemeinsamen Nenner herunterbrechen. Eine wichtige Rolle spielen hier die Informationsasymmetrien, die sich in allen Gesellschaftsformen finden. Dass Corporate Governance schon lange nicht nur mehr ein Thema für börsennotierte Aktiengesellschaften ist, sondern inzwischen gesellschaftsformübergreifend ist, zeigt sich auch daran, dass die Diskussion in der Literatur mittlerweile verstärkt auch für andere Gesellschaftsformen geführt wird.[159] Die gesellschaftsformübergreifende Relevanz der Thematik zeigt sich auch daran, dass es vermehrt Kodizes gibt, die nicht mehr an eine spezielle Gesellschaftform anknüpfen. Zu nennen sind hier der Public Corporate Governance Kodex sowie der Kodex für Familienunternehmen.[160] Zusammenfassend bleibt festzuhalten, dass Corporate Governance nicht nur für börsennotierte Aktiengesellschaften relevant ist, sondern auch für alle übrigen Gesellschaftsformen. Die Thematik ist nicht abhängig von der Größe des Unternehmens. Nicht nur große und global agierende, sondern auch kleine, regional agierende Unternehmen sind von der Thematik betroffen.[161] Das Bedürfnis nach guter Corporate Governance ist vor allem dort vorhanden, wo die Leitung der Gesellschaft in der Hand einer von den Anteilseignern unabhängigen Führungsriege liegt.[162] Denn hier gibt Corporate Governance Möglichkeiten an die Hand, um zu gewährleisten, dass die Führung des Unternehmens, die ihr von den Prinzipalen oder kraft öffentlich-rechtlichen Organisationsakts vorgegebenen Gewinn- oder sonstigen Ziele nachhaltig ansteuert.[163] Die konkrete Ausgestaltung des jeweiligen Corporate-Governance-Systems richtet sich vor allem nach der Realstruktur des einzelnen Unternehmens und den beteiligten und zu berücksichtigenden Stakeholdern.[164] Auch wenn die rechtliche Organisation entscheidend auf die Corporate Governance wirkt, wird sich zeigen, dass es Aspekte im Rahmen der Corporate Governance gibt, die die Diskussion unabhängig von der Rechtsform bestimmen und deren Geltung und Durchsetzung in allen gesellschaftsrechtlichen Organisationsformen zu einer guten Corporate Governance führen (zum Beispiel Transparenz).[165]

---

159 Zur GmbH siehe *Konnertz-Häußler*, Corporate Governance als Problemlösungsstrategie bei der GmbH, 2011.

160 Abrufbar unter http://www.kodex-fuer-familienunternehmen.de; zur Corporate Governance in Familienunternehmen aus wirtschaftswissenschaftlicher Sicht *Woywode/Keese/Tänzler*, ZGR 2012, 418ff.; dazu auch *Hopt*, in: FS Nobbe, 2009, S. 853, 854f.

161 *Gruber/Kaldemorgen*, Kreditwesen 2007, 263.

162 *Hoffmann*, WM 2012, 10 ff.; *Paschos*, in: Gesellschafsrecht in der Diskussion 2003, 2004, S. 145, 149.

163 *Mülbert*, BKR 2006, 349, 350.

164 *Bundesverband Öffentlicher Banken Deutschlands (VÖB)*, Jahresbericht 2006, S. 14.

165 *Schäfer*, Fund Governance, 2009, S. 37.

## 7) Ökonomischer Hintergrund der Corporate-Governance-Diskussion

Wie schon oben erwähnt ist die Diskussion rund um das Thema Corporate Governance ein Schnittmengenthema, das interdisziplinär diskutiert wird. Es ist ein Thema, bei dem Recht und die Sozialwissenschaften, hier insbesondere die Politikwissenschaften als Ursprung der Governance-Diskussion und die Ökonomie, Hand in Hand gehen. Nachfolgend soll die Entwicklung von ökonomischer Seite aus betrachtet werden.

### *a) Prinzipal-Agenten-Konflikt als Ursprung der Corporate-Governance-Diskussion*

Der Diskussion rund um die Corporate Governance ist untrennbar mit einem Phänomen verbunden,[166] dass unter dem Namen „principal agent problem" bekannt geworden ist.[167] In der deutschen Literatur wird das Problem auch unter den Begriffen Prinzipal-Agenten-Konflikt sowie Fremdverwaltungsproblem[168] behandelt.[169] Anhand dieser Begriffe lassen sich schon zwei Eigenheiten ablesen: Zum einen sind immer mindestens zwei Personen beteiligt, von denen einer Einfluss auf ein wirtschaftliches Gut ausüben kann, welches ihm aber wirtschaftlich nicht zugeordnet ist. Als Erster sprach *Adam Smith*[170] die Probleme an, die sich aus der Trennung von Eigentum und Leitung ergeben. *Berle/Means*[171] und *Jensen/Meckling*[172] widmeten sich dem Problem später intensiv. Ursprünglich war die Prinzipal-Agenten-Theorie ein „Gewächs" der ökomischen Zunft, mittlerweile wird mit dem Begriff und der dazugehörigen Theorie aber auch in der Rechtswissenschaft gearbeitet.[173] Die Prinzipal-Agenten-Theorie wird dabei vor allem dazu genutzt, Interessendifferenzen und Probleme in Gesellschaften festzustellen, um anhand dieser Analyse die Wirksamkeit rechtlicher Lösungen zu überprüfen oder aufbauend auf dieser Analyse rechtliche Vorschläge zu schaffen.

---

166 *Assmann*, AG 1995, 289; *Hopt*, ZHR 175 (2011), 444, 448.

167 Grundlegend dazu *Jensen/Meckling*, J. Fin. Econ.3 (1976) 305; *Ross*, Am. Econ. Review 63 (1973), 134.

168 *Schäfer*, Fund Governance, 2009, S. 30.

169 Nachfolgend soll der deutsche Begriff Prinzipal-Agenten-Konflikt bzw. Prinzipal-Agenten-Problem benutzt werden.

170 *Smith*, The Wealth of Nations, 1776, S. 941.

171 *Berle/Means*, The Modern Corporation and Private Property, 1932.

172 *Jensen/Meckling*, J. Fin. Econ.3 (1976) 305).

173 *Hopt*, in: Hopt/Wohlmannstetter, Handbuch Corporate Governance Banken, 2011, S. 3, 4.

#### *aa) Prinzipal-Agenten-Theorie als Teil der Neuen Institutionenökonomik*

Die Prinzipal-Agenten-Theorie ist Bestandteil der Neuen Institutionenökonomik. Die Forschung im Bereich der Neuen Institutionenökonomik beschäftigt sich mit der ökonomischen Analyse der organisatorischen Rahmenbedingungen der Wirtschaft und legt dabei die Existenz von Institutionen und Märkten zugrunde, die wiederum Kosten verursachen, wodurch die Gestaltung von individuellen Verfügungsrechten Bedeutung erlangt.[174] Dabei wird das Unternehmen im Lichte der Institutionenökonomik als Netz von expliziten und impliziten Verträgen zwischen den Wirtschaftssubjekten betrachtet.[175] Diese Verträge sind in der Regel unvollständig, da es den Beteiligten nahezu unmöglich ist, alle Eventualitäten beim Abschluss des Vertrages miteinzubeziehen.[176] Probleme aus der Unvollständigkeit der Verträge ergeben sich dann, wenn die beteiligten Gruppen versuchen, die Unvollständigkeit der Verträge zu ihrem Nutzen auszuschöpfen.[177] Mithilfe der Prinzipal-Agenten-Theorie sollen nach der Identifizierung der Probleme Wege gefunden werden, wie die Verträge trotz bestehender Informationsasymmetrien optimal gestaltet werden können.[178]

#### *bb) Was ist ein Prinzipal-Agenten-Konflikt?*

Ein Prinzipal-Agenten-Konflikt findet man dort, wo ein Prinzipal-Agenten-Verhältnis vorliegt. Ein Prinzipal-Agenten-Verhältnis entsteht, wenn eine Person (Agent) von einer anderen Person (Prinzipal) beauftragt worden ist, eigenverantwortlich und fremdnützig zu handeln sowie Entscheidungen zu fällen, aus der sich Konsequenzen ergeben, die nicht nur den Entscheidungsträger (Agent) selbst betreffen, sondern auch andere Personen (unter anderem den Prinzipal)[179] und die Person, bei der die Konsequenzen eintreten, den Handelnden (Agent) nicht hinreichend überwachen kann.[180] Nicht jedes Prinzipal-Agenten-Verhältnis führt automatisch auch zu einem Prinzipal-Agenten-Problem. Ein Problem wird erst dann daraus, wenn die Interessen des Prinzipals und des Agenten nicht deckungsgleich sind und der Prinzipal nachteilig von einer Informationsasymmetrie gegenüber dem Agenten betroffen ist.[181]

---

174 Grundlegend zur neuen Institutionenökonomik *Coase* (1937), aus der Lehre *Richter/Furubotn*, Neue Institutionenökonomik, 4. Aufl., 2010; aus der juristischen Sicht *Arnold*, Die Steuerung des Vorstandshandelns, 2007, S. 15.

175 Hierzu grundlegend *Alchian/Demsetz*, Am. Econ. Rev. 62 (1972) 777f.; *Jensen/Meckling*, J. Fin. Econ.3 (1976) 305, 311.

176 Siehe hierzu *Fleischer*, Informationsasymmetrie im Vertragsrecht, 2000.

177 *v. Werder*, in: Hommelhoff/Hopt/v. Werder, Handbuch Corporate Governance, 2. Aufl., 2009, S. 3, 6.

178 *Voigt*, Institutionenökonomik, 2. Aufl. 2009, S. 84.

179 *Arnold*, Die Steuerung des Vorstandshandeln, 2007, S. 13.

180 *Seibert*, ZRP 2011, 166.

181 *Steffek*, in: Perspektiven des Wirtschaftsrecht, 2008, S. 291, 302.

Zu beobachten ist das, wenn ein Beauftragter eingeschaltet wird[182] und es in der Folge zu einer Trennung von Eigentum und Kontrolle („separation of ownership and control") bzw. Übertragung von Entscheidungsmacht[183] kommt, wobei das (wirtschaftliche) Risiko beim Übertragenden verbleibt.[184] Diese Situation ist in seiner Reinform in Gesellschaften gegeben, die nicht von einem Einzelunternehmer, sondern (auch) von externen Geschäftsführern, die nicht zugleich auch Gesellschafter sind, geführt werden.[185] Anders als zum Teil angenommen tauchen Prinzipal-Agenten-Konflikte nicht nur in Publikumsgesellschaften auf[186], sondern sind in abgeschwächter Form auch in geschlossenen Gesellschaften zu identifizieren.[187] Insgesamt ist die rechtliche Diskussion der Thematik sehr stark körperschaftsrechtlich geprägt.[188] Prinzipal-Agenten-Konflikte treten aber nicht nur zwischen Anteilseigner und dem Management auf, auch wenn diese Konflikte oft im Mittelpunkt der Diskussion stehen.[189] Vielmehr kann man in Gesellschaften mehrere Prinzipal-Agenten-Konflikte beobachten, die sich zum Teil auch überlappen. Typischerweise sind drei verschiedene Prinzipal-Agenten-Konflikte zu beobachten. Neben dem primären Konflikt zwischen Anteilseigner und Management kommt es häufig zu Konflikten zwischen Mehrheitseigentümern und Minderheitseigentümern sowie zwischen den Anteilseignern an sich und Gruppen, die mit der Gesellschaft in (vertraglichem) Kontakt stehen.[190] Ursprung der Konflikte sind die verschiedenen Interessensituationen der Beteiligten. Der Schwerpunkt der wissenschaftlichen Diskussion liegt im Bereich der Konflikte zwischen Anteilseigern und Management und Mehrheitseigner und Minderheitseigner, der Konflikt zwischen Anteilseignern und anderen Gruppen wird jedoch regelmäßig in der Diskussion vernachlässigt.[191] Dabei kommt dem Konflikt zwischen Anteilseignern und außenstehenden Stakeholdern, insbesondere Gläubigern, vor allem in Krisensituationen eine besondere Brisanz zu.[192]

---

182 *Zimmer,* Finanzmarktregulierung, Gutachten G zum 68. Deutschen Juristentag, 2010, G 19; *Lange,* BB 2005, 2585.

183 *Jensen/Meckling,* J. Fin. Econ.3 (1976) 305; *Leyens,* JZ 2007, 1061.

184 *Koch,* WM 2010, 1155.

185 *Fleischer,* ZGR 2001, 1, 7f.

186 So aber *Roh/Vogel,* Sparkasse 2004, Heft 11, S. 8; *Möschel,* in: Grundmann/Hofmann/Möslein, Finanzkrise und Wirtschaftsordnung, 2009, S. 105, 111.

187 *Lange,* BB 2005, 2585.

188 *Bühler,* Regulierung im Bereich der Corporate Governance, 2009, S. 132.

189 *Mülbert,* Corporate Governance of Banks after the Financial Crisis, 2010, S. 14, abrufbar unter http://papers.ssrn.com/sol3/papers.cfm?abstract_id=1448118##.

190 Zu den verschiedenen Konflikten siehe *Armour/Hansmann/Kraakmann,* in: Kraakman/Armour/Davies, The Anatomy of Corporate Law., 2009, S. 35, 36.

191 *Hopt,* ZHR 175 (2011), 444, 449; aber zur „gläubigerschützenden Corporate Governance" *Burghard,* ZIP 2002, 827 ff.; *Buck-Heeb* in: FS Westermann, 2008, S. 845, 849f.

192 *Fleischer,* in: MünchKomm-GmbHG, 2010, Einl. Rn. 277; bezogen auf Insolvenznähe *Klöhn,* ZGR 2008 110, 113; *Weller,* ZGR 2012, 386, 394.

Die Analyse mithilfe der Prinzipal-Agenten-Theorie wird nicht nur im Verhältnis der Beteiligten im Rahmen eines Verbandes genutzt, sondern sie dient als analytisches Instrument für verschiedenste horizontale und vertikale Konfliktlagen.[193] So hat die Prinzipal-Agenten-Theorie schon seit Langem einen festen Platz im Vertragsrecht.[194] Denn eine Prinzipal-Agenten-Situation tritt auch immer dort auf, wo ein entgeltlicher Geschäftsbesorgungsvertrag geschlossen wird, durch welchen der Beauftragte einen gewissen Handlungsspielraum erhält und dieser zusätzlich über mehr Wissen verfügt als der Auftraggeber.[195] Gemeinsam ist diesen Fällen allen, dass in irgendeiner Art ein Vertretungsverhältnis gegeben ist.[196] Neben dem Fall der privatautonomen Delegation finden sich Konstellationen, aus der sich ein Prinzipal-Agenten-Verhältnis allein aus einer faktischen Abhängigkeit der Interessen des Prinzipals von dem Verhalten einer anderen Person ergibt.[197] Ein Beispiel dafür ist das Verhältnis zwischen dem deliktischen Schädiger und dem Geschädigten.[198] Das Beispiel macht deutlich, dass mithilfe der Prinzipal-Agenten-Theorie eine Vielzahl von Delegationsbeziehungen verschiedenster Art untersucht werden können.[199]

### *cc) Die Entwicklung der Prinzipal-Agenten-Theorie*

Auch wenn die Schlagworte Corporate Governance und Prinzipal-Agenten-Theorie neueren Datums sind, ist der dahinterstehende Konflikt schon vor langer Zeit erkannt worden. Als erster in der Geschichte hat wohl *Adam Smith* 1776 das zugrunde liegende Problem mit folgenden Worten beschrieben:[200]

> *„The directors of such companies, however, being the managers rather of other people's money than of their own, it cannot well be excepted, that they should watch over it with the same anxious vigilance with which the partners in a private copartnery frequently watch over their own...Negligence and profusion, therefore, must always prevail, more or less, in the mangement of the affairs of such a company.“*

*Carl Fürstenberg* hat das Problem der Informationsasymmetrie mit den folgenden Worten umschrieben:

---

193 Für das Verhältnis im konzernrechtlichen Abhängigkeitslagen fruchtbar gemacht *Tröger/Dangelmayer*, ZGR 2011, 558, 569f.; das Konzept der Prinzipal-Agent-Theorie in im Rahmen von Aufsichtsbehörden fruchtbar machen *Enriques/Herting*, EBOR 2011, 357, 364.

194 Grundlegend zur Contract Governance dazu *Williamson*, J. L. & Econ. 22 (1979) 233; siehe auch *Möslein*, JZ 2010,72.

195 Siehe hierzu *Fleischer*, Informationsasymmetrie im Vertragsrecht, 2000, S. 139 m. w. N.

196 *Lange*, BB 2005, 2585.

197 *Steffek*, in: Perspektiven des Wirtschaftsrecht, 2009, S. 291, 293f.

198 *Arnold*, Die Steuerung des Vorstandshandeln, 2007, S. 13f.

199 *Just*, Die Anwendbarkeit des Deutschen Corporate Governance Kodex auf nicht börsennotierte Unternehmen 2007, S. 20.

200 *Smith*, The Wealth of Nations, 1776 [Reprint 2003].

*„Aktionäre sind dumm und frech – dumm, weil sie anderen Leuten ohne ausreichende Kontrolle ihr Geld anvertrauen; frech, weil sie Dividenden fordern, also für ihre Dummheit auch noch belohnt werden wollen."*

Auch in dem Werk „Der Zweck des Rechts" macht Rudolf Jhering auf das Problem aufmerksam:[201]

*„Solange das eigene Interesse am Steuerruder des Rechts sitzt, gibt es sich selber nicht preis, sowie aber das Steuerruder fremden Händen anvertraut wird, ist die Garantie, welche das eigene Interesse gewährt, hinweggefallen, und die Gefahr herausbeschworen, dass der Steuermann den Kurs dahin richte, wohin sein Interesse, nicht das fremde, es wünschenswert macht. Die Stellung des Verwalters schliesst eine grosse Versuchung in sich."*

Zu guter Letzt soll auch die Analyse des Problems von John Stuart Mill angeführt werden:[202]

*„Die Verwaltung einer Aktiengesellschaft ist im wesentlichen eine Verwaltung durch gemietete Diener... Man kann selten erwarten, dass jemand ein so intensives Interesse an Gegenständen fühlt, der ein Geschäft als bezahlter Angestellter zum Nutzen eines anderen leitet."*

Die Zitate zeigen, dass das unter dem Begriff Prinzipal-Agenten-Konflikt behandelte Problem kein neues ist, sondern vielmehr schon so lange besteht, wie es Verbände gibt, in denen die wirtschaftlichen Eigentümer anderen die Geschicke in die Hände legen.

#### *dd) Probleme, die aus Trennung von Eigentum und Verfügungsmacht resultieren*[203]

Neben dem grundsätzlichen Vorteil, der sich bei Schaffung einer Prinzipal-Agent-Situation ergibt und für den Prinzipal darin besteht, Teilhaber eines Unternehmens zu sein, ohne selbst Führungsfähigkeiten aufweisen zu müssen, wohingegen dem Agenten die Möglichkeit eröffnet wird, seine Führungsqualität unter Beweis zu stellen, ohne selbst über Kapital zu verfügen,[204] ergeben sich aus der Situation auch Nachteile. Als Ursprung des Problems ist vor allem die Tatsache zu sehen, dass die Interessen des Agenten und des Prinzipals im Regelfall nicht konform sind. Grundsätzlich ist der Agent durch die Delegation verpflichtet, bei der Erfüllung seiner Aufgaben, bei Gesellschaften ist das die Führung und Lenkung des Unternehmens, die Zielvorgaben des Prinzipals zu erfüllen.[205] Aber da der Agent auch Maximierer

201 *Jhering*, Der Zweck im Recht, 1893, S. 221.
202 *Mill*, Grundsätze der politischen Ökonomie, 1852, S. 208 f.
203 Die Diskussion geht zurück auf *Bearle/Means*, The Modern Corporation and Private Property, 1932.
204 *v. Bonin*, Die Leitung der Aktiengesellschaft zwischen Shareholder Value und Stakeholder-Interessen, 2003, S. 186
205 *Kuhner*, ZGR 2004, 244, 258.

seines persönlichen Nutzens ist, besteht immer die Gefahr, dass er seine Kompetenz und sein Wissen in seinem Interesse ausnutzt[206] *(„moral hazard")* und es so zu einer Situation kommt, die sich für den Prinzipal als suboptimal darstellt.[207] Für den Prinzipal ist es aber oft schwierig, zu beurteilen, ob ausbleibender wirtschaftlicher Erfolg auf das Missverhalten der Agenten zurückzuführen ist oder ungünstige Außenumstände für den ausbleibenden Erfolg verantwortlich sind.[208] Aus einer Prinzipal-Agenten-Beziehung entstehen daher regemäßig sogenannte Agenturkosten (*agency cost*).[209] Diese lassen sich aufspalten in Kosten, die darauf zurückzuführen sind, dass die Agenten nicht die optimale Entscheidung für ihre Prinzipale treffen[210], und auf Kosten, die aufgrund der besonderen Überwachung der Agenten entstehen, um diese darin zu hindern, eigennützig zu handeln.[211] Begünstigt wird das eigennützige Verhalten der Agenten durch die Prinzipal-Agenten-Beziehungen kennzeichnenden Informationsasymmetrien[212] und die rationale Apathie aufseiten der Prinzipale.

### (1) Informationsasymmetrie

Eine Situation, bei der man von einer Informationsasymmetrie spricht, ist dann gegeben, wenn eine Partei im Besitz von entscheidungsrelevanten Informationen ist oder kommt, im Fall des Prinzipal-Agent-Konflikts ist das in der Regel der Agent, und der andere Vertragspartner, also der Prinzipal, nicht die Möglichkeit hat, an die Informationen zu gelangen oder die Erlangung nur durch Aufwendung unverhältnismäßig hoher Kosten möglich ist.[213] Um eine entscheidungsrelevante Information handelt es sich dann, wenn sich daraus Handlungsalternativen ergeben. Informationsasymmetrien können schon vor Entstehung einer Prinzipal-Agenten-Beziehung gegeben sein oder aber erst nachträglich auftauchen.[214] Im Rahmen einer Prinzipal-Agenten-Beziehung tritt in der Regel immer eine Informationsverteilung zugunsten des Agenten auf.[215] Denn in der Regel engagieren die Prinzipale den Agenten ja gerade aufgrund seines Informations- und Wissensvorsprungs.[216] Im Hinblick auf

---

206 *Littger*, Deutscher Corporate Governance Kodex, 2006, S. 28f, zu der Problematik allgemein *Jhering*, Zweck im Recht, 1893, S. 222.

207 *Dauner-Lieb*; WM 2007, 9, 12.

208 *v. Bonin*, Die Leitung der Aktiengesellschaft zwischen Shareholder Value und Stakeholder-Interessen, 2003, S. 186.

209 Siehe dazu auch *Klöhn/Hornuf*, ZBB 2012, 237, 256.

210 *Jensen/Meckling*, J. Fin. Econ. 3 (1976) 305; *Littger*, Deutscher Corporate Governance Kodex, 2006, S. 34.

211 *Bühler*, Regulierung im Bereich der Corporate Governance, 2009, S. 140.

212 *Arnold*, Die Steuerung des Vorstandshandeln, 2007, S. 15.

213 *Bühler*, Regulierung im Bereich der Corporate Governance, 2009, S. 140; *Klöhn/Hornuf*, ZBB 2012, 237, 255.

214 *Steffek* in: Perspektiven des Wirtschaftsrecht, 2008, 291, 294.

215 *Just*, Die Anwendbarkeit des Deutschen Corporate Governance Kodex auf nicht börsennotierte Unternehmen, 2007, S. 20.

216 *Fleischer*, ZGR 2011, 1, 8.

Gesellschaften sind das in erster Linie Erfahrung und Kenntnisse im Bereich der Unternehmensführung oder Unternehmenskontrolle sowie spezielles Branchenwissen. In der Realität besteht der Informationsvorsprung des Agenten, der die Unternehmensführung innehat, nicht nur gegenüber den Prinzipalen, sondern in der Regel auch gegenüber der Kontrollinstanz, im Rahmen der Aktiengesellschaft ist das der Aufsichtsrat.[217] Die Gefahr von Informationsasymmetrien besteht insofern, als es dem Agenten möglich ist, Ziele zu verfolgen, die nicht im Interesse der Prinzipale sind, ohne dass der Prinzipal eine Möglichkeit hat, davon etwas mitzubekommen.[218] Informationsasymmetrien tauchen in verschiedenen Formen auf. In der Regel unterscheidet man drei Gruppen: *„hidden characteristics"*, *„hidden action"* und *„hidden information"*.

### (a) „Hidden characteristics"

Das Problem der *„hidden characteristics"* stellt sich schon bei Vertragsabschluss. Es umschreibt die Situation, dass der Prinzipal nicht alle Eigenschaften und Fähigkeiten des Agenten kennt und der Agent dieses Defizit bei Vertragsschluss zu seinen Gunsten ausnutzt. Kommen später die beim Vertragsschluss verborgenen Eigenschaften zutage und haben diese neuen Erkenntnisse zur Folge, dass man sich von dem Agenten schnellstmöglich trennen möchte, können dadurch zum Beispiel Kosten in Form einer Abfindungszahlung entstehen.[219]

### (b) „Hidden action"

Die zweite Art der Informationsasymmetrie tritt nach Vertragsschluss auf. Im Fall der *„hidden action"* ist eine Handlung des Agenten gegeben, welche durch den Prinzipal nicht direkt beobachtet werden kann.[220] Hinzu tritt der Umstand, dass der Prinzipal am Ergebnis der Agententätigkeiten nicht ablesen kann, wie viel Einsatz dieser wirklich erbracht hat. Das beruht darauf, dass das Ergebnis letztlich nicht nur von den Anstrengungen des Agenten abhängt, sondern auch von exogenen Faktoren.[221] Das ermöglicht dem Agenten, nicht seine volle und somit mögliche Leistung zu erbringen, sondern sich weniger anzustrengen, ohne dass der Prinzipal das nachprüfen und ahnden kann.[222]

---

217 *Bühler*, Regulierung im Bereich der Corporate Governance, 2009, S. 140.

218 *Warncke*, Prüfungsausschuss und Corporate Governance: Einrichtung, Organisation und Überwachungsaufgabe, 2. Aufl., 2010, S. 28f.

219 Zu diesem Punkt *Niedereichholz*, Einflussfaktoren des deutschen Corporate Governance-System auf die Vorstandsvergütung, 2010, S. 38f.

220 *Arnold*, Die Steuerung des Vorstandshandeln, 2007, S. 124.

221 *Voigt*, Institutionenökonmik, 2. Aufl. 2009, S. 86.

222 *Arnold*, Die Steuerung des Vorstandshandeln, 2007, S. 14.

### (c) „Hidden information"

In einer Konstellation, die man mit dem Begriff *„hidden information"* belegt, verfügt der Agent über eine Information, die er bewusst nicht weitergibt und damit verhindert, dass der Prinzipal Situation und Leistung angemessen beurteilen kann.[223] Die Situation der *„hidden information"* ist zumeist vor einem beabsichtigten Vertragsschluss zu beobachten,[224] tritt aber auch nach Vertragsschluss auf.[225]

### (2) Rationale Apathie

Neben der bestehenden Informationsasymmetrie tritt häufig noch das Problem der rationalen Apathie auf. Mit dem Stichwort der rationalen Apathie bezeichnet man den Umstand, dass die Prinzipale nicht eingreifen, sondern den Agenten nahezu unbeobachtet arbeiten lassen. Diese Situation tritt besonders oft und in verstärkter Form dort auf, wo eine Vielzahl an Eigentümern, also Prinzipalen, vorhanden ist. Das hängt damit zusammen, dass die tatsächliche Einwirkungsmöglichkeit geringer ist, wenn eine Vielzahl an Eigentümern vorhanden ist. Nicht so relevant ist das Problem hingegen in Gesellschaften mit überschaubarem Anteilseignerkreis.[226] Die mangelnde Kontrolle lässt sich meistens auf den Sachverhalt zurückführen, dass eine Überwachung des Agenten hohe Kommunikations- und Organisationskosten aufseiten der Kleinstanteileigner verursacht.[227] Hinzu kommt, dass sich der Einzelne gerne blind darauf verlässt, dass ein anderer die Kontrolltätigkeit übernehmen wird (*free-rider*-Problem).[228]

### *ee) Mittel zur Auflösung des Prinzipal-Agenten-Konflikts*

Der Prinzipal muss also Vorkehrungen treffen, um eigennütziges Handeln des Agenten zu verhindern. Dabei stehen zwei Aspekte regelmäßig im Mittelpunkt. Zum einen geht es darum, zu einem Interessenangleich zwischen Prinzipal und Agenten zu kommen, und zum anderen, um Informationsasymmetrien zwischen Prinzipal und Agent abzubauen.[229] Der Abbau von Informationsasymmetrien dient zur besseren Überwachbarkeit der Tätigkeit des Agenten. Die Überwachung selbst verursacht aufseiten des Prinzipals Kosten. Eine Angleichung von Interessen kann durch die Schaffung bestimmter Rahmenbedingungen angestrebt werden. Zum einen können

---

223 *Arnold,* Die Steuerung des Vorstandshandeln, 2007, S. 13, *Just,* Die Anwendbarkeit des Deutschen Corporate Governance Kodex auf nicht börsennotierte Unternehmen, 2007, S. 22.

224 *Arnold,* Die Steuerung des Vorstandshandeln, 2007, S. 15.

225 *Just,* Die Anwendbarkeit des Deutschen Corporate Governance Kodex auf nicht börsennotierte Unternehmen, 2007, S. 22.

226 Auf die GmbH allgemein verweisend *Windbichler,* JZ 2008, 840, 843.

227 *Klöhn,* Kapitalmarkt, Spekulation und Behavioral Finance, 2006, S. 71; *Windbichler,* JZ 2008, 840, 843.

228 *Ganske,* Corporate Governance in öffentlichen Unternehmen, 2005, S: 33.

229 Siehe dazu auch *Steffek,* in: Perspektiven des Wirtschaftsrecht, 2008, 291, 303.

positive Anreizsysteme (zum Beispiel Vergütungsmechanismen), aber auch negative Anreizsysteme (zum Beispiel Haftung für bestimmtes Verhalten) zur Lösung eines Prinzipal- Agenten-Konflikts eingesetzt werden.[230] Im Einzelnen wird auf diese Rahmenbedingungen, die der Auflösung des Prinzipal-Agenten-Konflikts dienen können, noch weiter unten eingegangen.[231]

#### *ff) Zusammenfassung Prinzipal-Agenten-Konflikt*

Der Prinzipal-Agenten-Konflikt beruht grundsätzlich auf der Trennung von Eigentum und Kontrolle. Ursprünglich bezog sich das Modell ausschließlich auf das Verhältnis in Kapitalgesellschaften. Mittlerweile ist der Konflikt zwischen Anteilseigner und Management bei Weitem nicht mehr die einzige Beziehung, bei der mithilfe der Prinzipal-Agenten-Theorie Interessen und Probleme analysiert werden. Wird ein Prinzipal-Agenten-Konflikt identifiziert, geht es nachfolgend darum, einen Rahmen zu schaffen, der den Konflikt abmildert und bestenfalls komplett behebt. Dabei kommen sowohl vertragliche als auch institutionelle Maßnahmen in Betracht.[232] Dabei muss klar sein, dass eine Entstehung des Prinzipal-Agenten-Verhältnisses mit keinen Mitteln verhindert werden kann, sondern nur die Möglichkeit besteht, die aus dem Verhältnis resultierenden Probleme in den Fokus zu nehmen.[233]

### *b) Ausrichtung der Leitungsfunktion*

Mit der Diskussion um Corporate Governance verknüpft ist die Frage nach der Ausrichtung des Handelns der Geschäftsführer. Die Diskussion um die Ausrichtung des Handelns der Geschäftsführer wird in Deutschland – insbesondere bei der Aktiengesellschaft - kontrovers diskutiert.[234] Die Debatte ist in Deutschland in erster Linie aus dem Aktienrecht bekannt und gilt dort mittlerweile als „aktienrechtliches Jahrhundertproblem".[235] Die Grundfrage lautet: In wessen Interesse hat der Vorstand ein Aktiengesellschaft zu führen und wessen Interessen müssen daher bei der Leitung der Gesellschaft berücksichtigt werden? Entscheidend für die Ausgestaltung der Corporate Governance ist daher das durch die Rechtsordnung vorgegebene „Oberziel".[236] Es muss zunächst eine Leitmaxime festgelegt bzw. festgestellt werden, an der sich das entscheidende Organ orientieren kann, wenn es Entscheidungen zu fällen hat, vor allem solche, die von grundlegender Bedeutung sind.[237] Heute

230 *Dauner-Lieb*, WM 2007, 9, 12.
231 Siehe unten §3 I).
232 *Hopt*, ZGR 2004, 1, 3.
233 *Hummler*, in: FS Nobel, 2005, S. 161, 162.
234 Zusammenfassend *Wiedemann*, ZGR 2011, 183, 189ff.
235 *Fleischer*, in: Hommelhoff/Hopt/v. Werder (Hrsg.), Handbuch Corporate Governance, S. 212.
236 *Hopt*, ZHR 175 (2011), 444, 449.
237 *v. Werder*, in: Hommelhoff/Hopt/v. Werder, Handbuch Corporate Governance, 2009, S. 3, 15.

unterscheidet man zwei Modelle: zum einen das aktionärsbezogene „Shareholder Value“-Modell und auf der anderen Seite das gesellschaftsbezogene „Stakeholder“-Modell. Beide Begriffe entstammen nicht aus der juristischen Diskussion, sondern ursprünglich aus der ökonomischen Literatur.[238]

### (1) Ausrichtung auf das Aktionärsinteresse (Shareholder-Ansatz bzw. Aktionärspriorität)

In Deutschland ist der Shareholder-Ansatz auch bekannt unter den Begriffen Value-Management, Wertmanagement oder Wertsteigerungsmanagement.[239] Das Shareholder-Modell wird geprägt durch Interessenmonismus im Gesellschaftsrecht. Die Interessen, die im Vordergrund stehen und somit das Handeln der Agenten bestimmen, sind die der Anteilseigner.[240] Bei denen vom Management zu treffenden Entscheidungen, im Schwerpunkt geht es hier um Investitions- und Deinvestitionsentscheidungen,[241] wird den Interessen der Anteilseigner, der sogenannten „Shareholder“, der Vorzug gegenüber den Interessen anderer Beteiligter, der sogenannten „Stakeholder“, gegeben.[242] Dem Interesse der Aktionäre ist Genüge getan, wenn der Marktwert des Unternehmens steigt, was sich in einem hohem Aktienkurs und hohen Renditen niederschlägt.[243] Dennoch steht außer Frage, dass Stakeholderinteressen, soweit sie vertraglich und gesetzlich fixiert sind, beachtet und berücksichtigt werden müssen.[244] Nichtsdestotrotz werden die Belange anderer Stakeholder lediglich ausgleichend und mäßigend berücksichtigt.

Vorteil eines interessenmonistischen Systems ist die Vorgabe eines eindeutigen Ziels, an dem der Agent sein Handeln orientieren kann.[245] Zudem beschränkt es die Möglichkeit des Managements, (Fehl-)Entscheidungen mit den Interessen einer Stakeholdergruppe zu rechtfertigen. Moniert wird daneben, dass die Einbeziehung anderer Interessen als der der Sharholder zu einer nicht mehr zu bewältigenden Aufblähung der Corporate-Governance-Diskussion führen kann.[246] Die Ausweitung der Thematik auf die Interessen alle Stakeholder ist auch nicht unbedingt notwendig, denn Stakeholder haben die Möglichkeiten, mit der Gesellschaft individuelle Verträge auszuhandeln, mit denen sie ihre Ansprüche absichern können.[247] Zudem

---

238 Der Begriff „Shareholder Value“ ist geprägt durch *Rappaport*, der im Jahre 1986 eine Veröffentlichung mit dem Titel „Creating Shareholder Value“ herausbrachte.

239 *Mülbert*, ZGR 1997, 129, 131 mit weiteren Nachweisen in Fn. 11, S. 131.

240 *Kuhner*, ZGR 2004, 244, 258.

241 *Mülbert*, ZGR 1997, 129, 132, 170.

242 *Spindler* in: MünchKomm-AktG, 4. Aufl., 2014, § 76, Rn. 71ff.

243 *Mößle*, Abschlussprüfer und Corporate Governance, 2003, S. 40; *Mülbert*, ZGR 1997, 129, 132; *Schäfer*, Fund Governance, 2009, S. 29; *Ulmer*, AcP 202 (2002) 143, 155.

244 *v. Werder*, in: Hommelhoff/Hopt/v. Werder, Handbuch Corporate Governance, 2009, S. 3, 15.

245 *Fleischer* in: Spindler/Stilz, 2. Aufl., 2010, § 76 Rn. 34; *Kuhner*, ZGR 2004, S. 244, 259.

246 *Bühler*, Regulierung im Bereich der Corporate Governance, 2009, S. 126.

247 *Mülbert*, ZGR 1997, S. 129, 139.

wird argumentiert, dass die Steuerung eines Unternehmens ökonomisch effizienter gestaltet werden kann, wenn die Agenten lediglich auf die Interessen einer homogenen Interessengruppe verpflichtet sind. Interessen anderer am Unternehmen beteiligter Gruppen sollen daneben höchstens einen gering ausgleichenden Einfluss haben.[248]

Beim Shareholder-Ansatz ist nachteilig anzumerken, dass eine starre Fixierung auf Steigerung des Unternehmenswertes dazu führen kann, dass das Prinzip der Kurzfristigkeit und Kurzsichtigkeit bei der Führung des Unternehmens vorherrscht. Im Klartext heißt das, dass eine kurzfristige Ergebnisverbesserung einer langfristig auf Erfolg gerichteten Unternehmenspolitik im Wege stehen kann.[249] Gegen die Ausrichtung alleine auf das Aktionärsinteresse wird angeführt, dass, im Falle einer Insolvenz der Gesellschaft, die Gläubiger regelmäßig größere Verluste zu tragen haben als die Aktionäre.[250]

### (2) Interessenpluralistisches Modell

Das Prinzip der Aktionärspriorität stößt in weiten Teilen Europas auf Ablehnung. Hier werden interessenpluralistische Systeme favorisiert. Eine Erklärung für dieses Phänomen wird in der verstärkten Fremdfinanzierung von Gesellschaften in Europa gesehen.[251]

#### (a) Stakeholder-Ansatz

Dem interessenmonistischen Modell steht ein interessenpluralistisches System gegenüber. Bekannt geworden ist es unter dem Begriff des Stakeholderansatzes. Es wird auch unter dem Stichwort „Ausgleichslösung“ diskutiert.[252] Der große Unterschied des Stakeholdermodells zum Shareholder-Value-Ansatz ist darin zu sehen, dass hier neben den Eigenkapitalgebern auch andere Gruppen, zum Beispiel Arbeitnehmer, finanzierende Banken, Lieferanten, Kunden, Gewerkschaften und der Staat (sogenannte „Stakeholder“)[253], als Prinzipale angesehen werden, deren Interessen bei der Steuerung und Überwachung des Unternehmens angemessen zu berücksichtigen sind.[254] Dabei geht es nicht um die schon vertraglich abgesicherten Interessen, sondern infrage stehen solche Situationen, in denen sich Regelungslücken ergeben und sich die Frage stellt, in wessen Interesse in diesen Situationen gehandelt werden

---

248 *Mößle*, Abschlussprüfer und Corporate Governance, 2003, S. 40.

249 *Mülbert*, ZGR 1997, 129, 139.

250 Gilt nur für den Fall, dass die Gesellschaft saniert wird und weiterhin besteht, dazu *Schall*, ECFR 2011, 476, 487.

251 *Merkt*, in: Hommelhoff/Hopt/v. Werder, Handbuch Corporate Governance, 2. Aufl., 2009, S. 683, 691; *Rudolph*, in: Bankkredit oder Kapitalmarkt, 2011, S. 55.

252 Dazu *Klöhn*, ZGR 2008, 110, 130.

253 *Brunner/ Kühl*, Kreditwesen 2002, 1089.

254 *Bühler*, Regulierung im Bereich der Corporate Governance, 2009, S. 128.; *Littger*, Deutscher Corporate Governance Kodex, 2006, S. 36; *Grapentin/Berg/Pfingsten*, ZBB 2007, 399, 401; *Schäfer*, Fund Governance, 2009, S. 29.

soll.[255] Besinnt man sich auf den etymologischen Ursprung des Wortes Stakeholder, versteht man unter diesem Begriff Personen oder auch Gruppen, die ein Interesse an der Art und Weise der Führung des Unternehmens haben oder für die es „um etwas geht" (bzw. für die etwas auf dem Spiel steht).[256] Aber auch der Begriff der Stakeholder findet keine einheitliche Anwendung, daher werden je nach Definition auch verschiedene Gruppen als governancerelevant angesehen.[257] Typischerweise sind diese Personen an der Wertschöpfung des Unternehmens beteiligt[258] und ihre ökonomische Situation ist von der des Unternehmens abhängig, auch wenn sie nicht Anteilseigner sind.[259] Demnach leisten die meisten Stakeholdergruppen auf irgendeine Art und Weise einen Beitrag zur Unternehmung und haben daher ein Interesse an einer Gegenleistung.[260] Grundsätzlich kann eine Person, die bei einer Gesellschaft etwas „at the stake" hat, auf Entwicklungen, die nicht in seinem Interesse sind, mit Widerspruch oder Abwanderung reagieren.[261] Die Unschärfen bei der Definition des Begriffs Stakeholder machen deutlich, dass es das eine Stakeholdermodell nicht gibt,[262] sondern die Ausgestaltung abhängig davon ist, wen man als Stakeholder definiert.

Als Argument für das Führen der Gesellschaft unter Berücksichtigung der Interessen der Stakeholder wird das Vorhandensein sogenannter „impliziter Verträge" angeführt. Unter dem Begriff der „impliziten Verträge" wird der Umstand erfasst, dass Stakeholder zwar meistens über Verträge verfügen, die sie zum Teil rechtlich absichern, aber diese Verträge keinen umfassenden Schutz versprechen. Vielmehr existieren zwischen den Beteiligten und der Gesellschaft Vereinbarungen, die zwar gerichtlich nicht durchsetzbar sind, aber dennoch von den Parteien beachtet werden, da diese ein Interesse an der Fortsetzung der Beziehung haben.[263] Darunter fällt zum Beispiel das Vertrauen eines Arbeitnehmers auf eine Gehaltserhöhung oder die schlichte Erhaltung seines Arbeitsplatzes. Kommt es im Hinblick auf die Erwartungen zu einem Konfliktfall, so können diese nicht gerichtlich geltend gemacht werden.

---

255 *v. Werder*, in: Hommelhoff/Hopt/v. Werder, Handbuch Corporate Governance, 2. Aufl., 2009, S. 3, 16.

256 *Wentges*, Corporate Governance und Stakeholder Ansatz, 2003, S. 91.

257 *Bühler*, Regulierung im Bereich der Corporate Governance, 2009, S. 128.

258 *Rudolph*, BB 2003, 2053, 2054.

259 *Just*, Die Anwendbarkeit des Deutschen Corporate Governance Kodex auf nicht börsennotierte Unternehmen, 2007, S. 13; *v. Werder*, in: Hommelhoff/Hopt/v. Werder, Handbuch Corporate Governance, 2009, S. 3, 9.

260 *Bühler*, Regulierung im Bereich der Corporate Governance, 2009, S. 128; *Ludwig*, Branchenspezifische Wirtschaftsaufsicht und Corporate Governance, 2012, S. 47; *Teichmann*, ZGR 2001, 645, 648.

261 Dazu grundlegend *Hirschman*, Exit, Voice, and Loyalty, 1970.

262 *Grapentin/Berg/Pfingsten*, ZBB 2007, 397, 401.

263 *Arnold*, Die Steuerung des Vorstandshandeln, 2007, S. 31.

Im Hinblick auf diese Erwartungen besteht für die Stakeholder also ein ähnliches Risiko wie für die Aktionäre.[264]

Kritisch anzumerken ist beim Stakeholdermodell, dass es für den Fall von Interessenkollissionen keine Leitlinien zur Auflösung des Konflikts bereitstellt.[265] Zudem ist zu beobachten, dass in Rechtskreisen, die das Stakeholdermodell vertreten, zumeist eine höhere Regulierungsdichte gegeben ist – mit Regeln, die selten zur Disposition der Parteien stehen.[266]

### (b) Unternehmensinteresse

Im Rahmen des deutschen Aktienrechts wird anstatt mit dem Begriff des Stakeholderansatzes regelmäßig mit dem Begriff des Unternehmensinteresses gearbeitet. Erste Ansätze dazu finden sich im Aktiengesetz aus dem Beginn des 20. Jahrhunderts. § 70 Abs.1 AktG 1937 wies den Vorstand der Aktiengesellschaft an, die Gesellschaft so zu leiten, wie das „Wohl des Betriebs und seiner Gefolgschaft und der gemeine Nutzen von Volk und Reich" es fordern. Diese Gemeinwohlformel wurde in § 76 Abs.1 AktG 1965 nicht mehr übernommen, da man davon ausging, dass die Berücksichtigung der Interessen der Aktionäre, der Arbeitnehmer und der Allgemeinheit eine ungeschriebene Selbstverständlichkeit sei.[267] Nach Wegfall der ausdrücklichen Vorgabe zur Ausrichtung der Leitung der Aktiengesellschaft im Gesetz dreht sich die rechtsdogmatische Diskussion um den Begriff des Unternehmensinteresses.[268] Und auch in der Rechtsprechung wird mit dem Begriff des Unternehmensinteresses gearbeitet.[269] Eine Definition für den Begriff Unternehmensinteresse fehlt, sodass eigentlich unklar ist, was sich genau hinter dem Begriff des Unternehmensinteresses verbirgt.[270] Der Begriff Unternehmensinteresse ist aber auch nicht wörtlich zu verstehen, vielmehr handelt es sich um einen abbrevierten Funktionsbegriff, hinter dem sich die Interessen der verschiedenen Personen, die hinter der Gesellschaft stehen, verbergen.[271] Um das Unternehmensinteresse zu wahren, müssen die Vorstände die zusammentreffenden Interessen im Wege einer „praktischen Konkordanz" ausgleichen.[272] Das Konzept des Unternehmensinteresses dient als Verhaltensmaxime für die Vorstände; Rechte für die Unternehmensbeteiligten sind daraus aber regelmäßig

---

264 *Speckbacher*, DBW 57 (1997) 630, 634.

265 *Schall*, ECFR 2011, 476, 487.

266 *Mößle*, Abschlussprüfer und Corporate Governance, 2003, S. 43.

267 BegrRegE *Kropff* S. 97.

268 Zu der Entwicklung der Diskussion mit ausführlichen Verweisen siehe *Fleischer*, in: Spindler/Stilz, AktG, 2. Aufl., 2010, § 76 Rn. 24ff.

269 BGH, Urt. v. 5.6.1975 – II ZR 156/72, BGHZ 64, 325, 331; BGH, Urt. v. 7.3.1994 – II ZR 52/93, BGHZ 125, 239, 243.

270 *Hopt*, ZHR 175 (2011), 444, 449.

271 *Goette*, in: FS 50 Jahre BGH, 2000, S. 123, 127; *Klöhn*, ZHR 178 (2014), 55, 74.

272 *Hopt*, in: FS Nobbe, 2009, S. 853, 867; *Hopt*, ZGR 1993, 534, 536; *Hopt*, ZGR 2002, 333, 360.

nicht ableitbar.[273] Das Konzept des Unternehmensinteresses wird unter anderem auf die fast paritätische Mitbestimmung gestützt.[274] Durch die Mitbestimmung wird zum Ausdruck gebracht, dass bei der Leitung der Gesellschaft auch die Berücksichtigung der mitbestimmten Gruppen gewährleistet werden muss. Als Argument für das Konzept des Unternehmensinteresses wird oft angeführt, dass ein Unternehmen sowieso nur dann erfolgreich wirtschaften kann, wenn es auch seine Stakeholder zufriedenstellt.[275]

Das Modell des Unternehmensinteresses zeigt seine Probleme vor allem in der Praxis. Denn dem Vorstand wird ein weiterer Entscheidungsspielraum zugebilligt, sodass es schwieriger zu identifizieren ist, ob es sich um eine eigennützige Entscheidung im Interesse des Vorstands (und somit Fehlentscheidung in den Augen der Stakeholder) handelt oder aber um eine der vielen anderen möglichen Entscheidungen, zu denen man bei der Abwägung der Interessen kommen kann.[276] Dem Vorstand wird gleichzeitig die nahezu unlösbare Aufgabe zugeteilt, Interessen zu harmonisieren, die sich diametral gegenüberstehen.[277]

#### (3) Vermittelnde Ansicht

Mittlerweile wird oft eine vermittelnde Ansicht vertreten.[278] Keine Interessengruppe wird von vornherein die Relevanz abgesprochen. Aber im Wege des Gesellschaftsrechts sollen in erster Linie die Interessen der Aktionäre durchgesetzt werden. Schützenswerte Interessen anderer Bezugsgruppen sollen dagegen durch andere Mechanismen durchgesetzt werden und nicht durch die Eingliederung der Interessengruppen in das Gesellschaftsrecht.[279]

#### (4) Relevanz des Streits bei Bankgesellschaften

Auch wenn die Frage danach, wessen Interessen der Vorstand bei der Leitung des Unternehmens zu berücksichtigen hat, eine der wichtigsten Fragen - auch rechtsvergleichend gesehen - der letzten Jahrzehnte ist, erscheint diese gerade im Bankensektor nicht ausschlaggebend zu sein. Selbst wenn in dieser Branche Gesellschaftsformen verschiedener Art zusammenkommen, besteht hinsichtlich der Leitungsausrichtung

273 *Hopt*, ZHR 175 (2011), 444, 477.
274 Dazu *Spindler*, in: MünchKomm-AktG, 4. Aufl., 2014, § 76 Rn. 63.
275 *Arnold*, Die Steuerung des Vorstandshandeln, 2007, S. 31.
276 *Grundmann*, Europäisches Gesellschaftsrecht, 2. Aufl., 2011, § 13 Rn. 464; *Hopt*, ZHR 175 (2011), 444, 449; *Hummler*, in: FS Nobel, 2005, S. 161, 163; *Leyens*, in: Corporate Governance nach der Finanz- und Wirtschaftskrise, 2011, S. 3, 18.
277 *Klöhn*, ZGR 2008, 110, 143; *Kuhner*, ZGR 2004, 244, 254; *Arnold*, Die Steuerung des Vorstandshandeln, 2007, S. 31.
278 Ansätze schon bei *Peltzer*, der dafür plädierte, dem Aktionärsinteresse mehr Gewicht zu geben als den sonstigen Interessen *Peltzer*, in: Max Hachenburg – Dritte Gedächnisvorlesung, 2000, S. 49, 58.
279 *Bühler*, Regulierung im Bereich der Corporate Governance, 2009, 131f.

ein nahezu globales Einverständnis. Denn selbst im angloamerikanischen Raum, wo die Stimmen auf die Verpflichtung auf das Shareholdervalue stärker vertreten sind, wird eine Abweichung davon im Bereich der Banken geltend gemacht und akzeptiert.[280] Gestützt wird dies durch eine Untersuchung, die zutage förderte, dass Banken, die augenscheinlich eine sehr gute, auf die Anteilseigner ausgerichtete Governance aufwiesen, in der Finanzkrise größere Verluste einfuhren als diejenigen, deren Fixierung auf das Aktionärsinteresse nicht so augenscheinlich war.[281] Der interessenpluralistische Ansatz wird für Banken flächendeckend als der passendere angesehen.[282] Das ist unter anderem auch auf die Besonderheiten, die den Banken anhaften und auf die später noch einzugehen ist, zurückzuführen. Daher bedarf die Diskussion hier keiner weiteren Ausführung.

#### (5) Zusammenfassung

Die Diskussion um die Ausrichtung des Leitungsinteresses ist in erster Linie aus dem Aktienrecht bekannt. Das Aktiengesetz selber gibt keine Anhaltspunkte vor, die für das eine oder andere Modell sprechen.[283] Auch wenn der Streit um die Ausrichtung der Leitung leidenschaftlich und über Jahre hinweg geführt wird, ist der Einfluss der Diskussion auf konkrete Sachfrage oft nur gering.[284] An dieser Stelle soll keine abschließende Entscheidung hinsichtlich der Vorteile eines der beiden Modelle gefällt werden, denn vorliegend geht es gerade nicht um eine rechtsformspezifische Betrachtung, sondern um eine branchenspezifische. In Bezug darauf werden sich weiter unten noch Besonderheiten aus der Unternehmung Bank zeigen.

## 8) Zielsetzung

In einem ersten Schritt wurde dargelegt, was Corporate Governance überhaupt ist, in einem zweiten Schritt geht es nun darum, was man mit Corporate Governance verfolgt. Was man im Einzelnen unter einer „guten" Corporate Governance versteht,

---

280 *Macey/o'Hara*, The Corporate Governance of Banks, FRBNY Economic Policy Review, April 2003, S. 97–107, abrufbar unter http://www.newyorkfed.org/research/epr/03v09n1/0304mace.pdf; *Mullineux*, J. Fin. Reg. Compl. 14 (4) (2006) 375, 377; dazu auch *Wohlmannstetter*, in: Hopt/Wohlmannstetter, Handbuch Corporate Governance Banken, 2011, S. 31, 44.

281 *Beltratti/Stulz*, Why did some Banks perform better during the Credit Crisis? 2009, abrufbar unter http://www.nber.org/papers/w15180.pdf.

282 Siehe hierzu die Untersuchungen von *Cocris/Unugureanu*, Why are Banks Special?, 2007, S. 6, abrufbar unter http://papers.ssrn.com/sol3/papers.cfm?abstract_id=1090291; *Ungureanu*, Banks: Regulation and Corporate Governance Framework, 2008, 1, 4, abrufbar unter http://papers.ssrn.com/sol3/papers.cfm?abstract_id=1084042; dies ablehnend *Mülbert*, BKR 2006, 349, 355.

283 Siehe hierzu ausführlich *Klöhn*, ZGR 2008, 110, 157.

284 *Fleischer*, in: Hommelhoff/Hopt/v. Werder, Handbuch Corporate Governance. 2003, S. 129, 149.

ist auch immer davon abhängig, aus welcher Richtung und mit welchem Ziel man sich der Thematik nähert. So ist es durchaus nicht ungewöhnlich, dass das Verständnis von Juristen und Ökonomen von einer „guten“ Corporate Governance nicht deckungsgleich ist.[285] Das Ziel „guter“ Corporate Governance besteht in erster Linie darin, die Probleme, die im Rahmen eines Prinzipal-Agenten-Verhältnisses entstehen, zunächst zu identifizieren,[286] um diese dann mit geeigneten Mitteln und adäquatem Aufwand aufzulösen.[287] Eine „gute“ Corporate Governance setzt somit auch voraus, dass die individuellen Bedürfnisse des einzelnen Unternehmens und seine strukturellen Besonderheiten berücksichtigt werden. Im Mittelpunkt stehen daher die Auflösung der Interessenkonflikte und die Eindämmung der Wohlfahrtseinbußen, die aus diesen Konflikten entstehen. Es geht darum, einen rechtlichen und faktischen Rahmen zu schaffen, der verhindert, dass die Agenten ihren Informationsvorsprung eigennützig ausnutzen. Statt ihr eigenes Wohl zu mehren, müssen sie dazu angehalten werden, den Unternehmenswert zu sichern und langfristig zu steigern.[288] Leitungs- und Kontrollorgane sollen dazu angehaltenen werden, von Entscheidungen Abstand zu nehmen, die die Existenz des Unternehmens gefährden können.[289] Im Stakeholdersystem hat diese Aufgabe nicht nur im Interesse der Anteilseigener zu erfolgen, sondern auch im Interesse der übrigen Stakeholder.[290] Ein gutes Corporate-Governance-System kann damit nicht nur ein Gewinn für die Beteiligten der einzelnen Unternehmen sein, sondern auch einen gesamtwirtschaftlichen Gewinn bringen.[291] Dabei ist die Grenze zwischen eigenem Nutzen für die Gesellschaft oder aber der Durchsetzung allgemeiner gesellschaftspolitischer Ziele oft fließend.[292] Aufgabe der Rechtswissenschaft ist es dabei, ein System zu bieten, das Macht- und Informationsmissbrauch aufseiten des Managements vorbeugt und Verfehlungen ahndet und das Zusammenspiel der einzelnen Gruppen im Interesse aller Beteiligten zu harmonisieren und auszubalancieren.[293]

---

285 *Konnertz-Häußler*, Corporate Governance als Problemlösungsstrategie bei der GmbH, 2011, 5f.

286 *Weber-Rey/Buckel*, NZG 2010, 761.

287 *Littger* spricht von einer „ökonomisch motivierten Aufgabe, auf der Grundlage von Prinzipal-Agent-Beziehungen einen angemessenen Ausgleich unterschiedlicher Interessen am Unternehmen herzustellen“, *Littger*, Deutscher Corporate Governance Kodex, 2006, S. 44.

288 *Lutter*, Jura 2002, 83, 84; *Lohse*, Unternehmerisches Ermessen, 2005, S. 27; *Schneider/Strenger*, AG 2000, 106, 109; *v. Werder*, in: Hommelhoff/Hopt/v. Werder, Handbuch Corporate Governance, 2009, S. 3, 14.

289 *Mülbert*, ZHR 173 (2009), 1, 4.

290 *Bühler*, Regulierung im Bereich der Corporate Governance, 2009, S. 133; *Fahl*, Corporate Governance im Versicherungsverein a. G., 2005, S. 92; *Strenger* spricht von einem Rahmen für „Rundum-Qualität“ *Strenger*, DStR 2001, 2225.

291 *Martin/Zimmermann*, in: Allmendinger u.a. (Hrsg.), Corporate Governance nach der Finanzkrise, 2011, S. 81, 82.

292 In Bezug auf die Einführung einer Frauenquote siehe *Mülbert*, ZHR 174 (2010), 375, 382; *Langenbucher*, JZ 2011, 1038ff.

293 *Hopt*, ZHR 175 (2011), 444, 508.

Dabei ermöglicht das Governance-System aufgrund der Interdisziplinarität, Ergebnisse anderer Fachrichtungen für die rechtliche Diskussion des Themas fruchtbar zu machen und so schon im Prozess der Regelsetzung die Erkenntnisse aus anderen Bereichen zu berücksichtigen.[294]

## 9) Wem nutzt gute Corporate Governance und in welcher Hinsicht nutzt sie?

Nutzen aus einer guten Corporate Governance ziehen nicht nur Shareholder und Stakeholder, die ihre Interessen gewahrt sehen, sondern auch das Unternehmen selbst. Denn gute Corporate Governance stärkt das Vertrauen von (potenziellen und aktuellen) Anlegern[295] in das Unternehmen und kann so dazu beitragen, die Kosten für die Kapitalaufbringung langfristig zu senken. So ergab eine Umfrage der Unternehmensberatung McKinsey aus dem Jahr 2002, dass Investoren und Anleger bereit sind, für ein Unternehmen, das einen in ihren Augen hohen Corporate-Governance-Standard vorzuweisen hat, bis zu 20 Prozent mehr zu zahlen als für ein Unternehmen, das in ihren Augen einen weniger stark ausgeprägten Corporate-Governance-Standard hat.[296] Corporate Governance hat sich in den letzten Jahren zu einem „unternehmerischen Gütesiegel“ entwickelt[297] und dient daher auch zur Imageverbesserung.[298] Corporate Governance darf aber nicht als Substitut für ein gutes Geschäftsmodell verstanden werden. Gute Corporate Governance stellt daher keine Garantie für unternehmerischen Erfolg dar.[299] Denn neben Corporate Governance beeinflussen noch viele weitere Faktoren das unternehmerische Gelingen. Daher kann auch ein noch so gutes Corporate-Governance-System nicht verhindern, dass eine Gesellschaft insolvent wird.[300] Aber es ist zu vermuten, dass sich das Risiko für eine Insolvenz durch ein gutes Corporate-Governance-System absenken lässt und vor allem Insolvenzen, die auf eigennütziges Verhalten der Geschäftsführung zurückzuführen sind, verhindert werden können.

Die Schaffung eines guten Corporate-Governance-Rahmens liegt aber nicht nur im Interesse der einzelnen Unternehmung und ihrer Stakeholder, sondern auch Staaten haben ein Interesse daran, einen Rahmen zu schaffen, in dem Gesellschaften gut und langfristig gedeihen können. Dies ist vor allem für die wirtschaftliche und

---

294 Zum Nutzen des Governance Ansatzes allgemein *Möslein,* in: FS Hopt, 2010, S. 2861, 2868.

295 *Dörner/Orth,* in: Pfitzer/Oser/Orth, Deutscher Corporate Governance Kodex, 2. Aufl. 2005, S. 5, 12; *Roh/Vogel,* Sparkasse 2004, Heft 11, S. 8; *Schneider/Strenger,* AG 2000, 106, 108.

296 Siehe Studie *McKinsey,* Global Investor Opinion Survey: Key findings, 2002, abrufbar unter http://www.eiod.org/uploads/Publications/Pdf/II-Rp-4-1.pdf.

297 *Schwintowski,* NVwZ 2001, 607.

298 *Hütten,* BB 2002, 1740, 1742; *Schüppen,* DB 2002, 1117, 1118.

299 *Bühler,* Regulierung im Bereich der Corporate Governance, 2009, S. 209.

300 *Mülbert,* ZHR 174 (2010), 375, 384; *Strenger,* DStR 2001, 2225.

finanzielle Entwicklung der Staaten von Bedeutung und erklärt das rege Interesse der Politik an der Thematik.[301]

## 10) Was soll die Lehre von der Corporate Governance?

*Peltzer* fasst die Funktion der Lehre von Corporate Governance wie folgt prägnant zusammen: „Die Lehre von der Corporate Governance soll sich naturgemäß nicht nur auf die Beschreibung, auf Anamnese und Diagnose beschränken. Sie soll vor allem Prävention und wenn nötig Therapie leisten".[302] Vor allem die Funktion der Prävention und Therapie erscheint im Schatten der weltweiten Finanzkrise als herausragend. Nachdem schon erste „Behandlungen" durch neue Gesetze erfolgt sind, geht es jetzt vor allem darum, einen Rahmen zu schaffen, der auch präventive Wirkung entfalten kann. Bei der Ausgestaltung dieses Rahmens ist ein Aspekt, dem besondere Bedeutung geschenkt werden sollte, die diagnostizierten Wechselwirkungen zwischen den verschiedenen, bestehenden und zu schaffenden Regeln.[303]

## 11) Ergebnis

Der Begriff Corporate Governance ist kein Rechtsbegriff. Eine einheitliche von Gesetzgeber und/oder Rechtsprechung geformte Definition existiert daher nicht. Eine rechtliche Definition des Begriffs Corporate Governance ist auch zukünftig nicht zu empfehlen, da zu befürchten ist, dass der Begriff durch einen solchen Schritt seine Dynamik verliert. Aber gerade diese Dynamik macht den Erfolg der Diskussion mit aus.

In dieser Arbeit soll Corporate Governance verstanden werden als rechtlicher und faktischer Ordnungsrahmen für die Leitung und Überwachung eines Unternehmens. Die Definition begründet eine enge Verbindung zum Gesellschaftsrecht. Mithilfe der Corporate Governance sollen die in einer Unternehmung auftretenden Interessenkonflikte aufgelöst werden. Es geht darum, eine Unternehmensführung zu sichern, die langfristig in der Lage ist, Werte zu erhalten und neue zu schaffen. Dabei ist zwischen interner und externer Governance zu unterscheiden. Die eine regelt das Binnenverhältnis, die andere das Verhältnis der Gesellschaften zu außenstehenden Gruppen, die ein spezifisches Interesse an dieser haben, weil sie einen wie auch immer gearteten Beitrag zum Gedeihen der Gesellschaft leisten oder geleistet haben.

Die Aufgabe aus juristischer Sicht ist in erster Linie die Identifizierung der Konflikte und anschließend die mögliche Auflösung dieser. Dies kann auf verschiende Art und Weise passieren. Es können Regeln oder als schwächere Form Empfehlungen geschaffen und in einem weiteren Schritt die Umsetzung und Durchsetzung

301 *Hopt*, GesRZ 2002, Sonderheft Corporate Governance, 4, 5; *van Hulle/Maul*, ZGR 2004, 484, 485.

302 *Peltzer*, in: Max Hachenburg – Dritte Gedächnisvorlesung, 2000, S. 49, 55.

303 *Leyens*, in: Corporate Governance nach der Finanz- und Wirtschaftskrise, 2011, S. 3, 4.

überwacht werden. Das ist aber nicht möglich, ohne in einem ersten Schritt die Probleme, die mit den Regeln gelöst werden sollen, zu identifizieren und zu analysieren.

Besonderer Beachtung muss dabei dem Aspekt geschenkt werden, einen wirkungsvollen, ausgewogenen Governance-Rahmen zu schaffen, der jeder einzelnen Gesellschaft den Raum lässt, um sich zu entfalten. Die Lösung kann daher kein „one size fits all"-Ansatz sein.[304]

304 *Lutter*, in: FS U.H. Schneider, 2011, S. 763, 767.

# §3 Schaffung eines Corporate-Governance-Rahmens – Rahmenbedingungen und Mechanismen

Nachdem im vorangegangenen Kapitel dargestellt wurde, was sich hinter dem Begriff Corporate Governance versteckt, soll nachfolgend dargestellt werden, wie Corporate Governance in der Praxis umgesetzt wird. Es müssen Instrumente zur Verfügung stehen, die zum einen verhindern, dass die Agenten eigennützig handeln, und die zum anderen konfligierende Interessen in Einklang bringen.[305] Die große Herausforderung, die sich hier stellt, ist, Mittel und Wege zu finden, das Verhalten der Akteure im Sinne einer guten Corporate Governance zu verändern.[306]

## I) Rahmenbedingungen

Es gibt einige Rahmenbedingungen, deren Erfüllung bei der Reduktion der Informationsasymmetrie und der Auflösung der bestehenden Zielkonflikte und damit der Verbesserung der Corporate Governance beitragen können. Diese Rahmenbedingungen dienen dazu, die Qualität der Unternehmensführung offenzulegen und gleichzeitig zu verbessern. Rahmenbedingungen schaffen somit den Raum, in dem die Mechansimen wirken können. Teilweise ist eine genaue Abgrenzung zwischen Rahmenbedingung oder Mechanismus nicht möglich. So kann Transparenz als notwendige Rahmenbedigung, aber auch als Mechanismus eingeordnet werden. Die Rahmenbedingungen sind zunächst voneinander unabhängig, erzielen ihre beste Wirkung jedoch dann, wenn sie kumulativ vorliegen. Die folgenden Rahmenbedingungen haben im Rahmen der Diskussion um die Corporate Governance einen festen Platz eingenommen.

### 1) Kontrolle durch Aufgabenteilung

Als eine der wichtigsten Rahmenbedingungen kann das System der zweigliedrigen Gesellschaft verstanden werden. Gemeint ist damit die Trennung von Leitung und Kontrolle in den Gesellschaftsformen, in denen eine Fremdgeschäftsführung möglich ist. In der Aktiengesellschaft geschieht dies durch zwingende Einrichtung eines Vorstands und eines Aufsichtsrates. In der GmbH ist für die Kontrolle die Gesellschafterversammlung zuständig, wobei hier eine strikte Kontrolle von Leitung und Aufsicht nicht möglich ist, da häufig Gesellschafter auch als Geschäftsführer

305 *Bühler*, Regulierung im Bereich der Corporate Governance, 2009, S. 133.

306 *Europäische Kommission*, Grünbuch Corporate Governance in Finanzinstituten und Vergütungspolitik, KOM(2010)284, S. 12; *Lohse*, Unternehmerisches Ermessen, 2005, S. 27.

fungieren. Durch die Einrichtung eines Leitungsorgans und eines Kontrollorgans soll in erster Linie dafür gesorgt werden, dass die Leitung der Gesellschaft überwacht und daran erinnert wird, die Interessen der wirtschaftlichen Eigentümer zu berücksichtigen. Bei Aufsichtsräten mit Arbeiternehmervertretern wird auch im Hinblick auf deren Interesse hin überwacht. Durch das Kontrollsystem können die oben aufgezeigten Informationsasymmetrien verringert werden.

## 2) Transparenz

Transparenz[307] ist ein immer wiederkehrendes Thema in der Diskussion um Corporate Governance.[308] Es spiegelt den Ausspruch *„Wissen ist Macht"*[309] wider. In erster Linie dient Transparenz (im Zusammenhang mit Corporate Governance) in Bezug auf eine Gesellschaft dazu, das Informationsgefälle zwischen den verschiedenen Gruppen so gering wie möglich zu halten und durch die Publikation von unternehmensbezogenen Informationen den Akteuren die Möglichkeit zu geben, das Unternehmen, aber vor allem auch die Arbeit der Unternehmensführung,[310] hinreichend zu beurteilen.[311] Dazu müssen interne Strukturen nach außen hin sichtbar gemacht werden.[312] Somit ist Transparenz ein Thema sowohl der internen als auch der externen Governance.[313] Transparenz kann auf verschiedenen Ebenen angezeigt sein. Auf innergesellschaftlicher Ebene dient Transparenz dazu, die gegenseitige Kontrolle, die durch Einrichtung eines Kontroll- und eines Leitungsorgans angelegt ist, zu verbessern. Daneben gibt es das Erfordernis von Transparenz in dem Verhältnis von Unternehmen zu außenstehenden Stakeholdern, die also keine Gesellschaftsorgane sind. Die Transparenz nach außen ist der Grundstein für die Kontrolle der Gesellschaft durch die verschiendenen Märkte, allen voran durch den Kapitalmarkt.

Als Mittel zur Erreichung von Transparenz in einer Unternehmung dienen vor allem Rechnungslegung[314] und Publizität bzw. Offenlegung von Unternehmensinformationen.[315] Die Informationsweitergabe kann dabei an verschiedenen Stellen erfolgen. Entweder gegenüber der breiten Öffentlichkeit oder aber auch nur

---

307 Zur Wirkung von zu viel Transparenz auf Innovationen eines Unternehmens siehe *Hummler*, in: FS Nobel 2005, S. 161, 168f.

308 *Cocris/Unugureanu*, Why are Banks Special?, 2007, S. 4, abrufbar unter http://papers.ssrn.com/sol3/papers.cfm?abstract_id=1090291.

309 Der Ausspruch geht ursprünglich zurück auf den englischen Philosophen *Francis Bacon* (1561–1626).

310 *Basel Committee on Banking Supervision*, Principles for enhancing corporate governance, July 2015, No. 151 (S. 36).

311 *Hopt*, in: Hommelhoff/Hopt/v. Werder, Handbuch Corporate Governance, 2. Aufl. 2009, S. 39, 48.

312 *Fahl*, Corporate Governance im Versicherungsverein a.G., 2005, S. 98.

313 *Merkt*, in: FS Goette, 2011, S. 313, 315.

314 *Pellens/Strzyz*, in: Hommelhoff/Hopt/v. Werder, Handbuch Corporate Governance, 2. Aufl. 2009, S. 533, 535.

315 *Mößle*, Abschlussprüfer und Corporate Governance, 2003, S. 82.

gegenüber staatlich legitimierten Einrichtungen (zum Beispiel gegenüber den Aufsichtsbehörden).[316] Die Offenlegung von Informationen gegenüber staatlich legitimierten Einrichtungen wirkt sich dabei auf die allgemeine Transparenz nur dann aus, wenn diese Einrichtungen diese Information auf irgendeine Weise an die Märkte weitergeben.

Transparenz kann seine positive Wirkung verlieren, wenn die erteilten Informationen zu viel werden und in einer „Überinformation" ausarten.[317] Stehen den beteiligten und interessierten Gruppen eine große Anzahl an Informationen zu, die zudem nicht alle relevant sind, kann die Motivation zur Information durch den dann zuvor nötigen Auswahlprozess der relevanten Informationen gedämpft werden. Daher ist bei dem Aspekt der Transparenz die Informationsmasse ein kritischer Punkt.

## 3) Reduktion der Informationsasymmetrie

Die Reduktion und im Idealfall Auflösung von Informationsasymmetrien ist zum einen eine Rahmenbedingung der Corporate Governance und zum anderen auch Ziel der Rahmenbedingung „Transparenz". Eine Auflösung von Informationsasymmetrien kann ferner dadurch erreicht werden, dass innerhalb einer Unternehmung Informationen offengelegt (Transparenz) und weitergeben werden. Aber es genügt nicht nur die Kommunikation innerhalb des Unternehmens, sondern es bedarf darüber hinaus auch noch der Offenlegung gegenüber unternehmensexternen Interessengruppen, zum Beispiel die Offenlegung gegenüber staatlichen Institutionen.[318] Doch muss man sich bewusst sein, dass eine komplette Auflösung der Informationsasymmetrie realistisch nicht möglich ist. Denn der Agent wird immer einen zeitlichen sowie quantitativen Informationsvorsprung aufweisen.[319] Darüber hinaus gibt ein (vermeintlicher) Informationsvorsprung oft den Ausschlag zum Handeln. Ohne Informationsasymmetrien wäre der Antrieb zum Handeln teilweise nicht gegeben.[320] Des Weiteren ist zu beachten, dass die Reduktion der Informationsasymmetrie auch Kosten verursacht („agency costs").[321] Unter dem Begriff der Agenturkosten bzw. agency costs werden unter anderem die Kosten gezählt, die dem Prinzipal durch die Überwachung des Agenten entstehen.[322]

---

316 *Littger*, Deutscher Corporate Governance Kodex, 2006, S. 39: dieser verweist für Bedeutung der Allfinanz in diesem Zusammenhang auf *Shleifer/Vishny*, J. Fin. 52 (1997) 737, 774.

317 Der Aspekt des „Information overload" wird vor allem im Bereich des Anlegerschutzes diskutiert, siehe dazu *Klöhn*, Kapitalmarkt, Spekulation und Behavorial Finance, S. 235ff; *Koller*, in: FS Huber, S. 821, 824ff.

318 *Littger*, Deutscher Corporate Governance Kodex, 2006, S. 39.

319 *Littger*, Deutscher Corporate Governance Kodex, 2006, S. 39; *Druey*, GesRZ 2002, Sonderheft Corporate Governance, 32 ff.

320 *Druey*, GesRZ 2002, Sonderheft Corporate Governance, 32, 34.

321 *Eidenmüller*, JZ 2001, 1041,1047.

322 Dazu ausführlich *Jensen/Meckling*, J. Fin. Econ.3 (1976) 305, 328.

## 4) Qualifikation der Agenten

Als Voraussetzung, dass eine gute Unternehmensführung in einem Unternehmen etabliert werden kann, ist die hinreichend gute Qualifikation der Unternehmensführer selber zu sehen. Denn fehlt bei der Führungsriege das notwendige Verständnis für das Führen des Unternehmens, entfalten auch noch so ausführliche und detaillierte Regeln keine Wirkung. Besondere Qualifikationen sind aber nicht nur für die Geschäftsleiter wichtig, sondern auch für diejenigen, die sie überwachen, also in erster Linie Aufsichtsrat- und Verwaltungsratsmitglieder. Denn fehlt denen das Verständnis für die wirtschaftlichen Zusammenhänge und die Besonderheiten des Unternehmens, sind sie nicht in der Lage, eine effektive Überwachungsposition einzunehmen.[323]

## 5) Anreizstrukturen für Agenten

Um Interessengefälle zwischen Prinzipal und Agent anzugleichen, gelten Anreizstrukturen als probates Mittel. Die Unternehmensführung muss einen Anreiz haben, eine gute Performance im Bereich der Unternehmensführung abzuliefern. Daher müssen Bedingungen und Strukturen geschaffen werden, die dem Agenten Anreize geben, die Interessen des Prinzipals in den Mittelpunkt seines Handelns zu stellen.[324] Für die Schaffung dieser entsprechenden Strukturen kann sowohl die Rechtsordnung als auch der Prinzipal herangezogen werden. Die Zusammenführung der Interessen kann vor allem dadurch gewährleistet werden, dass die Unternehmensführung sowohl am Erfolg als auch am Risiko der Unternehmung beteiligt wird. Die verschiedenen Anreizsysteme beurteilen dabei in erster Linie nicht die Handlungen an sich, sondern das Handlungsergebnis.[325] Das Anknüpfen an den Handlungserfolg ist durchaus sinnvoll, da die Prinzipale aufgrund eines bestehenden Informationsdefizits die Handlung an sich nicht sinnvoll bewerten können. Eine rein ergebnisorientierte Bewertung kann hingegen kurzfristig motiviertes Handeln und kurzfristigen Wachstum befeuern.[326] Hier sind zwei verschiedene Mechanismen zu nennen, mit denen klassischerweise auf das Handeln der Führung eingewirkt werden kann. Auf der einen Seite ist für eine positive Konditionierung die Vergütung zu nennen und auf der anderen Seite stehen die Haftung und die daraus entspringenden Risiken. Während die Vergütung (noch) weitgehend nach eigenen Maßstäben innerhalb der Gesellschaft vereinbart wird, ist der Rahmen der Haftung gesetzlich verankert. So wird die Haftung in Aktiengesellschaft und GmbH nach §§ 92, 116 AktG und § 43 GmbHG als Instrument gesehen, den Interessen der Anteilseigner durch Haftungsinstrumente Beachtung zu verleihen.[327] Dabei handelt es sich um eine Innenhaftung der

323 *Bayer*, NZG 2013, 1, 10.

324 *Schanze*, in: Ott/Schäfer, Ökonomische Probleme des Zivilrechts, 1991, S. 60, 70.

325 *Picot/ Dietl/ Franck*, Organisation, 3. Aufl. 2002, S. 94.

326 Aber auch in Abhängigkeit vom Ergebnismaßstab.

327 Dazu *Tröger/Dangelmayer*, ZGR 2011, 558, 568.

Geschäftsleiter gegenüber der Gesellschaft. Gegenüber Dritten haften die Geschäftsleiter nur in Ausnahmefällen. Für Ansprüche gegenüber Dritten steht regelmäßig die Gesellschaft selber ein. Unter Umständen kann die Gesellschaft den Schaden aber bei den Geschäftsführern liquidieren. Haftungsregeln kommt nicht nur nachträglich eine „bestrafende" Wirkung zu, sondern eine wichtige Wirkweise der Haftungsregeln ist ihr präventiver Charakter,[328] auch wenn dieser präventive Charakter nicht einstimmig bejaht wird.[329] Der präventive Charakter ist darin zu sehen, dass ein rational handelnder Manager das mühsame über die Jahre hinweg zusammengetragene Vermögen nicht aufgrund eines Haftungsprozesses aufs Spiel setzen will.[330]

Obwohl die Haftung heute schon weitgehend gesetzlich geregelt ist, wird von immer mehr Seiten eine Verschärfung der Haftung verlangt. Es wird moniert, dass die bestehenden Regelungen nicht ausreichend seien[331], da, obwohl so viele gesellschaftliche Schieflagen zu beobachten sind, Haftungsprozesse nur spärlich verzeichnet werden.[332] Dem kann jedoch entgegengehalten werden, dass die letzten Jahre beweisen, dass das bestehende Haftungssystem durchaus ausreichend ist und hinreichend Anwendung findet. Denn infolge der Finanzmarktkrise ist es zu einer noch nie da gewesenen Klagewelle gegen Organmitglieder, vor allem auch von Bankinstituten, gekommen.[333] Exemplarisch sollen hier die Klagen gegen Mitglieder des Vorstands der IKB-Bank[334] und der Corealcredit Bank[335] genannt werden. Mittlerweile ist die Diskussion im Bereich der Vorstandshaftung umgeschlagen. Es wird jetzt diskutiert, ob Vorstände in Deutschland einem zu hohen Risko ausgesetzt sind, für ihr Handeln in einem existenzvernichtenden Maße haften zu müssen.[336]

---

328 Grundlegend dazu *Wagner*, AcP 206 (2006), S. 352 ff.; *Goette*, in: Hommelhoff/Hopt/v. Werder, Handbuch Corporate Governance, 2. Aufl. 2009, S. 713, 715.

329 Inbesondere auf den Aspekt der Forderung von defensiven Verhalten hinweisend *BGH*, Beschl. v. 24.02.1997 – II ZB 11/96, BGHZ 134, 392, 398; *Hopt*, in: FS Mestmäcker, 1996, S. 909, 914; *Wagner*, AcP 206 (2006), S. 352, 363.

330 *Goette*, in: Hommelhoff/Hopt/v. Werder, Handbuch Corporate Governance, 2. Aufl. 2009, S. 713, 715f.

331 Schärfere Haftungsvorschriften fordernd *Hellwig*, Finanzmarktregulierung, Gutachten E zum 68. Deutschen Juristentag, 2010, E 51.

332 Exemplarisch hierzu *Mertens*, AG 1990, 49 „Es liegt also der Haftungsdrachen mit weit aufgerissenem Maul, aber festgezurrtemn Maulkorb an der Wegstrecke der Verwaltung."

333 Von Prozessen waren vor allem Genossenschaftsbanken betroffen, dazu insgesamt *Hopt*, ZIP 2013, 1793.

334 *BGH*, Urt. v. 1.1.2010 – II ZB 1/10, ZIP 2010, 446.

335 *BGH*, Urt. v. 15.1.2013 - II ZR 90/11, ZIP 2013, 455; Grundlegend zu diesem Konzept *Hirschman*, Exit, Voice, and Loyalty, 1970; der „Exit"-Funktion eine Nutzen für die Schaffung einer guten Corporate Governance absprechend *Zimmermann* bei *Hütten*, in: Corporate Governance nach der Finanz- und Wirtschaftskrise 2011, S. 106, 109.

336 Siehe zu der auch durch den 70. Juristentag ausgelöste Diskussion *Bachmann*, NJW-Beil. 2014, 43.

## II) Mechanismen zur Überwachung und Durchsetzung

Die oben genannten Rahmenbedingungen müssen überwacht und bei Nichtbeachtung durchgesetzt werden, wenn sie zur Wirksamkeit kommen sollen. Bei den Mechanismen im Bereich Corporate Governance lassen sich zwei grundsätzliche unterscheiden. Zum einen kann die Corporate Governance überwacht und verbessert werden durch interne oder durch externe Kontrolle. Diese Einteilung in interne und externe Mechanismen ist auf zwei Handlungsmöglichkeiten zurückzuführen, die den Anteilseignern zur Verfügung stehen. Anteilseigner können zunächst grundsätzlich im Unternehmen ihre Stimme erheben und so zur Verbesserung der Unternehmensführung beitragen („Voice"). Sind sie mit dem Ergebnis nicht zufrieden, steht ihnen aber jederzeit die Möglichkeit offen, sich ihres Anteils auf dem Markt zu entledigen („Exit").[337] Das „voice and exit"-Modell ist in der Praxis uneingeschränkt nur dort wirksam, wo auch ein Markt existiert, auf dem die Anteile veräußert werden können. In Deutschland gilt dies in der Form also nur für börsennotierte Aktiengesellschaften.

### 1) Interne Kontrolle

Bei der internen Kontrolle stehen die Unternehmensorgane im Mittelpunkt. Diesen kommt die Aufgabe zu, die Einhaltung der Grundsätze guter Unternehmensführung zu überwachen. Bei einer Aktiengesellschaft kommt hier neben dem Aufsichtsrat den Aktionären eine wichtige Rolle zu. Diese können und sollen die Unternehmensführung überwachen und durch Ausübung ihrer Stimmrechte eine Richtung vorgegben („Voice").

### 2) Externe Kontrolle

Bei der externen Kontrolle und Überwachung der Unternehmensführung wirken vor allem drei verschiedene Kräfte. Dies ist zum einem der Kapitalmarkt, zum anderen der Unternehmenskontrollmarkt sowie der Managermarkt.[338] Zum Teil werden auch Haftungsnormen als externer Kontrollmechanismus eingeordnet.[339] Damit diese Mechanismen wirklich greifen, ist eine unabdingbare Vorbedingung, dass hinsichtlich der Unternehmen Transparenz besteht und bewertungsrelevante Tatsachen publiziert

---

337 Grundlegend zu diesem Konzept *Hirschman*, Exit, Voice, and Loyalty, 1970; der „Exit"-Funktion eine Nutzen für die Schaffung einer guten Corporate Governance absprechend *Zimmermann* bei *Hütten*, in: Corporate Governance nach der Finanz- und Wirtschaftskrise 2011, S. 106, 109.

338 *Lohse*, Unternehmerisches Ermessen, 2005, S. 28; *Hopt*, in: FS Nobbe, 2009, S. 853, 855; *Hopt*, ZHR 175 (2011), 444, 450.

339 *Hucke*, in: Aktuelle Entwicklungen im Unternehmensrecht, 2003, S. 72, 82.

werden.[340] Daneben ist auch die staatliche Aufsicht (zum Beispiel durch die BaFin) als Element der externen Kontrolle zu nennen.[341]

Der Kapitalmarkt spielt hier in der Hinsicht eine bedeutende Rolle, indem er es den Anteilseignern ermöglicht, eine „exit“-Strategie durchsetzen zu können.[342] Die Veräußerung der Anteile ist das stärkste Mittel, mit dem die Anteilseigner zum Ausdruck bringen können, dass sie mit der Performance des Managements nicht zufrieden sind. Verkaufen viele Anteilseigner oder ein Anteilseigner mit einem großen Anteil, kann das dazu führen, dass sich die Kontrollverhältnisse in der Gesellschaft ändern, was wiederum dazu führen kann, dass das Management ausgetauscht wird.[343] Der Kapitalmarkt stellt aber nicht nur eine Plattform für die Ausübung der „Exit-Strategie“ dar, sondern kann schlechte oder mangelhafte Unternehmensführung auch dadurch strafen, dass an die Gesellschaft keine Kredite mehr vergeben werden und so kein Fremdkapital mehr in die Gesellschaft fließt.[344]

Der Markt für Unternehmenskontrolle stellt einen wichtigen externen Kontrollmechanismus dar. Denn wird eine Gesellschaft unzureichend geführt, wird diese früher oder später Investoren auf den Plan rufen, die daran interessiert sind, das Unternehmen zu übernehmen, um von dem nicht voll ausgeschöpften Unternehmenspotenzial zu profitieren.[345] Relativierend muss hier aber angeführt werden, dass ein Markt für Unternehmensübernahmen in seiner Reinform nur für börsennotierte Aktiengesellschaften besteht. Nachteilig ist anzumerken, dass auf dem Unternehmenskontrollmarkt hohe Transaktionskosten auftreten und dieser daher nicht als vollkommen effizient anzusehen ist.[346] Die Transaktionskosten bestehen in einem großen Teil aus Verhandlungs- und Einigungskosten und enstehen durch unter anderem durch eine extensive Prüfung der Zielgesellschaft (Due Diligence) oder aber auch durch die eingesetzten Berater. In die Höhe getrieben werden können die Transaktionskosten, wenn es sich um eine feindliche Übrenahme handelt und die Zielgesellschaft Maßnahmen ergreift, um die Übernahme noch abzuwenden.[347] Zudem sind feindliche Übernahmen in der Praxis in Deutschland eher selten zu

340 *Hopt*, in: Hommelhoff/Hopt/v. Werder, Handbuch Corporate Governance, 2. Aufl. 2009, S. 39, 59.

341 *Van Aaken*, RabelsZ 68 (2004), 288, 291.

342 *Hirschman*, Exit, Voice, and Loyalty, 1970, S. 39; *Roth*, ZIP 2003, 369, 376; *Spindler*, in: Gesellschaftsrecht in der Diskussion 2005, 2006, S. 35 f.; *van Aaken*, RabelsZ 68 (2004), 288, 291.

343 *Grundmann*, Europäisches Gesellschaftsrecht, 2. Aufl., 2011, § 13 Rn. 481ff.

344 *van Aaken*, RabelsZ 68 (2004), 288, 291.

345 *Hellgardt*, in: Perspektiven des Wirtschaftsrecht, 2008, S. 397, 413; *Leyens*, JZ 2007, 1061, 1068.

346 *Just*, Die Anwendbarkeit des Deutschen Corporate Governance Kodex auf nicht börsennotierte Unternehmen, 2007, S. 24.

347 Die Handlungsmöglichkeiten des Mangaments der Zielgesellschaft sind jedoch durch Vorgaben des WpÜG begrenzt.

beobachten.[348] Das hat verschiedene Gründe. Zum einen mangelt es in Deutschland an möglichen Zielgesellschaften. Zum andern muss dabei auch die Stigmatisierung öffentlicher Übernahmen in Deutschland berücksichtigt werden.[349] Außerdem machen die gesetzlichen Vorgaben in den verschiedenen Bereichen, zum Beispiel Arbeitserecht, Übernahmen sehr komplex.

Darüber hinaus wird als externer Kontrollmechanismus auch der Markt für Manager angesehen.[350] Der Wert der Manger steigt und damit auch ihre Bezahlung, wenn sie eine gute Performance abliefern. Der Nachteil beim Managermarkt ist die mangelnde Transparenz.[351] Der Managermarkt wirkt dabei unabhängig von der jeweiligen gesellschaftlichen Organisationsform, wohingegen die Mechanismen Kapitalmarkt und Unternehmenskontrolle einen starken organisationsrechtlichen Bezug aufweisen und nur bei gewissen Organisationsformen[352] zusammen wirken können.[353]

Weiterhin spielt bei der externen Kontrolle auch der Abschlussprüfer eine wichtige Rolle.[354] Die Relevanz des Abschlussprüfers im System der Corporate Governance lässt sich daraus ablesen, dass der Gesetzgeber an dieser Stellschraube in den letzten Jahren mehrfach gestellt hat und auch, befeuert durch die mehrfachen gesetzlichen Änderungen, eine lebhafte Diskussion in der Wissenschaft zu diesem Thema besteht.[355] Im Rahmen der Corporate Governance kommt dem Abschlussprüfer die Aufgabe zu, die Investitionsentscheidung der Anleger abzusichern und insoweit

---

348 Die Wirkung des Übernahmemarktes relativierend *Martin/Zimmermann,* in: Allmendinger u.a. (Hrsg.), Corporate Governance nach der Finanzkrise, 2011, S. 81, 103.

349 Hier kann exemplarisch die gescheitere Übernahme der Volkswagen AG durch die Porsche SE genannte werden, unter der der Ruf der Porsche SE bis heute leidet und aufgrund dessen die Porsche SE eine Vielzahl von Rechtstreitigkeiten führt.

350 *Fama,* J. Pol. Econ.88 (1980) 288, 290ff; *Hopt,* in: FS Nobbe, 2009, S. 853, 855; *Jensen/Meckling,* J. Fin. Econ.3 (1976) 305, 328; die Kontrolle durch den Managermarkt minimal sehend *Martin/Zimmermann,* in: Allmendinger u.a. (Hrsg.), Corporate Governance nach der Finanzkrise, 2011, S. 81, 102.

351 Dazu *Alchian/Demsetz,* Am. Econ. Rev. 62 (1972) 777f.

352 In erster Linie ist das die börsennotierte Aktiengesellschaft.

353 *Grundmann,* Europäisches Gesellschaftsrecht, 2. Aufl., 2011, § 13 Rn. 480.

354 Der Abschlussprüfer wird oft eine Stellung zwischen interner und externer Governance zugesprochen *Hopt,* ZHR 175 (2011), 444, 450; *Leyens/Schmidt,* AG 2013, 533, 545; den Abschlussprüfer als Bindeglied sehend *Ludwig,* Branchenspezifische Wirtschaftsaufsicht und Corporate Governance, 2012, S. 128; zu der Rolle des Abschlussprüfers bei Banken *Wohlmannstetter,* in: Hopt/Wohlmannstetter, Handbuch Corporate Governance Banken 2011, S. 199ff.

355 Siehe dazu von europäischer Seite Richtlinie 2006/43/EG des Europäischen Parlaments und des Rates vom 17. Mai 2006 über Abschlussprüfungen von Jahresabschlüssen und konsoldierten Abschlüssen zur Änderung der Richtlinien 78/660/EWG und 83/349/EWG des Rates und zur Aufhebung der Richtlinie 84/253/EWG des Rates, ABl. EU Nr. L 157/87; aus der Literatur z.B. *Mößle,* Abschlussprüfer und Corporate Governance, 2003.

indirekt die Entfaltung des Kapitalmarktes vorantreiben.[356] Zudem ist die Tätigkeit für den Aufsichtsrat von besonderer Bedeutung. Denn sein Bericht ist eine wichtige Informationsquelle für seine Arbeit.[357]

### 3) Sonderfall Rechnungslegung

Die Rechnungslegung ist ein Element, was weder eindeutig der internen Kontrolle noch der externen Kontrolle zugeordnet werden kann. Das rührt daher, dass die Rechnungslegung an sich eine Pflicht der Gesellschaftsorgane ist und insofern der internen Kontrolle unterfällt.[358] Auf der anderen Seite dient die Rechnungslegung aber auch gegenwärtigen und potenziellen Anlegern und Gläubigern zur Information und ist somit Grundlage einer Entscheidung über den zukünftigen Umgang mit dem Anteil.[359] Ursprünglich war die Rechnungslegung als rein internes Kontrollinstrument gedacht. Denn der Rechnungslegung kam in erster Linie die Aufgabe der Eigeninformation zu.[360] Erst später änderte sich die Gewichtung und in den Vordergrund trat der Gläubigerschutz. Damit diese Funktion mit der Rechnungslegung aber erfüllt werden kann, bedarf es einer externen Prüfung, die die Richtigkeit der Angaben prüft. Diese Prüfung durch den Abschlussprüfer ist, wie oben schon dargestellt, Element der externen Kontrolle, die Rechnungslegung an sich aber Element der internen Kontrolle. Daher rührt die besondere Stellung der Rechnungslegung.

## III) Marktkontrolle, Selbstregulierung und die Rolle des Gesetzgebers

Eine der wichtigsten Fragen, die international diskutiert wird, ist die Aufgabe des Gesetzgebers und der Aufsicht im Rahmen der Corporate Governance. Corporate Governance war zu Beginn ein Thema der Selbstregulierung. Erst später haben sich auch die Gesetzgeber des Themas angenommen. Die Zeiten einer „governance without government"[361] sind somit vorbei.[362] Insofern ist manch einer verleitet zu sagen, dass Corporate Governance das Opfer des eigenen Erfolges wurde.[363] Daher ist mittlerweile auch die Frage in den Mittelpunkt gerückt, inwiefern eine Regulierung vonseiten des Gesetzgebers notwendig ist und wie weit andererseits die Macht der

---

356 *Mattheus*, in: Der Wirtschaftsprüfer als Element der Corporate Governance, 2001, S. 7, 15.

357 *Leyens/Schmidt*, AG 2013, 533, 545.

358 *Grundmann*, Europäisches Gesellschaftsrecht, 2. Aufl., 2011, § 13 Rn. 484.

359 *Grundmann*, Europäisches Gesellschaftsrecht, 2. Aufl., 2011, § 13 Rn. 484; *Arnold*, Die Steuerung des Vorstandshandeln, 2007, S. 101.

360 *Mößle*, Abschlussprüfer und Corporate Governance, 2003, S. 88.

361 Siehe dazu *Rosenau/Czempiel*, Governance wirhout Government.

362 *Pietrancosta*, in: FS Hopt, 2010, 1109, 1111.

363 *Pietrancosta*, in: FS Hopt, 2010, 1109, 1111.

Markttransparenz bzw. eine Selbstregulierung ausreichend ist.[364] Der Selbstregulierung ist dabei als Ausgangspunkt der Vortritt zu überlassen gegenüber gesetzlichen Regelungen. Der Gesetzgeber sollte nur dann aktiv werden, wenn dies aufgrund eines drohenden Marktversagens angezeigt ist. Die verschiedenen Kontrollebenen – zum einen Marktkontrolle und zum anderen Staatsaufsicht – werden als alternative Steuerungsmechanismen begriffen.[365] Die Frage nach gesetzlicher Normierung oder Selbstregulierung stellt sich bei jeder einzelnen Teilfrage im Rahmen der Corporate Governance und ist daher nicht für eine pauschalierte Aussage zugänglich.[366]

### *a) Markt*

In einer idealen Welt kann nahezu alles vom Markt geregelt und kaum etwas muss vom Gesetzgeber vorgegeben werden. Dies setzt aber voraus, dass ein perfekt funktionierender Markt existiert, der es den Anteilseignern ermöglicht, sich ihrer Anteile zu entledigen, wenn die Gesellschaft nicht in ihrem Interesse geführt wird und daher an Wert verliert.[367] Der Verkauf der Gesellschaft führt dann meist zu einem Austausch des Managements, und dies veranlasst das Management dazu, die Gesellschaft so zu führen, dass es erst gar nicht zu einem Verkauf kommt.[368] In der Welt, in der ein perfekter Markt existiert, bedarf es dann lediglich Regelungen, die es den Anteilseignern vereinfachen, ihre Anteile zu veräußern.[369] Der Kontrolle des Marktes kann eine Überwachung der Corporate Governance aber nur dort überlassen werden, wo es notwendigerweise auch einen Markt gibt, auf dem die Anteilseigner ihre Anteile schnell und kostengünstig veräußern können. Das ist aber nur der Fall für börsennotierte Aktiengesellschaften, für alle anderen Anteilseigner besteht die Möglichkeit nicht. Und auch der Markt für börsennotierte Aktiengesellschaften ist in der aktuellen Ausprägung kein perfekter, vollkommener Markt. Zwar haben sich in den letzten Jahren die Bedingungen verbessert, aber noch immer ist nicht der Status erreicht, als dass der Markt eine gute und ausreichende Überwachung der Corporate Governance gewährleisten könnte. Der Markt für die Ausübung einer „exit“-Strategie kann in erster Linie den Anteilseignern zur Durchsetzung ihrer Interessen verhelfen. Anderen Stakeholdern ist damit auf den ersten Blick

---

364 *Leyens*, JZ 2007, 1061; *ders.*, in: Corporate Governance nach der Finanz- und Wirtschaftskrise, 2011, 3, 5; *Bühler*, Regulierung im Bereich der Corporate Governance, 2009, S. 1; dazu insgesamt *Hopt*, The European Company Law Action Plan Revisited: An Introduction, ECGI - Law Working Paper No. 140/2010, 2010, abrufbar unter http://papers.ssrn.com/sol3/papers.cfm?abstract_id=1554662.

365 *Merkt*, in: Hommelhoff/Hopt/v. Werder, Handbuch Corporate Governance, 2. Aufl., 2009, S. 683, 690.

366 Dazu *Leyens*, in: Corporate Governance nach der Finanz- und Wirtschaftskrise, 2011, S. 3. 10.

367 *Schäfer*, Fund Governance, 2009, S. 36.

368 *Hopt*, in: Max Hachenburg – Dritte Gedächnisvorlesung, 2000, S. 9, 41.

369 *Schäfer*, Fund Governance, 2009, S. 36.

wenig geholfen. Diese profitieren jedoch von Marktmechanismen, wenn sie zur Transparenz beitragen. Denn bei genügend Transparenz und Informationen, ist es vielen Stakeholdern möglich, ihre vertraglichen Beziehungen entsprechend an die Informationen anzupassen.[370]

### *b) Gesetzgeberische Aktivitäten und Selbstregulierung*

Kann ein Sachverhalt durch Markkräfte nicht hinreichend geregelt werden und führt dieser Zustand dazu, dass Schäden für die Allgemeinheit entstehen, ist eine positive Regelung dieses Aspekts gerechtfertigt und auch notwendig.[371] Die Schaffung einer Regelung bedeutet den Eingriff in den Marktmechanismus und die Entscheidungsfreiheit der betroffenen Gruppen, um ein bestimmtes Verhalten zu erreichen. Wenn ein Sachverhalt positiv einer Regelung unterworfen wird, gibt es grundsätzlich zwei Quellen, aus welcher die Regelung entspringen kann. Zum einen kann der Urheber hoheitlich legitimiert sein oder aber die von den Regelungen Betroffene stellen diese selbst auf (Selbstregulierung). Unter Selbstregulierung versteht man somit die Regelsetzung durch die Betroffenen selbst ohne staatlichen oder sonstigen äußerlichen Einfluss.[372] Niedergelegt werden die im Wege der Selbstregulierung gefundenen Regelungen in Satzungen[373] oder auch in einem Vertrag.[374] Selbstregulierung werden einige Vorteile gegenüber Regulierung von staatlicher Seite zugesprochen. Demnach weisen Regelungen, die durch Selbstregulierung entstanden sind, oft eine höhere Akzeptanz auf, da sie von den Betroffenen selbst formuliert wurden.[375] Weiterhin fließt bei der Selbstregulierung oft mehr spezifisches Fachwissen ein und die Regelungen können schneller angepasst werden.

Zunächst gilt es, eine Entscheidung darüber zu treffen, ob die Regelung der Selbstkontrolle überlassen werden soll, oder aber ob der Gesetzgeber aktiv werden muss. Die Regelung durch den Staat und die Selbstkontrolle sind somit erst einmal als alternative und substitutive Modelle zu betrachten und beide Modelle haben die Eigenschaft, Verhalten zu steuern.[376] Zunehmend entwicklte sich aber eine neue Mischform zwischen den beiden Formen. Es ist die Rede von staatlich gesteuerter

---

370 Keinen Nutzen daraus können Haftungsgläubiger ziehen. Nur bedingt nutzt es Gläubgiern, die die vertragliche Beziehung zu einer Zeit begründet haben, zu der die Transparenz noch nicht im vollen Umfang gewährleistet war, sie können unter Umständen nur begrenzt Anpassungen vornehmen.

371 Siehe hierzu *Bayer*, NZG 2013, 1; *Wiedemann/Wank*, JZ 2013, 340, 341.

372 *Bühler*, Regulierung im Bereich der Corporate Governance, 2009, S. 42.

373 Darunter fallen auch Verhaltenskodizes und Standes – und Verbandsregeln.

374 *Buck-Heeb/Dieckmann*, Selbstregulierung im Privatrecht, 2010, S. 34.

375 *Buck-Heeb/Dieckmann*, Selbstregulierung im Privatrecht, 2010, S. 223ff.

376 *Merkt*, in: Hommelhoff/Hopt/v. Werder, Handbuch Corporate Governance, 2. Aufl., 2009, S. 683, 690.

Selbstregulierung.[377] Die Entscheidung, ob eine gesetzliche oder aber eine von den Akteuren festgesetzte Regelung zu kreieren ist, ist im Lichte einer sinnvollen Arbeitsteilung zu betrachten.[378] Vor allem im Bereich der Corporate Governance wird nicht nur mit parlamentarischem Recht gearbeitet, sondern auch zunehmend mit sogenannten „soft law".[379] Regelungen, die in Form von „soft law" erlassen werden, ist eigen, dass sie nicht in Form eines „rigiden Pflichtprogramms"[380] abgespult werden müssen. Vielmehr stehen sie teilweise zur Disposition der Betroffenen und von ihrer Anwendung kann abgesehen werden, wenn es für das einzelne Unternehmen nicht nützlich erscheint.

Soll eine Regelung geschaffen werden, ist die Frage, von welcher Qualität die Regelung sein soll. Es besteht eine Stufenfolge bei den Regelungsarten. An der Spitze steht zwingendes Recht, es folgt das dispositive Recht[381] und die nicht unmittelbar gesetzlich verankerte Regulierung (zum Beispiel in Form von Kodizes).[382] In den meisten Rechtsordnungen setzt sich der Corporate-Governance-Rahmen aus Regelungen der verschiedensten Regelungsebenen zusammen.[383]

Wird der Gesetzgeber aktiv, besteht bei zunehmender Regelungsdichte die Gefahr einer Überregulierung. Als Überregulierung bezeichnet man die Situation, in der eine Vielzahl von Normen, die rigide und zum Teil auch überflüssig sind, das Wachstum und die Entwicklung einschränken oder im schlimmsten Fall zum Stillstand bringen.[384] Eine Überregulierung führt oft dazu, dass die Qualität und Leistungsfähigkeit der Regulierung im Ergebnis abnimmt, was oft auch damit zusammenhängt, dass es einfach an den Ressourcen fehlt, die zur Erfüllung des Regulierungsziels notwendig sind.[385] Verstöße gegen die Normen werden nicht konsequent verfolgt, weshalb die Normen ihre Wirksamkeit nicht voll entfalten können. Zudem brauchen Normen zumeist etwas Zeit, um ihre volle Wirkung entfalten zu können, und diese Entwicklung wird gehindert, wenn innerhalb kürzester Zeit gegenläufige Regelungen erlassen werden.

Regulierung an sich, egal auf welche Art und Weise, zieht immer Vor- sowie Nachteile nach sich. Zum einen reduziert Regulierung die Transaktionskosten, denn infolge der Regulierung müssen die von der Regulierung betroffenen Parteien diesen Punkt nicht mehr individuell aushandeln. Auf der anderen Seite verursacht

---

377 Zum Konzept der heternomen Selbstregulierung *Buck-Heeb/Dieckmann*, Selbstregulierung im Privatrecht, 2010, S. 35ff.

378 *Möslein*, in: FS Hopt, 2010, S. 2861, 2879.

379 *Weber-Rey*, ZGR 2010, 543, 554.

380 *Möslein*, in: FS Hopt, 2010, S. 2861, 2865.

381 Zum dispositven Recht allgemein *Möslein*, Dispositives Recht, 2011.

382 *Hopt*, ZHR-Beiheft 71 (2002), 27ff.

383 *Wymeersch*, in: Hommelhoff/Hopt/v. Werder, Handbuch Corporate Governance, 2. Aufl. 2009, S. 137, 138.

384 *Bühler*, Regulierung im Bereich der Corporate Governance, 2009, S. 222.

385 *Bühler*, Regulierung im Bereich der Corporate Governance, 2009, S. 222.

Regulierung aber auch Kosten. Zum einen sind hier die Gesetzgebungskosten zu berücksichtigen und zum anderen die Rechtsbefolgungskosten.[386]

Es gilt, einen Regulierungsrahmen zu schaffen, der den Beteiligten der Gesellschaften einen gewissen Schutzumfang bietet, auf der anderen Seite aber auch Platz für die individuelle Entfaltung lässt. Im Idealfall wird durch die Regulierung eine Symbiose zwischen den verschiedenen Interessengruppen hergestellt, ohne dabei eine der Gruppen zu bevorteilen oder zu benachteiligen.[387]

In der letzten Zeit ist ein Trend zur Verrechtlichung der Thematik Corporate Governance zu beobachten. Während sich in den Jahren zuvor die Diskussion im Rahmen der Corporate Governance auf die Selbstkontrolle konzentrierte, ist man aktuell dazu übergegangen, auch die Staatsaufsicht als wichtiges und funktionierendes Element im Rahmen der Corporate Governance anzusehen und die Rolle staatlicher Regeln zu stärken.[388] Dieser Aufwind ist der Tatsache geschuldet, dass in den letzten Jahren schwere Missstände in Unternehmen aufgedeckt worden sind, die durch Selbstkontrolle nicht verhindert werden konnten. Diese einzelnen Krisen dürfen aber nicht dazu führen, dass vorschnell gesetzliche Regelungen geschaffen werden. Weiterhin muss als Erstes geprüft werden, ob eine gesetzliche Regelung tatsächlich notwendig ist. Nur dann, wenn die Mechanismen der Selbstkontrolle und der Marktkontrolle versagen, ist der Gesetzgeber als „ultima ratio“ zum Tätigwerden verpflichtet.[389]

Grundsätzlich können hoheitliche Regelungen und Regelungen, die durch Selbstregulierung entstanden sind, ein sich ergänzendes Konzept ergeben. Das Nebeneinander birgt aber auch Nachteile. Häufig wird man aufseiten der Selbstregulierung erst dann aktiv, wenn gesetzliches Einschreiten droht. Als prominentes Beispiel kann hier der (gescheiterte) Versuch genannt werden, die Einführung einer gesetzlichen Frauenquote mit Selbstregulierung und Selbstverpflichtung abzuwenden.[390] Denn das Nebeneinander der Regelungen beider Arten führt zu einer gewissen Unübersichtlichkeit und zwangsläufig zu einer Verwischung der Verantwortlichkeiten. Das ist dem Aspekt der Transparenz nicht unbedingt förderlich. Des Weiteren führt das Vorhandensein von vielen verschiedenen Regelungen zu einer Bürokratisierung der Unternehmensführung, was schließlich zur Folge haben kann, dass die Organe der Gesellschaft mit der Einhaltung der Regelungen überfordert sind. Darüber hinaus sollte nie aus den Augen verloren werden, dass Regelungen die Unternehmensführung

386 *Bühler*, Regulierung im Bereich der Corporate Governance, 2009, S. 210; *Leyens*, JZ 2007, 1061, 1062.

387 *Leyens*, JZ 2007, 1061, 1064, *ders.*, in: Corporate Governance nach der Finanz- und Wirtschaftskrise, 2011, S. 3, 13.

388 *Merkt*, in: Hommelhoff/Hopt/v. Werder, Handbuch Corporate Governance, 2. Aufl. 2009, S. 683, 684.

389 *Leyens*, in: Corporate Governance nach der Finanz- und Wirtschaftskrise, 2011, S. 3, 11.

390 Im März 2015 wurde schlussendlich der Gesetzesentwurf für eine gesetzliche Frauenquote verabschiedet, Drucks. 18/3784.

und -kontrolle verbessern können, jedoch kann keine Regelung der Welt Urteils- und Führungskraft ersetzen.

# IV) Regelungsebene

Regeln zum Thema Corporate Governance können auf vielen verschiedenen Ebenen getroffen werden. Angefangen auf Unternehmensebene, über die nationale, europäische und schließlich auch auf einer weltweiten (supranationalen) Ebene. Im Bereich der Corporate Governance hat sich innerhalb von Europa ein ausgeprägtes Mehrebensystem entwickelt.[391] Dabei ist ein sich ergänzendes System von gesetzlichen Regeln („*hard law*") und nicht rechtsverbindlichen Regeln („*soft law*"), zum Beispiel Kodizes, zu beobachten. Betrachtet man die nationale Ebene, kommen Corporate-Governance-Regeln vor allem auf drei Stufen vor. An der Spitze stehen gesetzliche Regelungen, darunter nicht rechtsverbindliche Regelungen wie Kodizes und schließlich unternehmensinterne Regelungen.[392]

## 1) Gesetzliche Regelung

Einige Aspekte der Corporate Governance sind jetzt schon ausführlich in Gesetzesform gegossen und im Rahmen der Wirtschaftskrise ist ein Trend zur weiteren Verrechtlichung zu beobachten.[393] Das geht im Rahmen der Aktiengesellschaft einher mit der Diskussion um die „Reform in Permanenz".[394] Doch (noch) ist Corporate Governance nicht abschließend in Gesetzen verankert, sondern lediglich Teilaspekte sind dort vorzufinden, welche Spielraum für die Ausgestaltung eines individuellen Führungsprofils lassen.[395] In den letzten Jahren sind aber immer wieder Gesetze[396] erlassen worden, die vor allem die Verbesserung der Unternehmensführung und -kontrolle im Blick hatten.[397]

Eine weitere Frage, die sich bei der gesetzlichen Regelung der Corporate Governance stellt, ist, durch welche Rechtsmaterie die Regelung erfolgen soll. In erster Linie ist als Quelle für Corporate Governance das Gesellschaftsrecht anzusehen. Eine besonders hohe Regelungsdichte weist in diesem Bereich das Aktienrecht auf. Dies hängt damit zusammen, dass der Gesetzgeber in dieser Rechtsform der Prinzipal-Agenten-Konflikte besonders stark ausgeprägt ist und der Gesetzgeber dem stärken Schutzbedürfnis der Anleger durch gesetzliche Vorgaben nachkommt.[398]

391 Ausführlich dazu *Fleischer*, ZGR 2012, 160ff.

392 Vergl. hierzu *Weiss*, Hybride Regulierungsinstrumente, 2011, S. 17f.

393 Siehe nur das *VorstAG*.

394 *Seibert*, ZIP 2006, 1157ff.; bezogen auf das Aktienrecht ingesamt von einer „Akienrechtsreform in Permanz" sprechend *Zöllner*, AG 1994, 336.

395 *Goette*, in: FS 50 Jahre BGH, 2000, S. 123, 125.

396 Z.B. *TransPuG*, *KonTraG* und zuletzt *VorstAG*.

397 *Claussen/Bröcker*, AG 2000, 481, 482.

398 *Bayer*, NZG 2013, 1, 6.

Für kapitalmarkorientierte Gesellschaften hat in den letzten Jahren das Kapitalmarktrecht an Bedeutung für die Materie gewonnen.[399] Gesellschafts- und Kapitalmarkrecht stellen in einer Gesamtschau den Corporate-Governance-Rahmen auf.[400] Dabei ist Schutzobjekt im Gesellschaftsrecht in erster Linie der Anteilseigner, im Kapitalmarktrecht geht es auch um den Schutz der Anleger, daneben soll aber auch ein stabiler und funktionsfähiger Finanzmarkt gewährleistet werden. Handelt es sich um eine speziell regulierte und beaufsichtigte Branche, zum Beispiel um Kreditinstitute, bietet sich daneben noch das spezielle Aufsichtsrecht an.[401] Gleichermaßen können gesetzliche Regelungen, die sich mit Corporate Governance auseinandersetzen, aber auch im Bilanz-, Steuer-, Arbeits-, oder Wettbewerbsrecht verankert sein.[402]

Natürlich haften der gesetzlichen Regulierung Nachteile an. Zum einen ist eine gesetzliche Regelung immer mit Kosten verbunden. Diese rühren von dem Aufwand, den Erlass und Durchsetzung mit sich bringen. Zum anderen widerstrebt mehr gesetzliche Regelung dem Grundsatz, wonach der Staat sich auf seine Kernfunktionen konzentrieren soll und der damit einhergehenden Deregulierung.[403] Des Weiteren weisen gesetzlichen Regelungen immer eine gewisse Starre auf, eine flexible, differenzierte Anwendung ist nur bedingt möglich. *Baums* hat dieses Problem sehr anschaulich mit der Natur eines Prokrustesbetts verglichen:

*„Wer zu lang ist für das Bett, dem werden die Füße abgeschlagen, wer zu kurz ist, wird gestreckt, bis er passt.“*[404]

Dieser Ausspruch zeigt deutlich das Grundproblem auf. Es ist eine besondere Schwierigkeit, ein gesetzliches System zu schaffen, das ein austariertes System zwischen Risikofreudigkeit und Risikoaversion zur Verfügung stellt.[405] Stattdessen wird in manchen Bereichen die Risikofreudigkeit extrem beschnitten, und in anderen Bereichen hingegen wird sie durch nahezu wirkungslose Regeln gefördert.

Und auch das oben angesprochene Problem der Überregulierung ist nicht zu verkennen. Als Überregulierung wird die Situation bezeichnet, in der eine Vielzahl von Normen und eine einschnürende Aufsicht die ungestörte Entwicklung einer Branche behindern und im Extremfall sogar ganz lähmen.[406] Zumeist nimmt auch die Aufsicht und Umsetzung mit ansteigenden Regulierungsnormen ab, denn das Augenmerk liegt dann mehr auf der quantitativen als auf der qualitativen Umsetzung.

Aber die Lösung kann auch nicht sein, komplett auf gesetzliche Regelungen zu verzichten. Die Vielzahl von disparaten Interessen, die in dem gegebenen

---

399 Ausführlich dazu *Assmann*, in FS Kümpel, 2003, S. 1ff.

400 Dazu ausführlich *Ludwig*, Branchenspezifische Wirtschaftsaufsicht und Corporate Governance, 2012, S. 86ff.

401 Dazu siehe unten §6 III)2).

402 *Ganske*, Corporate Governance in öffentlichen Unternehmen, 2005, S. 44; *Burger/Kalss*, GesRZ 2002, 51.

403 *Leyens*, JZ 2007, 1061, 1062.

404 *Baums*, in: v. Rosen (Hrsg.), Corporate Governance, 2001, S. 12.

405 *Leyens*, JZ 2007, 1061, 1064.

406 *Bühler*, Regulierung im Bereich der Corporate Governance, 2009, S. 222.

mehrdimensionalen Konzept bestehen, können realitätsnah betrachtet wohl kaum alleine durch den freien Markt und freiwillige Selbstverpflichtung in Einklang und Ausgleich gebracht werden.[407] Deshalb wird ein gewisser gesetzlicher Rahmen in diesem Bereich immer vonnöten sein. Dabei sollte aber darauf geachtet werden, dass gesetzliche Regelungen erst dann zur Anwendung kommen, wenn die zu regelnde Materie nicht oder nur unzureichend vertraglich verankert oder nicht durch Selbstregulierung gelöst werden kann.[408]

## 2) Kodizes als Ausprägung von „soft law"

Neben den gesetzlichen Regelungen finden sich vermehrt Projekte im Bereich „soft law".[409] Die Anfänge der „soft law"-Bewegung finden sich im Völkerrecht.[410] Auch für den Begriff der „soft laws" besteht keine einheitliche Definiton.[411] Einen großen Anteil machen dort Kodizes aus. Unter „soft law" sind dabei Grundsätze, Empfehlungen und Verhaltensregeln zu verstehen, die keine unmittelbaren Rechte und Pflichten begründen.[412] Als Urheber von „soft law" treten dabei regelmäßig informelle Institutionen auf und nicht staatlich legitimierte Gesetzgeber.[413]

Seit circa zehn Jahren ist zu beobachten, dass immer mehr Kodizes im Bereich Corporate Governance auftauchen. Es ist teilweise schon von einem Triumph der Kodizes die Rede.[414] Manchmal ist die Schaffung eines Kodex oder auch einzelner Selbstverpflichtungen der Versuch, einer Regelung durch den Gesetzgeber zuvorzukommen und diese zu verhindern.[415] Zum anderen können im Rahmen eines Kodex Vorgaben zunächst erprobt werden, ohne sie sofort in Gesetzesform gießen zu müssen. Die Wiege der Diskussion um Corporate Governance steht in den USA. Bis heute gibt es dort aber keinen einheitlichen nationalen Corporate Govenance Kodex.[416] Dennoch beeinflusste eine Welle von Unternehmenszusammenbrüchen in den USA den ersten nationalen Kodex. Dieser erste nationale Corporate Governance

---

407 *Merkt*, AG 2003, 126, 128.

408 *Eidenmüller*, JZ 2001, 1041, 1043.

409 Insgesamt zu dispositiven Regelungen *Möslein*, Dispositives Recht, 2011; zu „soft law" siehe *Arndt*, Sinn und Unsinn von Soft Law, 2011; *Weiss*, Hybride Regulierungsinstrumente, 2011.

410 Dazu *Ehricke*, NJW 1989, 1907, *Knauff*, Der Regelungsverbund, S. 213ff.

411 Auf den sich widersprechenden Begriff hinweisend *Knauff*, Der Regelungsverbund, S. 214.

412 *Ehricke*, NJW 1989, 1906, 1907.

413 *Weiss*, Hybride Regulierungsinstrumente, S. 35.

414 *Monks/Minow*, Corporate Governance, 3. Aufl., 2004, S. 297.

415 Als aktuelles prominetes Beispiel kann hier auf die Frauenquote verwiesen werden. Zunächst hatten die Betroffenen versucht durch freiwillige Selbstverpflichtungen eine gesetzliche Fixierung abzuwenden.

416 Zu diesem Phänomen Haskovec, Codes of Corporate Governance, Working Paper, 2012, S. 6.

Kodex wurde 1992 in England veröffentlicht.[417] Mittlerweile verbreiten sich Corporate Governance Kodizes immer mehr.[418] Die Verbreitung der Kodizes zeigt, dass diese zu einem wichtigen Instrument bei der Auflösung von Prinzipal-Agenten-Konflikten geworden sind.[419]

Kodizes werden als „soft law" eingeordnet.[420] Anders als bei gesetzlichen Regelungen ist Urheber der Kodizes nicht (notwendigerweise) der Gesetzgeber.[421] Kodizes können von verschiedenen Stellen erarbeitet werde. Hier sind Exekutive, von der Exekutive eingesetzte Gremien, international agierende Gremien sowie private Vereine und Verbände zu nennen.[422] Die Kodizes sind in der Regel eine Zusammenstellung von Leitlinien, die als gute Führung eines Unternehmens angesehen werden.[423] Oft ist auch die Rede von Wohlverhaltensregeln. Dabei kommen den Kodizes in der Regel zwei Funktionen zu. Auf der einen Seite sollen die Kodizes Ordnung in die zwingenden Normen bringen, die die Unternehmensführung und -kontrolle betreffen, aber über verschiedene Gesetze[424] verteilt sind. Daneben steht die Regelungsfunktion[425] der Kodizes. Kommuniziert werden hier die Grundzüge und Besonderheiten der Corporate Governance. Durch die detaillierten gesetzlichen Regelungen, die sich in Deutschland im Hinblick auf die Corporate Governance finden, kommt den Kodizes in erster Linie eine Kommunikations- und Informationsfunktion zu, die Regelungsfunktion tritt hingegen in den Hintergrund.[426]

Da die Kodizes regelmäßig nicht vom Gesetzgeber erlassen werden, kommt ihnen auch keine hoheitliche Wirkung zu. Demnach mangelt es ihnen an der Verbindlichkeit, die Gesetze aufweisen.[427] Daher werden diese Kodizes auch als „soft law" bezeichnet. Mit dem Begriff „soft law" wird zum Ausdruck gebracht, dass die in den Kodizes getroffenen Regelungen nicht unmittelbar zu einer Verpflichtung des Adressaten führen, sondern das für eine Verpflichtung entweder eine Selbstverpflichtung des Adressaten notwendig ist oder die Einhaltung faktisch kontrolliert wird.[428] Der Grad der Verbindlichkeit kann dabei von Kodex zu Kodex variieren.[429] Durch die

---

417 Siehe „The Financial Aspects of Corporate Governance" (the "Cadbury Code").
418 Zu einzelnen Projekten *Krieger*, ZGR 2012, 202, 204f.
419 *Mülbert*, BKR 2006, 349, 360.
420 *Hopt*, ZHR 175 (2011) 444, 455.
421 *Bühler*, Regulierung im Bereich der Corporate Governance, 2009, S. 25.
422 *Weber-Rey*, ZGR 2010, S. 543, 554.
423 *Just*, Die Anwendbarkeit des Deutschen Corporate Governance Kodex auf nicht börsennotierte Unternehmen, 2007, S. 34
424 Unter anderem AktG, HGB, WPÜG, WphG, KWG etc.
425 *v. Werder*, DB 2002, 801,801 f.; *Schüppen*, DB 2002, 1117.
426 *Bernhardt*, RIW 2004, 401, 402.
427 *Schäfer*, Fund Governance, 2009, S. 39.
428 Eine faktische Verpflichtung wird für die MaRisk angenommen *Weber-Rey/Baltzer*, in: Hopt/Wohlmannstetter, Handbuch Corporate Governance Banken, 2011, S. 431, 457f.; *Weber-Rey*, ZGR 2010, 543, 555.
429 *Weber-Rey*, ZGR 2010, 543, 589.

Kodizes werden den Angesprochenen ihre Aufgaben bewusst vor Augen geführt, und es wird auf der anderen Seite eine gewisse Erwartungshaltung erzeugt.[430] Kommen die Angesprochenen den Empfehlungen nicht nach, kann eine Disziplinierung indirekt durch Außenstehende erfolgen. Bei börsennotierten Aktiengesellschaften kann diese Sanktionierung durch den Kapitalmarkt erfolgen. Insgesamt kann Nichteinhaltung von in Kodizes vorgesehenen Empfehlungen rechtsformunabhängig bei der Fremdkapitalbeschaffung abgestraft werden. Denn aufgrund verschärfter Vorgaben der Banken zur Kreditvergabe können sich Versäumnisse bei der Einhaltung von Kodizes auch hier niederschlagen.

Vorteile von Kodizes sind vor allem die kosteneffizientere Schaffung sowie Durchsetzung und die größere Flexibilität im Gegensatz zu gesetzlichen Regelungen.[431] Die Flexibilität ergibt sich hier daraus, dass auf Änderungen rechtlicher oder auch tatsächlicher Art deutlich schneller reagiert werden kann, als es bei Gesetzen der Fall ist.[432] Weiterhin wird bei der Ausgestaltung der Kodizes oft von spezifischem Know-how profitiert.[433] Das ist der Fall, wenn an der Erarbeitung der Kodizes Praktiker mitarbeiten, die Wirkung und Annahme in der Praxis oft besser einschätzen können. So kann den gelebten Verhaltensvorgaben zum Fortschritt verholfen werden, ohne dass das geltende Recht dahinter zurückstehen muss.[434] Daneben kann mithilfe der Kodizes zum Teil auf gesetzliche Novellierungen verzichtet werden, wenn der Versuch, Änderungen im Bereich der Unternehmensführung und -kontrolle durch solche Regelwerke herbeizuführen, positiv verläuft.[435] Generell gilt, dass ein Kodex gewisse Grundvoraussetzungen erfüllen muss, wenn er die oben genannten Vorteile hervorbringen soll. Zum einen muss darauf geachtet werden, dass der Kodex von schmalem Umfang bleibt, denn je übersichtlicher er gestaltet ist, desto höher ist die Wahrscheinlichkeit, dass die Praxis ihn auch annimmt. Des Weiteren muss er so viel Spielraum lassen, dass er auf die verschiedensten Gesellschaften und die verschiedensten Situationen anwendbar ist.[436]

Aber die Kodizes werden nicht nur positiv gesehen. Einige argumentieren, dass die Kodizes einer Überregulierung nicht entgegengewirken können, sondern das Problem der Überregulierung durch die Kodizes sogar noch verstärkt wird.[437] Diese Vermutung wird untermauert durch den Umstand, dass die in den Kodizes geregelten Materien später oft doch noch den Weg in die Gesetzgebung finden und in Gesetzesform

---

430 *Druey*, GesRZ 2002, Sonderheft Corporate Governance, 32, 34.

431 *Weber-Rey*, ZGR 2010, 543, 555.

432 *Ludwig*, Branchenspezifische Wirtschaftsaufsicht und Corporate Governance, 2012, S. 60.

433 *Kronke*, in: FS Lutter, 2000, S. 1449f.

434 *Claussen/Bröcker*, AG 2000, 481, 491.

435 *Hopt*, in: Hommelhoff/Hopt/v. Werder, Handbuch Corporate Governance, 2. Aufl. 2009, S. 39, 42.

436 *Hopt*, GesRZ 2002, Sonderheft Corporate Governance, 4, 9.

437 *Claussen/Bröcker*, AG 2000, 481, 486.

gegossen werden.[438] Allzu gerne wird bei Nichteinhaltung der Kodexregeln vonseiten des Gesetzgebers offensiv damit gedroht, gesetzliche Wege zu beschreiten, wenn eine umfassende Umsetzung durch die Unternehmen nicht gewährleistet wird.[439] Somit werden die Gesellschaften mittelbar doch in gewissem Umfang dazu gezwungen, sich an die Regeln aus den Kodizes zu halten, wenn sie eine gesetzliche Normierung verhindern wollen.

Weiterhin wird in der Literatur darauf aufmerksam gemacht, dass auch die durch Kodizes formulierten Verhaltensstandards Unternehmenskrisen an sich wohl nicht wirksam verhindert können, da die Nichteinhaltung nicht direkt sanktioniert wird und Unternehmenskrisen auch durch keine gesetzliche Regelung verhindert werden kann, da die gesamtwirtschaftliche Lage hier immer ein Rolle spielen wird.[440]

Nachfolgend sollen kurz einige Kodizes auf internationaler und nationaler Ebene dargestellt werden. um zu zeigen, aus welchen verschiedenen Quellen und an welche verschiedene Aspekte anknüpfend Kodizes erlassen werden und wie sich Akzeptanz und Annahme unterscheiden können.

## *a) Allgemein gültige Kodizes*

### *aa) Internationale Ebene – OECD Principles*

Auf internationaler Ebene haben vor allem die OECD Principles of Corporate Governance Bedeutung erlangt. Sie sind schon Ende der 90er Jahre entstanden, dienten seitdem schon mehrmals als Referenz für Vorhaben in verschiedenen Ländern und haben sich so auch als Mittel der internationalen Rechtsangleichung verdient gemacht.[441]

Die OECD Principles of Corporate Governance wurden 1999 erstmals erstellt und auf Ministerebene der OECD Mitgliedstaaten genehmigt. Im Jahre 2004 erfolgte eine Neufassung der Principles. Die Principles haben als Vorgaben eines internationalen Gremiums keinerlei bindende Wirkung, sondern dienen lediglich als Richtschnur für die internationalen Akteure. Die Principles sind adressiert an die Regierungen der Mitgliedstaaten sowie der Nichtmitglieder, die das in den Principles aufgezeigte Konzept im Rahmen ihrer Gesetzgebung berücksichtigen können.[442] Die weltweiten Auswirkungen dieses Werkes dürfen nicht unterschätzt werden. Denn zum einen hat es einen Beitrag dazu geleistet, die Forschung auf dem Gebiet Corporate Governance international voranzubringen und die Corporate Governance weltweit

---

438 *Bühler*, Regulierung im Bereich der Corporate Governance, 2009, S. 26; *Weber-Rey*, ZGR 2010, 543, 555; als Beispiel für eine solche Entwicklung kann die Thematik der Frauenquote im Aufsichtsrat genannt werden; die Kodizes als „source of legislative inspiration" bezeichnend *Pietrancosta*, in: FS Hopt t, 2010, S. 1109, 1138.

439 So zum Beispiel auf der 9. Konferenz Deutscher Corporate Governance Kodex, wo die Justizministerin eine gesetzliche Regelung androhte, falls die „Diversity"-Empfehlung nicht besser angenommen wird.

440 *Hucke*, in: Aktuelle Entwicklungen im Unternehmensrecht, 2003, S. 72, 88.

441 Siehe dazu *Schneider*, U.H., AG 2004, 429.

442 *Schneider*, U.H., AG 2004, 429, 430.

anzugleichen. Und andererseits diente es auch der Kommission des Deutschen Corporate Governance Kodex als Anregung und Vorbild.[443] Inhaltlich konzentrieren sich die Principles auf klassische Themen der Governance-Diskussion. So geht es um die Schaffung von Transparenz, die Rechte der Aktionäre, die Rolle anderer Stakeholder und Aufgaben des Kontrollorgans.

### *bb) Nationale Ebene*

Auf nationaler Ebene mehren sich mittlerweile die Kodex-Projekte. Am meisten Bedeutung kommt hier dem Deutschen Corporate Governance Kodex (DCGK) zu. Ausgewählte Kodizes sollen hier dargestellt werden. Das sind im Einzelnen: der Deutsche Corporate Governance Kodex, der Public Corporate Governance Kodex und der Governance-Kodex für Familienunternehmen. Die Kodizes knüpfen alle an verschiedene Punkte an, entstammen aus verschiedenen Federn und erfahren auch unterschiedlich viel Erfolg in der Umsetzung.

#### (1) Deutscher Corporate Governance Kodex (DCGK)

Der DCGK wurde von einer durch das Bundesministerium der Justiz berufenen 13-köpfigen Kommission im Jahr 2002 ausgearbeitet. Die Zielvorgabe, die die Kommission hatte, war die Erstellung von Grundsätzen guter Unternehmensführung auf der Grundlage des geltenden Rechts.[444] Mit dem Kodex sollten kein neues Recht gesetzt werden und auch kein bestehendes Recht erweitert werden, sondern lediglich bestehende Handlungsspielräume konkretisiert werden.[445] Der DCGK richtet sich in erster Linie an börsennotierte Aktiengesellschaften. Doch der Kodex empfiehlt explizit auch die Beachtung der Empfehlungen für nichtbörsennotierte Aktiengesellschaften und andere Gesellschaftsformen.[446] Dies zeigt und bestätigt den Umstand, dass Corporate Governance ein rechtsformübergreifendes Thema ist und nicht ausschließlich ein aktienrechtliches Thema. Auch die Anwendung der Vorgaben des Kodex auf Organisationen, die nicht Aktiengesellschaften sind, ist möglich und wird auch praktiziert. In diesem Fall müssen die Vorgaben aber an die speziellen Strukturen der jeweiligen Vereinigung (zum Beispiel Genossenschaft, öffentliche Anstalt) angepasst werden.[447] Der Kodex verfolgt vor allem zwei Ziele. Zum einen will er Vertrauen durch

---

443 *Ringleb,* in: Ringleb u.a., Deutscher Corporate Governance Kodex, 5. Aufl. 2014, Rn. 41.

444 *Ringleb,* in: Ringleb u.a., Deutscher Corporate Governance Kodex Kodex, 5. Aufl. 2014, Vorbem. Rn 20.

445 *Ringleb,* in: Ringleb u.a., Deutscher Corporate Governance Kodex, 5. Aufl. 2014, Vorbem. Rn 22; zum Rechtscharakter des Kodex *Kemter,* Corporate Governance nach der Finanzkrise, 2013, S. 39ff.

446 „Auch nicht kapitalmarktorientierten Gesellschaften wird die Beachtung des Kodex empfohlen." Ziffer 1 DCGK; dazu kritisch *Fleischer,* ZGR 2012, 160, 186.

447 *Dreher/Häußler,* ZGR 2011, 471, 500; für eine angepasste Anwendung auf die GmbH *Buck-Heeb,* in: FS Westermann, 2008, S. 845, 852.

Transparenz schaffen. Er bringt Ordnung in die Vorschriften, die die Unternehmensführung und -kontrolle regeln, aber über verschiedene Gesetze verteilt sind.[448] Bestehende Regeln werden im Rahmen der Ordnungsfunktion wiederholt und Regeln, die einen weiten Spielraum lassen, werden mithilfe des Kodex ausgefüllt.[449] Zum anderen dienen die nicht zwingend einzuhaltenden Vorschriften (Empfehlungen und Anregungen) dazu, die Entwicklung im Bereich Corporate Governance voranzutreiben.[450] Der Kodex stellt den Anspruch an sich, Unternehmen „lebbare Grundsätze guter Unternehmensführung“ vorzugeben.[451] Der DCGK hat eine gesetzliche Anknüpfung in § 161 AktG erfahren. Diese gesetzliche Anknüpfung dient in erster Linie dazu, dem Kodex zu Beachtung und Durchsetzung zu verhelfen.[452] Wird eine fehlerhafte oder gar keine Entsprechenserklärung abgegeben, kann das zur Folge haben, dass der durch die Hauptversammlung erlassene Entlastungsbeschluss anfechtbar wird.[453] Demnach steht es den Unternehmen und den Organen frei, sich an die Empfehlungen des Kodex zu halten.[454] Vorstand und Aufsichtsrat der börsennotierten Aktiengesellschaft sind jedoch gemäß § 289a HGB dazu verpflichtet, sich jährlich darüber zu erklären, ob sie sich an die Leitlinien des Kodex in der Vergangenheit gehalten haben und in Zukunft halten werden, sowie im Falle einer Abweichung oder Nichtbeachtung von den Grundsätzen zu begründen, warum dem Kodex nicht entsprochen wird. Wird keine Erklärung abgegeben oder eine falsche, also wird angegeben, dass in der Gesellschaft Empfehlungen nachgekommen wird, dies tatsächlich aber nicht stimmt, stellt dies eine Pflichtverletzung durch die Organe dar.[455] Die Erklärungspflicht stellt eine gesetzliche Pflicht des zu erklärenden Organs da, es ist keine Erklärung der Gesellschaft durch ihre Organe.[456] Dieser Mechanismus wird als „comply or explain“-Prinzip bezeichnet. Die Idee, die sich hinter dem „comply or explain“-Prinzip verbirgt, ist, eine möglichst große Gestaltungsfreiheit bei der Organisation der Gesellschaft

---

448 *Schneider/Strenger*, AG 2000, 106, 107; *Seibert*, BB 2002, 581; *Ganske*, Corporate Governance in öffentlichen Unternehmen, 2005, S. 48; *Geschwandtner*, Staatliche Aufsicht über das genossenschaftliche Kreditwesen, 2005, S. 289; anregend auf diesen Teil des Kodex zu verzichten *Bayer*, NZG 2013, 1, 5.

449 *Hucke*, in: Aktuelle Entwicklungen im Unternehmensrecht, 2003, S. 72, 86.

450 *Lutter*, ZHR 166, (2002), 523, 525; Ulmer, ZHR 166 (2002), 150, 151.

451 *Ringleb*, in: Ringleb u.a., Deutscher Corporate Governance Kodex, 5. Aufl. 2014, Vorbem. Rn. 25.

452 *Koch*, in: Hüffer, AktG, 11. Aufl., 2014, § 161 Rn. 1; den Kodex aufgrund dessen als „reflexives Regelungsinstrument“ qualifizierend *Littger*, Rechtstheorie 38 (2008), S. 495, 503.

453 BGH, Urt. v. 16.2.2009 – II ZR 185/07, BGHZ 180, 9; BGH, Urt. v. 21.9.2009 – II ZR 174/09, ZIP 2009, 2051.

454 *Ringleb*, in: Ringleb u.a., Deutscher Corporate Governance Kodex, 5. Aufl. 2014, Vorbem. Rn. 26.

455 Dazu *Luttter*, in: FS Hopt, 2010, S. 1025, 126; *Radke*, Die Entsprechenserklärung zum Deutschen Corporate Governance Kodex, 2004, S. 198 ff.

456 *Hommelhoff/Schwab*, in: Hommelhoff/Hopt/v. Werder, Handbuch Corporate Governance, 2. Aufl. 2009, S. 51, 74.

zu erhalten, aber dennoch einen gewissen Grad an Transparenz zu wahren. Da hinsichtlich der Einhaltung der im DCGK empfohlenen Verhaltensgrundsätze lediglich eine Erklärungspflicht besteht, ist der Kodex selbst auch nicht als Rechtsquelle zu qualifizieren.[457] Zudem steht der Qualifikation als Rechtsquelle auch entgegen, dass Urheber des Kodex kein staatlich legitimiertes Gesetzgebungsorgan ist. Der Kodex hat in den letzten Jahren aber zunehmend an Bedeutung als Steuerungselement im Rahmen der Unternehmensorganisation erlangt.[458]

Der Deutsche Corporate Governance Kodex wird regelmäßig[459] überarbeitet und geändert, deshalb ist teilweise auch die Rede von einer „Kodexreform in Permanenz"[460]. Oft sind die Neuerungen aber auch bedingt durch Änderungen im Aktiengesetz, die sich in den letzten Jahren häufen. Die Akzeptanz des Kodex ist hoch, wobei es innerhalb des Kodex einige neuralgische Empfehlungen gibt, die eine schwächere Akzeptanz erfahren.[461]

Inhaltlich ist der DCGK wie folgt aufgebaut: Präambel (1.), Aktionäre und Hauptversammlung (2.), Vorstand (4.) und Aufsichtsrat (5.) und das Zusammenwirken dieser beiden Organe (3.), Transparenz (6.), Rechnungslegung und Abschlussprüfung (beide 7.) Die Aufzählung zeigt, dass die meisten Themen, die oben dargestellt wurden, auch im Rahmen des DCGK aufgegriffen werden. Zur Ausrichtung der Unternehmensführung äußert sich der Kodex dahingehend, dass der Vorstand bei Leitung des Unternehmens an das Unternehmensinteresse gebunden ist und auf eine langfristige Steigerung des Unternehmenswertes hinarbeiten soll.[462] Mit dem Verweis auf das Unternehmensinteresse kommt eine interessenpluralistische Ausrichtung zum Ausdruck, die in Deutschland weitgehend auf Zustimmung stößt.[463]

### (2) Public Corporate Governance Kodex

Der Public Corporate Governance Kodex ist der Jüngste in der Kodizesfamilie. Der am 01.07.2009 verabschiedete Kodex gibt Leitlinien für die Führung eines Unternehmens vor, an dem eine mehrheitliche Beteiligung des Bundes gegeben ist. Aufgrund der föderalen Kompetenzverteilung und dem Grundsatz der kommunalen

---

457 *Hommelhoff/Schwab*, in: Hommelhoff/Hopt/v. Werder, Handbuch Corporate Governance, 2. Aufl. 2009, S. 51 78; *Ulmer*, ZHR 166 (2002), 150, 160; eine zunehmende Verdrängungswirkung des Kodex gegenüber dem Aktienrecht beklagend *Timm*, ZIP 2010, 2125, 2129.

458 *Schürnbrand*, ZIP 2010, 1105.

459 Bis vor kurzem standen jährliche Änderungen beim DCGK an, doch neuerdings zeigt man sich etwas zurückhaltender, dazu *Theissen*, DB 2014, 2057.

460 *Mülbert*, ZHR 174 (2010), 375f.

461 Dazu im Einzelenen zuletzt *v. Werder/Bartz*, Corporate Governance Report 2014: Erklärte Akzeptanz des Kodex und tatsächliche Anwendung bei Vorstandsvergütung und Unabhängigkeit des Aufsichtsrats, DB 2014, 905ff.

462 Siehe Ziff. 4.1.1 DCGK in der Fassung vom 13. Mai 2013.

463 *Fleischer*, in: Hommelhoff/ Hopt/ v. Werder, Handbuch Corporate Governance, 2. Aufl. 2009, S. 185, 204.

Selbstverwaltung existieren daneben noch verschiedene Kodizes für Länder und Gemeinden. Die Notwendigkeit eines speziellen Public Corporate Governance Kodex wird abgeleitet aus dem mehrschichtigen Prinzipal-Agenten-Konflikt, der bei Unternehmen mit Beteiligung der öffentlichen Hand besteht.[464] Dabei kommen dem Kodex, ähnlich wie dem DCGK, verschiedene Aufgaben zu. Er soll zum einen verhaltenssteuernde Wirkung entfalten sowie eine Kommunikations- und Ordnungsaufgabe übernehmen.[465] Dabei sieht der Kodex eine unmittelbare Anwendung bei einer juristischen Person des Privatrechts mit Beteiligung der öffentlichen Hand vor, und die Anwendung auf die juristische Person des öffentlichen Rechts wird empfohlen. Der Begriff „Public Corporate Governance“ wird ähnlich verwendet wie der Begriff „Corporate Governance“. Demnach wird unter dem Begriff „Public Corporate Governance“ „die Gesamtheit der Verfahren, der Strukturen und des personalen Verhaltens der Akteure zwecks einer effizienten Umsetzung der für eine bestimmte öffentliche Organisation relevanten Interessen/ Zielsetzungen, unter Berücksichtigung der Einbindung dieser Organisation in eine spezifische Umwelt“[466] verstanden. Das Ziel des Kodex gleicht dem des DCGK, die Einhaltung der in dem Kodex formulierten Empfehlungen soll die Unternehmensführung für Außenstehende wie auch Unternehmensinterne transparenter und nachvollziehbarer machen.[467] Ein wichtiger Unterschied zum DCGK besteht aber im Hinblick auf die Durchsetzung. Zwar sieht der Kodex auch einen „comply or explain“-Mechanismus vor, dieser ist aber in keiner Weise gesetzlich verankert worden.[468]

Ein wichtiges Anliegen der Public Corporate Governance Kodize im Allgemeinen ist das Ausloten der Grenze der Einflussnahme des Anstaltsträgers in dem Sinne, dass die Einflussnahme ausreichend, aber nicht zu weitreichend ist.[469] Zudem stehen im Mittelpunkt der Public Corporate Governance Kodizes neben der Sicherung wirtschaftlichen Erfolges die Orientierung der Unternehmensführung am Gemeinwohl.

### (3) Governance Kodex für Familienunternehmen

Der Governance Kodex für Familienunternehmen beweist, dass die Initiative zur Schaffung eines Kodex nicht immer von staatlicher Seite kommt. Initiatoren des Kodex waren die Beratungsfirma Intes und die Welt am Sonntag. Der Kodex für

---

464 *Budäus/Hilgers*, in: Hommelhoff/ Hopt/ v. Werder, Handbuch Corporate Governance, 2. Aufl. 2009, S. 883, 894; *Schürnbrand*, ZIP 2010, 1105; ausführlich zu den Besonderheiten der Corporate Governance bei öffentlichen Unternehmen *Ganske*, Corporate Governance in öffentlichen Unternehmen, 2005.

465 *Budäus/Hilgers*, in: Hommelhoff/Hopt/v. Werder, Handbuch Corporate Governance, 2. Aufl. 2009, S. 883, 899.

466 *Budäus/Hilgers*, in: Hommelhoff/Hopt/v. Werder, Handbuch Corporate Governance, 2. Aufl. 2009, S. 883, 887.

467 *Caruso*, NZG 2009, 1419.

468 Für den DCGK erfolgte die gesetzliche Verankerung über § 161 AktG.

469 *Engels*, Landesbanken zwischen Marktsteuerung und Marktwirtschaft, 2010, S. 115f.

Familienunternehmen fristet ein Schattendasein und konnte sich weder in der Wissenschaft noch in der Praxis durchsetzen.[470] Das Besondere an diesem Kodex ist die Tatsache, dass sich dieser nicht an Unternehmen einer bestimmten Rechtsform wendet, sondern Unternehmen in jeglichen Rechtsformen anspricht, die aber eine Gemeinsamkeit aufweisen.[471] Die Gemeinsamkeit ist die, dass es sich bei den angesprochenen Unternehmen um Familienunternehmen handelt. Unter dem Begriff des Familienunternehmens sind dabei solche Unternehmen verschiedener Rechtsformen und Größe zu fassen, bei denen Eigentums- und Leistungsrechte in der Person des Unternehmers bzw. in den Händen der Unternehmensfamilien vereint sind. Zusätzlich zu einer guten Unternehmensführung soll die Beachtung des Kodex dazu beitragen, das Unternehmen auch weiter im Familienbesitz halten zu können.[472] Dennoch scheint allein diese Gemeinsamkeit der Adressaten nicht dazu beizutragen, das Interesse an dem Kodex zu wecken. Das mag jedoch auch darauf zurückgeführt werden, dass unter der Überschrift des Familienunternehmens so viele verschiedene Unternehmen in Größe und Art zusammengefasst werden, dass es der Kodex nicht schafft, diese anzusprechen und auf eine Gemeinsamkeit zurückzuführen. Hinzu kommt, dass der Kodex weder von staatlicher Seite verordnet wurde noch auf die Initiative der Familienunternehmen selbst zurückgeht. Dieser Kodex führt vor Augen, dass eine Gemeinsamkeit noch nicht ausreichend ist, um darauf einen Kodex zu gründen, dessen Befolgung den Angesprochenen sinnvoll erscheint und Nutzen bringt.

### *b) Unternehmensinterne Corporate-Governance-Grundsätze*

Nur noch wenige Unternehmen veröffentlichen ihre eigenen Corporate-Governance-Grundsätze.[473] Um das Jahr 2000 hatten einige große Unternehmen eigene Corporate-Governance-Leitlinien gefasst, zum Beispiel waren das die Deutsche Bank AG, Metro AG, MLP AG, SAP AG.[474] Aufgrund des DCGK gibt es für börsennotierte Unternehmen keinen Anlass mehr, eigene Grundsätze zu schaffen, da sie sich sowieso an denen des DCGK zu orientieren haben. Daher sind unternehmensinterne Grundsätze heute nur noch dort interessant, wo ein spezifischer Corporate Governance Kodex fehlt.

---

470 Kritisch zu dem Kodex z.B. *Graf/Bisle*, DStR 2010, 2409ff.

471 *Kommission Governance Kodex für Familienunternehmen*, Governance Kodex für Familienunternehmen, 2010, Präambel, S. 3, abrufbar unterhttp://www.kodex-fuer-familienunternehmen.de/kodex. .

472 *Kommission Governance Kodex für Familienunternehmen*, Governance Kodex für Familienunternehmen, 2010, Glossar, S. 21, abrufbar unter http://www.kodex-fuer-familienunternehmen.de/kodex.

473 Zum Beispiel *BayernLB*, Corporate Governance Grundsätze, abrufbar unter www.bayernlb.de/internet/media/de/internet_4/de_1/downloads_5/0100_corporatecenter_8/1310marketing_8/corporate _governance_2/36893_Grundsaetz_D.pdf.

474 Dazu *Hütten*, BB 2002, 1740.

Welche Wirkung die intern verfassten Verhaltensmaßstäbe entfalten, ist nicht eindeutig geklärt. Zum Teil wird den Grundsätzen dann eine eigene Bedeutung neben Gesetz und Satzung zugesprochen, wenn sich die Organe der Gesellschaft in einem förmlichen Beschluss zu den Grundsätzen bekannt haben.[475] Demnach kommt den Kodizes eine ähnliche Wirkung wie internen Richtlinien zu. Diese binden den Vorstand und sind zugleich Kontrollmaßstab für das Aufsichtsorgan.[476]

Ein unternehmensinterner Kodex eröffnet in besonderem Maße die Möglichkeit, unternehmensspezifische Besonderheiten in der Unternehmensphilosophie oder auch bei der Unternehmensführung abzubilden und für interessierte Kreise dazulegen.[477] Andererseits können die Unternehmenskodizes die allgemeine Vergleichbarkeit der Corporate Governance verschiedener Unternehmen beeinträchtigen und somit zulasten der Transparenz gehen.[478] Für manche Branchen wird in der Literatur aber ein Bedürfnis nach hauseigenen Kodizes anerkannt. Dies soll vor allem für Branchen gelten, die einer stärkeren Regulierung unterliegen[479] und deren Besonderheiten in einem hauseigenen Kodex am besten dargestellt werden können.[480]

### *c) Zwischenergebnis*

Es gibt eine Vielzahl an verschiedenen Kodizes aus verschiedenen Quellen. Diese Kodizes treten alle mit einem Ziel an. Sie wollen dazu beitragen, dass Niveau der Corporate Governance weiter anzuheben und die Thematik durchsichtiger sowie verständlicher für Außenstehende zu machen. Dabei ist der individuelle Erfolg der verschiedenen Projekte sehr unterschiedlich. Während sich einige, zum Beispiel der DCGK, fest etabliert haben – wenn auch durch eine gesetzlich verankerte Erklärungspflicht – werden andere überhaupt nicht angenommen.

## 3) Satzung und Geschäftsordnung

Des Weiteren können die Governance beeinflussende Themen auch in Satzung und Geschäftsordnung geregelt werden. Diese stellen dann rein privat gesetzte und kontrollierte Verhaltensstandards dar. Ist eine Geschäftsordnung erlassen worden, entfaltet sie, ebenfalls wie die Satzung, für die Organe eine verbindliche Wirkung.[481]

---

475 *Kirschbaum*, BKR 2006, 139, 146.

476 *Schmidt*, Gutachten – Rechtsregeln beim Kauf der Hypo Group Alpe Adria durch die Bayerische Landesbank, 2010, S. 7 Fn. 15, abrufbar unter www.milliardengrab-landesbanken.de/wp-content/uploads/gutachten_prof_schmidt_fuer_bayernlb.de

477 *Hütten*, BB 2002, 1740.

478 *Ringleb*, in: Ringleb u.a., Deutscher Corporate Governance Kodex, 5. Aufl. 2014 Vorbem. Rn. 29.

479 Zum Beispiel Banken und Versicherungen.

480 *Ringleb*, in: Ringleb u.a., Deutscher Corporate Governance Kodex, 5. Aufl. 2014 Vorbem. Rn. 29.

481 *Hommelhoff/Schwab*, in: Hommelhoff/Hopt/v. Werder, Handbuch Corporate Governance, 2. Aufl. 2009, S. 112.

## 4) Rechtsprechung

Auch Gerichte und Rechtsprechung tragen ihren Teil zur Ausgestaltung und Weiterentwicklung der Corporate Governance bei.[482] Vor allem die zivil-, aufsichts- und die strafrechtliche Rechtsprechung sind dabei entscheidend. Durch die Rechtsprechung wird die Entwicklung von Verhaltensrichtlinien vorangetrieben und die gesellschaftsrechtlichen Akteure zur Einhaltung angehalten bzw. Konsequenzen bei Nichteinhaltung herangezogen.[483] Den Gerichten kommt dabei eine besondere Rolle bei der Konkretisierung von Sorgfaltspflichten zu.[484] Durch die Präzisierung von Verhaltenspflichten in spezifischen Kontexten verleihen die Gerichte der Corporate Governance Kontur und geben denjenigen, denen die Sorgfaltspflicht auferlegt ist, eine Richtlinie, an der sie ihr Handeln ausrichten können.[485] Insbesondere die Rechtsprechung im Rahmen der „business judgement rule" des § 93 Abs.1 S. 2 AktG hat einen gewichtigen Einfluss auf die Corporate Governance.

# V) Ergbebnis

So vielfältig die Themen im Bereich Corporate Governance sind, so vielfältig sind auch die Möglichkeiten, einen Rahmen zur Etablierung und Verwirklichung derselben zu schaffen. Die Kunst besteht unter anderem auch darin, die Ausgleichsmechanismen auf der richtigen institutionellen Ebene zu verankern. Neben der Selbstkontrolle durch die Betroffenen spielt auch der Gesetzgeber eine immer stärkere Rolle im Bereich Corporate Governance. Dabei tritt der Gesetzgeber durch Rechtssetzung in Erscheinung. Zudem treten nicht nur nationale Akteure auf die Bühne, sondern auch auf internationaler Ebene gibt es vermehrt Projekte.[486] Allen Möglichkeiten haften Vor- und Nachteile an. Das System von einem Nebeneinander verschiedener Ebenen kann zu einer Unübersichtlichkeit führen, sodass nicht sofort klar ist, welche Regelungen und Empfehlungen es insgesamt gibt. Es kann keine generell gültige Aussage dazu getroffen werden, wer den bestmöglichen Rahmen schaffen kann und auf welche Art und Weise dies zu erfolgen hat. Vielmehr muss für jeden Aspekt eine Einzelfallbetrachtung angestellt werden, bei der die jeweilige Materie überprüft wird und festgestellt wird, welches Vorgehen im geprüften Fall die wirksamste und kostengünstigste Methode ist, die gleichzeitig flexibel genug ist, um den verschiedenen Gesellschaften gerecht zu werden.

---

482 *Hopt*, ZHR 175 (2011), 444, 521.

483 *Goette*, in: FS 50 Jahre BGH, 2000, S. 123, 125.

484 Siehe speziell zu den Pflichten eines Bankgeschäftsleiters *OLG Düsseldorf*, Beschl. v. 9.12.2009 – 6 W 45/09, NJW 2010, 1537 (IKB-Beschluss), dazu *Fleischer*, NJW 2010, 1504.

485 *Lutter*, in: FS U.H. Schneider, 2011, S. 763, 767.

486 Siehe Basler Ausschuss für Bankenaufsicht, dazu noch unten §6 I)1).

# §4 Banken

Wie unten noch näher dargestellt wird, ist die Welt der Banken geprägt durch eine heterogene Struktur. In dieser Untersuchung soll bei der Betrachtung der Spezifitäten der Corporate Governance von Banken keine Fokussierung auf eine Rechtsform stattfinden.[487] Vielmehr soll der Blick auf Besonderheiten gerichtet werden, die nicht primär an die Organisationsform anknüpfen, sondern vorrangig an das Betreiben von Bankgeschäften und der damit zusammenhängenden Besonderheiten. Denn die Entwicklung der letzten Jahre zeigt, dass vermehrt branchenspezifisch im Bereich Corporate Governance reguliert wird.

Neben allen Unterschieden, die unten stehend aufgeführt werden, verbindet die Banken der unterschiedlichen Rechtsformen doch eine Gemeinsamkeit mit allen anderen erwerbswirtschaftlichen Unternehmen, und das ist das Streben nach Gewinn.[488] Des Weiteren herrscht auch keine Einstimmigkeit im Hinblick darauf, dass Banken wirklich „besonders“ oder „anders“ sind. Ob Banken wirklich anders sind und, daran anknüpfend, einer branchenspezifischen Corporate Governance bedürfen, soll nachstehend untersucht werden. Dazu soll zunächst dargestellt werden, was unter dem Begriff Bank überhaupt zu verstehen ist und was eine Bank ausmacht.

## I) Was heißt Bank

Bevor näher auf die Besonderheiten der Corporate Governance der Banken eingegangen wird, soll zunächst erläutert werden, was genau unter dem Begriff Bank zu verstehen ist.

### 1) Definition

Für den Begriff Bank existiert keine allgemein gültige Definition. Dies kann mit ähnlichen Argumenten belegt werden wie bei der Definition des Begriffs Corporate Governance. Denn auch Banken entwickeln sich fortlaufend weiter und passen sich den aktuellen Entwicklungen an.[489] Aber bei dem Begriff „Bank“ handelt es sich um einen von § 39 KWG geschützten Begriff.

---

487 Eine Untersuchung fokussiert auf Banken in Form der Aktiengesellschaft *Ludwig*, Branchenspezifische Wirtschaftsaufsicht und Corporate Governance, 2012.

488 Das Maß der Fokussierung variiert dabei, Näheres unten §5 I)1).

489 „keine statischen Institutionen, sondern dynamische Systeme“ dazu *Becker/Peppmeier*, Bankbetriebslehre, 8. Aufl., 2011, S. 14.

## 2) Geschützter Begriff

Der Begriff „Bank“ ist durch § 39 KWG geschützt. Demnach darf ein Unternehmen nur dann die Bezeichnung Bank führen, wenn es gewisse Voraussetzungen erfüllt. Folglich darf der Name „Bank“ nur dann geführt werden, wenn es sich um ein Kreditinstitut handelt, welches die schriftliche Erlaubnis der Bundesanstalt nach § 32 Abs. 1 S. 1 KWG zum gewerbsmäßigen Betreiben von Bankgeschäften oder Finanzdienstleistungen hat. Sinn und Zweck des Begriffsschutzes ist der Schutz des Vertrauens, das Instituten, die nach dem KWG beaufsichtigt werden, entgegenkommt, und das Vertrauen in die ordnungsgemäße Durchführung der Bank- und Finanzgeschäfte.[490]

„Bank“ ist aber nicht der einzige geschützte Begriff. Daneben sind auch die Begriffe „Volksbank“, „Sparkasse“, „Bausparkasse“ und „Spar- und Darlehenskasse“ geschützt. Der Schutz der speziellen Begriffe ist dem Umstand geschuldet, dass sich im Laufe der Zeit bezüglich einzelner Begriffe in der Öffentlichkeit Vorstellungen herausgebildet haben, welches Geschäftsmodell die Institute mit den verschiedenen Begriffen betreiben. Die Vorstellung der Öffentlichkeit betreffen in der Regel nicht nur Rechtsform, sondern auch Geschäftsarten, Angehörigkeit zu speziellen Sicherungseinrichtungen und Kundenkreis.[491]

Um den Begriff „Volksbank“ führen zu dürfen, muss ein Kreditinstitut nicht nur über eine Erlaubnis verfügen, sondern muss zudem auch noch in der Rechtform einer Genossenschaft organisiert sein und somit einem genossenschaftlichen Prüfverband angehören, § 39 Abs. 2 KWG. Dadurch wird die Vorstellung der Öffentlichkeit geschützt, dass es sich bei Volksbanken um örtlich begrenzt agierende Kreditinstitute mit persönlicher Haftung ihrer Mitglieder, § 23 GenG, handelt.[492]

Daneben ist auch der Begriff „Sparkasse“ durch das KWG geschützt, § 40 KWG. Der Grund für den Schutz des Begriffs beruht auf der historischen Entwicklung dieser besonderen Institute. Denn mit dem Begriff Sparkasse werden in der Öffentlichkeit Institute verbunden, die „kraft öffentlichen Auftrags das Spargeschäft besonders pflegen“,[493] für die das Einlagengeschäft demnach prägend ist.[494] Um den Begriff „Sparkasse“ führen zu dürfen, ist es erforderlich, dass ein öffentlich rechtlicher Träger hinter dem Institut steht. § 40 Abs. 1 Nr. 2 KGW ist als Bestandsschutznorm für die übrig geblieben freien Sparkassen zu qualifizieren. § 40 Abs. 1 Nr. 3 KWG enthält eine Ausnahme von dem Grundsatz, dass Sparkassen einer öffentlich rechtlichen Organisationsform bedürfen. § 40 Abs.1 Nr. 3 gewährt Bestandsschutz für solche Unternehmen, die neu gegründet werden durch Umwandlung einer freien Sparkasse.

---

490 *Fischer,* in Boos/Fischer/Schulte-Mattler, KWG, KWG, 4. Aufl. 2012, § 39 Rn. 1; *Kohl,* in: Schwennicke/Auerbach, *KWG,* 2. Aufl., 2013, § 39 Rn. 1.

491 *Geschwandtner/Bach,* NJW 2007, 129, 130.

492 *Kohl,* in: Schwennicke/Auerbach, KWG, 2. Aufl., 2013, § 39 Rn. 19.

493 Bundestag Drs. 3/1114.

494 *Kohl,* in: Schwennicke/Auerbach, KWG, 2. Aufl., 2013, § 40 Rn. 1.

Strittig ist, ob diese Ausnahme auch gilt, wenn Sparkassen privatisiert werden.[495] Die Ausnahmen in § 40 KWG zeigen auch, dass die Sparte der Sparkassen in den letzten Jahrzehnten Änderungen insofern aufweisen, als auch hier zunehmend die Rechtsform der Aktiengesellschaft gewählt wird und die Form der öffentlichen Anstalt ein Auslaufmodell ist. Die Verdrängung der öffentlichen Anstalt durch die Aktiengesellschaft gründet sich auf dem Umstand, dass die mit der der öffentlichen Anstalt einhergehende Gewährträgerhaftung mit dem in Art. 107 Abs.1 AEUV niedergelegten Beihilfeverbot in Konflikt steht. Insgesamt sollen nur solche Institute dem Schutz des § 40 KWG unterfallen, die die Hauptmerkmale einer Sparkasse aufzeigen. Diese Merkmale sind in erster Linie der am Gemeinwohl angelehnte öffentliche Auftrag und das regionale Wirken der einzelnen Institute.[496]

Folgend soll der Begriff Bank in einem weiten Sinne verstanden werden. Wird der Begriff Bank gebraucht, sind hier nicht nur die privatwirtschaftlichen Institute gemeint, sondern auch Institute, die in der Rechtsform der Genossenschaft organisiert sind, sowie auch Sparkassen. Unter dem Begriff Bank sollen hier demnach alle Kreditinstitute gefasst werden. Als Kreditinstitute werden dabei alle Unternehmen qualifiziert, die Bankgeschäfte im Sinne des § 1 Abs. 1 S. 2 KWG gewerbsmäßig oder in einem Umfang betreiben, der einen kaufmännisch eingerichteten Geschäftsbetrieb erforderlich macht.

## 3) Begriff des Instituts

Im KWG wird der Begriff der Bank lediglich in § 39 KWG verwendet. Ansonsten ist im KWG die Rede von Instituten, Kreditinstituten und Finanzdienstleistungsinstituten. Unter dem Begriff des Instituts werden gem. § 1 Abs. 1b) KWG Kreditinstitute und Finanzinstitute zusammengefasst. Kreditinstitute sind nach § 1 Abs. 1 S. 1 KWG dabei Unternehmen, die Bankgeschäfte gewerbsmäßig oder in einem Umfang betreiben, der einen in kaufmännischer Weise eingerichteten Geschäftsbetrieb benötigt. Die Bankgeschäfte, die infrage kommen, sind in § 1 Abs. 1 KWG abschließend aufgelistet.

Von besonderer Bedeutung sind hier CRR-Kreditinstitute iSd § 1 Abs. 3 lit. d) KWG. Der Begriff der CRR-Kreditinstitute ist durch das „Gesetz zur Abschirmung von Risiken und zur Planung der Sanierung von Kreditinstituten und Finanzgruppen“[497] eingeführt worden und ersetzt den bisher genutzten Begriff der Einlagekreditinstitute in § 1 Abs. 3 lit. d) S. 1 KWG. Die Definition ist dieselbe geblieben, und somit sind unter CRR-Kreditinstitute diejenigen Unternehmen zu verstehen, deren Tätigkeit darin besteht, „Einlagen oder andere rückzahlbare Gelder des Publikums entgegenzunehmen und Kredite für eigene Rechnung zu gewähren“.

495 *Kohl,* in: Schwennicke/Auerbach, KWG, 2. Aufl., 2013, § 40 Rn. 9.
496 *Fischer,* in: Boos/Fischer/Schulte-Mattler, KWG, 4. Aufl:, 2012, § 40 Rn. 11.
497 Gesetz vom 7.8.2013, BGBl. I S. 3090 („Trennbankengesetz“)

Im Folgenden werden die Begriffe „Bank“, „Kreditinstitut“ und „Institut“ synonym verwendet. Wird einer der drei Begriffe verwendet, ist damit eine Geschäftsbank gemeint, die Bankgeschäfte gemäß § 1 Abs. 1 S. 2 KWG betreibt und hier insbesondere das Einlagengeschäft nach § 1 Abs. 1 S. 2 Nr. 1 KWG.

## 4) Bankensystem in Deutschland

Das deutsche Bankensystem ist international einzigartig, denn es existieren in Deutschland drei verschiedene Institutsgruppen – landläufig eingeteilt in drei Säulen - nebeneinander mit weitgehend gleichlaufenden Geschäftsfeldern.[498] Insgesamt ist der Bankenmarkt in Deutschland geprägt durch einen hohen Wettbewerb[499] untereinander. So kommen in Deutschland auf circa 100.000 Einwohner drei Banken, das sind so viele wie in keinem anderen EU-Land.[500] Und das obwohl es eine Marktzutrittsschranke gibt, denn Kreditinstitute unterliegen gemäß § 32 Abs. 1 KWG einem Tätigkeitsverbot mit Erlaubnisvorbehalt.[501] Die Institute sind in ihren Organisationsstrukturen heterogen und zwischen den im Wettbewerb stehenden Instituten bestehen oft immense Größenunterschiede.[502]

### *a) Universalbankensystem*

Grundsätzlich hat sich in Deutschland über das letzte Jahrhundert hinweg ein Universalbankensystem entwickelt.[503] Dieser Grundsatz hat durch das „Gesetz zur Abschirmung von Risiken und zur Planung der Sanierung und Abwicklung von Kreditinstituten und Finanzgruppen“[504] Einschränkungen erfahren, die sich im Gesetz in § 3 Abs. 2 KWG niederschlagen. Der Gegenentwurf zum Universalbankensystem ist das Trennbankensystem, welches zum Beispiel in den USA anzutreffen ist.[505] Kennzeichnend für das Trennbankensystem ist, dass Banken sich entscheiden müssen, ob sie als Commercial Bank das Einlagen- und Kreditgeschäft betreiben wollen oder als Investmentbank andere Finanzdienstleistungen anbieten wollen. Das Betreiben beider Sparten unter einem Dach soll hingegen nicht möglich sein.

---

498 *Gischer/Reichling/Stiele*, Kreditwesen 2007, 280 ff.

499 Das ist darauf zurückzuführen, dass der deutsche Bankenmarkt „overbanked“ ist *Ferstl*, in: Bakaufsichtsrecht 2010, S. 1033, 1034.

500 *Müller*, Stabilisierende Unruhe, Handelsblatt v. 26. Juli 2010.

501 *Geschwandtner*, in Helios/Strieder, Handbuch Genossenschaft 2009, § 12 Rn. 115.

502 *Fischer*, in: Krieger/Schneider, U.H., Handbuch Managerhaftung, 2. Aufl. 2010, S. 540, 543.

503 Zur Geschichte *Pohl*, Entstehung und Entwicklung des Universalbankensystems, 1986.

504 Gesetz vom 7.8.2013, BGBl. I S. 3090 („Trennbankengesetz“)

505 Ein Trennbankensystem bestand zeitweise in den USA unter dem Glass-Steagall-Act, zur Entwicklung überblicksweise *Hoffmann*, Das Ende des amerikanischen Trennbankensystems, WM 2000, 1773ff.

*aa) Grundsatz*

Das deutsche Bankensystem ist als Universalbankensystem ausgestaltet. Das bedeutet, dass zugelassene Finanzinstitute grundsätzlich jede Art von Bankengeschäften, die in § 1 KWG genannt sind, gleichzeitig betreiben können. Die Banken unterliegen bei der Ausübung ihrer Geschäftstätigkeit weder Begrenzungen quantitativer noch regionaler, kundengruppenbezogener, branchenmäßiger oder qualitativ sachlicher Art.[506] Banken, die die Möglichkeit wahrnehmen, eine Vielzahl an Bankgeschäften anzubieten, sind sogenannte Universalbanken. Diese betreiben in der Regel vor allem auch das Einlagen- und Kreditgeschäft in rechtlicher Einheit.[507] Auf der anderen Seite existieren aber auch im deutschen Universalbankensystem Spezialbanken, die nur eine bestimmte Dienstleistung anbieten. Hier sind als Beispiele Hypothekenbanken und Bausparkassen zu nennen. Gegenstand der nachfolgenden Betrachtung sollen die Bankinstitute sein, die sowohl das Einlagen- als auch das Kreditgeschäft betreiben.

*bb) Einschränkung des Trennbankensystems*

Durch das „Gesetz zur Abschirmung von Risiken und zur Planung der Sanierung und Abwicklung von Kreditinstituten und Finanzgruppen“ (Trennbankengesetz) wurde das Universalbankensystem teilweise durchbrochen, das bisher prägend war für das deutsche Bankensystem.[508] Das Gesetz geht zurück auf eine Empfehlung des Liikanen-Reports.[509] Gemäß § 3 Abs. 2 KWG wird es CRR-Kreditinstituten ab einer bestimmten Größe untersagt, besondere Wertpapiergeschäfte mit spekulativem Charakter vorzunehmen, bzw. müssen diese in eigenständige „Finanzhandelsinstitute“ ausgegliedert werden. Das soll der Entflechtung von Risiken dienen, indem die Risikogeschäfte nicht mehr durch das Einlagengeschäft quersubventioniert werden können und auch ein Durchschlagen auf die Einlagen im Krisenfall ausgeschlossen sein soll. Für den Fall einer Insolvenz soll dadurch auch die Abwicklung erleichtert werden. Unter die Regelungen fallen nach Einschätzungen von Experten nur rund ein Dutzend Institute in Deutschland.[510]

Daneben enthält § 3 Abs. 4 KWG eine Generalklausel, die die BaFin ermächtigt, Instituten grundsätzlich erlaubte Geschäfte, die die Schwellenwerte aus § 3 Abs. 2 KWG nicht erreichen, zu verbieten, wenn die Aufsichtsbehörden die Solvenz des Instituts bedroht sehen. Dabei erstreckt sich die Befugnis zur Untersagung nicht nur auf die explizit genannten Geschäfte, sondern verboten werden können alle

---

506 *Schneider, U.H.*, in: FS Heinsius, 1991, S. 733, 737.

507 *Rümker/Winterfeld,* in: Schimansky/Bunte/Lwowski, Bankrechts-Handbuch, 4. Aufl. 2011, § 124 Rn. 80.

508 *Möslein*, BKR 2013, 397.

509 High-level Expert Group on reforming the structure of the EU banking sector (chaired by Erkki Liikanen), Final Report, 2012, S. 2 abrufbar unter http://ec.europa.eu/internal_market/bank/docs/high-level_expert_group/report_en.pdf.

510 *Baumann*, GWR 2013, 307, 308.

Geschäfte, die ihrer Art nach in der Risikointensität mit den gesetzlich benannten vergleichbar sind.

Die Folge aus den Verboten der § 3 Abs. 2 und Abs. 4 KWG ist nicht das generelle Verbot der betroffenen Tätigkeiten für die Institute. Vielmehr müssen die Geschäftsaktivitäten auf sogenannte Finanzhandelsinstitute übertragen werden, die wirtschaftlich, organisatorisch und rechtlich unabhängig von dem Rest sind. Hinweise zur Geschäftsorganisation finden sich in § 25f KWG. In der Konsequenz werden in Deutschland auch weiterhin Universalbankkonzerne anzutreffen sein, die alle Bank- und Finanzdienstleistungen im Rahmen einer Holdingstruktur anbieten.[511]

Ob die Aufbrechung des Universalbankensystems tatsächlich dazu beitragen kann, Risiken zu minimieren und den Markt zu stabilisieren, ist fraglich.[512] Auch wenn die Regelung auf den ersten Blick nicht allzu viele Institute erfasst, wird die Erschütterung des in Deutschland gewachsenen Universalbankensystems nicht ohne Folgen bleiben. Denn nunmehr erscheint ein Grundprinzip der bisherigen deutschen Bankenlandschaft nicht mehr unantastbar. Und es ist nicht auszuschließen, dass eine Erweiterung der Regelung in Zukunft eine Neugestaltung der Bankenlandschaft in Deutschland hervorrufen kann. Das ist insofern bedenklich, als sich das Universalbankensystem in Deutschland bisher als robustes und gut funktionierendes System etabliert hat.

### *b) 3-Säulen-System*

Das deutsche Universalbankensystem wird in drei Säulen[513] eingeteilt: zum einen die privatwirtschaftlich organisierten Kreditbanken, zum anderen die öffentlich-rechtlichen Sparkassen und die Genossenschaftsbanken mit ihren genossenschaftlichen Zentralbanken.[514] Die Unterteilung der Institute in diese drei Gruppen erfolgt in erster Linie anhand der Eigentümerstruktur sowie der Ausrichtung der Geschäfte.[515] Für jede Säule besteht ein Spitzenverband. Die privaten Kreditbanken haben sich im Bundesverband für deutsche Banken e.V. organisiert, die Sparkassen im Deutschen Sparkassen- und Giroverband e. V. (DSGV) und die genossenschaftlichen Institute haben sich im Bundesverband der Deutschen Volksbanken und Raiffeisenbanken e.V. (BVR) zusammengeschlossen. Die Anzahl der Kreditinstitute belief sich im Jahr 2013 auf insgesamt 1820 Institute und bestätigt den abnehmenden Trend der letzten Jahre. 2013 waren 184 private Kreditbanken, 426 Sparkassen Institute und 1083 genossenschaftliche Institute zugelassen.[516] Daneben zählte die BaFin noch 127 sonstige

---

511 *Möslein*, BKR 2013, 397, 404.

512 Kritisch auch *Baumann*, GWR 2013, 307, 309; *Möslein*, BKR 2013, 397, 405.

513 Zum Drei-Säulen-System allgemein *Meister*, in: Fischer/Pape, Handbuch der deutschen Sparkassen, 2005, S. 60ff.

514 *Hartmann-Wendels/Pfingsten/Weber*, Bankbetriebslehre, 5. Aufl., 2010, S. 30.

515 *Engels*, Landesbanken zwischen Marktsteuerung und Marktwirtschaft, 2010, S. 15.

516 Die Zahlen sind dem Jahresbericht 2013, S. 93, der BaFin entnommen, abrufbar unter http://www.bafin.de/SharedDocs/Downloads/DE/Jahresbericht/dl_jb_2013.pdf?__blob=publicationFile&v=5.

Institute, unter die unter anderem die Spezialbanken wie Bausparkassen zählen. Die Bankenstruktur in Deutschland weist durch die Aufteilung in Sparkassen, Kreditgenossenschaften und Privatbanken eine dezentrale Struktur auf, in der viele Akteure aktiv sind und in der sich verschiedenste Modelle etabliert haben.[517] Die drei Säulen im Bankensystem unterscheiden sich vor allem durch die Rechtsform. Aber auch die Geschäftsprinzipien in den einzelnen Säulen weisen Unterschiede auf. Doch ist vor allen in den letzten Jahren eine Wettbewerbsverschärfung zwischen den Säulen in der Kreditwirtschaft zu beobachten, die auch eine Angleichung der Geschäftsmodelle fördert.[518] Oft ist von einem Gruppenwettbewerb zwischen den verschiedenen Säulen die Rede.[519] Eine Untersuchung des Internationalen Währungsfonds und der Weltbank bescheinigte dem 3-Säulen-System in Deutschland einige Vorzüge: Es führe zu einer hohen Stabilität, einem kostengünstigen Zugang zu Leistungen auf dem Finanzsektor sowie einer flächendeckenden Versorgung.[520] Als Stärke der deutschen Bankenlandschaft werden dabei insbesondere die unterschiedlichen Organisationsformen sowie die verschiedenen Geschäftsphilosophien gesehen.[521] Im Rahmen der Krise war zu beobachten, dass Sparkassen und Genossenschaften in unruhigen Zeiten stabilisierend gewirkt haben und viele neue Kunden in der Zeit akquirieren konnten.[522] Betrachtet man die Anteile, die die verschiedenen Säulen ausmachen, so ist der größte numerische Anteil der bestehenden Kreditinstitute Genossenschaftsbanken, gefolgt von öffentlich-rechtlichen Kreditinstituten, und erst dann kommen die privaten Kreditinstitute.

### *aa) Private Kreditbanken*

Die Deutsche Bundesbank fasst unter dem Begriff der Kreditbanken Großbanken, Regional- und sonstige Kreditbanken und Zweigstellen ausländischer Banken zusammen. Es handelt sich um private Institute, die in einem oder mehreren Bereichen der Bankgeschäfte tätig sind.[523] Zum Teil findet sich statt des Begriffs Kreditbanken der Begriff der „privaten Geschäftsbanken". Gegründet wurden die Großbanken und deren Vorläufer in der Gründungszeit des Deutschen Reiches, um die fortschreitende Industrialisierung zu finanzieren.[524] Angestoßen wurde die Gründung der Privatbanken ursprünglich von den Privatbankiers, die alleine nicht mehr in der Lage waren, die Nachfrage nach Kapital zu sättigen. Typisch für Kreditbanken ist, dass

517 *Henneke*, DVBl 2010, 472.
518 *Plogmann*, in: Kreditgenossenschaften angesichts des Strukturwandels der Sparkassen – Die Sicht der Praxis, 2005, S. 11, 18.
519 *Tiemann*, Privatisierung öffentlicher Unternehmen, 2009, S. 90.
520 German's Financial System Stability Assessment Report 03/43.
521 *Ashauer*, Sparkassen und Banken im Wettbewerb, 2005, S. 186.
522 *Henneke*, DVBl 2010, 472, 477.
523 *Gröschel*, Die deutsche Kreditwirtschaft, 11. Aufl. 2007, S. 74.
524 *Gröschel*, Die deutsche Kreditwirtschaft, 11. Aufl. 2007, S. 139.

diese in einer privaten Rechtsform betrieben werden.[525] Die gängige Rechtsform ist hier die der Aktiengesellschaft.[526] Aber auch Personengesellschaften kommen vor, die Anzahl der in der Rechtsform der OHG oder KG betriebenen Banken ist in den letzten 30 Jahren aber zunehmend geschrumpft. Dies steht auch in Verbindung mit den Problemen, die diese Unternehmen bei einer Kapitalerhöhung haben.[527] Dabei ist man in der Wahl der Rechtsform nicht ganz frei, denn § 2b Abs. 1 KWG verbietet das Betreiben eines Kreditinstituts in Form des Einzelkaufmanns, soweit eine Erlaubnis nach § 32 Abs. 1 KWG erforderlich ist.[528] Das Verbot dient der Trennung von Unternehmens- und Privatvermögen und der Durchsetzung des Vier-Augen-Prinzips bei allen Kreditinstituten.[529] Das Vier-Augen-Prinzip ist Ausfluss der besonderen Binnenkontrolle, die neben die externe Aufsicht tritt. Diese Art der Kontrolle kann bei einem Einzelkaufmann aber nicht hinreichend gewährleistet werden. Der Ausschluss des Einzelkaufmanns vom Betrieb eines Einlagegewerbes dient dem Schutz der Einlagenkunden. Private Kreditbanken zeichnen sich dadurch aus, dass bei ihnen mit der Gründung das Streben nach Gewinn im Vordergrund steht.[530] Den privaten Kreditinstituten liegt demnach ein erwerbswirtschaftlicher Auftrag zugrunde,[531] und die Institute folgen dem erwerbswirtschaftlichen Prinzip.[532]

Mit dem Begriff Großbanken werden vier Kreditinstitute in Deutschland bezeichnet, das sind im Einzelnen die Deutsche Bank, HypoVereinsbank, Commerzbank und Deutsche Postbank. Charakteristisch für die Großbanken ist, dass diese Banken alle Bankleistungen anbieten, überregional und international agieren und daher ein ausgedehntes nationales und auch teilweise internationales Filialnetz betreiben.[533] Einen großen Teil der Mittel generieren die Großbanken aus kurzfristigen Einlagegeschäften.[534]

Neben den Großbanken sind die Privatbanken zu nennen. Unter dem Begriff der Privatbanken fasst man die eigentümergeführten Banken. Die Anzahl der Institute, bei der Eigentum und Führung in einer Hand vereint sind, nimmt aber stetig ab. Immer mehr Institute verlieren ihre Unabhängigkeit. Der Trend der letzten Jahre

525 *Becker/Peppmeier*, Bankbetriebslehre, 8. Aufl., 2011, S. 84.

526 *Schäfer*, in: FS Maier-Reimer, 2010, S. 583f.

527 *Beber*, Wirkung des bankaufsichtsrechtlichen Instrumentariums auf den Wettbewerb im Kreditgewerbe, 1988, S. 4.

528 Noch enger sind die Voraussetzungen im Versicherungsrecht. Versicherungsgesellschaften dürfen nämlich nur in Form einer Aktiengesellschaft oder aber als Versicherungsverein auf Gegenseitigkeit betrieben werden.

529 *Schwennicke*, in: Schwennicke/Auerbach; KWG, München 2. Aufl., 2012, § 2b Rn. 1.

530 *Hartmann-Wendels/Pfingsten/Weber*, Bankbetriebslehre, 5. Aufl., 2010, S. 33.

531 *Grimm*, Organisationsrecht der Landesbanken im Spannungsfeld zwischen öffentlichrechtlichem Organisationsrecht und Aktienrecht, 1988, S. 35.

532 *Becker/Peppmeier*, Bankbetriebslehre, 8. Aufl., 2011, S. 84.

533 *Gröschel*, Die deutsche Kreditwirtschaft, 11. Aufl. 2007, S. 139.

534 Circa 40 % des Geschäftsvolumens, siehe *Rümker/Winterfeld,* in: Schimansky/Bunte/Lwowski, Bankrechts-Handbuch, 4. Aufl. 2011, § 124 Rn. 95.

ist die Übernahme der Privatbank durch ein großes Bankinstitut,[535] also einer Großbank, oder aber auch die Übernahme des Privatinstituts durch eine Versicherung.[536] Klientel der Privatbanken sind zumeist Privatpersonen mit überdurchschnittlichem Vermögen. Der Zugang zu einer Privatbank ist faktisch daher nur einem kleinen Teil der Bevölkerung möglich.

#### *bb) Öffentlich-rechtlicher Sektor*

Ist die Rede von der öffentlich-rechtlichen Säule, so sind damit alle Kreditinstitute gemeint, deren Träger die öffentliche Hand ist.[537] Die konkrete Rechtsform der Institute, privatrechtlich oder öffentlich-rechtlich, hat keinen Einfluss auf die Qualifikation des Instituts als öffentlich-rechtliches. Ein einheitliches Organisationsrecht hat sich für diese Institute nicht herausgebildet. Die Institute können nur durch oder aufgrund eines Gesetzes errichtet werden. Daher bestehen für die Institute eigene Gründungs- oder Errichtungsgesetze.[538] Aus diesem Umstand resultiert, dass das Organisationsrecht der öffentlichen Institute unübersichtlich und wenig systematisch erscheint.[539] Hinzu kommt, dass die Binnenorganisation der Institute zum größten Teil in ihren Satzungen und nicht in Gesetzesform geregelt ist.[540]

Den größten Teil im öffentlichen Sektor machen die Sparkassen aus. Daneben gibt es aber auch Spezialbanken (zum Beispiel Kreditanstalt für Wiederaufbau, Landwirtschaftliche Rentenbank), die öffentlich-rechtlich organisiert werden.

##### (1) Geschichte

Sparkassen können auf eine mittlerweile 200-jährige Vergangenheit zurückblicken.[541] Ursprünglich hatte die Errichtung der Sparkassen das Ziel, Menschen mit nur geringem Einkommen einen Anreiz und Ort zum Sparen zu geben und sie dadurch vor einer Verarmung nach dem Erwerbsleben zu schützen.[542] Eine weitere zentrale Funktion der Sparkassen war die Ausgabe von Krediten im nahen örtlichen Umfeld. Die Kreditversorgung der Bevölkerung ist auch heute noch einer der zentralen Aufgaben der Sparkassen.[543] Aufgrund des öffentlichen Auftrags wird den Sparkassen

---

535 Zum Beispiel die Übernahme der Sal. Oppenheim 2009 durch die Deutsche Bank.

536 Zum Beispiel die Übernahme des Bankhauses Donner durch die Signal Iduna Versicherung im Jahre 2009.

537 *Bundesverband Öffentlicher Banken Deutschlands*, Jahresbericht 2006, S. 14.

538 So exisitiert schon in jedem Bundesland ein eigenes Sparkassengesetz.

539 *Schneider*, U.H., in: FS Riesenfeld, 1983, S. 237ff.

540 *Wulf*, Der Verwaltungsrat öffentlich-rechtlicher Kreditinstitute, 1992, S. 12.

541 Zur Geschichte der Sparkassen ausführliche *Möschel*, Das Wirtschaftsrecht der Banken, 1972, S. 26ff.

542 *Ashauer*, in: Schuster, Die gesellschaftliche Verantwortung der Banken, 1997, S. 121, 123.

543 *Gischer/Reichling/Stiele*, Kreditwesen 2007, 280, 281.

eine spezifische Rolle im Bankensektor nachgesagt.[544] Doch haben sich die Sparkassen heute zu bedeuteten Universalbanken entwickelt,[545] die marktorientiert arbeiten, um so ihre Wettbewerbsfähigkeit zu erhalten und zu stärken.[546] Damit einher ging auch der Verlust einiger Vorteile, zum Beispiel im steuerlichen Bereich, aber auch die Abschaffung der Gewährträgerhaftung.[547] So ist heute in einer Vielzahl der Sparkassengesetzen festgelegt, dass den Sparkassen die Aufgabe zukommt, eine angemessene und ausreichende geld- und kreditwirtschaftliche Versorgung aller Bevölkerungsgruppen sicherzustellen und die mittelständische Wirtschaft zu unterstützen.[548] Des Weiteren wird auch heute noch den Sparkassen die Aufgabe zuteil, den Sparsinn und die Vermögensbildung in der Gesellschaft zu fördern und im Zusammenhang damit eine sichere Geldanlagemöglichkeit zu bieten.[549] Daneben werden die Sparkassen aber auch als Wirtschaftsunternehmen definiert.[550] Im Zusammenhang damit sehen manche eine Aufgabe des öffentlichen Sektors auch darin, den Wettbewerb in der Bankenbranche anzuregen und zu intensivieren.[551] Erhalten geblieben ist über all die Jahre hinweg die regionale und dezentrale Ausrichtung der Sparkassen. Ein wichtiger Einschnitt im Sparkassenwesen erfolgte durch die Abschaffung der Gewährträgerhaftung für Sparkassen und Landesbanken. Bedingt durch die Abschaffung besteht nun die theoretische Möglichkeit, dass auch Sparkassen insolvent gehen können.[552] In den letzten Jahren ist es bei den Sparkassen verstärkt zu Fusionen gekommen. So haben zwischen 1991 und 2007 mehr als 35 Prozent aller unabhängigen Institute ihre Selbstständigkeit verloren.[553] Die Institution Sparkasse wird trotz ihres öffentlichen Auftrags nicht nur positiv wahrgenommen. Denn teilweise sehen Autoren staatlich gelenkte Institute, wie es Sparkassen in der Regel sind, als Wachstums-, Integrations- und Innovationshemmnis an.[554] Die Privatisierung der Sparkassen ist daher ein aktuelles Thema, doch auf dieses Problem soll hier nicht weitergehend eingegangen werden.[555] In ländlichen Gebieten stehen die Sparkassen hauptsächlich mit

---

544 *Tiemann*, Privatisierung öffentlicher Unternehmen, 2009, 2009, S. 103.
545 *Beber*, Wirkungen des bankaufsichtsrechtlichen Instrumentariums auf den Wettbewerb im Kreditgewerbe, 1988, S. 4; *Geschwandtner/Koch*, NJW 2007, 129, 131.
546 *Tiemann*, Privatisierung öffentlicher Unternehmen, 2009, S. 93.
547 *Tiemann*, Privatisierung öffentlicher Unternehmen, 2009, S. 207.
548 *Geschwandtner/Bach*, NJW 2007, 129, 131; *Hilgers/Kurta*, ZBB 2010, 471, 476.
549 *Becker/Peppmeier*, Bankbetriebslehre, 8. Aufl., 2011, S. 86.
550 Siehe § 2 Abs. 1 Hessisches Sparkassengesetz.
551 *Höfling*, Finanzmarktregulierung, Gutachten F zum 68. Deutschen Juristentag, 2010, F 28; *Tiemann*, Privatisierung öffentlicher Unternehmen, 2009, S. 103.
552 *Tiemann*, Privatisierung öffentlicher Unternehmen, 2009, S. 108.
553 *Gischer/Reichling/Stiele*, Kreditwesen 2007, 280, 282.
554 *Geschwandtner/Bach*, NJW 2007, 129, 130.
555 Dazu *Tiemann*, Privatisierung öffentlicher Unternehmen, 2009; *Klein*, Die Privatisierung der Sparkassen und Landesbanken, 2003; *Pautsch*, Privatisierung des öffentlichen Banksektors, 2003.

Genossenschaftsbanken im Wettbewerb, wohingegen in den Städten die Konkurrenz aus dem Bereich der privaten Banken stammt.[556]

Die Entstehung der Landesbanken ist dem Bedürfnis der Sparkassen nach einer Gemeinschaftseinrichtung geschuldet.[557] In erster Linie wurden sie erschaffen, um die Abwicklung des überörtlichen Zahlungsverkehrs sicherzustellen.[558] Diese Aufgabe haben sie heute weitgehend eingebüßt und bei der Neuausrichtung der Landesbanken haben diese sich teilweise auf risikoreiche Geschäfte eingelassen, die manche Institute in tiefe Krisen gestürzt und das Erfordernis von Landesbanken insgesamt infrage gestellt haben.[559]

### (2) Struktur

Innerhalb des Sparkassensektors, auch unter dem Begriff Sparkassen-Finanzgruppe bekannt, unterscheidet man die Sparkassen selbst, die Landesbanken und die Deka-Bank. Typisch für Banken in Besitz und Trägerschaft der öffentlichen Hand ist, dass diese Unternehmen einen überschaubaren Kreis an Eigentümern haben und Eigentümerwechsel äußert selten sind.[560] Öffentlich-rechtliche Institute werden entweder als Anstalt des öffentlichen Rechts oder aber als Aktiengesellschaft betrieben. Trotz gesetzlicher Eigenheiten, die mit der Rechtsform der Institute zusammenhängen, weist die Unternehmensverfassung der einzelnen Institute Gemeinsamkeiten auf.[561]

### (a) Sparkassen

Sucht man nach einer Definition für Sparkassen, bietet es sich an, auf die von *Marcus Lutter* herausgearbeitete Definition zurückzugreifen. Demnach sind Sparkassen „Unternehmen einer bestimmten Branche in besonderer öffentlich-rechtlicher Rechtsform“.[562] Typisch für die Sparkassen selbst ist ihre regionale und dezentrale Ausrichtung. In der Regel sind die Sparkassen als Anstalt des öffentlichen Rechts organisiert. Daraus resultiert, dass die Anzahl der Anteilseigner der einzelnen Institute sehr überschaubar ist, oft gibt es nur einen Träger.[563] Aber wie in privatwirtschaftlichen Unternehmen fällt auch bei den Sparkassen Eigentum und Leitung

---

556 *Hackethal*, Andreas, German banks – a declining industry?, CFS Working Paper 2003/27, S. 11, abrufbar unter http://papers.ssrn.com/sol3/papers.cfm?abstract_id=440861.

557 *Tiemann*, Privatisierung öffentlicher Unternehmen, 2009, S. 94.

558 *Klein*, Die Privatisierung der Sparkassen und Landesbanken, 2003, S. 35.

559 Siehe dazu unter anderem Linssen, „Wir brauchen radikale Straffung der Landesbanken, Handeslblatt v. 3.2.2010.

560 *Bundesverband Öffentlicher Banken Deutschlands*, Jahresbericht 2006, S. 14.

561 *Kirschbaum*, BKR 2006, 139, 141.

562 *Lutter*, Pflichten und Haftung von Sparkassenorganen, 1991, S. 1.

563 *Brunner/ Kühl*, Kreditwesen 2002, 1089.

auseinander.[564] Deutschlandweit gibt es zurzeit nur einige wenige Sparkassen, die privat in Form einer Aktiengesellschaft, eines Vereins oder einer Stiftung organisiert sind.[565] Die Entwicklung der letzten Jahre zeigt aber, dass die Aktiengesellschaft als Organisationsform bei den Sparkassen auf den Vormarsch ist. Die als Anstalt des öffentlichen Rechts errichteten Sparkassen sind Teil der öffentlichen Verwaltung in Form der mittelbaren Staatsverwaltung und unterliegen daher gemäß Art. 30 Abs. 1, 70 Abs. 1, 83, 84 Abs. 1 GG der ausschließlichen Länderzuständigkeit.[566] Aus diesem Grund findet man in jedem Bundesland ein eigenes Sparkassengesetz. In den einzelnen Sparkassengesetzen existieren teilweise noch Einschränkungen hinsichtlich der den Sparkassen erlaubten Geschäftstätigkeiten (Enumerationsprinzip), doch in den letzten Jahren werden die Beschränkungen immer weiter aufgehoben, und es wird die Vornahme aller „banküblichen Geschäfte" gestattet, und zum Teil wird in den Sparkassengesetzen auch ausdrücklich festgelegt, dass diese als Wirtschaftsunternehmen tätig werden sollen.[567] Als Wirtschaftsunternehmen müssen sie auch in der Lage sein, sich auf schnell wandelnde ökonomische Gegebenheiten einzustellen.[568] Aufgrund der auch heute noch bestehenden Gemeinwohlorientierung der Sparkassen wird aber teilweise eine Einschränkung dahingehend gefordert, dass die Sparkassen gewinnorientiert („moderate Gewinnerzielung"), aber nicht gewinnmaximierend wirtschaften sollen. Die Erwirtschaftung von Gewinn ist auch für die Sparkassen notwendig, um die Eigenkapitalbasis zu stärken.[569] Insgesamt hat sich in den letzten Jahren eine Annäherung der Sparkassen an die Kreditbanken abgebildet. Die Entwicklung ist wahrscheinlich mit darauf zurückzuführen, dass das Geschäft der Sparkassen eine ähnliche Vielschichtigkeit aufweist wie das der Kreditbanken und daher auch eine klare Strukturierung des Unternehmens unerlässlich ist.[570] Ausdruck dafür ist zum Beispiel die Einführung interner Haftungsregeln für Vorstands- und Verwaltungsratsmitglieder, die bei Verletzung der Pflicht zur ordnungsgemäßen Geschäftsführung bzw. Überwachung eingreift.[571] Des Weiteren besteht ein vergleichbarer Aufbau der Geschäftsführungs- und Überwachungsorgane wie in der Aktiengesellschaft.[572] Bei

---

564 *Böhm-Dries/Eggers/Hortmann*, Betriebswirtschaftliche Blätter, 2011, Ausgabe 1, S. 27; *Hilgers/Kurta*, ZBB 2010, 471, 476.

565 Zu den privatrechtlich organisierten Sparkassen zählen die Hamburger Sparkasse (Haspa) sowie die Sparkassen Bremen AG und die Sparkasse zu Lübeck AG.

566 *Maunz*, in: Maunz/Dürig, GG, 70 El., 2013, Art. 74 Abschn. V, Rn. 145.

567 So zum Beispiel in § 2 Abs. 1 SpkG Hessen.

568 *Tiemann*, Privatisierung öffentlicher Unternehmen, 2009, S. 101.

569 *Gröschel*, Die deutsche Kreditwirtschaft, 11. Aufl, 2011, S. 110.

570 *Wingendorf*, in: Beiträge zum Finanz-, Rechungs- und Bankwesen, 2005, S. 287, 290.

571 Zum Beispiel § 10 Abs.1 S. 3, 4, § 16 Abs.6 NSpkG. Dass die Annäherung an die Aktiengesellschaft planmäßig erfolgt zeigt Niedersächsischer Landtag, Gesetzentwurf, Drucks. 15/1220, S. 20.

572 *Brunner/Kühl*, Kreditwesen 2002, 1089; *Kirschbaum*, BKR 2006, 139, 142; *Recknagel*, Sicherungsstatutarischer Dritteinfluss auf Organbesetzung und Geschäftsführung, 2008 S. 119.

den Sparkassen besteht aber eine engere Verflechtung von Vorstand und Verwaltungsrat.[573] Diese rührt von der Richtlinienkompetenz des Verwaltungsrats.[574] Der Verwaltungsrat ist befugt, allgemeine Orientierungsmaßstäbe und Zielvorstellungen für die Unternehmenspolitik vorzugeben.[575] Zum Teil ist diese Richtlinienkompetenz mittlerweile aufgrund der Sparkassengesetze auf den Vorstand übertragen worden.[576]

Der langsam fortschreitenden Angleichung der einzelnen Sparkassengesetze an Vorgaben aus dem Aktiengesetz liegt die Erkenntnis zugrunde, dass auch die Sparkassen ein klares Corporate-Governance-Gerüst benötigen, um weiterhin als ernsthafter Mittbewerber im Säulenwettbewerb teilhaben zu können.[577]

Da Sparkassen Anstalten des öffentlichen Rechts sind, besitzen sie grundsätzlich kein Stamm- oder Dotationskapital, sondern ihr aufsichtsrechtliches Eigenkapital wird durch Kapitalrücklagen gebildet.[578]

Insgesamt lässt sich bei den gesetzlichen Neuerungen erkennen, dass durchaus eine größere Selbstständigkeit der Sparkassen angestrebt wird. So besteht zum Beispiel in Hessen mittlerweile die Möglichkeit, die Sparkassen als Stiftungen zu errichten, um so eine größere Unabhängigkeit der Sparkassen von ihrem Träger zu erreichen.[579]

### (aa) Vorstand

Hinsichtlich der Grundaufgabe des Vorstands ergeben sich keine wesentlichen Unterschiede zwischen dem Vorstand eines privatrechtlichen Instituts und dem einer Sparkasse. Denn in erster Linie obliegt dem Vorstand der Sparkasse die Leitung der Sparkasse in eigener Verantwortung. Der Vorstand einer Sparkasse bzw. eines öffentlich-rechtlichen Instituts insgesamt ist in seinem Handeln nicht so frei wie seine Kollegen in privatrechtlichen Instituten.[580] Die Bindung an Satzung und das jeweilig einschlägige Sparkassengesetz ist sehr stark ausgeprägt.[581] Daraus ergibt sich auch der öffentliche Auftrag, an welchem der Vorstand all sein Handeln zu

---

573 *Fischer*, in: Krieger/Schneider, U.H., Handbuch Managerhaftung; 2. Aufl., 2010, § 19 Rn. 64.

574 Nicht in allen Ländern besitzt der Verwaltungsrat noch eine Richtlinienkompetenz. In Niedersachsen ist die Richtlinienkompetenz teilweise auf den Vorstand übertragen worden. *Berger*, Niedersächsisches Sparkassengesetz, 2. Aufl., 2006, Vorbem. Rn. 32.

575 *Schlierbach/Püttner*, Das Sparkassenrecht in der Bundesrepublik Deutschland; 5. Aufl.; 2003; 14.6.2.

576 In Niedersachsen ist die Richtlinienkompetenz teilweise auf den Vorstand übertragen worden. *Berger*, Niedersächsisches Sparkassengesetz, 2. Aufl., 2006, Vorbem. Rn. 32.

577 *Berger*, Niedersächsisches Sparkassengesetz, 2. Aufl., 2006, § 8 Rn. 1.

578 *Vogel*, , BKR 2009, 106, 107.

579 *Vogel*, BKR 2009, 106, 107.

580 *Bundesverband Öffentlicher Banken Deutschlands*, Jahresbericht 2006, S. 14.

581 *Brunner/Kühl*, Kreditwesen 2002, 1089.

messen hat. Zudem beschränkt auch die Richtlinienkompetenz des Verwaltungsrats das Handeln des Vorstands und gibt diesem eine gewisse Richtung. Zunehmend ist aber zu beobachten, dass in den Sparkassengesetzen die Richtlinienkompetenz vom Verwaltungsrat auf den Vorstand übertragen wird.[582] Demgegenüber wurde die Haftung des Sparkassenvorstandes der des Vorstands der Aktiengesellschaft stark angeglichen.[583] Dort, wo die Sparkassengesetze eine Haftungsnorm vorgeben, geben diese angelehnt an § 93 AktG vor, dass der Vorstand bei der Führung der Geschäfte die Sorgfalt eines ordentlichen und gewissenhaften Geschäftsleiter anzuwenden hat und bei einer Pflichtverletzung die Mitglieder des Vorstands der Sparkasse zum Ersatz aus dem daraus entstandenen Schaden als Gesamtschuldner verpflichtet sind.[584]

### (bb) Verwaltungsrat

Die Aufgabe der Wahl und Überwachung des Vorstandes kommt in den Sparkassen dem Verwaltungsrat zu. Der Verwaltungsrat ist vergleichbar mit dem Aufsichtsrat der Aktiengesellschaft. Doch gehen die Befugnisse des Verwaltungsrates meist weiter als die des Aufsichtsrats. So kommt dem Verwaltungsrat regelmäßig noch eine Richtlinienkompetenz zu.[585] Aufgrund der Richtlinienkompetenz des Verwaltungsrates wird dieser auch teilweise als „oberstes Organ" der Sparkassen angesehen.[586] Durch die Richtlinienkompetenz ist die Zusammenarbeit zwischen Vorstand und Verwaltungsrat tendenziell enger als in der Aktiengesellschaft zwischen Vorstand und Aufsichtsrat. Dadurch ist das Informationsgefälle zwischen beiden Organen nicht so stark ausgeprägt. Das Aufgabenfeld des Verwaltungsrates ist somit breiter als das des Aufsichtsrates einer Aktiengesellschaft. Denn neben Aufsichts- und Beratungskompetenzen stehen dem Verwaltungsrat auch stark ausgeprägte Mitwirkungskompetenzen zu.[587] Die Mitglieder des Verwaltungsrates werden ehrenamtlich tätig.[588] Für die Wahl der Verwaltungsratsmitglieder ist die Trägerversammlung zuständig.[589] Hinsichtlich der Wahl der Mitglieder des Verwaltungsrates wird oft bemängelt, dass die Wahl nach kommunalpolitischen Gepflogenheiten erfolgt.[590]

---

582 In Niedersachsen ist die Richtlinienkompetenz teilweise auf den Vorstand übertragen worden. *Berger,* Niedersächsisches Sparkassengesetz, 2. Aufl., 2006, Vorbem. Rn. 32.

583 *Wingendorf,* in: Beiträge zum Finanz-, Rechungs- und Bankwesen, 2005, 287, 294.

584 Zum Beispiel in Baden-Württemberg § 25 Abs. 4 u. 5 SparG, in Niedersachsen § 10 Abs. 1 NSpG.

585 *Fischer,* in: Krieger/Schneider, U.H., Handbuch Managerhaftung, 2. Aufl. 2010, S. 540, 562; *Rümker,* in: FS Werner, 1984, S. 745, 746.

586 Im hessischen Sparkassengesetz ausdrücklich so normiert in § 5 SparG; *Cahn/Müchler,* in: FS U.H. Schneider, 2011, S. 197, 202.

587 *Berger,* Niedersächsisches Sparkassengesetz, 2. Aufl. 2006, § 8 Rn. 9.

588 Siehe z.B. § 5d Abs.3 SparkG-Hessen, § 19 SpG-BaWü.

589 § 5b Abs. 1 SparkG-Hessen.

590 *Fischer,* in: Krieger/Schneider, U.H., Handbuch Managerhaftung, 2. Aufl. 2010, S. 540, 564; *Schneider,* U.H., AG 2005, 493, 495.

Dies birgt die Gefahr in sich, dass im Verwaltungsrat Personen sitzen, denen es an Erfahrungen bei der Unternehmensführung und -kontrolle im Allgemeinen und an finanziellem Hintergrundwissen im Speziellen fehlt.[591] Auf diese Kritik reagierten die Gesetzgeber der Länder. So hat zum Beispiel das Land Hessen im Jahr 2008 in § 5d Abs. 4 SparG aufgenommen, dass sich die Mitglieder des Verwaltungsrates regelmäßig über aktuelle Entwicklungen im Kreditwesen weiterbilden sollen. Die Auswahl der Mitglieder nach politischem Gusto ist zudem durch die Verschärfung der aufsichtsrechtlichen Anforderungen an die Mitglieder (§ 25d KWG)[592] weiter eingeschränkt worden. Denn jetzt sind die Anforderungen an die Verwaltungsratsmitglieder positiv festgesetzt, und es können nur noch solche Personen gewählt werden, die die erforderliche Sachkunde nachweisen können. Ob die erforderlichen Voraussetzungen bei den einzelnen Mitgliedern vorliegen, wird durch die Aufsichtsbehörde überwacht. Der Haftungsmaßstab ist nicht in allen Sparkassengesetzen positiv geregelt.[593] Findet sich ein Haftungsmaßstab, ist dieser entweder aus den beamtenrechtlichen Vorschriften entnommen und auf Vorsatz und grobe Fahrlässigkeit beschränkt[594] oder angelehnt an die aktienrechtlichen Regelungen.[595] Ist ein Haftungsmaßstab gesetzlich nicht vorgegeben, wird zum Teil für die Übernahme des Haftungsmaßstabs aus dem Aktiengesetz, betreffend den Aufsichtsrat, plädiert.[596] Andere sehen die Übernahme der Regeln aus dem Aktiengesetz kritisch und begründen dies mit der Eigenständigkeit der öffentlich-rechtlichen Institute, die eine Gleichstellung mit den privaten Instituten verbiete.[597] Als weiteres Argument gegen die Anwendung der aktienrechtlichen Regeln wird angeführt, dass die Mitglieder des Verwaltungsrates im Gegensatz zum Aufsichtsrat der Aktiengesellschaft ehrenamtlich tätig werden und daher eine Übertragung der strengen Regeln des Aktiengesetzes nicht geboten erscheint. Nach der Professionalisierung der Verwaltungsrechtstätigkeit durch Vorgaben persönlicher Voraussetzungen in § 25d KWG, scheint es angemessen, das Haftungsregime der Aktiengesellschaft auch auf den Verwaltungsrat entsprechend anzuwenden. Denn neben der Qualifikation ist die Haftung ein wichtiges Instrument, um eine gute und umfassende Kontrolle durch den Verwaltungsrat zu gewährleisten. Ein weiterer Punkt, der für die Haftung spricht, sind die weitergehenden Befugnisse, die ein Verwaltungsrat im Gegensatz zum Aufsichtsrat innehat.

---

591 *Becht,* in: FS Hopt, 2010, 1615, 1622.

592 Siehe dazu unten §6 III)2)a)aa).

593 In Hessen wurde die Rechtsstellung der Verwaltungsratsmitglieder umfassend durch das Siebte ÄnderG v. 29.3.2007, GVBl. I S. 252, in den §§ 5 ff SparG-Hessen geregelt.

594 So z.B. im hessischen Sparkassengesetz in § 5d Abs. 4 SparG.

595 So z.B. im niedersächsischen Sparkassengesetz in §§ 16 Abs. 5 iVm 10 Abs. 1 NSpG.

596 *aus der Fünten*, Der Verwaltungsrat der Sparkassen, 1969, S. 268f.; *Rümker*, in:FS Werner, 1984, S. 745, 754; *Wulf*, Der Verwaltungsrat öffentlich-rechtlicher Kreditinstitute, 1992, S. 103.

597 *Preußner*, LKV 2004, 299, 301.

### (cc) Trägerversammlung

Die Trägerversammlung ist in den Sparkassen das Äquivalent zur Hauptversammlung in der Aktiengesellschaft. Ob die Trägerversammlung als Organ zu qualifizieren ist, ist allerdings strittig.[598] Die Einrichtung der Trägerversammlung ist optional. Die Einrichtung einer Trägerversammlung ist nur sinnvoll, wenn es mehr als einen Träger gibt. Ist keine Trägerversammlung eingerichtet, werden Aufgaben, die eine Trägerversammlung wahrnimmt, vom Verwaltungsrat wahrgenommen. Teilweise finden sich in den Ländergesetzen Regelungen zur Trägerversammlung, so zum Beispiel in § 17d Hessisches Sparkassengesetz. In diesen wird der optionale Charakter der Trägerversammlung herausgestellt und die Aufgaben dieser für den Fall, dass eine Trägerversammlung eingerichtet wird.

Insgesamt ist die Entwicklung erkennbar, dass sich die Träger nicht mehr so stark am Kontrollprozess beteiligen.[599] Zurückzuführen ist das wohl auch auf die fehlenden Kenntnisse beim Träger, die Voraussetzung für eine wirkungsvolle Überwachung ist. Somit ist die Lage in den Sparkassen vergleichbar mit der in Aktiengesellschaften. Die Sparkassen haben sich weitgehend von ihren wirtschaftlichen Eigentümern entfernt und organisatorisch verselbstständigt.[600]

### (b) Landesbanken

Als zweites Element innerhalb des Sparkassensektors sind die Landesbanken zu nennen. Die Landesbanken sind als eine zweite Art von öffentlichen Instituten dem öffentlich-rechtlichen Sektor zuzuordnen, vergleichbar mit den Sparkassen sind sie allerdings nur noch bedingt.[601] Das fängt bei den organisationsrechtlichen Strukturen an und setzt sich bei den Geschäftszahlen fort. Als Organisationsformen der Landesbanken dienen heute sowohl die Anstalt des öffentlichen Rechts als auch die Aktiengesellschaft. Der Schaffung der Landesbanken lag die Idee zugrunde, eine Zentralstelle in den jeweiligen Bundesländern zu schaffen, die eine Abwicklung des örtlichen Zahlungsverkehrs und den Liquiditätsausgleich zwischen den einzelnen Sparkassen ermöglicht.[602] Bei diesen Funktionen handelt es sich um Zentralbankfunktionen.[603] Die Zentralbankfunktionen sind heute in den Hintergrund getreten. Eine weitere Aufgabe der Landesbanken bestand ursprünglich darin, die Landesentwicklung, insbesondere durch die Finanzierung öffentlicher Güter, voranzutreiben.

---

598 Gegen Organeigenschaft allg. *Ehlers* ZHR 167 (2003), 546, 560ff.; *Schäfer,* in: FS Maier-Reimer, 2010, S. 583, 588; anders *Rümker,* in: FS Werner, 1984, S. 745, 756f.

599 *Engels,* Andreas, Landesbanken zwischen Marktsteuerung und Marktwirtschaft, 2010, S. 114.

600 *Caspar,* in: FS Goette, 2011, S. 29. 31.

601 Siehe dazu nur den Artikel von *Lebert,* „Landesbanken driften auseinander", FTD, 1. September 2010, S. 16.

602 *Tiemann,* Privatisierung öffentlicher Unternehmen, 2009, S. 94.

603 *Grimm,* Organisationsrecht der Landesbanken im Spannungsfeld zwischen öffentlichrechtlichem Organisationsrecht und Aktienrecht, 1988, S. 40.

So brachte diese Aufgabe den Banken auch die Bezeichnung als Hausbanken der Länder ein.[604] Neben diesen beiden Funktionen, die dem öffentlichen Auftrag der Landesbanken zuzuordnen sind, agieren die Landesbanken immer stärker auch als Geschäftsbanken.[605] Es ist eine verstärkte Konzentration auf das Kreditgeschäft mit Unternehmen, das Interbankengeschäft und das Auslandsgeschäft zu beobachten.[606] Diese Entwicklung ist vorangetrieben worden durch den Wegfall der ursprünglichen Funktion als Zentralbank für die Sparkassen im Bundesland.[607] Damit haben sich die Landesbanken zu internationalen Geschäftsbanken entwickelt, was ihnen in der Finanzkrise teilweise zum Verhängnis wurde.[608] Beteiligt an den Landesbanken sind in den meisten Fällen hauptsächlich die Sparkassen wie auch die Länder.[609] Den beteiligten Ländern wird oft vorgeworfen, ihren Einfluss auf die Landesbanken dahingehend auszunutzen, standortpolitische Interessen zu fördern, die betriebswirtschaftlich aber nicht unbedingt von Nutzen sind.

Im Schwerpunkt widmeten sich die Landesbanken in den letzten Jahren also mehr dem Wettbewerb als ihren öffentlichen Aufgaben. Die Kollision von öffentlichem Auftrag und Unternehmenswertmaximierung zeigt sich anhand der Landesbanken besonders deutlich.[610] Die Landesbanken sahen sich zu dieser Umorientierung teilweise gezwungen, da ihre Träger von ihnen Renditen erwarteten, die sich im Bereich derer von Privatinstituten bewegen.[611] Ob sich diese neue Linie noch mit dem öffentlichen Auftrag der Landesbanken vereinbaren lässt, wird teilweise stark bezweifelt.[612] Darauf soll hier aber nicht näher eingegangen werden.

Bei den Landesbanken ist zunehmend zu beobachten, dass die Ausrichtung der Geschäftstätigkeit auf das Gemeinwohl verschwimmt. Ein klares Geschäftsmodell wird bei den meisten Instituten vermisst. Aufgrund dieser Entwicklungen wird in letzter Zeit immer wieder die Notwendigkeit einer öffentlichen Trägerschaft der Landesbanken infrage gestellt.[613] Eine Neuausrichtung und Umstrukturierung der Landesbanken ist unumgänglich. Die Landesbanken müssen zukünftig ein Geschäftskonzept finden, das weniger risikoreich ist und dennoch rechtfertigt, dass Landesbanken auch weiterhin notwendig für die Bankenlandschaft sind.

---

604 *Fischer*, in: Fischer/Klanten, Bankrecht, 4. Aufl., 2010, Rn. 1.126.
605 *Caspar*, in: FS Goette, 2011, S. 29, 41.
606 *Henneke*, DVBl 2010, 472, 474.
607 *Henneke*, DVBl 2010, 472, 474.
608 *Grooterhorst*, ZIP 2011, 212, 215; *Hellwig*, in: FS Maier-Reimer, 2010, S. 201, 210.
609 So ist aber z.B. bei der LBB das Land überhaupt nicht beteiligt, dafür eine mehrheitliche Beteiligung der Sparkassen über den Dachverband DSGV.
610 Dazu allgemein *Weber-Rey/Buckel*, ZHR 177 (2013), 13, 15.
611 *Hellwig*, in: FS Maier-Reimer, 2010, S. 201, 210.
612 So z.B. *Schmidt*, Gutachten, Rechtsregeln beim Kauf der Hypo Group Alpe Adria (HGAA) durch die Bayerische Landesbank, Mai 2010, S. 79.
613 *Henneke*, DVBl 2010, 472, 474.

### (c) Deka-Bank (ursprünglich DGZ und Deutsche Kommunalbank)

Die Deka-Bank entstand 1999 aus dem Zusammenschluss von DGZ und Deka. Die DGZ verkörpert die dritte Säule im öffentlich-rechtlichen Sektor. Ursprünglich hatte die DGZ die Funktion einer überregionalen Zentralbank für Sparkassen.[614] Die Funktion als Spitzeninstitut für den Sparkassensektor hat die DGZ aber schon Ende des Zweiten Weltkrieges eingebüßt.[615] Heute dient die DGZ unter dem Namen DekaBank als Wertpapierhaus der Sparkassen und hat sich zu einem der größten Wertpapierdienstleister in Deutschland entwickelt. Die Deka-Bank tätigt ähnliche Geschäfte wie die Landesbanken, aber mit einer Spezialisierung auf Staatsfinanzierung und europäische und internationale Geld- und Emissionsgeschäfte. Eigentümer der Deka-Bank sind die Sparkassen.

### (3) Aufgabe

Charakteristisch für Institute des öffentlichen Sektors ist die öffentliche Aufgabe, die ihnen zuteil wird. Dieser öffentliche Auftrag ist entweder in den entsprechenden Gesetzen[616] oder aber auch in der Satzung niedergeschrieben. Sparkassen sollen in erster Linie die regionale Bevölkerung bei der sicheren Anlage ihres Geldes unterstützen und mit ihrer Kreditvergabe das regionale Wachstum vorantreiben.[617] Der den einzelnen Instituten zugesprochene Auftrag entfaltet auch Wirkung auf die Geschäftsführung. Bei der Führung des Institutes soll das Augenmerk in erster Linie nicht auf Gewinnmaximierung liegen, sondern auf der Verwirklichung des öffentlichen Auftrags.[618] Daraus folgt, dass die Führung der öffentlichen Institute nicht völlig frei in ihrem Handeln ist, sondern sich in besonderer Weise an dem öffentlichen Auftrag zu orientieren hat.[619] In der Realität stellt es sich nunmehr aber so dar, dass die Institute der verschiedenen Säulen verstärkt im Wettbewerb miteinander stehen, mit dem Resultat, dass der öffentliche Auftrag in den Instituten nicht mehr so stark zum Tragen kommt. Die Sparkassen bieten ihren Kunden dieselben risikoreichen Anlagen an wie auch die Privatbanken. Das spiegelt sich auch in der steigenden Zahl von Haftungsprozessen wegen falscher Anlageberatung gegen öffentlich-rechtliche Institute wider. Daher sieht manch einer mittlerweile den einzigen Unterschied der öffentlichen Institute zu ihren privaten Konkurrenten in der Rechtsform.[620]

---

614 *Fischer,* in: Fischer/Klanten, Bankrecht, 4. Aufl., 2010, Rn. 1.128.

615 *Knierim,* in Wabnitz/Janovsky, Handbuch Wirtschafts- und Steuerstrafrechts, 3. Aufl. 2007, § 8b Rn. 16.

616 Sparkassengesetze oder Landesbankengesetze.

617 *Gischer/Reichling/Stiele,* Kreditwesen 2007, 280, 281.

618 *Brunner/Kühl,* Kreditwesen 2002, 1089, *Grapentin/Berg/Pfingsten,* ZBB 2007, 399, 400.

619 *Bundesverband Öffentlicher Banken Deutschlands,* Jahresbericht 2006, S. 14.

620 *Kirschbaum,* BKR 2006, 139, 141.

### *cc) Genossenschaftsbanken*

Als dritte Säule im deutschen Universalbankensystem sind die Genossenschaftsbanken zu nennen. Es handelt sich hierbei um Universalbanken, die alle banküblichen Geschäfte im Sinne des § 1 Abs.1 S. 2 KWG betreiben.[621] Nominal machen Genossenschaftsbanken den größten Anteil an Bankinstituten in Deutschland aus.

#### (1) Geschichte

Die genossenschaftlichen Institute entstanden in der Mitte des 19. Jahrhunderts als Selbsthilfeorganisation und weisen, wie auch die Banken der ersten Säule, eine privatrechtliche Organisation auf.[622] Zu den Gründungszeiten der genossenschaftlichen Institute sollten diese in erster Linie dazu beitragen, akute wirtschaftliche Not zu lindern.[623] Mithilfe der Genossenschaften wurden Handwerker, Bauern und mittelständische Unternehmen im Wege der kollektiven Selbsthilfe mit Krediten versorgt.[624] Im Mittelpunkt des Wirkens der Genossenschaftsbanken standen ihre Mitglieder und deren wirtschaftliche Interessen. Die Genossenschaftsbanken hatten sich ursprünglich ganz und gar der Förderung ihrer Mitglieder verschrieben. Bis zur Genossenschaftsnovelle im Jahre 1973 durften beispielsweise Kredite nur an Mitglieder der Genossenschaft vergeben werden. Die Verpflichtung auf die Förderung der Mitgliederinteressen ist insoweit auch gesetzlich festgelegt. Mittlerweile sind die Genossenschaftsbanken weniger Selbsthilfeeinrichtung als vielmehr aktive Mitglieder im Bankenwettbewerb, die sich zwischen Privatbanken und Sparkassen angesiedelt haben.[625] Das Handeln der Genossenschaftsbanken ist daher heute auch auf Gewinnerzielung ausgerichtet.[626] Wie auch die Sparkassen arbeiten die Genossenschaften regional begrenzt. Eine Besonderheit der Genossenschaftsbanken ist eine große Übereinstimmung von Kunden und Mitgliedern.[627] In den letzten Jahren wurde der genossenschaftliche Sektor von einer starken Fusionswelle erfasst. In Zahlen übersetzt bedeutet das, dass fast 60 Prozent aller genossenschaftlichen Institute zwischen den Jahren 1991 bis 2007 in eine Fusion verwickelt waren.[628] Einige der größten Genossenschaften haben sich hingegen in eine Aktiengesellschaft umgewandelt.[629]

Um Gesellschaftsanteile einer Genossenschaft zu erwerben, muss man üblicherweise auch Kunde der Genossenschaft sein. Manche Genossenschaften haben in ihrer Satzung festgelegt, dass auch Nichtkunden Gesellschaftsanteile erwerben können.

---

621 *Becker/Peppmeier*, Bankbetriebslehre, 8. Aufl., 2011, S. 88.

622 *Hartmann-Wendels/Pfingsten/Weber*, Bankbetriebslehre, 5. Aufl.; 2010, S. 39.

623 *Geschwandtner*, in: Helios/Strieder, Handbuch Genossenschaft, 2009, § 12 Rn. 2

624 *Beuthien*, WM 2003, 1881.

625 *Beuthien*, in: Beuthien, GenG, 15. Aufl. 2011, Einl. Rn. 18.

626 *Beuthien*, in: Beuthien, GenG, 15. Aufl. 2011, § 1 Rn. 10.

627 *Tieben*, Das Drei-Säulen-System des Bankenmarktes als regulierungsrechtliche Steuererungsressource, 2012, S. 16

628 *Gischer/Reichling /Stiele*, Kreditwesen 2007, 280, 282.

629 *Beuthien*, in: Beuthien, GenG, 15. Aufl. 2011, Einl. Rn. 17.

Eine Besonderheit der Genossenschaften ist der Umstand, dass jeder Genosse, unabhängig von der Höhe seines Anteils, nur eine Stimme besitzt.

### (2) Struktur

Die genossenschaftliche Säule hat eine zweigliedrige Struktur. Auf der Primärebene sind Volks- und Raiffeisenbanken angesiedelt. Auf der Sekundärebene existieren zwei Institute. Zum einen die DZ-Bank und zum anderen die WGZ-Bank.

### (a) Volks- und Raiffeisenbanken

Die auf der Primärebene angesiedelten Volks- und Raiffeisenbanken sind Universalkreditinstitute.[630] Sie dürfen alle in § 1 Abs.1 KWG aufgeführten Bankgeschäfte betreiben.

Die Volks- und Raiffeisenbanken sind als Genossenschaften organisiert. Die eingetragene Genossenschaft ist als wirtschaftlicher Sonderverein im Sinne des § 22 BGB einzuordnen. Die Besonderheit einer Genossenschaft ist ihre Verpflichtung, sich ganz und gar der Mitgliederförderung zu widmen.[631] Der konkrete, von den Mitgliedern festgelegte Förderzweck wird in der Satzung der Genossenschaft näher konkretisiert.[632] Der Geschäftszweck der genossenschaftlichen Banken liegt darin, Kredite an ihre Mitglieder zu gewähren und für sie Bankgeschäfte durchzuführen. Die Mitgliedschaft an einer Genossenschaft erlangt man durch den Erwerb eines Geschäftsanteils. Die Entledigung dieses Geschäftsanteils ist durch Kündigung gemäß § 65 GenG oder Übertragung auf andere Mitglieder gemäß § 76 GenG möglich. Die Organisation einer Genossenschaft ergibt sich aus dem GenG und ist dem der Aktiengesellschaft angelehnt.[633] Neben Vorstand und Aufsichtsrat gibt es eine Vertreter- bzw. Mitgliederversammlung, die der Ausübung der Mitgliedschaftsrechte garantiert. Viele genossenschaftliche Mitglieder zeigen aber kein Interesse an der Ausübung ihrer Kontrollrechte und hoffen aus der Kontrolle, die von anderen Genossen ausgeht, profitieren zu können, ohne dafür selber Zeit und Geld investieren zu müssen (sogenannte Trittbrettfahrer).[634] Im Normalfall sind die Mitglieder auch die Kunden der Genossenschaft (Identitätsprinzip). Daraus resultiert eine Doppelverbindung zu der Genossenschaft.[635] In den letzten Jahren geht der Trend aber dahin, dass nicht mehr alle Kunden auch gleichzeitig Mitglied und damit Kapitaleinleger sind.[636] Die Einhaltung des Hauptzweckes, also die Förderung der Mitgliederinteressen, wird

630 *Fischer*, in: Fischer/Klanten; Bankrecht, 4. Aufl., 2010, Rn. 1.105.

631 Dieser Grundsatz ist in § 1 Abs.1 GenG niedergelegt; siehe hierzu auch *Gischer/Reichling/Stiele*, Kreditwesen 2007, 280, 281; *Weber*, in: Krieger/U.H. Schneider, Handbuch Managerhaftung, 2. Aufl. 2010 S. 75, 78.

632 *Geschwandtner*, in: Helios/Strieder, Handbuch Genossenschaft, 2009, § 12 Rn. 153.

633 *Becker/Peppmeier*, Bankbetriebslehre, 8. Aufl., 2011, S. 88; *Otte*, ZfgG 2010, 89, 97.

634 *Kräkel*, Organisation und Management, 4. Aufl. 2010, S. 358.

635 *Weber*, in: Krieger/U.H. Schneider, Handbuch Managerhaftung, 2. Aufl. 2010 S. 75, 78.

636 *Geschwandtner*, in: Helios/Strieder, Handbuch Genossenschaft, 2009, § 12 Rn. 6.

von einem fachlich anerkannten und wirtschaftlich unabhängigen Prüfungsverband überwacht.[637]

Die genossenschaftliche Organisationsform zieht eine eingeschränkte Fungibilität der Anteile nach sich, daher existiert bei Genossenschaftsbanken auch kein aktiver Markt für Unternehmensübernahmen.[638] Das Instrument der Übernahmen als Disziplinierungselement fällt bei Genossenschaftsbanken damit vollkommen weg.[639]

Begünstigt wird die schwere Handelbarkeit der Anteile noch durch besondere Regeln hinsichtlich der Rücklagen. Eine Kapitalwertsteigerung bei Genossenschaftsanteilen ist somit nur sehr bedingt möglich.[640] Für den Fall des Ausscheidens durch Kündigung gemäß § 65 GenG oder Übertragung gemäß § 76 GenG beschränkt sich das Auseinandersetzungsguthaben auf den Nominalwert des Geschäftsanteils, § 73 GenG. An einer möglichen zwischenzeitlichen Geschäftswerterhöhung partizipieren die ausscheidenden Genossenschaftsanteilsinhaber nicht. Weiterhin sorgt die genossenschaftliche Struktur dafür, dass einzelne Anteilseigner zu keiner Zeit eine beschlussbestimmende Mehrheit erringen können.[641] Denn in der Genossenschaft ist zwingend ein Kopfstimmrecht, unabhängig von Höhe der Kapitalbeteiligung vorgesehen, § 43 GenG.[642]

#### (b) Genossenschaftliche Zentralkassen

Auf der sekundären Ebene des Genossenschaftssektors sind zwei Zentralkreditinstitute angesiedelt. Eines davon ist die DZ-Bank. Die DZ-Bank funigert als Zentralkreditinstitut, das sich die bundesweite Förderung des Genossenschaftswesens zur Aufgabe gemacht hat. Daneben ist eine Zentralkasse auf Landesebene errichtet worden. Der WGZ-Bank kommt die Aufgabe zu, die Genossenschaften speziell in Nordrhein-Westfalen zu unterstützen.[643] Die beiden Institute dienen als Liquiditätssammelstelle, und sie bieten Unterstützung für die Institute auf der Primärebene bei Großprojekten an.[644] Die DZ-Bank ist daneben mittlerweile auch als Geschäftsbank, insbesondere für Firmenkunden, aktiv. Obwohl die beiden Zentralkassen dem Genossenschaftssektor zuzuordnen sind, sind sie selbst nicht als Genossenschaft organisiert. Vielmehr handelt es sich bei den beiden Instituten um Aktiengesellschaften. Anteilseigner sind die Primärgenossenschaften.[645]

---

637 Normiert in §§ 54ff GenG.

638 *Otte*, ZfgG 2010, 89, 97.

639 *Lindner-Lehmann*, Regulierung und Kontrolle von Banken, 2001, S. 11.

640 *Lindner-Lehmann*, Regulierung und Kontrolle von Banken, 2001, S. 13.

641 *Otte*, ZfgG 2010, 89, 97.

642 In der Satzung kann ein Mehrstimmrecht vorgesehen werden. Jedoch darf kein Mitglied mehr als drei Stimmen bekommen, § 43 Abs. 3 GenG.

643 *Fischer*, in: Fischer/Klanten, Bankrecht, 4. Aufl., 2010, Rn. 1.105.

644 *Rümker/Winterfeld*, in: Schimansky/Bunte/Lwowski, Bankrechts-Handbuch, § 124 Rn. 151, 4. Aufl. 2011.

645 *Fischer*, in: Fischer/Klanten, Bankrecht, 4. Aufl., 2010, Rn. 1.105.

### (c) Organschaftliche Ausgestaltung

Die Organverfassung der Genossenschaft ähnelt der der Aktiengesellschaft. Die Genossenschaft hat als Organe Vorstand, Aufsichtsrat und Generalversammlung bzw. Mitgliederversammlung. Vorstand und Aufsichtsrat sind zwingende Organe der Genossenschaft, § 9 GenG. Der Vorstand muss gem. § 24 Abs. 2 GenG aus mindestens zwei Personen bestehen. Ihm obliegt die Geschäftsführung und Vertretung der Genossenschaft, §§ 24–35 GenG. Die Haftung des Vorstands ähnelt dem des Vorstands der Aktiengesellschaft. Der Vorstand haftet der Genossenschaft gegenüber für Schäden, die auf pflichtwidriges Verhalten des Vorstands zurückzuführen sind, gemäß § 34 Abs. 2 GenG. Dabei ist als genossenschaftliche Besonderheit der Bezug auf die Verletzung des Mitgliederinteresses nach § 1 GenG zu sehen. Fälle, in denen Mitglieder des Vorstands der Genossenschaft tatsächlich in Haftung genommen werden, sind häufiger als in anderen Rechtsformen.[646] Für den Aufsichtsrat gelten gemäß § 41 GenG dieselben Sorgfaltspflichten und Haftungsregeln wie für den Vorstand. Bei Verstößen gilt für die Haftung des Aufsichtsrats dasselbe wie für den Vorstand, da § 41 GenG auf § 34 GenG verweist.[647] Die Generalversammlung ist das dritte zwingende Organ der Genossenschaft, welches aber nach § 43a GenG bei Genossenschaften mit mehr als 1.500 Mitgliedern durch eine Vertreterversammlung ersetzt werden kann. Die Generalversammlung ermöglicht es den Mitgliedern, ihre Mitgliederrechte auszuüben.[648]

### *dd) Unterschiede der Bankentypen*

Bevor abschließend die Unterschiede zwischen den verschiedenen Bankentypen dargestellt werden, soll noch einmal auf eine große bedeutende Gemeinsamkeit aller Institute hingewiesen werden. Soweit die Institute Bankgeschäfte betreiben und somit als Kreditinstitute gemäß § 1 Abs. 1 KWG und folglich gleichzeitig auch als Institute gem. § 1 Abs. 1b KWG einzuordnen sind, unterliegen sie einheitlich der Aufsicht durch BaFin und Bundesbank und ferner auch dem Kreditwesengesetz. Die Anwendung des KWG erfolgt demnach unabhängig von der Rechtsform.[649] Neben dieser Gemeinsamkeit im Hinblick auf Tätigkeit und Aufsicht sind einige Unterschiede zu beobachten, die in erster Linie mit der Rechtsform und der Eigentümerstruktur zu tun haben. Auf der einen Seite stehen die privaten Kreditinstitute. Ihre Eigentümer haben ihr Vermögen in das Institut investiert, um eine risikoadäquate

646 *Thümmel*, Persönliche Haftung von Managern und Aufsichtsräten, 4. Aufl. 2008, Rn. 62.

647 *Patzina/Bank/Schimmer/Simon-Widmann,* Haftung von Unternehmensorganen, 2010, Kapitel 4, Rn. 51.

648 Siehe dazu *Geibel,* in: Henssler/Strohn, Gesellschaftsrecht, 2. Aufl. 2014, § 43 GenG, Rn. 1ff.

649 § 6 Abs. 1 KWG

Rendite zu erzielen.[650] Demnach ist Aufgabe und Ziel in erster Linie die Maximierung von Gewinn.[651]

Im Gegensatz dazu stehen die Institute in öffentlich-rechtlicher Trägerschaft, die in erster Linie nicht eine Vermögensmehrung anstreben, sondern deren Engagement primär der Förderung des Allgemeinwohls dienen soll.[652] Das unternehmerische Handeln wird durch den öffentlichen Auftrag beeinflusst und modifiziert. Dabei sollte aber nicht verkannt werden, dass auch die öffentlich-rechtlichen Institute dazu angehalten sind, mithilfe einer kaufmännischen Geschäftsführung Gewinne zu erwirtschaften.[653] In den letzten Jahren ist zudem eine deutliche Annäherung der öffentlichen Institute an Angebote und Produktpalette der privaten Institute zu registrieren. Dieser Schritt war für die öffentlichen Institute notwendig, um im Wettbewerb mit den anderen Instituten bestehen zu können. Im öffentlich-rechtlichen Sektor ist die Finanzierung über den Kapitalmarkt, insbesondere für die Institute, die als Anstalt des öffentlichen Rechts organisiert sind, nur sehr eingeschränkt möglich.[654] Damit einher geht auch, dass bei öffentlich-rechtlichen Instituten durch den Kapitalmarkt beeinflusste Corporate-Governance-Mechanismen nicht greifen können.[655] Hier ist insbesondere die fehlende Möglichkeit von Unternehmensübernahmen zu nennen. Es gibt aber auch Institute im öffentlich-rechtlichen Sektor, die den Kapitalmarkt in Anspruch nehmen. Das sind in erster Linie die privatrechtlich organisierten Landesbanken. Diese stehen vor dem Dilemma, dass sie sich sowohl gegenüber dem öffentlichen Anteilseigner als auch gegenüber dem Kapitalmarkt erklären müssen.[656]

Zwischen den privatrechtlichen Kreditinstituten und dem öffentlich-rechtlichen Sektor sind die Genossenschaften anzusiedeln. Das Konzept der Genossenschaften basiert in erster Linie auf der Idee der Mitgliederförderung.[657] Diesen Auftrag verwirklichen die Genossenschaften, indem sie Kredite an ihre Mitglieder ausgeben und ihnen die Durchführung von Bankgeschäften ermöglichen. Daneben ist das Handeln der Genossenschaften aber auch gewinnorientiert ausgerichtet.

Der Markt, auf dem sich die Institute der drei Säulen bewegen, ist der Gleiche. Unterschiede bestehen im Hinblick auf die „Startpositionen“ und auch hinsichtlich der „Zielvorstellung“.[658] Daneben sind aber auch gewisse Ähnlichkeiten bei den Organisationsstrukturen zu beobachten. Denn die Struktur der Organe und die damit

---

650 *Wohlmannstetter*, in: Hommelhoff/Hopt/v. Werder, Handbuch Corporate Governance, 2. Aufl. 2009, S. 905, 916.

651 *Kiethe*, BKR 2005, 177, 183.

652 *Kiethe*, BKR 2005, 177, 183.

653 *Brunner/ Kühl*, Kreditwesen 2002, 1089.

654 *Fischer*, in: Fischer/Klanten, Bankrecht, 4. Aufl. 2010 Rn. 1.112; *Henneke*, DVBl 2010, 472.

655 Zur Kontrollfunktion des Kapitalmarkts s.o. §3 III)a).

656 *Kirschbaum*, BKR 2006, 139.

657 *Tiemann*, Privatisierung öffentlicher Unternehmen, 2009, S. 13.

658 *Wohlmannstetter*, in: Hommelhoff/Hopt/v. Werder, Handbuch Corporate Governance, 2. Aufl., 2009, S. 905, 916.

verbundenen Geschäftsführungs- und Kontrollaufgaben weisen durchaus Parallelen auf. So ist hier insbesondere die Struktur der öffentlich–rechtlichen Institute hervorzuheben. Diesbezüglich gibt es keine einheitliche gesetzliche Regelung, dennoch sind Organe und Zuständigkeiten ähnlich aufgebaut wie bei der Publikumsgesellschaft.[659] Insbesondere dient hier oft die Struktur der Aktiengesellschaften als Vorbild.[660] Auch die Sorgfaltspflichten, die die Organe der verschiedenen Institute betreffen, sind vergleichbar.[661]

Insgesamt haben sich die verschiedenen Arten der Institute im Laufe der letzten Jahrzehnte immer mehr angenähert, und die Diskrepanz zwischen den verschiedenen Instituten nimmt weiterhin ab. Die Ausgestaltung der Organisation ähnelt sich immer stärker, dabei dient das Aktiengesetz oft als Vorbild zur Ausgestaltung der Sparkassengesetze. Auch stehen die verschiedenen Institute immer stärker im Wettbewerb zueinander und bieten ihren Kunden nahezu identische Leistungen und Angebote.[662] Dies bedeutet, dass die Institute der unterschiedlichen Säulen immer vergleichbarer miteinander werden. Diese Vergleichbarkeit ist auch die Basis dafür, einheitliche und wirksame Regelungen, die die Institute aller Säulen erfassen, zu schaffen.

## II) Funktion von Bankinstituten

Die überragende Stellung der Banken für die gesamte Wirtschaft und ganze Staaten wird immer wieder betont.[663] Die Bankenbranche wird daher häufig auch als „monetäre Schlüsselindustrie einer Volkswirtschaft" bezeichnet.[664] Nachfolgend soll deshalb kurz dargestellt werden, welche Funktionen Banken überhaupt zukommen.

Das „tägliche Brot" einer Bank, also die Ware, mit der sie handelt, ist „Geld". Geld kann man als Tausch-, Zahlungs- und Wertaufbewahrungsmittel qualifizieren.[665] Dabei haben Banken einen Vorteil gegenüber Unternehmen auf dem Gütermarkt. Für ihre Tätigkeit bedarf es wenig Infrastruktur. Plastisch drückt *Blaurock* das mit folgenden Worten aus: „Geld braucht keine Straßen".[666]

---

659 *Brunner/ Kühl*, Kreditwesen 2002, 1089.

660 *Kirschbaum*, BKR 2006, 139, 142.

661 Zur Übertragbarkeit der Sorgfaltspflichten in unternehmerisch tätigen Verbänden *Roth*, Unternehmerisches Ermessen und Haftung des Vorstands, 2001, S. 4.

662 Den steigenden Wettbewerb zwischen den Instituten kritisch sehend *Wohlmannstetter*, in: Hommelhoff/Hopt/v. Werder, Handbuch Corporate Governance, 2. Aufl., 2009, S. 905, 926.

663 *Hackethal*, Banken, Unternehmensfinanzierung und Finanzsysteme, Frankfurt, 2000, S. 4; *Ashauer*, Sparkassen und Banken im Wettbewerb, 2005, S. 13; *Kemter*, Corporate Governance nach der Finanzkrise, 2013, S. 152.

664 *Ashauer*, Sparkassen und Banken im Wettbewerb, 2005, S. 13.

665 *Ashauer*, Sparkassen und Banken im Wettbewerb, 2005, S. 13.

666 *Blaurock*, JZ 2012, 226, 229.

Oberflächlich betrachtet sind Banken nichts anderes als Kapitalsammelstellen.[667] Die verschiedenen Wirtschaftsteilnehmer, im Einzelnen Private, Unternehmen und Staat, vertrauen den Banken ihren Überschuss an Geld an. Das überlassene Geld wird dann an die Parteien weitergereicht, die Liquidität nachfragen.[668] Die Bankinstitute fungieren dabei als Finanzintermediäre. Dabei bringen die Banken die differenzierenden Risikowünsche von Kapitalangebot und Kapitalnachfrage in Einklang. Diese Kapitallenkungsfunktion ist ein Teil der Intermediationsfunktion, die den Banken zukommt.[669] Kurzum: Die Bank wandelt Cash in Form von Einlagen um in Kredite.[670] Dabei kommt der Bank auch die Aufgabe zu, das Geld dort hinzulenken, wo es am dringendsten gebraucht wird und am meisten Nutzen bringt.[671] Je mehr Kredite die Bank vergibt, desto höher sind die Gewinnchancen für das Institut. Eine höhere Kreditvergabe ist in der Regel aber auch mit einem höheren „leverage" verbunden.[672] Daneben ist eine überaus wichtige Funktion der Banken die Abwicklung des Zahlungsverkehrs.[673] Heute wird nur ein Bruchteil der täglichen Geschäfte mithilfe von Bargeld abgewickelt. Viel häufiger erfolgt die Abwicklung durch Überweisung, Kreditkarten und andere Zahlungsmittel. Die Finanzinstitute stellen die dazu erforderliche Infrastruktur zur Verfügung und halten damit den wirtschaftlichen Zahlungsverkehr am Laufen.[674]

Betrachtet man das Wirken der Banken, fallen einem verschiedene Aufgaben ins Auge, die die Banken übernehmen, wenn sie zwischen Geldgeber und Geldnehmer zwischengeschaltet werden. Ihr Wirken führt zu einer Losgrößentransformation (auch Betragstransformation), Fristentransformation sowie zu einer Risikotransformation. In der Regel stimmen die nachgefragte Liquidität aufseiten des Kreditnehmers und die angebotene Liquidität aufseiten des Kreditgebers nicht überein. In dieser Situation kommt der Bank die Aufgabe zu, die Diskrepanz zwischen Nachfrage und Angebot auszugleichen (Losgrößentransformation, auch Betragstransformation).[675] Sie hat die Möglichkeit, kleine Einlagen zu bündeln und als großen Kredit auszugeben, oder aber sie kann eine große Einlage auf verschiedene Kreditnehmer verteilen. Daneben gleicht die Bank auch das Missverhältnis

---

667 *Fischer,* in Fischer/Klanten, Bankrecht, 4. Aufl., 2010, 1.1.

668 *Becker/Peppmeier,* Bankbetriebslehre, 8. Aufl., 2011, S. 22; *Heun,* JZ 2012, 235; *Kirchner/Kaal,* in: Law and Economics of Global Financial Insitutions, 2010, S. 5, 15f.

669 *van der Elst,* Corporate Governance and Banks: How justified is the match?, S. 6., abrufbar unter http://papers.ssrn.com/sol3/papers.cfm?abstract_id=2562072.

670 *Kirchner,* in: FS Hopt, S. 2095, 2103.

671 *Meister,* in: Fischer/Pape, Handbuch der deutschen Sparkassen, 2005, S. 60.

672 *Mülbert/Citlau,* The Uncertain Role of Banks' Corporate Governance in Systemic Risk Regulation, ECGI – Law Working Paper No. 179/2011, 2011, S. 12, abrufbar unter http://papers.ssrn.com/sol3/papers.cfm?abstract_id=1885866.

673 *Möschel,* Das Wirtschaftsrecht der Banken, 1972, S. 266.

674 *Heun,* JZ 2012, 235, 236.

675 *Börner,* in: Beiträge zum Finanz-, Rechungs- und Bankwesen, 2005, S. 347, 362; *Heun,* JZ 2012, 935, 936.

im Anlage- bzw. Nachfragehorizont aus (Fristentransformation). Dadurch werden auf die zwischengeschaltete Bank zwei Risiken abgewälzt. Im Vordergrund steht das Liquiditätsrisiko. Der Bank fällt das Risiko zu, dass sie bei einem Abruf der Einlagen die Mittel gar nicht oder nur zu höheren Kosten beschaffen kann, als sie sie als Kredit weitergegeben hat. Daneben fällt der Bank auch das Zinsänderungsrisiko zu.[676] Das Zinsänderungsrisiko resultiert daraus, dass sich nach Ausgabe von Geldern zu einem festen Zinssatz der Marktzins ändern kann und dadurch eine Verringerung der Zinsmarge induziert wird. Darüber hinaus ist die Bank vor allem für die kapitalgebende Seite von immensem Vorteil: Sie übernimmt das Risiko, dass ein Untergang von Vermögenswerten eintreten kann (Risikotransformation).[677] Daneben bezeichnet man mit dem Begriff der Risikotransformation den Umstand, dass die Bank die verschiedengroße Risikofreudigkeit der Einleger und Nachfrager harmonisiert.[678] Die von den Instituten geleistete Fristen- und Risikotransformation bringt notwendigerweise für die Institute die Aufgabe mit sich, Risiken im Rahmen ihrer Geschäftstätigkeit einzugehen.[679]

## III) Vorteile von Banken

Die Existenz von Banken ist der Tatsache geschuldet, dass die Märkte unvollkommen sind. Denn wären die Märkte vollkommen, bedürfte es Banken als Intermediäre nicht. In einem vollkommenen Markt würden Kapitalgeber direkt mit Kapitalnehmer in Kontakt treten und das Geschäft ohne Einschaltung einer Bank abwickeln. Das würde beiden Seiten Kosten sparen. Da der Markt aber kein vollkommener ist, gibt es Banken als Kapitalsammel- und Umverteilungsstellen. Die Unvollkommenheiten des Marktes machen sich die Banken zunutze und haben sich Eigenschaften angeeignet, die sie in die Lage versetzen, als Kapitalsammel- und Umverteilungsstelle zu fungieren.

### 1) Informationsvorsprung aufseiten der Bank

*„The business of banking is based on information not just money!“*[680]

Dieser Satz trifft es auf den Punkt. Die Bank verdient ihr Geld in erster Linie mit Informationen. Die Bank weiß mehr als die anderen an der Transaktion teilnehmenden Parteien. Ihr kommt somit die Funktion eines „Informationspools“[681] zu. Diese bestehende Informationsasymmetrie ist wohl der ausschlaggebende Unterschied

676 *Börner*, in: Beiträge zum Finanz-, Rechungs- und Bankwesen, 2005, S. 347, 362.
677 *Börner*, in: Beiträge zum Finanz-, Rechungs- und Bankwesen, 2005, S. 347, 362.
678 *Börner*, in: Beiträge zum Finanz-, Rechungs- und Bankwesen, 2005, S. 347, 362.
679 *Heun*, JZ 2012, 235, 237.
680 *Mullineux*, J. Fin. Reg. Compl. 14 (4) (2006) 375, 378.
681 *Hilke*, Risiko und Bankenaufsicht, 2014, S. 25.

zwischen dem Finanzmarkt und Märkten, auf denen physische Güter gehandelt werden.

Die wichtigste Information, die eine Bank bei einem kapitalumverteilenden Geschäft hat, ist die der Kreditwürdigkeit des Kapitalnehmers. Der Einleger, der durch Weiterreichung seiner Einlagen indirekt Kreditgeber wird, sucht nicht selber nach Informationen über den Kreditnehmer und dessen Kreditwürdigkeit, sondern überlässt diese, unter Umständen sehr teure Informationsrecherche dem Finanzinstitut.[682] Auch wenn es dem Finanzinstitut nie gelingen wird, eine vollumfängliche Informationsversorgung hinsichtlich des Kreditnehmer sicherzustellen, so ist ein Institut generell besser in der Lage, die Nachteile, die aus den Informationsasymmetrien erwachsen, abzufedern.[683] Aber nicht nur dem Kreditgeber, sondern auch dem Kreditnehmer, werden durch das Finanzinstitut Kosten erspart. Denn auch diese Seite müsste ansonsten, abhängig vom Finanzierungsbedarf, enorme Such- und Kontrahierungskosten aufwenden, um an Geldmittel zu gelangen.[684] Die Bank bringt in dieser Situation beiden Seiten Vorteile. Derjenige, der Liquidität weitergeben will, muss sich nicht mit der Prüfung der Kreditwürdigkeit aufhalten, und derjenige, der Liquidität nachfragt, spart sich in erster Linie Suchkosten. Sowohl Liquiditätsnachfrager als auch Liquiditätsanbieter müssen lediglich eine Entscheidung fällen, und diese Entscheidung betrifft die Auswahl des Bankinstituts, mit dem sie eine vertragliche Bindung eingehen.[685]

Das Wissen der Institute über die finanzielle Lage und somit auch Kreditwürdigkeit der verschiedenen Nachfrager ermöglicht eine bewusste Risikostreuung. Die Institute sind in der Lage, aufgrund der individuell ermittelten Kreditwürdigkeit die Zinsen so anzupassen, dass sie dem eingegangenen Risiko entsprechen. Eine Streuung des Risikos ist für die Bank daneben auch erreichbar, indem sie Liquidität an viele verschiedene Nachfrager aus verschiedenen Branchen und aus verschiedenen Regionen weiterreicht. Dabei ist eine gebietsübergreifende Streuung nicht für alle Institute gleich stark möglich ist. Für diejenigen, die einer regionalen Bindung unterliegen, also Sparkassen und Genossenschaften, ist eine regionale Streuung nur bedingt möglich.

Die Informationsvorteile sind eines Finanzinstituts wertvollstes Gut. Daher soll hier nur kurz auf das Spannungsverhältnis zwischen Informationsvorsprung, Transparenz und Offenlegung („Disclosure“) aufmerksam gemacht werden. Hier ist zu berücksichtigen, dass es zu Problemen kommen kann, wenn eine Offenlegung der Informationen zu weit geht. Denn dann kann ein „*free-rider*“-Problem entstehen. Die veröffentlichten Informationen werden von den am Kreditgeschäft beteiligten Personen genutzt, um die Einschaltung eines Intermediären zu umgehen. Im Extremfall kann es bei weitreichenden Veröffentlichungspflichten, vor allen Dingen hinsichtlich der Kreditwürdigkeit der Liquiditätsnachfrager, dazu kommen, dass

682 *Mullineux*, J. Fin. Reg. Compl. 14 (4) (2006) 375, 377.
683 *Börner*, in: Beiträge zum Finanz-, Rechungs- und Bankwesen, 2005, S. 347, 361.
684 *Hackethal*, Banken, Unternehmensfinanzierung und Finanzsysteme, 2000, S. 47.
685 *Börner*, in: Beiträge zum Finanz-, Rechungs- und Bankwesen, 2005, S. 347, 361.

sich die Banken selbst „abschaffen". Denn wenn die Informationen ohne große Suchkosten verfügbar sind, haben die Parteien auf lange Sicht kein Interesse mehr daran, ein Finanzinstitut bei einem Geschäft zwischenzuschalten.

Die Institute profitieren daneben von einem positiven Skaleneffekt. Je mehr Kunden sie haben, von denen sie Geld einsammeln und an andere Kunden weiterleiten, desto mehr Geschäfte stehen zur Verfügung, auf die die Fixkosten des Instituts verteilt werden können.[686] Geringere Gebühren wiederum machen das Institut besonders attraktiv und erleichtern die Akquise neuer Kunden.

### 2) Sicherstellung langfristiger Finanzierungsbeziehungen

Des Weiteren sorgen Banken für langfristige Finanzierungsbeziehungen und übernehmen dadurch auch gewisse Risiken. In Deutschland herrscht immer noch das sogenannte Hausbankenprinzip vor. Das bedeutet, dass Kunden oft dauerhaft an eine Bank gebunden sind und ihren Kreditbedarf regelmäßig über das eine Institut abzudecken versuchen. Dadurch können die Banken ihr Ausfallrisiko minimieren. Denn es ermöglicht den Instituten, die finanzielle Lage über einen langen Zeitraum zu beobachten und damit besser einschätzen zu können. Die Bank trägt das Risiko, dass der Kreditnehmer ausfällt. Dadurch hat der einlegende Kunde das Ausfallrisiko des kreditnehmenden Kunden nicht zu tragen. Dafür trägt er aber ein anderes Ausfallrisiko – nämlich das der Bank. Denn es besteht auch im Hinblick auf die Bank die Gefahr, dass diese die Einlagen nicht zurückzahlen kann. Dies kann insbesondere der Fall sein, wenn die Bank ihr Fristentransformationsrisiko falsch kalkuliert hat. Es ist somit ein Risikoaustausch zu erkennen. Doch ist das Risiko, dass die Bank dem Einleger das Kapital nicht mehr zurückzahlen kann, sehr viel geringer, als wenn er sein Kapital direkt an Kapitalnachfrager weitergeben würde. Dazu trägt einerseits die Möglichkeit der Bank bei, das Risiko durch Diversifizierung zu verringern, andererseits die von staatlicher Seite eingerichteten Sicherungssysteme, die Einleger im Falle des Zahlungsausfalles einen besonderen Schutz zukommen lassen, indem Einlagen bis zu einer bestimmten Summe über die Einlagensicherung abgesichert sind.[687]

## IV) Bedeutung für die Gesamtwirtschaft

Immer wieder wird die existenzielle Bedeutung der Banken für die Gesamtwirtschaft betont.[688] Diese Wichtigkeit der Banken beruht vor allem auf dem Umstand, dass Bankdarlehen die Hauptressource der externen Unternehmensfinanzierung in

---

686 *Heun*, JZ 2012, 235; *Kashyap/Rajan/Stein*, J. Fin. 57 (2002) 33–73.

687 Siehe dazu unten §4 VI)2)a).

688 Siehe nur *Hütz*, Bankenaufsicht, 1990, S. 52; *Weber/Steffen* in: Hopt/Wohlmannstetter, Handbuch Corporate Governance Banken, 2011, S. 303; *Bresser*, Kreditwesen 1978, 12.

nahezu jedem Land sind.[689] Aber nicht nur die Unternehmen sind auf die Banken angewiesen, sondern jede natürliche Person ist heutzutage in irgendeiner Weise auf eine Bank angewiesen. In erster Linie geht es in diesem Bereich um die Abwicklung des täglichen Zahlungsverkehrs. Darüber hinaus spielen die Banken aber auch eine wichtige Rolle bei der Finanzierung eines Eigenheims oder auch eines Fahrzeugs.

Daneben gibt es auch enge Verflechtungen zwischen Staaten und Banken. Denn auch die Staaten sind darauf angewiesen, immer wieder neues Geld zu bekommen. Das erreichen sie hauptsächlich durch die Ausgabe von Anleihen. Die heimischen Banken kaufen die Anleihen häufig und haben sie in großer Anzahl in ihrem Portfolio. Das große Interesse der Banken an den Staatsanleihen erklärt sich aus regulatorischen Vorgaben. So müssen die Banken für europäische Staatsanleihen regelmäßig kein Eigenkapital unterlegen, und eine Größenbeschränkung für diese Investitionen existiert in den meisten Fällen nicht.[690] Durch die großen Investitionen in Staatsanleihen, insbesondere auch der Krisenstaaten, sind vor allem Banken von drohendem Staatsbankrott betroffen. Denn ein Staatsbankrott würde auch dazu führen, dass Staatsanleihen – zumindest teilweise – nicht mehr zurückgeführt werden und die von den Staaten getätigten Investitionen untergehen. Diese Verflechtungen generieren eine gefährliche Abhängigkeit voneinander. Das hat sich deutlich im Rahmen der letzten Finanzkrise gezeigt.

## V) Besonderheiten des Geschäftsmodells Bank

Finanzinstitute weisen einige Besonderheiten auf, die es unter anderem auch nötig machen, die Banken einer speziellen Aufsicht zu unterstellen.[691] Nachfolgend sollen die wichtigsten Eigenheiten, die bei Banken zu beobachten sind, dargestellt werden.

### 1) Unterdurchschnittliche Eigenkapitalquoten

Ein wichtiger Unterschied von Banken gegenüber anderen, nicht im Bankenbereich angesiedelten Unternehmen ist die unterdurchschnittliche Eigenkapitalquote, die die Institute in der Regel aufweisen. Dabei sind es private Großbanken, deren Eigenkapitaldecke am dünnsten ist, Sparkassen und Genossenschaften weißen regelmäßig eine höhere Eigenkapitalquote aus.[692]

---

689 Dazu in Bezug auf Deutschland *Rudolph*, in: Bankkredit oder Kapitalmarkt, 2011, S. 55ff.

690 Dazu *Rocholl*, in: Unternehmen im öffentlichen Raum, S. 185, 189f.; kritisch zu den regulatorischen Vorgaben *Lüttringhausen*, EuZW 2012, 321f.

691 Dazu näher unten §4 VI)1).

692 BaFin, Jahresbericht 2013, S. 96, abrufbar unter http://www.bafin.de/SharedDocs/Downloads/DE/Jahresbericht/dl_jb_2013.pdf;jsessionid=011B2FD2CAFE95FF222EF971816A5E69.1_cid372?__blob=publicationFile&v=6.

### a) Ursache

Die Ursache für die unterdurchschnittliche Eigenkapitalquote bei Banken resultiert aus dem Geschäftsmodell Bank an sich. Reserven der Bank sind regelmäßig Teile der Kundeneinlagen.[693] Zudem sind die Assets, die die Banken vorhalten, zu einem großen Teil illiquide.[694]

### b) Folge

Die Folge der geringen Eigenkapitalquote ist der Umstand, dass die Risikopufferfunktion durch das Eigenkapital bei Banken schwächer ist als bei anderen Unternehmen. Banken sind daher nur im geringen Umfang in der Lage, Risiken selber zu tragen. Für die Institute ist es nur in einem sehr begrenzten Umfang möglich, Verluste aus ihrem Eigenkapital zu decken. Der niedrigen Eigenkapitalquote ist auch geschuldet, dass im Falle einer Insolvenz ein großer Teil der Kundeneinlagen verloren ist.[695] Das Phänomen der unterdurchschnittlichen Eigenkapitalquote ist kein Problem, dass per se gelöst werden kann, denn es ist untrennbar mit dem Geschäft der Bank selber verbunden.[696] Die Finanzkrise veranlasste den Basler Ausschuss, seine Empfehlungen zu den Eigenkapital- und Liquiditätsanforderungen zu überarbeiten. Am 16. Dezember 2010 veröffentlichte der Basler Ausschuss seine neuen Empfehlungen, die landläufig unter dem Begriff Basel III zusammengefasst werden. Der europäische Gesetzgeber hat die überarbeiteten Vorgaben zu Eigenkapital und Liquidität weitestgehend mit der Capital Requirement Directive (CRD), die zum 1. Januar 2014 in Kraft getreten ist, umgesetzt.[697] Durch diese Maßnahmen soll gewährleistet werden, dass die Eigenkapitalbasis der Banken auf ein Mindestniveau angehoben wird.

---

693 *Mullineux*, J. Fin. Reg. Compl. 14 (4) (2006) 375, 376; *van der Elst*, Corporate Governance and Banks: How justified is the match?, S. 10, abrufbar unter http://papers.ssrn.com/sol3/papers.cfm?abstract_id=2562072.

694 *Cocris/Unugureanu*, Why are Banks Special?, 2007, S. 3, abrufbar unter http://papers.ssrn.com/sol3/papers.cfm?abstract_id=1090291.

695 *Otte*, ZfgG 2010, 89, 90.

696 *Kirchner/Kaal*, in: Law and Economics of Global Financial Insitutions, 2010, S. 5, 15.

697 Richtlinie 2013/36/EU des Europäischen Parlaments und des Rates vom 26. Juni 2013 über den Zugang zur Tätigkeit von Kreditinstituten und die Beaufsichtigung von Kreditinstituten und Wertpapierfirmen, zur Änderung der Richtlinie 2002/87/EG und zur Aufhebung der Richtlinien 2006/48/EG und 2006/49/EG sowie Verordnung (EU) Nr. 575/2013 des Europäischen Parlaments und des Rates vom 26. Juni 2013 über Aufsichtsanforderungen an Kreditinstitute und Wertpapierfirmen und zur Änderung der Verordnung (EU) Nr. 646/2012.

## 2) Fehlender Wettbewerb durch neue Wettbewerber

Banken benötigen in Deutschland eine Erlaubnis der BaFin, die an strenge Anforderungen, die im KWG geregelt sind, geknüpft ist. Diese Marktzugangsbeschränkung führt dazu, dass es nur einen geringen Wettbewerb durch hinzutretende Gesellschaften auf dem Sektor gibt.[698] Doch zwischen den aktiven vorhandenen Instituten hat sich der Wettbewerb in den letzten Jahren zunehmend verschärft.[699] Das spiegelt sich in der Vielzahl von Fusionen im kompletten Bankenmarkt wider, die in den letzten Jahren stattgefunden haben.

Ein Aspekt, der den Wettbewerb zwischen den Instituten hemmt, ist die Tatsache, dass die Banken oft eine enge, nahezu emotionale Bindung zu ihren Kunden aufgebaut haben, sodass für einen großen Teil der Kunden ein Wechsel des Instituts nur schwer vorstellbar ist.[700] Doch die Wechselbereitschaft der Kunden ist in den letzten Jahren durch die Möglichkeit des Onlinebankings gewachsen.

## 3) Fehlender Markt für „Corporate Control“

In der Bankenbranche sind Unternehmensübernahmen, die von außen angestoßen werden und nicht die typischerweise zu Syndizierungeffekten erfolgenden Fusionen darstellen, noch seltener zu beobachten als in anderen Branchen. Zum einen wird die Übernahmefreudigkeit durch den Umstand gedämpft, dass die Institute sehr undurchsichtig sind und somit eine treffende Entscheidung darüber, ob in dem Institut mehr Potenzial steckt, was aber nur durch eine neue Strategie hervorgebracht werden kann, äußerst schwierig ist.[701] Daneben ist eine Übernahme im klassischen Sinne nur bei Privatbanken möglich. Die Übernahmen in den letzten Jahren waren fast allesamt durch Krisen beim übernommenen Institut veranlasst. Bei Genossenschaftsinstituten und Sparkassen kommt eine klassische Übernahme schon gar nicht in Betracht. Denn Sparkassen können nur von anderen Sparkassen übernommen werden, nicht hingegen zum Beispiel von Privatinstituten. Bei Genossenschaftsinstituten steht das Prinzip „eine Person – eine Stimme“ einer Übernahme entgegen. Aber auch bei öffentlich gehandelten Instituten sind Übernahmen, vor allem grenzüberschreitende,

---

698 *Hartmann-Wendels/Pfingsten/Weber*, Bankbetriebslehre, 5. Aufl., 2010, S. 27.

699 Die Chancengleichheit im Rahmen des Wettbewerbs anzweifelnd *Wohlmannstetter*, in: Hommelhoff/Hopt/v. Werder, Handbuch Corporate Governance, 2. Aufl. 2009, S. 905, 915.

700 *Cocris/Unugureanu*, Why are Banks Special?, 2007, S. 7, abrufbar unter http://papers.ssrn.com/sol3/papers.cfm?abstract_id=1090291.

701 *Cocris/Unugureanu*, Why are Banks Special?, 2007, S. 6, abrufbar unter http://papers.ssrn.com/sol3/papers.cfm?abstract_id=1090291; *Köhler*, Corporate Governance and Current Regulation in the German Banking Sector: An Overview and Assessment, ZEW - Centre for European Economic Research Discussion Paper No. 10-002, 2010, S. 5 abrufbar unter http://papers.ssrn.com/sol3/papers.cfm?abstract_id=1551270.

unterdurchschnittlich selten anzutreffen.[702] Zusammenfassend bleibt festzuhalten, dass der Übernahmemarkt im Bereich der Banken unterdurchschnittlich ausgebildet ist und damit nur eine beschränkte Kontrollinstanz darstellt.[703]

## 4) Intransparenz

Eine Eigenschaft der Banken, die immer wieder genannt wird, ist die der fehlenden Bewertbarkeit und ausgeprägten Intransparenz. Banken wird die Eigenschaft zugesprochen, inhärent undurchsichtig zu sein.[704] Ursprung des Problems der Intransparenz sind die schon oben angesprochenen bestehenden Informationsasymmetrien. Die Informationsasymmetrien sind bei Banken besonders ausgeprägt.[705] Das ist unter anderem darauf zurückzuführen, dass das Geschäftsmodell der Banken auf den Informationsasymmetrien zwischen Kreditgebern und Kreditnehmern beruht. Diese bestehenden Informationsasymmetrien übernehmen Banken, wenn sie sich zwischen Kreditgeber und Kreditnehmer schalten. Eine Verschärfung der Informationsasymmetrie ist festzustellen, da nicht nur das klassische Informationsgefälle zwischen Management und Anteilseigner zu beobachten ist, sondern auch in der Bank selbst bestehen oft Informationsdefizite bei Mitgliedern der Organe, allen voran bei dem Überwachungsorgan.[706] Hier können Informationsdefizite zwei Ursachen haben. Zum einen kann eine fehlende Kommunikation von Informationen vom Leitungsorgan an das Überwachungsorgan gegeben sein. Häufig aber mangelt es dem Überwachungsorgan nicht an Informationen, sondern daran, diese Informationen richtig zu erfassen und zu bewerten. Das kann zum einen auf mangelnde Zeit beim einzelnen Mitglied des Überwachungsorgan beruhen oder aber auch auf mangelnde Fähigkeiten, die Informationen auszuwerten.

### *a) Ursache*

Für einen Außenstehenden sind die Geschäftsvorgänge in einer Bank nur schwer nachvollziehbar. Das liegt daran, dass die einzelnen Abläufe und auch Finanzvehikel ohne fachspezifisches Wissen kaum verständlich sind. Hinzu kommt, dass die Geschäftsbeziehungen der Bank zu ihren Kunden, und hier vor allem zu Kreditnehmern,

---

702 *Mülbert*, Corporate Governance of Banks after the Financial Crisis, 2010, S. 18, abrufbar unter http://papers.ssrn.com/sol3/papers.cfm?abstract_id=1448118##

703 *Hopt*, Better Governance of Financial Institutions, 2013, S. 9 abrufbar unter http://papers.ssrn.com/sol3/papers.cfm?abstract_id=2212198##.

704 Zu der Diskussion der opacity (opaqueness) von Banken, *Polo*, Corporate Governance of Banks: The Current State of the Debate, 2007, S. 5f. abrufbar unter http://papers.ssrn.com/sol3/papers.cfm?abstract_id=958796; *van der Elst*, Corporate Governance and Banks: How justified is the match?, p. 9, abrufbar unter http://papers.ssrn.com/sol3/papers.cfm?abstract_id=2562072.

705 *Theurl*, Kreditwesen 2004, 950; *Kirchner* in: FS Hopt, S. 2095, 2103; *Mullineux*, J. Fin. Reg. Compl. 14 (4) (2006) 375, 377f.

706 *Becht*, in: FS Hopt, 2010, S. 1615, 1618.

in höchstem Maße vertraulich sind.[707] Das rührt auch daher, dass Kunden, in erster Linie sind damit die Schuldner gemeint, der Bank nicht nur Privatpersonen und Unternehmen sind, sondern dass auch staatliche Einrichtungen in geschäftlichen Verbindungen mit den Banken stehen. Für die Kommunen sind hier vor allem die Sparkassen von elementarer Bedeutung. Die Komplexität und die fehlenden Informationen aufgrund der herrschenden Diskretion in der Branche führen dazu, dass selbst Außenstehende, die über das erforderliche wissenschaftliche Werkzeug verfügen, eine sachliche Bewertung nur schwer vornehmen können.[708] Während bei einem produzierenden Unternehmen eine Bewertung durch Außenstehende leicht anhand der vorhandenen Güter, zum Beispiel Maschinen, Gebäude, Lager, vorgenommen werden kann, ist eine zuverlässige Bewertung der nicht physischen Güter der Banken, allen voran der Kredite, kaum möglich.[709]

### *b) Folgen (insbesondere Gefahr von „Banken-Runs")*

Die bestehende Intransparenz und die im Zusammenhang damit zu sehende schwerere Bewertbarkeit führen dazu, dass das Unternehmen an sich und damit auch das Handeln der Organe nur schwer zu überwachen ist.[710] Daneben ist eine treffende Bewertung, hinsichtlich der Lage, ob die Bank also „gut da steht" oder sich in der Krise befindet, auch mit Problemen behaftet. Die Bewertungsprobleme haben nicht nur „Laien" wie der Kleineinleger, sondern auch professionelle Marktteilnehmer und auch die mit der Aufsicht betrauten Behörden.[711] Somit verlangt das Eingehen einer Geschäftsbeziehung für den Kunden ein besonderes Vertrauen in die gewählte Institution ab.[712]

Da sich der Einleger ihrer Lage durchaus bewusst sind, also der Tatsache, dass sie „ihre" Bank weder treffend bewerten noch das Handeln der Manager effektiv überwachen können, reagieren sie sehr sensibel auf Nachrichten, die eine Schieflage der Bank proklamieren. Das Vertrauen der Einleger, auf das die Institute zum Erhalt

---

707 *Hartmann-Wendels/Pfingsten/Weber*, Bankbetriebslehre, 5. Aufl., 2010, S. 392; *Wohlmannstetter*, in: Hommelhoff/Hopt/v. Werder, Handbuch Corporate Governance, 2. Aufl. 2009, S. 905, 910.

708 *Wohlmannstetter*, in: Hommelhoff/Hopt/v. Werder, Handbuch Corporate Governance, 2. Aufl., 2009, S. 905, 910; viele sehen diese Behauptung in der aktuellen Finanzkrise bestätigt, denn hier kam der Zusammenbruch mancher Institute vollkommen überraschend.

709 *Mülbert*, Corporate Governance of Banks after the Financial Crisis, 2010, S. 11, abrufbar unter http://papers.ssrn.com/sol3/papers.cfm?abstract_id=1448118##.

710 *Cocris/Unugureanu*, Why are Banks Special?, 2007, S. 4, abrufbar unter http://papers.ssrn.com/sol3/papers.cfm?abstract_id=1090291.

711 *Cocris/Unugureanu*, Why are Banks Special?, 2007, S. 4, abrufbar unter http://papers.ssrn.com/sol3/papers.cfm?abstract_id=1090291.

712 Zum Vertrauensaspekt *Tieben*, Das Drei-Säulen-System des Bankenmarktes als reguierungsrechtliche Steuerungsressource, 2012, S. 54ff.

des Geschäftsbetriebs angewiesen sind, ist fragil und leicht zu erschüttern.[713] Die Einleger der Bank sind risikoavers eingestellt und daran interessiert, sich das Risiko ihres Instituts möglichst nicht überwälzen zu lassen.[714] Sie vertrauen der Bank ihre Ersparnisse unter der Prämisse an, dass sie mindestens den Betrag zurückbekommen, den sie eingezahlt haben. Schlechte Nachrichten lassen Einleger in Panik verfallen und führen dazu, dass sie unverzüglich ihre Bank aufsuchen und ihre Einlagen verlangen. Eine neue Dimension hat das Phänomen durch das Online-Banking bekommen. Denn es ist nicht mehr notwendig, sich in der Filiale für die Auszahlung seines Geldes anzustellen. Vielmehr kann das Geld von zu Hause aus innerhalb weniger Sekunden transferiert werden. Das hat zur Folge, dass ein „Run" innerhalb viel kürzerer Zeit vonstattengehen und sich auch im Verborgenen abspielen kann. Befeuert wird das Verhalten der Anleger durch die Regel „first come, first served".[715] Dies kann für die Bank zu einem Problem werden, wenn sie ihre langfristigen Forderungen gerade mit den kurzfristigen Einlagen finanziert, die dann abgezogen werden. Um die Einleger zu bedienen, muss die Bank langfristig angelegte Aktiva zurückziehen, was außerplanmäßige Kosten verursacht.[716] Bei extremen Liquiditätsengpässen kann die Situation auftreten, dass die Bank nicht allen ihren Einlegern die Einlagen auszahlen kann.[717] Tritt dieser Umstand bei einem einzelnen Institut ein und wird es in der Öffentlichkeit bekannt, besteht eine hohe Wahrscheinlichkeit dafür, dass ein Dominoeffekt eintritt und ein sogenannter „Banken-Run" entsteht.[718] Die Einleger bisher „gesunder" Institute schließen von dem in Schieflage geratenen anderen Insituten auf die eigene Bank („Pure Informational Contagion"[719]). Da sich für die meisten Kunden die verschiedenen Banken durchaus als homogene Gruppen darstellen, schließen sie daraus auch auf eine ähnliche Risikostruktur der Institute. In den meisten Fällen können sie ihre Vermutung weder be- noch widerlegen. Das ist zurückzuführen auf die oben genannten Probleme der Intransparenz und fehlenden Bewertbarkeit. Diese Vertrauensempfindlichkeit des Bankengewerbes hat sich im Rahmen der Subprime-Krise deutlich gezeigt.[720] Die Einleger legen ein „Herdenverhalten" an den Tag und ziehen die Einlagen auch aus den Instituten ab, von denen bisher keine negativen

---

713 Dazu *Tieben*, Das Drei-Säulen-System des Bankenmarktes als reguierungsrechtliche Steuerungsressource, 2012, S. 55.

714 *Böcking/Gros/Torabian* in : MünchKomm-HGB, 3. Aufl., 2013, Vorbem. §§ 340f, g, Rn. 6.

715 *Rudolph*, ZHR 175 (2011), 284, 298.

716 *Böcking/Gros/Torabian*, in : MünchKomm-HGB, 3. Aufl., 2013, Vorbem. §§ 340f, g, Rn. 7.

717 *Gröschel*, Die deutsche Kreditwirtschaft, 11. Aufl., 2011, S. 96.

718 *Hartmann-Wendels/Pfingsten/Weber*, Bankbetriebslehre, 5. Aufl., 2010, S. 27; *Kirchner* in: FS Hopt, S. 2095, 2103; *Körnert*, ZHR 176 (2012), 96, 123.

719 *Hartmann-Wendels/Pfingsten/Weber*, Bankbetriebslehre, 5. Aufl., 2010, S. 393.

720 *Böcking/Gros/Torabian*, in: MünchKomm-HGB, 3. Aufl., 2013, Vorbem. §§ 340f, g, Rn. 5.

Ergebnisse zu verzeichnen waren.[721] Der institutsübergreifende Abzug der Einlagen stellt sich als eine sich selbst erfüllende Prophezeiung („self-fulfilling prophecy")[722] dar und kann auch bei gesunden Instituten zum Zusammenbruch führen. Denn auch diese Institute werden Probleme bekommen, allen Einlegern ihre Einlage zurückzuzahlen, wenn sie die kurzfristigen Einlagen zur Finanzierung von langfristigen Forderungen benutzt haben. Solch ein „Banken-Run" kann nicht nur dazu führen, dass einzelne Institute, darunter auch ehemals „gesunde", zum Zusammenbruch getrieben werden, sondern er kann auch dazu führen, dass das komplette Bankensystem eines Landes zusammenbricht und ein großer gesamtwirtschaftlicher Schaden entsteht.[723] Der Dominoeffekt wird zudem befeuert durch den Umstand, dass der Einleger nicht in der Lage ist, mit der Bank in Verhandlungen zu treten, um eine Absprache mit dieser zu treffen und so anstatt eines unkontrollierbaren Abziehen der Einlagen ein koordiniertes Verhalten zu erreichen.[724] Dieses Phänomen wird mit dem Begriff „Gefangenendilemma" („prisoner's dilemma") umschrieben.[725]

## 5) Systemisches Risiko

Darüber hinaus trägt der Bankensektor ein systemisches Risiko in sich. Als systemische Risiken werden solche Risiken verstanden, die die Funktionsfähigkeit eines ganzen Systems gefährden und nicht nur einzelne des Systems. Einem Systemrisiko ist immanent, dass bei Verwirklichung des Risikos nicht nur einzelne Institute oder Institutsgruppen in Schwierigkeiten geraten, sondern Auswirkungen auf das komplette Bankensystem zu erwarten sind.[726] Der Ansteckungseffekt wird ausgelöst durch die tatsächlichen geschäftlichen Beziehungen der einzelnen Institute zueinander und der gemeinsamen Abhängigkeit der Institute von makroökonomischen Gegebenheiten sowie der damit verbundenen Aussetzung mit ähnlichen Risiken.[727]

---

721 Zum Phänomen des Herdenverhaltens *Scharfstein/Stein*, Am. Econ. Review 80 (1990) 465–479; *Hirshleifer/Teoh*, Europ. Finan. Manage.9 (2003) 25, aus der deutschen Literatur mit Anmerkungen zu rechtlichen Folgerungen *Fleischer* in: FS Immenga, 2004, 575.

722 Dazu grundlegend *Diamond/Dybvig*, J. Pol. Econ. 91 (1983) 401ff.; aus juristischer Sicht *Riethmüller*, in: Corporate Governance nach der Finanz- und Wirtschaftskrise, 2011, S. 259, 260.

723 *Böcking/Gros/Torabian*, in: MünchKomm-HGB, 3. Aufl., 2013, Vorbem. §§ 340 f, g, Rn. 6–15.

724 *Bigus/Leyens*, ZBB 2008, 277, 279.

725 Dazu *Diamond/Dybvig*, J. Pol. Econ.91 (1983) 401ff, aus der deutschen Literatur *Schäfer/Ott*, Lehrbuch der ökonomischen Analyse des Zivilrechts, 5. Aufl., 2012, 63ff.

726 *Rudolph*, ZHR 175 (2011), 284, 298.

727 *Hellwig*, Finanzmarktregulierung, Gutachten E zum 68. Deutschen Juristentag, 2010, E 30; *Rudolph*, ZHR 175 (2011), 284, 297.

Andere Eigenheiten des Bankensektors, zum Beispiel die Gefahr vor „Runs“ und die intensive monetäre Verknüpfung der Institute untereinander, tragen auch ihren Anteil an dem immanenten systemischen Risiko bei, das allgegenwärtig erscheint.[728]

### a) *Ursache*

Der Ursprung des systemischen Risikos beruht zu einem großen Teil auf der Risikoverflechtung der Institute untereinander. Die Institute stehen untereinander in vielschichtigen Beziehungen. Sie sind Schuldner, Gläubiger und manchmal auch Anteilseigner anderer Institute.[729] Bricht nun eines der Institute zusammen, sind die anderen Institute davon auch betroffen, denn die Forderungen, die die Institute gegen das in die Insolvenz gegangene Institut haben, fallen aus.[730] Die Interbankenverflechtungen können daher dazu führen, dass die Krise von einem Institut auf andere Institute „überspringt“ und sich aus einer Unternehmenskrise eine branchenweite Krise entwickelt.[731] Anhand dieses Phänomens zeigt sich auch eine andere Besonderheit des Bankensektors: Die Banken untereinander sind nicht nur Wettbewerber, sondern auch wichtige Geschäftspartner füreinander.[732] Daneben sind die Institute ähnlichen Risiken ausgesetzt, weil Einleger oft von einem Institut auf ein anderes schließen, ohne konkret zu prüfen, ob die Lage in den beiden Instituten wirklich vergleichbar ist. Dieses Verhalten begünstigt in nicht unerheblichem Maße „Banken-Runs“.

### b) *Folge*

Kommt es zu einem weitläufigen „Überspringen“ der Krise auf eine Vielzahl von Bankinstituten, kann das dazu führen, dass schwerwiegende Liquiditätsengpässe auftreten.[733] Auf der einen Seite kommt der Liquiditätsfluss zwischen den Bankinstituten zum Erliegen, was dann wiederum dazu führt, dass auch keine Kredite mehr an Kunden vergeben werden. Der Liquiditätsstopp kann dazu führen, dass ganze Länder in ihrer ökonomischen Entwicklung „gelähmt“ werden. Das wiederum zieht hohe gesamtwirtschaftliche Kosten nach sich.

---

728 *Rudolph*, ZHR 175 (2011), 284, 298.

729 *Ruzik*, BKR 2009, 133, 135.

730 *Ruzik*, BKR 2009, 133, 135.

731 *Ruzik*, BKR 2009, 133, 135.

732 *Mülbert*, Corporate Governance of Banks after the Financial Crisis, 2010, S. 11, abrufbar unter http://papers.ssrn.com/sol3/papers.cfm?abstract_id=1448118##; *Mülbert/Citlau*, The Uncertain Role of Banks’ Corporate Governance in Systemic Risk Regulation, ECGI – Law Working Paper No. 179/2011, 2011, S. 17, abrufbar unter http://papers.ssrn.com/sol3/papers.cfm?abstract_id=1885866.

733 *Bigus/Leyens*, ZBB 2008, 277, 279.

### 6) Zwischenergebnis

Zusammenfassend ist festzuhalten, dass sich aus dem Geschäftsmodell „Bank" Besonderheiten ergeben. Besonders herauszustellen sind diesbezüglich der Aspekt der Intransparenz und die damit in Verbindung stehende Vertrauensempfindlichkeit des Sektors. Daneben ist das der Branche innwohnende systemische Risiko und die davon ausgehenden Wirkungen für die Gesamtwirtschaft von Bedeutung.

## VI) Sicherungsmechanismen

Um die oben angesprochenen auftretenden Besonderheiten und ihre Auswirkungen abzufedern, sind verschiedene staatliche Sicherungsmechanismen geschaffen worden. Die Regulierung und Aufsicht der Banken ist dadurch sehr viel komplexer als bei anderen Branchen.

Die Regulierungsmechanismen dienen auf der Mikroebene dazu, Anleger, Gläubiger und andere mit der Bank verbundene Parteien zu schützen. Der Individualschutz steht dort im Mittelpunkt. Auf der Makroebene ist die Schutzrichtung auf die Funktionsfähigkeit und Stabilität des Bankenmarktes gerichtet. Somit geht es dort um Systemschutz.[734]

### 1) Aufsicht und Regulierung

Als wichtigstes Instrument zur Sicherung des Bankensektors kann die Regulierung der Tätigkeit durch das Kreditwesengesetz (KWG) und die über die Einhaltung des KWG wachenden Aufsichtsbehörden genannt werden. Regulierung bedeutet dabei das Schaffen der Normen. Aufsicht schließt sich daran an und bedeutet das Wachen über die Einhaltung der Normen.[735] Das Aufsichtsrecht in Form des KWG wird der Gewerbeaufsicht zugeordnet.[736] Bankenaufsicht und Bankenregulierung sind dabei eng miteinander verknüpft und greifen ineinander. Daher werden unter dem Begriff Aufsichtsrecht sowohl die Regulierung als auch die Aufsicht gefasst. Die Schaffung von Aufsichtsrecht und Aufsichtsbehörden geht ursprünglich auf den nationalen Gesetzgeber zurück. Mittlerweile sind die meisten Gesetzesnovellen auf europäische Vorhaben zurückzuführen. Als Impulsgeber für den europäischen Gesetzgeber dient in diesem Bereich oft der Basler Ausschuss mit seinen Veröffentlichungen. Und auch die nationalen Aufsichtsbehörden werden mittlerweile von europäischen Aufsichtsbehörden und der Europäischen Zentralbank flankiert.

---

734 *Bühler*, Regulierung im Bereich der Corporate Governance, 2009, S. 20.

735 *Wymeersch*, ZGR 2011, 443, 448.

736 BVerfGE 14, 197, 211f., 216; *Habetha/Schwennicke* in: Schwennicke/Auerbach, KWG, 2. Aufl., 2013, § 6 Rn. 1; *Schäfer* in: Boos/Fischer/Schulte.Mattler, KWG, 4. Aufl. 2012 § 6 Rn. 2; *Spindler*, Unternehmensorganisationspflichten, 2001, S. 233.

### a) Geschichte

Die Beaufsichtigung und Regulierung des Bankensektors durch eine spezielle Aufsichtsbehörde ist in nahezu jedem Land der Erde zu finden. In Deutschland wurde eine umfassende Bankenaufsicht und Regulierung durch das Reichsgesetz über das Kreditwesen[737] erstmals 1934 eingeführt.[738] Vorangegangen war eine allgemeine Bankenkrise, ausgelöst durch den Zusammenbruch der Darmstädter und Nationalbank. Der Zusammenbruch der Darmstädter und Nationalbank führte zu einem Run[739] auf die Bankschalter, und so gerieten auch bis dahin gesunde Institute in den Strudel der Krise.[740] Mit dem Ende des Zweiten Weltkrieges endete auch zunächst die zentrale Bankenaufsicht. Erst im Jahre 1961 wurde eine neue Fassung des Kreditwesengesetzes erlassen.[741] Seitdem wurden die Regeln des KWG häufig Novellen unterworfen, in den letzten Jahren immer stärker aufgrund europarechtlicher Gesetzgebung.[742] Die systematische Einordnung des Bankaufsichtsrechts in das Rechtsgefüge hat sich mit der Zeit gewandelt. Zu Beginn wurde es als eine Art „Sonderpolizeirecht" qualifiziert. Heute wird das Bankenaufsichtsrecht wegen seines Beitrags zur Stabilisierung des Bankensektors als Wirtschaftsaufsicht dem Wirtschaftsrecht zugeordnet.[743]

### b) Aufsichtsbehörden

Bis zur letzten Finanzkrise lag die Beaufsichtigung der Finanzinstitute allein in den Händen nationaler Behörden. In Deutschland sind mit der Aufgabe der Beaufsichtigung die BaFin und die Bundesbank betraut. Die beiden Behörden arbeiten im Rahmen ihrer Aufgaben sehr eng zusammen. Die Aufsichtsstrukturen sind im Nachgang der Finanzkrise weitreichenden Änderungen unterzogen worden. Im Zuge der europäischen Reformen wurden zunächst Aufsichtsbehörden auch auf europäischer

---

737 Reichsgesetz über das Kreditwesen vom 5. Dezember 1934, RGBl. I S. 1203.

738 *Fischer*, in: Boos/Fischer/Schulte-Mattler, KWG; 4. Aufl. 2012, Einf Rn. 1, 7.

739 Siehe dazu oben §4 V)4)b).

740 Ausführliche Darstellung bei *Pontzen*, ZfKW 2003, 77ff.

741 Gesetz über das Kreditwesen vom 10. Juli 1961, BGBl. I S. 881.

742 Aus frühen Tagen zum Beispiel die erste Richtlinie 77/780/EWG v. 12.12.1977 zur Koordinierung der Rechts- und Verwaltungsvorschriften über die Aufnahme und Ausübung der Tätigkeit der Kreditinstitute, ABl. EG Nr. L 322 v. 17.11.1977, S. 30ff und zweite Richtlinie 89/646/EWG v. 13.12.1989 zur Koordinierung der Rechts- und Verwaltungsvorschriften über die Aufnahme und Ausübung der Tätigkeit der Kreditinstitute und zur Änderung der Richtlinie 77/780/EWG, ABl. EG Nr. L 386 v. 30.12.1989, S. 1ff.; zuletzt Richtlinie 2013/36/EU des Europäischen Parlaments und des Rates vom 26. Juni 2013 über den Zugang zur Tätigkeit von Kreditinstituten und die Beaufsichtigung von Kreditinstituten und Wertpapierfirmen, zur Änderung der Richtlinie 2002/87/EG und zur Aufhebung der Richtlinien 2006/48/EG und 2006/49/EG, ABl. Nr. L 176, S. 338.

743 Ausführlich dazu *Ludwig*, Branchenspezifische Wirtschaftsaufsicht und Corporate Governance, 2012, S. 223ff.

Ebene geschaffen. Dies war ein erster Schritt hin zur europäischen Bankenunion. Das europäische Behördensystem soll vor allem einer Regulierungsarbitrage zwischen den nationalen Behörden und dem dadurch befürchteten „race to the bottom" entgegenwirken.[744] In einem weiteren Schritt wurde die Etablierung eines „Einheitlichen Aufsichtsmechanismus" (SSM) auf europäischer Ebene beschlossen. Demnach kommen seit November 2014 der EZB weitreichende Aufsichtsaufgaben im Rahmen der Bankenaufsicht zu.[745] Die Schaffung des SSM ist dabei ein wichtiger Schritt zu der von der Europäischen Kommission geplanten Bankenunion.[746] Mit der Bankenunion verbunden ist die Schaffung eines europäisch einheitlichen Rechtsrahmens für die Beaufsichtigung von Banken, der in allen Mitgliedstaaten gleichermaßen angewendet und ausgelegt wird und damit zu einer weitgehenden Harmonisierung der Bankenregulierung und Bankenaufsicht beiträgt. Weiteren Komponente der Bankenunion sind ein einheitlicher Mechanismus für die Abwicklung von Banken in der Krise und eine zentrale Einlagensicherung.[747]

#### *aa) Nationale Aufsichtsbehörden*

Die Beaufsichtigung über die Einhaltung des Kreditwesengesetzes unterliegt heute der Bundesanstalt für Finanzdienstleistungsaufsicht (BaFin), § 6 KWG, und der Bundesbank, § 7 KWG.[748] Diese Allfinanzaufsicht wurde erst im Jahre 2002 errichtet, davor lag die alleinige Zuständigkeit bei der Bundesbank. Die Bundesbank ist zuständig für die laufende Aufsicht. Die BaFin ist in erster Linie zuständig für die Überwachung der ordnungsgemäßen Geschäftsorganisation einschließlich der Einhaltung der aufsichtsrechtlichen Vorschriften. Die BaFin ist in dem Zusammenspiel auch die Behörde, die konkrete aufsichtsrechtliche Maßnahmen, zum Beispiel in Form des Erlasses eines Verwaltungsakts, vornehmen kann (§ 7 Abs. 2 S. 4 KWG). Sie ist aber auch Urheberin von Rundschreiben und Verlautbarungen. Das wohl wichtigste von der BaFin veröffentlichte Rundschreiben ist die MaRisk.[749] Der Bundesbank hingegen stehen in erster Linie Prüfungsaufgaben zu. Im geringen Umfang hat sie auch ordnungsrechtliche Aufgaben auferlegt bekommen (z.B. § 44c Abs. 1 KWG).

Daneben gibt es noch eine Reihe von Sonderaufsichten. Die Wichtigste ist die Sonderaufsicht über die Sparkassen. Die Sparkassenaufsicht ist in den jeweiligen Sparkassengesetzen der Länder verankert und eine Mischung aus Rechts- und Fachaufsicht.

---

744 *Langenbucher*, ZBB 2013, 16, 18.

745 Siehe dazu Verordnung (EU) Nr. 1024/2013 des Rates vom 15. Oktober 2013 zur Übertragung besonderer Aufgaben im Zusammenhang mit der Aufsicht über Kreditinstitute auf die Europäische Zentralbank, ABl. Nr. L 287, S. 63.

746 Siehe dazu Mitteilung der Kommission an das Europäische Parlament und den Rat, Fahrplan für eine Bankenunion, 12.9.2012, COM (2012) 510.

747 Dazu *Peters*, WM 2014, 396ff.

748 Zur Zusammenarbeit näher *Träm*, Neue Entwicklungen der staatlichen Bankenaufsicht in Deutschland und den USA sowie der Einfluß von Basel II, 2006, S. 75ff.

749 Näher hierzu §6 III)2)b).

Die Sonderaufsicht besteht neben der Aufsicht auf Grundlage des KWG, § 52 KWG, und beeinflusst diese nicht. Die Sonderaufsicht verfolgt auch andere Ziele als die Aufsicht nach dem KWG. Denn im Rahmen der Anstaltsaufsicht wird insbesondere überprüft, ob sich die Institute im Rahmen ihres öffentlichen Auftrags bewegen und eventuelle Geschäftsbeschränkungen einhalten.[750]

Die hergebrachte Aufsicht durch die nationalen Aufsichtsbehörden ist durch die Schaffung des einheitlichen europäischen Aufsichtsmechanismus weitreichenden Änderungen unterworfen. Denn seit November 2014 hat die EZB Aufsichtsaufgaben wahrzunehmen.

### *bb) Europäische Aufsichtsbehörden*

#### (1) Die Europäische Bankenunion

Eine Antwort auf die Finanzkrise war auf europäischer Ebene die Idee zur Schaffung einer europäischen Bankenunion.[751] Ziel der Bankenunion ist dabei die Bankenaufsicht und das Krisenmanagement für Banken auf die europäische Ebene zu verlagern. Die Verlagerung soll zur Verbesserung der Finanzstabilität beitragen sowie das Abhängigkeitsverhältnis zwischen Banken- und Staatschulden durchbrechen.[752] Die Schaffung einer Bankenunion als weiteres Element des europäischen Systems wurde nicht von allen Seiten begrüßt.[753] Die Bankenunion besteht aus drei Elementen. Neben einer zentralen Bankenaufsicht treten zentrale Mechanismen für die Rekapitalisierung[754] und Abwicklung von Banken sowie eine zentrale Einlagensicherung.[755] Die zu den einzelnen Aspekten erlassenen Maßnahmen sind in einem Regelwerk normiert („single rulebook"), welches in allen Mitgliedstaaten der EU einheitlich zur Anwendung kommt.

#### (2) Das Europäische Finanzaufsichtssystem

Die Schaffung des Europäischen Finanzaufsichtssytems (European System of Financial Supervision) war ein erster Schritt hin zu der geplanten europäischen Bankenunion.[756] Das neu geschaffene, seit dem 1.1.2011 eingerichtete europäische Aufsichtssystem kann als „Grundstein" der Bankenunion bezeichnet werden.[757] Die Aufsichtsbehörden

---

750 *Lindemann* in: Boos/Fischer/Schulte-Mattler, KWG, 4. Aufl., 2012, § 52 Rn. 4.
751 *Europäische Kommission*, Fahrplan für eine Bankenunion, COM(2012) 510.
752 *Europäische Kommission*, Pressemitteilung, Memo/14/294; *Peters*, WM 2014, 396, 397.
753 U.H. Schneider spricht von einem trickreichen Etikettenschwindel, *U.H. Schneider*, EuZW 2012, 721, 722.
754 Siehe zu europa- und verfassungsrechtlichen Aspekten der Rekapitaliesrung *Callies/Schoenfleisch*, JZ 2015, 113, 114.
755 zur Sanierung und Abwicklung Richtlinie 2014/59/EU; zur Einlagensicherung die überarbeitete Richtlinie 2014/49/EU.
756 Dazu *Peters*, WM 2014, 396, 397.
757 So *Callies/Schoenfleisch*, JZ 2015, 113.

sind zuständig für die Koordination der Aufsicht in den 28 EU-Mitgliedstaaten.[758] Die Errichtung geht zurück auf die Empfehlung im De-Larosiere-Bericht.[759] Das geschaffene europäische Finanzaufsichtssystem besteht aus vier verschiedenen Einrichtungen. Es gibt einen Europäischen Ausschuss für Systemrisiken (ESRB),[760] eine Europäische Bankaufsichtsbehörde (EBA),[761] eine Europäische Aufsichtsbehörde für das Versicherungswesen und die betriebliche Altersvorsorge (EIOPA)[762] und die Europäische Wertpapier- und Marktaufsichtsbehörde (ESMA).[763] Daneben wurde noch ein Gemeinsamer Ausschuss der Europäischen Aufsichtsbehörden eingerichtet. Für die vorliegende Bearbeitung ist vor allem die Europäische Bankaufsichtsbehörde (EBA) von Interesse. Sie ist zuständig für eine Aufsicht auf „Mikroebene", daneben tritt der ESRB, der den europäischen Kapitalmarkt auf der „Makroebene" beobachtet.[764]

Daneben ist auch die Europäische Zentralbank (EZB) mittlerweile im Rahmen der Schaffung eines einheitlichen Bankaufsichtsmechanismus (Single Supervisory Mechanism – SSM) mit Aufsichtstätigkeiten über nationale Geschäftsbanken betraut worden.[765] Die Aufsichtsfunktion der EZB konzentriert sich dabei vor allem auf „bedeutende" Institute in den 18 Mitgliedstaaten der Eurozone.[766] Über diese Institute, circa 130 an der Anzahl, übt die EZB künftig die direkte Aufsicht aus.[767] Dies stellt eine Durchbrechung des bisherigen Systems dar, wonach die direkte Aufsicht durch die nationalen Aufsichtsbehörden erfolgte. Die Ansiedelung von geldpolitischer Entscheidungsmacht und Aufsichtstätigkeit bei der EZB wird dabei durchaus kritisch gesehen.[768]

### (a) Die Europäische Bankaufsichtsbehörde (EBA)

Die europäischen Behörden sollen die nationalen Behörden nicht ersetzen und auch nicht deren Aufgabe übernehmen. Vielmehr soll sie eine präventive Aufsicht sicherstellen.[769] Dementsprechend hat die EBA keine Informations- und Eingriffsbefugnisse

758 *Lehmann/Manger-Nestler*, ZBB 2014, 2, 4.

759 *High-level Group on Financial Supervision in the EU* (chaired by Jacques de Larosiére), Report, 2009, abrufbar unter http://ec.europa.eu/internal_market/finances/docs/de_larosiere_report_en.pdf.

760 Vgl VO 1092/2010 v. 24.11.2010, ABl. L 331/1.

761 Vgl VO 1092/2010 v. 24.11.2010, ABl. L 331/36.

762 Vgl VO 1092/2010 v. 24.11.2010, ABl. L 331/48.

763 Vgl VO 1092/2010 v. 24.11.2010, ABl. L 331/84.

764 *Langenbucher*, ZBB 2013, 16, 18.

765 Kritisch zur Ausweitung der Befugnisse im Rahmen der Aufsicht *Wolfers/Voland*, BKR 2014, 177.

766 Zu den Aufgabenbereichen im Einzelnen *Binder*, ZBB 2013, 297, 308; *Ruthig*, ZHR 178 (2014), 433ff.

767 *Lehmann/Manger-Nestler*, ZBB 2013, 2, 3.

768 Dazu *Binder*, ZBB 2013, 297, 309.

769 Auf das Erfordernis einer ausreichenden personalen Ausgestaltung für diese Zwecke hinweisend *Binder*, ZBB 2013, 297, 302.

gegenüber den einzelnen Instituten. Die europäische Behörde soll in erster Linie den Bankenmarkt grenzüberschreitend beobachten und überwachen und bei Auffälligkeiten Meldung geben und Empfehlungen aussprechen.[770] Die Konzentration auf die Funktion, einheitliche Aufsichtsstandards zu schaffen, ist mit der Übertragung von Aufsichtsaufgabe auf die EZB noch verstärkt worden. So hat die EBA zum Beispiel auch Leitlinien zur internen Governance erlassen.[771] Diese Leitlinien dienten dem deutschen Gesetzgeber als Vorlage für die Einführung des Nominierungsausschusses in § 25d Abs. 11 KWG.[772] Die EBA hat somit eine entscheidende Rolle bei der Harmonisierung der Aufsichtsstandards in der europäischen Union.[773] Weiterhin soll der EBA eine Schlichtungsfunktion zukommen, wenn es zu Streitigkeiten zwischen einzelnen nationalen Aufsichtsbehörden kommt.[774] In Krisensituationen ist die EBA befugt, die nationalen Behörden zu bestimmten Handlungen anzuweisen. Kommen die nationalen Aufsichtsbehörden den Anweisungen nicht nach, ist die EBA ausnahmsweise dazu berechtigt, auch Maßnahmen direkt gegenüber nationalen Finanzinstituten zu erlassen.[775]

#### (b) Die EZB als Aufsichtsbehörde

Ist die EBA in erster Linie für Schaffung einheitlicher Standards verantwortlich, ist die EZB aktiv zur Aufsicht und Durchsetzung von – auch nationalem[776] – Aufsichtsrecht berufen.[777] Die Zuständigkeit der EZB für die Aufsicht der einzelnen Institute wird anhand des Kriteriums der Bedeutsamkeit des einzelnen Instituts festgelegt. Banken, die nicht als bedeutend eingestuft werden, unterliegen weiterhin komplett der Aufsicht durch die nationalen Aufsichtsbehörden.[778] Kurz nach Inkrafttreten der Aufsicht durch die EZB hat das erste deutsche Institut Klage beim Gericht der europäischen Union gegen die Einstufung als bedeutendes Institut eingelegt.[779] Die Einstufung als bedeutendes Institut zieht die Beaufsichtigung durch EZB nach sich, welche aufwendiger ist als die Beaufsichtigung durch die nationale Aufsichtsbehörde. Bei der Durchsetzung von materiellem Aufsichtsrecht ist die EZB jedoch auf

770 *Fischer,* in: Schimansky/Bunte/Lwowski, Bankrechts-Handbuch, 4. Auflage 2011, Rn. 14.

771 Siehe *Europäische Bankenaufsichtsbehörde (EBA),* EBA-Leitlinien zur internen Governance (GL44), November 2011, abrufbar unter https://www.eba.europa.eu/documents/10180/103861/EBA_2012_00210000_DE_COR.pdf.

772 Dazu *Hönsch/Kaspar,* AG 2014, 297.

773 *Schneider, U.H,* EuZW 2012, 721, 722.

774 *Hilke,* Risiko und Bankenaufsicht, 2014, S. 63.

775 *Fischer,* in: Schimansky/Bunte/Lwowski, Bankrechts-Handbuch, 4. Auflage 2011, Rn. 18.

776 Dazu *Peuker,* JZ 2014, 764ff.

777 Zum Verhältnis von EBA und EZB *Tröger,* ZBB 2013, 373, 389; zu Sanktionsmöglichkeiten der EZB *Schneider,* S.H., EuZW-Beilage 2014, 18ff.

778 *Peuker,* JZ 2014, 764, 765.

779 Siehe EuG, T-122/15.

die nationalen Aufsichtsbehörden angewiesen.[780] Insoweit erfolgt die Aufsicht im Rahmen einer Kooperation mit den nationalen Aufsichtsbehörden. Dabei kommt der nationalen Behörde eine wichtige Rolle als Informationslieferant zukommen. Denn die nationalen Behörden haben Vorteile durch die örtliche und kulturelle Nähe. Durch die vielen vorangegangen Jahre, in denen sie die Aufsicht ausgeführt haben, haben sie einen wertvollen Informationspool angesammelt. Ähnlich wie der EBA ist auch der EZB die Befugnis eingeräumt worden, gegenüber den nationalen Aufsichtsbehörden Weisungen auszusprechen.[781] Als eine der bedeutetsten Befugnisse ist die Übertragung der Aufgabe der Zulassung von Instituten und des Entzugs der Erlaubnis anzusehen.[782]

#### *cc) Zusammenfassung*

War die Bankenaufsicht bis zur Finanzkrise vornehmlich national angelegt, ist eine Konsequenz, die aus der Finanzkrise auf politischer Ebene gezogen wurde, die Schaffung einer einheitlichen Aufsicht auf europäischer Ebene. Am Anfang stand die Einrichtung europäischer Aufsichtsbehörden, später erweiterte sich das Projekt mit der Schaffung eines Einheitlichen Aufsichtsmechanismus (SSM), im Zuge dessen der EZB auch Aufsichtsbefugnisse übertragen wurden. Der einheitliche Aufsichtsrahmen ist dabei eine wichtige Säule der Europäischen Bankenunion. Das Verhältnis zwischen den nationalen und den europäischen Aufsichtsbehörden ist im Einzelnen in vielen Punkten noch unklar. Licht ins Dunkel wird wohl erst die Praxis in den nächsten Jahren bei Umsetzung des SSM bringen.

### *c) Aufgabe*

Zur Verdeutlichung des Sinns und Zwecks der Bankenaufsicht bietet sich die Regierungsbegründung zum Entwurf des KWG von 1961 an. Hier heißt es: „Die Bankenaufsicht soll durch vorbeugende Überwachung allgemein das Entstehen von Schäden im Kreditwesen und von Verlusten der Institutsgläubiger verhindern, also vorwiegend gefahrenabwehrend wirken."[783] Praktisch realisiert wird die Aufsicht durch eine laufende regelmäßige Überwachung der Institute durch die Aufsichtsbehörden.[784] Die Aufsicht soll die Gefahren, die sich aus dem Geschäftsmodell „Bank" für die öffentliche Sicherheit und Ordnung ergeben, abfedern.[785] Dabei kann und darf die Erwartung an die Aufsicht nicht sein, das den Banken anhaftende Risiko auf

---

780 *Tröger*, ZBB 2013, 373, 382f.

781 Zu den Einzelheiten siehe *Tröger*, ZBB 2013, 373, 381f.

782 *Sacarcelik*, BKR 2013, 353, 354.

783 Regierungsbegründung zum Entwurf KWG von 1961, BT-Drs. 3/1114.

784 *Wymeersch*, ZGR 2011, 443, 448.

785 *Schäfer* in: Boss/Fischer/Schulte-Mattler, KWG, 4. Aufl. 2012, § 6 Rn. 2; *Weber-Rey*, ZGR 2010, 543, 547.

null zu reduzieren.[786] Vielmehr geht es darum, das „Risiko der Substanzerhaltung“[787] zu minimieren und die Funktionsfähigkeit der Finanzmärkte zu erhalten.[788] Im Mittelpunkt steht dabei der Systemschutz.[789] Das wird deutlich in § 4 Abs. 4 FinDAG, der klarstellt, dass die Aufgaben im öffentlichen Interesse wahrgenommen werden und dem einzelnen Anleger daher keine Amtshaftungsansprüche zustehen.[790] Die Einführung dieser Norm war die Reaktion auf zwei Urteile, die im Zusammenhang mit der Bankenkrise 1974 ergingen und in denen der BGH den Einlegern erstmals einen Staatshaftungsanspruch gem. § 839 BGB iVm Art. 34 GG zubilligte.[791] Aufgrund § 4 Abs. 4 FinDAG ist der Gleichlauf von Handlung und Haftung im Bereich der Aufsicht aufgehoben. Ein Ansporn zu gewissenhaftem Handeln im Rahmen der Beaufsichtigung kann in Bezug darauf nicht aus Haftungsansprüchen abgeleitet werden. Das trifft nicht überall auf Zustimmung.[792] Denn in der Folge fällt für den Einleger eine Regressmöglichkeit nach § 839 BGB iVm Art. 34 GG gegen den Staat, einen solventen Schuldner, weg.

Die Betätigungsfelder der Aufsichtsbehörde können in zwei grundsätzliche Arten von Überwachung eingeteilt werden. Zum einen ist die Aufsichtsbehörde zuständig für die Überwachung der Konzessionspflicht, auf der anderen Seite betreibt sie während der laufenden Geschäfte eine Missstandsaufsicht. Der Betrieb eines Bankgewerbes ist unter ein Verbot mit Erlaubnisvorbehalt gestellt worden, § 32 KWG. Die Aufnahme eines Bankgewerbes nach § 1 KWG setzt daher die Erlaubnis der Aufsichtsbehörde voraus. Zum Zwecke der Erteilung der Erlaubnis wird das Institut einer ersten Prüfung auf die Tauglichkeit zum Agieren auf dem Finanzmarkt unterzogen. Wird die Erlaubnis erteilt, schließt sich eine laufende Missstandsaufsicht an. Die Missstandsaufsicht besteht aus einer Solvenz- und Liquiditätsaufsicht und einer Marktaufsicht. Die Aufsichtsbehörde wird im Rahmen einer Generalklausel dazu ermächtigt, Anordnungen gegenüber den Instituten zu erlassen, um Missstände zu verhindern oder zu unterbinden. Neben der Generalklausel in § 6 Abs. 3 KWG finden sich eine Vielzahl von Spezialermächtigungen. Gemäß § 35 Abs. 2 KWG kann die BaFin die Erlaubnis bei Vorliegen der dort genannten Gründe aufheben. § 25c Abs. 5 KWG ermächtigt die Aufsichtsbehörde, in Ausnahmefällen selbst, Geschäftsleiter in die Insituten zu berufen. § 44 Abs. 1 KWG bietet die Grundlage dafür, Auskünfte

---

786 *Enriques/Hertig*, EBOR 2011, 357, 375.

787 *Hopt*, Der Kapitalanlegerschutz im Recht der Banken, 1975, S. 53.

788 *BVerG*, Beschl. v. 16.9.2009 – 2 BvR 852/07, BVerGE 124, 235, 247.

789 Anders das Versicherungsaufsichtsrecht, das eine primäre personale Schutzrichtung hat, *Bürkle*, WM 2012, 878, 879.

790 Die Norm hält nach aktueller höchstrechtlicher Rechtsprechung europarechtlichen wie auch verfassungsrechtlichen Vorgaben stand *BGH*, Urt.v. 20.1.2005 – III ZR 48/01, BGHZ 162, 49; *EUGH*, Urt. v. 12.10.2004 – C -222/02, BKR 2005, 29.

791 Vgl. *BGH*, Urt. v. 15.2.1979 – III ZR 108/76, BGHZ 74, 144, 147 („Wetterstein“) und *BGH*, Urt. v. 12.7.1979 – III ZR 154/77, BGHZ 75, 120 („Herstatt“).

792 Kritisch dazu *Lenz*, NVwZ 2010, 29, 31; *Ludwig*, Branchenspezifische Wirtschaftsaufsicht und Corporate Governance, 2012, 293.

einzuholen und ohne besonderen Anlass eine Sonderprüfung zu veranlassen. Diese exemplarische Aufzählung zeigt, dass das den Aufsichtsbehörden zur Verfügung gestellte Instrumentarium vielfältig ist.

### *aa) Solvenz- und Liquiditätsaufsicht*

Um die Funktionsfähigkeit im Bankensektor zu erhalten, wurde im Schwerpunkt eine Solvenzaufsicht geschaffen.[793] Ständige Solvenz soll dabei vor allem vor Vertrauenskrisen schützen.[794] Dazu gibt es zum einen Sondervorschriften hinsichtlich des Gründungskapitals im KWG. § 33 Abs. 1 KWG bestimmt deutlich höhere Gründungsmittel als die rechtsformspezifischen Regeln. Um das Kapital im Laufe der Geschäftstätigkeit zu erhalten, sieht § 10 KWG vor, dass die Institute verpflichtet sind, immer angemessene Eigenmittel zur Verfügung zu haben. Der Begriff der Angemessenheit wird gemäß § 10 Abs. 1 KWG durch das Bundesministerium der Finanzen in Form einer Rechtsverordnung konkretisiert.[795] Die Vorgaben für die Eigenmittel sind im Einzelnen abhängig von der Rechtsform des Instituts.

Weiterhin müssen die Institute gewisse Liquiditätsvorgaben gem. § 11 KWG einhalten. Das bedeutet, sie sind verpflichtet, ihre Aktiva so anzulegen, dass sie sie schnell abziehen können, um sie im laufenden Geschäft verwenden zu können, insbesondere um Auszahlungswünschen von Einlegern nachzukommen.[796] Hier kommt zum Tragen, dass die Banken als Glied zwischen Gläubiger und Schuldner die Geldbindungsfrist transformieren, auf die oben schon näher eingegangen wurde.[797] Auch die näheren Vorgaben zur Liquidität werden gem. § 11 Abs. 2 KWG durch Rechtsverordnung bestimmt.[798]

Kommen die Institute den Eigenmittel- und Liquiditätsvorgaben nicht nach, stehen den Aufsichtsbehörden verschiedene Instrumente zur Verfügung. Die Behörden können auf Basis der allgemeinen Ermächtigungsgrundlage Maßnahmen erlassen, um dem Missstand abzuhelfen. Daneben verleiht das KWG der BaFin Befugnisse, zum Beispiel die wirtschaftliche Situation der Institute laufend zu überwachen und die Eignung der Geschäftsleiter zu überprüfen.[799] All das soll dazu dienen, dass die Banken jederzeit liquide sind und auf Wunsch die Einlagen der Sparer zurückzahlen

---

793 *Waigel*, in: Bankaufsichtsrecht, 2010, S. 39, 50; *Heun*, JZ 2012, 235, 237.

794 *Geschwandtner*, in: Helios/Strieder, Handbuch Genossenschaft, 2009, § 12, Rn. 99 mit Hinweis darauf, dass Solvenzaufsicht aber eine Insolvenz im Einzelfall nicht verhindern sollte.

795 Solvabiltätsverordung (SolvV) – Verordnung über die angemessene Eigenmittelausstattung von Instituten, Institutsgruppen und Finanzholding-Gruppen, abrufbar unter www.gesetze-im-internet.de/solvv_2014/.

796 *Kolassa* in: Schimansky/Bunte/Lwowski, Bankrechts-Handbuch, 4. Auflage, 2011, § 137, Rn. 5.

797 *Boos* in: Boos/Fischer/Schulte-Mattler, KWG, 4. Auflage, § 11, Rn. 1.

798 Liquiditätsverordnung (LiqV) – Verordnung über die Liquidität der Institute, abrufbar unter www.gesetze-im-internet.de/bundesrecht/liqv/gesamt.pdf.

799 *Wiebke*, DStR 1998, 491.

können. Dadurch kann wiederum das Vertrauen in die Banken gestärkt werden.[800] Kommt es dennoch dazu, dass die Solvenz einer oder mehrerer Banken nicht mehr gegeben ist, fällt der Aufsicht die Aufgabe zu, auch in der Krisenzeit die Funktionsfähigkeit der Banken zu erhalten.[801]

#### *bb) Marktaufsicht*

Neben der oben schon angesprochenen Solvenzaufsicht übt die BaFin auch eine Marktaufsicht aus. Ziel der Marktaufsicht ist die Etablierung von Verhaltensstandards. Normen, die auf das Verhalten der Institute abzielen, sind mittlerweile schwerpunktmäßig in den §§ 25a ff KWG geregelt. Dies sind die Vorschriften, die im Rahmen der Corporate Governance von Bedeutung sind und auf die unten noch näher einzugehen ist. Im Rahmen der staatlichen Aufsicht hat die Marktaufsicht in den letzten Jahren stark an Bedeutung gewonnen. War in den Anfängen der Schwerpunkt zunächst ganz auf die Solvenzaufsicht gerichtet, wurde in den letzten Jahren der Fokus deutlich auf die Verstärkung der Marktaufsicht gerichtet. Diese Verschiebung in den Schwerpunkten ist auf die Erkenntnis zurückzuführen, dass Stabilität im Bankensektor nicht alleine durch Solvenzaufsicht erreicht werden kann, sondern auch von der konkreten Organisation und Führung der Institute abhängig ist. Dazu werden in erster Linie Verhaltensstandards an die Institute formuliert, die neben einer Stabilisierung auch dazu beitragen sollen, das Vertrauen der Anleger und Einleger in ihre Bank zu stärken.[802] Die Ausgestaltung der Aufsichtsregeln ist in diesem Bereich schwerpunktmäßig prinzipienbasiert.[803] Bei der prinzipienbasierten Aufsicht wird Abstand davon genommen, zu versuchen, jeden spezifischen Sachverhalt zu regeln. Vielmehr werden zum Zwecke der Regulierung Prinzipien definiert, die mithilfe eines hohen Abstraktionsgrades eine Vielzahl von verschiedenen Situationen erfassen sollen. Zusammenfassend hat die Aufsicht über die Institute drei Ziele: Sie soll Funktions-, Vertrauens- und Reputationsschutz gewähren.

### *d) Regulierung*

Zur Stabilisierung des Bankensektors wird nicht nur allein auf Beaufsichtigung durch eine extra geschaffene Behörde gesetzt, sondern es werden zusätzlich auch Normen geschaffen, die nur Anwendung auf diese Institute finden. Die besonderen Regulierungsvorschriften finden sich zum größten Teil im KWG. Reguliert ist bei

---

800 *Schäfer* in: Boos/Fischer/Schulte-Mattler, KWG, 4. Auf. 2012, § 6 Rn. 2; *Hartmann-Wendels/Pfingsten/Weber, Bankbetriebslehre, 5. Aufl., 2010, S. 54*; Koppensteiner sieht den Gläubigerschutz als mitlerweile domierendes Ziel der Aufsicht an *Koppensteiner*, Bankaufsicht und Bankgruppen, 1991, S. 1.

801 *BVerfG*, Urt. v. 24.07.1962 – 2 BVF 4, 5/61, 1, 2/62, BVerfGE 14, 197, 198.

802 *Waigel*, in: Bankaufsichtsrecht, 2010, S. 39, 50.

803 Dazu monographisch *Wundenberg*, Compliance und die prinzipiengeleitete Aufsicht über Bankgruppen, 2012.

Banken schon der Marktzutritt, denn zum Betreiben bedarf es gem. § 32 KWG einer Erlaubnis. Der Betrieb eines Bankgewerbes ist als Verbot mit Erlaubnisvorbehalt ausgestaltet. Die Gestattung des Betriebs eines Bankgewerbes stellt einen Verwaltungsakt dar. Daneben finden sich eine Vielzahl von einzelnen Regulierungsvorgaben, zum Beispiel zu Risikomanagement, Eigenkapital, Rechnungslegung und Liquiditätsvorschriften. Sie alle zusammen sollen das Gesamtrisiko der einzelnen Institute beschränken und damit am Ende die Einleger vor zu hohen Ausfallrisiken schützen.[804]

### *e) Rechtfertigung für Aufsicht und Regulierung*

Dadurch, dass schon für das Betreiben einer Bank eine Erlaubnis im Sinne des § 32 KWG als Voraussetzung vorgeschrieben wird, wird die Gewerbefreiheit und die freie Berufswahl, Art. 12 Abs.1 GG, eingeschränkt. Daneben schränken weitere Vorgaben zur Ausübung der Tätigkeit, insbesondere im Hinblick auf die Geschäftsorganisation, die Inhaber einer Erlaubnis zum Betrieb eines Einlagenkreditinstituts weiter ein. Daher bedarf es einer besonderen Rechtfertigung für die Bankenaufsicht und die durch sie veranlasste Regulierungen. Als Gründe, die eine spezielle Aufsicht des Bankensektors rechtfertigen, werden im Kern drei verschiedene angeführt.[805] Zum einen wird die Schlüsselfunktion der Kreditwirtschaft betont, die sie bei der Zusammenführung von anlagesuchenden Kapitalgebern mit kreditnehmenden Parteien einnimmt. Zum anderen besteht ein großes staatliches Interesse an der Funktionsfähigkeit der Bankenwelt, da diese von der Politik gerne als Instrument zur Beeinflussung der Wirtschaftspolitik genutzt wird. Darüber hinaus wird die Vertrauensempfindlichkeit des Sektors betont, die sich in den oben angesprochenen Phänomenen „Dominoeffekt“[806] und „Run“[807] widerspiegelt und ein systemisches Risiko in sich birgt.[808] Zudem sind Einleger sowie Anteilseigner nicht in der Lage, eine ausreichend wirksame Aufsicht über die Institute auszuüben.[809]

---

804 *Böcking/Gros/Torabian*, in: MünchKomm-HGB, 3. Aufl. 2013, Vorbem. zu §§ 340f, 340g, Rn. 5.

805 Zu diesen ausführlicher *Fischer* in: Boos/Fischer/Schulte-Mattler, KWG, 4 Aufl., 2012, Einf. Rn. 120ff.

806 Siehe oben §4 V)5)b).

807 Siehe oben §4 V)4)b).

808 *Wohlmannstetter*, in: Hommelhoff/Hopt/v. Werder, Handbuch Corporate Governance, 2. Aufl., 2009, S. 905, 916.

809 *Cocris/Unugureanu*, Why are Banks Special?, 2007, S. 11, abrufbar unter http://papers.ssrn.com/sol3/papers.cfm?abstract_id=1090291.; *Enriques/Hertig*, EBOR 2011, 357, 361.

### *f) Durchsetzungsmechanismen*

Zur Durchsetzung des KWG steht den Aufsichtsbehörden in erster Linie die Handlungsform des Verwaltungsakts zu. Die einzelnen Handlungsmöglichkeiten, die der Aufsichtsbehörde bei einem Verstoß gegen Normen des KWG zur Verfügung stehen, sind sehr weitreichend. Die Sanktionsmöglichkeit verhilft der Aufsicht zur Wirksamkeit, denn ohne Mechanismen bei einem Verstoß oder Fehlverhalten bleibt Aufsicht und Regulierung ein „zahnloser Tiger".[810] Durch die scharfen Sanktionen des KWG wird eine Art „Befolgungsdruck" hergestellt.[811] Die Behörde hat grundsätzlich ein Auswahlermessen, welche Maßnahme sie konkret ergreift. Eine Ermessenreduzierung auf null ist gegeben, wenn nur noch eine Maßnahme in Betracht kommt. Im Rahmen der laufenden Beaufsichtigung stellt § 6 Abs. 3 KWG eine Generalklausel dar und ermächtigt die BaFin, gegen das betroffene Institut Anordnungen in Form eines Verwaltungsaktes zu erlassen. Richtet sich die BaFin nicht nur an ein Institut, sondern an eine Vielzahl, kann es eine Allgemeinverfügung erlassen.[812] Für die Aufsichtspraxis bedeutende Befugnisse sind Auskunfts- und Prüfungsermächtigungen.[813] Daneben geben Spezialnormen der Aufsichtsbehörde weitere Befugnisse bei Missständen in den Instituten an die Hand. Um ihrem Informationsbedürfnis nachzukommen, kann die Aufsichtsbehörde Vertreter zu den Versammlungen der Anteilseigner oder auch zu Organversammlungen schicken, § 44 Abs. 4 KWG. Die stärkste zur Verfügung stehende Maßnahme ist die Aufhebung der Betriebserlaubnis gemäß § 35 Abs. 2 KWG. § 36 KWG ermächtigt die Aufsichtsbehörde dazu, zu verlangen, dass Geschäftsleiter und Aufsichts- oder Verwaltungsräte unter bestimmten Voraussetzungen abberufen und die Organbefugnisse auf einen Sonderbeauftragten übertragen werden, § 45c KWG. Kommt das Institut dem Abberufungsverlangen der Aufsichtsbehörde nicht nach, kann die Maßnahme mit Hilfe von Zwangsmitteln durchgesetzt werden, § 17 FinDAG. Aus der Praxis wird jedoch berichtet, dass der Einsatz von Zwangsmitteln regelmäßig nicht notwendig wird.[814] Die Banken kooperieren in den meisten Fällen und sind um ein gedeihliches Zusammenwirken mit den Aufsichtsbehörden bemüht. Die Aufsichtsbehörde kann Maßnahmen nicht nur gegen das Institut erlassen, sondern auch direkt gegen die Geschäftsführungsmitglieder.

## 2) Sicherungssysteme

Da trotz staatlicher Aufsicht eine Insolvenz von Instituten nicht ausgeschlossen werden kann, sind weitere Sicherungsmechanismen, insbesondere zum Schutz der

---

810 *Bühler*, Regulierung im Bereich der Corporate Governance, 2009, S. 217.
811 *Leyens/Schmidt*, AG 2013, 533, 535.
812 Zur Allgemeinverfügung *Detterbeck*, Allgemeines Verwaltungsrecht, 12. Aufl., 2014, S. 151ff.
813 *Gurlit*, ZHR 177 (2013), 862, 880.
814 Siehe *Hilgard*, in: Bankaufsichtsrecht, 2010, S. 157, 174.

Einleger, errichtet worden. Diese bestehen gegenwärtig vor allem aus der Einlagensicherung und der Tätigkeit der Zentralbank. Während sich der Einfluss der Zentralbank vor allem auf den Interbankenmarkt konzentriert, bezieht sich die Einlagensicherung auf das Verhältnis zwischen Bank und Einleger. Die Einlagensicherung soll für den Fall des Untergangs einzelner Institute gewährleisten, dass die bei der Bank angelegten und nicht zurückgezahlten Einlagen zumindest teilweise erstattet werden. Den Einlagensicherungssystemen kommt somit die Funktion eines „Fallschirms" zu. Durch den Entschädigungsanspruch der Einleger soll das Vertrauen der Bevölkerung in das Bankensystem gestärkt werden.

Dem staatlichen Einlagensicherungssystem müssen gemäß dem Einlagensicherungs- und Entschädigungsgesetz (EAEG) alle Kreditinstitute angehören. Ausnahmen gelten für Sparkassen, Landesbanken und Raiffeisenbanken, die dem Haftungsverbund der Sparkassen-Finanzgruppe oder der Sicherungseinrichtung des Bundesverbandes der Deutschen Volksbanken und Raiffeisenbanken angeschlossen sind.

### *a) Einlagensicherung*

Neben der Aufsicht durch die BaFin ist ein weiterer wichtiger Sicherungsmechanismus das Institut der Einlagensicherung. Diese beiden Elemente stellen ein „staatliches Gütesiegel"[815] dar, das das Vertrauen in den Bankensektor stärken und erhalten soll. In Deutschland ist ein zweistufiges Einlagensicherungssystem installiert worden. Zum einen existiert die gesetzlich errichtete Einlagensicherung und daneben sind die meisten Banken an ein freiwilliges Einlagensicherungssystem angeschlossen. Die gesetzliche Einlagensicherung geht auf die europäische Einlagenrichtlinie[816] zurück, mit der ein Mindeststandard in allen Mitgliedstaaten geschaffen wurde. Die Einlagensicherungsrichtlinie wurde im Rahmen der Schaffung der Europäischen Bankenunion neu gefasst.[817] Mit der Neufassung der Einlagensicherungsrichtlinie hat der europäische Gesetzgeber weitgehend harmonisierte Anforderungen an die nationalen Einlagensicherungssysteme gestellt. Mit der Neufassung der Einlagensicherungsrichtlinie sind Vorgaben zur Verbesserung der Ausstattung der Sicherungseinrichtung eingeführt sowie die Auszahlungsfrist an die Einleger verkürzt worden (zukünftig Entschädigung innerhalb von sieben Arbeitstagen). Die ursprüngliche Einlagensicherungsrichtlinie wurde in Deutschland mit dem Einlagensicherungs- und Anlegerentschädigungsgesetz (EAEG) aus dem Jahre 1998 umgesetzt. Der Gesetzesentwurf der Bundesregierung zur Umsetzung der überarbeiteten Richtlinie sieht vor, dass Einlagensicherungs- und Anlegerentschädigungsgesetz zukünftig in zwei verschiedenen Gesetzen geregelt werden (DGSD-Umsetzungsgesetz). Der

---

815 *Engels* in: Banken im Spannungsfeld von Notenbank und Bankenaufsicht, S. 23.

816 Richtlinie 94/19/EG v. 30.5.1994, ABl. 1994, L 135/5 (Einlagensicherungsrichtlinie) in der Fassung der Richtline 2009/14/EG.

817 Richlinie 2014/49/EU des Europäischen Parlamentens und des Rates vom 16.4.2014 über Einlagensicherung (Neufassung).

Bundesrat hat den Gesetzesentwurf in seiner Sitzung vom 8. Mai 2015 gebilligt.[818] Die Einlegerentschädigung soll zukünftig in einem neu zu beschließenden Einlagensicherungsgesetz geregelt werden, die Anlegerentschädigung soll weiterhin durch das EAEG geregelt werden, welches in Anlegerentschädigungsgesetz umbenannt werden soll.[819] Alle CRR-Kreditinstitute müssen dem staatlichen Einlagensicherungssystem angehören. Eine Ausnahme von dieser Pflicht bestand nach dem EAEG gem. 12 Abs.1 EAEG für Sparkassen, Landesbanken und Raiffeisenbanken, die dem Haftungsverbund der Sparkassen-Finanzgruppe oder der Sicherungseinrichtung des Bundesverbandes der Deutschen Volksbanken und Raiffeisenbanken angeschlossen sind. Diese Ausnahme von der Pflicht zur Zugehörigkeit eines staatlichen Einlagensicherungssystems sieht der Gesetzesentwurf des Einlegerentschädigungsgesetzes nicht mehr vor. Gemäß § 43 des Entwurfs des Einlegerentschädigungsgesetzeses gibt es aber die Möglichkeit, dass die institutsbezogenen Sicherungssysteme auf Antrag hin als Einlagensicherungssysteme anerkannt werden. Die Idee einer Einlagensicherungseinrichtung war nicht innovativ. Schon vor Erlass des EAEG bestanden private Sicherungseinrichtungen der einzelnen Institutsgruppen. Diese bestehen auch weiterhin.

#### *aa) Funktion*

Die Einlagensicherung wurde geschaffen, um die Verlässlichkeit der Anlagen- und Einlagenprodukte zu sichern.[820] Und das soll letztlich zur Stabilität der ganzen Wirtschaft beitragen. Denn das Vertrauen in die Stabilität des Finanzmarktes kann schon durch den Zusammenbruch einzelner Institute schweren Schaden nehmen und sich auch auf die Gesamtwirtschaft auswirken.[821] Die Einlagensicherung soll das Vertrauen des einzelnen Einlegers auf die Rückzahlbarkeit seiner Einlage stärken und so helfen, Runs auf einzelne Institute zu verhindern.[822] Ist ein Institut nicht mehr in der Lage, auf Verlangen die Einlagen auszuzahlen, erwächst den Einlegern ein zivilrechtlich einklagbarer Auszahlungsanspruch auf Entschädigung gegen die Einrichtung, der die betreffende Bank angehört.[823] Es besteht kein Anspruch auf Ersatz des komplett hinterlegten oder angelegten Betrages, sondern es ist ein gesetzlicher Maximalbetrag vorgesehen. Seit dem 31.12.2010 gilt eine Entschädigungsobergrenze

---

818 Beschluss des Bundesrates, Drs. 152/52.

819 Dazu Druckssache 18/3786, S. 2 (DGSD-Umsetzungsgesetz)

820 Im Einzelnen hierzu *Bigus/Leyens*, Einlagensicherung und Anlegerentschädigung, 2008, S. 29.

821 *Bigus/Leyens*, ZBB 2008, 277, 279.

822 Im Einzelnen hierzu *Bigus/Leyens*, Einlagensicherung und Anlegerentschädigung, 2008, S. 29.

823 *Burgard/Heimann* in: Handbuch EU-Wirtschaftsrechts, 35. EL 2014, E.IV.Bankrecht Rn. 93; *Fischer* in: Boos/Fischer/Schulte-Mattler, KWG, 4. Aufl. 2012, § 23a, Rn. 3.

von 100.000 €.[824] Davor galt lange Zeit die Entschädigungshöhe von 20.000 €, doch mit Blick auf die Finanzkrise wurde der Betrag im Jahre 2009 heraufgesetzt. Durch die betragsmäßige Begrenzung der ersatzbaren Einlagen werden vor allem Kleineinleger und -anleger privilegiert. In Genuss der Einlagesicherung kommt nicht jeder Einleger, vielmehr sind bestimmte Einleger[825] durch § 3 Abs. 2 EAEG bzw. § 6 des Entwurfs des DGSG-Umsetzungsgesetzes ausgeschlossen. Insbesondere haben andere Institute, die im Falle einer Zahlungsunfähigkeit ausfallen, keinen Anspruch gegen die Entschädigungseinrichtung gemäß § 3 Abs. 2 Nr. 1 EAEG bzw. § 6 Nr. 4 des Entwurfs des DGSG-Umsetzungsgesetzes. Das Risiko der Einleger vor einem Verlust ist durch die Einlagensicherung nicht komplett beseitigt, sondern es geht darum, einen teilweisen wirtschaftlichen Schutz für die Einleger zu gewähren.[826] Neben der gesetzlichen Einlagensicherung bestehen freiwillige Systeme für Genossenschaftsbanken[827] und Sparkassen. Diese Sicherungssysteme beschränken sich nicht auf die Einlagensicherung, sondern verfolgen auch eine Institutssicherung.[828] Bei der Institutssicherung geht es um die Insolvenzvermeidung einzelner Institute durch wechselseitige Unterstützung im Falle einer Schieflage.

*bb) Struktur*

Die Banken müssen der Sicherungseinrichtung nicht explizit beitreten, sondern werden mit Erteilung der Erlaubnis gemäß § 32 KWG Mitglied. Wird ein Institut aus der Sicherungseinrichtung ausgeschlossen, zieht das automatisch auch den Entzug der Erlaubnis nach § 32 KWG nach sich.[829] Heute gibt es zwei gesetzlich vorgeschriebene Einlagensicherungssysteme: zum einen die Entschädigungseinrichtung bei der Kreditanstalt für Wiederaufbau und zum anderen die Entschädigungseinrichtung deutscher Banken GmbH. Bei der an erster Stelle angeführten Einrichtung können Institute aller Art angeschlossen werden, wohingegen die zweite genannte Einrichtung nur für Institute des privaten Kreditgewerbes offensteht. Neben den zwei gesetzlich vorgeschriebenen Einrichtungen haben sich daneben drei weitere freiwillige Einlagensicherungssysteme etabliert. Die drei Einlagensicherungssysteme entsprechen dem Drei-Säulen-System im Bankengewerbe. Für die Sparkassenorganisation steht der freiwillige Einlagensicherungsfonds des Bundesverbandes Öffentlicher Banken zur Verfügung. Kreditgenossenschaften können sich der Sicherungseinrichtung des Bundesverbandes der Deutschen Volksbanken

---

824 Geändert durch Gesetz zur Änderung des Einlagensicherungs- und Anlegerentschädigungsgesetzes und anderer Gesetze v. 25.6.2009, BGBl. I S. 1528.

825 Im Großen und Ganzen institutionelle Einleger.

826 *Grieser* in: Bankaufsichtsrecht, 2010, S. 607, 608.

827 Zu dem Sicherungssystem der Genossenschaften siehe *Geschwandtner*, Staatliche Aufsicht über das genossenschaftliche Kreditwesen, 2005, S. 202f.

828 *Burgard/Heimann* in: Handbuch EU-Wirtschaftsrechts, 35. EL 2014, E.IV.Bankrecht, Rn. 92.

829 Siehe § 35 Abs.1 S. 1 KWG.

und Raiffeisenbanken anschließen. Für den Privatsektor besteht der Einlagensicherungsfonds des Bundesverbandes deutscher Banken e.V. (BdB). Die freiwilligen Einrichtungen der Sparkassen und Genossenschaften sind in erster Linie nicht auf die Einlagensicherung, sondern auf Institutssicherung gerichtet.

Die der Entschädigungseinrichtung angeschlossenen Institute haben eine gesetzlich normierte Auskunftspflicht gem. § 9 Abs.1 EAEG bzw. § 34 des Entwurfs des DGSG-Umsetzungsgesetzes gegenüber der Entschädigungseinrichtung, der sie angehören. Die Entschädigungseinrichtung ist verpflichtet, die bei ihr angeschlossenen Institute regelmäßig zu überprüfen.[830] Stellt die Entschädigungseinrichtung bei ihrer Überprüfung Mängel im Hinblick auf rechtliche, organisatorische oder wirtschaftliche Verhältnisse bei dem geprüften Institut fest und wenn zudem die festgestellten Mängel geeignet sind, die Gefahr des Eintritts eines Entschädigungsfalls zu erhöhen, kann die Entschädigungseinrichtung das Institut auffordern, ihr Pläne zur Beseitigung des Mangels vorzulegen und sie über die Umsetzung zu informieren.[831] Zudem hat die Entschädigungseinrichtung die BaFin über die entdeckten Mängel zu informieren.[832] Kommt ein Institut seinen durch das Einlagensicherungsgesetz begründeten Pflichten nicht nach, kann die betroffene Entschädigungseinrichtung das Institut mit Zustimmung des BaFin ausschließen.[833] Die Entschädigungseinrichtung ist somit weitgehend mit Informationspflichten und Handlungsoptionen bei Verstößen ausgestattet.

#### *cc) Kritik*

Eine umfassende Einlagensicherung kann zwar das Risiko systemischer Krisen begrenzen, aber auf der anderen Seite dazu führen, dass Problem des „moral hazard" aufseiten der Banken zu verstärken.[834] Die Unternehmensführung kann durch die Einlagensicherung im Rücken dazu verleitet werden, ein überproportionales Risiko einzugehen[835] und eine Verschuldensrate zu akzeptieren, die sie ohne die Einlagensicherung nicht wagen würde.[836] Vor allem die freiwillige Institutssicherung, die auf Erhaltung der Institute gerichtet ist, kann eine natürliche Marktselektion verhindern.[837] Aber nicht nur der Einfluss der Sicherungssysteme auf das Management wird kritisiert. Daneben beeinflusst das Bestehen der Sicherungseinrichtung auch

830 Die Prüfungspflicht ergibt sich aus § 9 Abs.1 EAEG bzw. § 35 des Entwurfs des DGSG-Umsetzungsgesetzes.

831 Siehe § 39 des Entwurfs des DGSG-Umsetzungsgesetzes.

832 § 40 des Entwurfs des DGSG-Umsetzungsgesetzes.

833 § 11 EAEG bzw. § 41 des Entwurfs des DGSG-Umsetzungsgesetzes.

834 *Hopt*, EuZW 2010, 561; *Mullineux*, J. Fin. Reg. Compl. 14 (4) (2006) 375ff.

835 *Pacces*, ECFR 2010, 479, 486.

836 *Rudolph*, ZHR 175 (2011) 284, 302.

837 *Bigus/Leyens*, ZBB 2008, 277, 279.

das Verhalten der Einleger.[838] Diese sind zwar bei bestehenden Sicherungssystemen, die ihre Einlagen im besten Fall hundertprozentig abdecken, weniger geneigt, in Panik zu verfallen und einen Run auf die Banken auszulösen. Auf der anderen Seite aber verleitet das System die Einleger auch dazu, die Überwachung ihres Instituts zu vernachlässigen.[839] Das beeinflusst auch den Wettbewerb zwischen den Banken. Denn der Einleger macht sich nicht mehr die Mühe, das beste Institut für seine Bedürfnisse auszusuchen. Der Behauptung, dass das Institut der Einlagensicherung den „moral hazard" bei den Einlegern maximiert, ist aber nur bedingt zuzustimmen. Dieser Effekt wird nur bei den Einlegern auftreten, deren Einlagen den maximalen Entschädigungsanspruch nicht übersteigen. Es betrifft somit zumeist kleinere Einleger, die in der Regel auch so keine ausgeprägten Kontrollbemühungen aufzeigen.[840] Aus diesem Blickwinkel heraus können dann die Sicherungseinrichtungen an Stelle der kleinen Einleger treten und eine bessere Kontrolle gewährleisten als die Einleger.[841] Durch die oben dargestellten Befugnisse der Entschädigungseinrichtungen, die unter anderem ein weitgehendes Informationsrecht gegenüber den Instituten beinhaltet, haben die Sicherungsinstitute besseren Zugang zu Informationen und daneben noch weitergehende Befugnisse, wenn sie bei ihrer Überprüfung Mängel in dem Institut feststellen.

### *b) Zentralbank („lender of last resort")*

Neben den Einlagensicherungsinstituten spielt auch die Zentralbank eine wichtige Rolle. In Deutschland übernimmt die Deutsche Bundesbank die Rolle der Zentralbank. Das Wirken der Zentralbank greift auf der systemischen Ebene, indem sie als „lender of last resort" einspringt.[842] Die Deutsche Bundesbank als Zentralbank soll gewährleisten, dass die Zahlungsbereitschaft des deutschen Bankensystems erhalten bleibt.[843] In diesem Fall fungiert die Zentralbank als Krisenmanager.[844] Um

838 *Miller/Rosenfeld* in: Law and Economics of Global Financial Insitutions, 2010, S. 169, 172.

839 *Cocris/Unugureanu*, Why are Banks Special?, 2007, S. 10, abrufbar unter http://papers.ssrn.com/sol3/papers.cfm?abstract_id=1090291.; *Devries/Dewatripont/Heremans/Nguyen*, Corporate governance, regulation and supervision of banks, Financial Stability Review 2004, S. 95, 98, abrufbar unter http://www.nbb.be/doc/oc/repec/fsrart/FSR_2004_En_95_120.pdf.

840 *Mülbert*, Corporate Governance of Banks after the Financial Crisis, 2010, S. 18, abrufbar unter http://papers.ssrn.com/sol3/papers.cfm?abstract_id=1448118##.

841 *Mülbert*, Corporate Governance of Banks after the Financial Crisis, 2010, S. 18, abrufbar unter http://papers.ssrn.com/sol3/papers.cfm?abstract_id=1448118##.

842 *Wohlmannstetter*, in: Hommelhoff/Hopt/v. Werder, Handbuch Corporate Governance, 2. Aufl., 2009, S. 905, 913.

843 *Haug*, in: Schimansky/Bunte/Lwowski, Bankrechts-Handbuch, 4. Aufl., 2012, § 123, Rn. 15.

844 *Höfling*, Finanzmarktregulierung, Gutachten F zum 68. Deutschen Juristentag, 2010, E 20.

die Zahlungsbereitschaft und auch Zahlungsmöglichkeit zu erhalten, versorgt die Deutsche Bundesbank den Bankenmarkt mit Zentralbankgeld. Während die Einlagensicherung auf das Verhältnis zwischen Bank und Einleger wirkt, soll der „lender of last resort" vor allem das Interbankenverhältnis absichern.[845] Die Institution eines „lender of last resort" wird ebenso kritisch gesehen wie die der Einlagensicherung. Denn auch hier hat die zusätzliche Sicherheit Einfluss auf das Verhalten der Institutsleitung und kann dazu führen, dass diese ein höheres Risiko eingeht.[846]

### *c) Wirkung der Sicherungssysteme*

Das deutsche Bankensicherungssystem wird nicht nur positiv gesehen. Wie schon oben angeklungen, befeuert die Anwesenheit der Sicherungssysteme das Risikoniveau der Geschäftsführer in den Banken. Auf der anderen Seite ist der Anreiz aller Stakeholdergruppen der Bank, diese intensiv zu überwachen, aufgrund der Einlagensicherung und der Zentralbank als „lender of last resort" eingeschränkt.[847] Der Effekt ist größer, je wichtiger die Bank ist. Denn sogenannte systemrelevante Banken können über das oben erläuterte Sicherungssystem hinaus auf weitere Hilfen vom Staat vertrauen, beispielsweise in Form von Fonds.[848] Diese Wirkungen der Sicherungssysteme hat auch der Gesetzgeber erkannt. Um die risikoerhöhende Wirkung abzuschwächen, wurde ein Bankenrestrukturierungsgesetz[849] geschaffen, welches klarstellt, dass eine Bank nicht mit allen Mitteln erhalten werden soll, sondern durchaus auch den Weg in die Insolvenz gehen kann. Ob das Gesetz die Erwartungen erfüllen kann, bleibt abzuwarten. Bezweifelt werden kann jedoch, dass der Einfluss auf die von den Sicherungssystemen ausgehende Wirkungen von großer Bedeutung ist.

## VII) Ergebnis

Die vorstehenden Ausführungen haben gezeigt, dass Bankinstitute Besonderheiten aufweisen, die eine staatliche Aufsicht und Regulierung vonnöten machen. Die besondere Stellung und Funktion, die die Banken in einer Marktwirtschaft einnehmen, gekoppelt mit den Gefahren, der die Institute aufgrund externer Effekte und der „Banken-Runs" ausgesetzt sind, und dem Umstand, dass Banken zu einem hohen

---

845 *Pacces*, ECFR 2010, 479, 486.

846 *Hartmann-Wendels/Pfingsten/Weber*, Bankbetriebslehre, 5. Aufl., 2010, S. 27.

847 *Gann/Rudolph*, in: Hopt/Wohlmannstetter, Handbuch Corporate Governance Banken, 2011, S. 601, 605; *Hopt*, Better Governance of Financial Institutions, 2013, S. 19 abrufbar unter http://papers.ssrn.com/sol3/papers.cfm?abstract_id=2212198##.

848 *Pacces*, ECFR 2010, 479, 487.

849 Gesetz zur Restrukturierung und geordneten Abwicklung von Kreditinstituten, zur Errichtung eines Restrukturierungsfonds für Kreditinstitute und zur Verlängerung der Verjährungsfrist der aktienrechtlichen Organhaftung (Restrukturierungsgesetz) vom 9.12.2010, BGBl. I, 1900.

Risiko neigen, rechtfertigen eine Branchenaufsicht. Der Markt kann in diesem Umfeld mit einer Vielzahl von irrationalen und zu Panik neigenden Menschen in Form der Einleger und einem Gewerbe, das über das Maß hinaus komplex und undurchsichtig ist, seine Mechanismen nicht wirksam entfalten. Da somit ein Marktversagen droht, ist der Eingriff von staatlicher Seite aus mit der Etablierung eines Aufsichtssystems notwendig. Da auch die Aufsichtsbehörde bei ihrer Tätigkeit mit dem Problem der Intrasparenz des Gewerbes konfrontiert ist und somit dadurch alleine noch keine Garantie für Bestand und Erhalt der einzelnen Institute gegeben wird, bedarf es zur Herstellung einer stabilen Vertrauenslage, die wiederum Grundvoraussetzung ist für das Bankgewerbe, weiterer Sicherungsmaßnahmen. Dies wird vor allem mit der Einlagensicherung verwirklicht. Aufsicht und Sicherungseinrichtungen bleiben nicht ohne Einfluss auf die üblichen (Markt-)Kontrollmechanismen und tragen zu einer zusätzlichen Schwächung dieser bei. Dies kann nicht verhindert werden, ist aber bei der Analyse der Prinzipal-Agenten-Beziehungen zu berücksichtigen.

Aus den bisher dargestellten Besonderheiten kann noch nicht der Schluss gezogen werden, dass Banken einer speziellen, von der Rechtsform abgekoppelten und an die Branche anknüpfenden Corporate Governance bedürfen. Die besondere Bedeutung der Banken im System einer Wirtschaft kann eine „Bank Governance" für sich noch nicht begründen, sondern zeigt lediglich auf, dass es für Banken aufgrund ihrer überragenden Rolle im System der Gesellschaft besonders wichtig ist, eine gute und effektive Corporate Governance zu haben. Über eine andere oder besondere Ausgestaltung lässt sich bis hierhin noch nichts ableiten. Daher soll im folgenden Kapitel eine Analyse der Prinzipal-Agenten-Konflikte in Bankinstituten angestellt werden. Denn nur, wenn sich hier Abweichungen von den rechtsformtypischen Konflikten ergeben und ein Auftreten dieser besonderen Konflikte branchendeckend zu identifizieren ist, kann das einen speziellen Corporate-Governance-Rahmen rechtfertigen.

Daher soll im folgenden Kapitel der Einfluss und die Auswirkungen der oben aufgezeigten bankspezifischen Besonderheiten auf die typischen Prinzipal-Agenten-Beziehungen in Kreditinstituten untersucht werden.

# §5 Analyse der Prinzipal-Agenten-Konflikte in Banken

Wie oben schon beschrieben gründet sich das Bedürfnis nach einer guten Corporate Governance auf das Vorhandensein von Interessenkonflikten, die im Rahmen einer Prinzipal-Agenten-Beziehung zu beobachten sind. In diesem Kapitel sollen zunächst die Interessen der wichtigsten Gruppen in einem Bankinstitut dargestellt werden, um dann die daraus entstehenden Interessenkonflikte und Prinzipal-Agenten-Konflikte herausarbeiten zu können.

## I) Anteilseigner, Management und Gläubiger (insbesondere Einleger)

In einer Bank treten mehr Stakeholder in Erscheinung als in anderen Gesellschaften.[850] Jedes Unternehmen hat Gläubiger, ein Kreditinstitut hat davon aber überdurchschnittlich viele. Dabei sind die Gläubiger aber auch homogener als die in einem durchschnittlichen Industrieunternehmen. Hier machen die Einleger einen großen Anteil aus, die der Bank ihr angespartes Vermögen anvertrauen. Das ist auf die Funktion einer Bank als Finanzintermediär zurückzuführen.[851] Nachstehend soll kurz auf die verschiedenen ökonomischen Interessen der wichtigsten Gruppen, die an einem Institut beteiligt sind, eingegangen werden. Als die Gruppen von besonderer Bedeutung sind Anteilseigner, Geschäftsführung und Einleger anzusehen.

### 1) Anteilseigner

Die Interessen und Erwartungen, die die Anteilseigner an das jeweilige Institut haben, sind nicht unbedingt homogen. Die Erwartungen sind auch von der Rechtsform des jeweiligen Institutes abhängig sowie von der Motivation der einzelnen Anteilseigner, die dazu führt, sich an dem Unternehmen zu beteiligen. Auch die Eigentümerstruktur ist bei der Beurteilung von Interessen zu berücksichtigen. Bei der Betrachtung muss daher zwischen den verschiedenen Säulen im Bankenwesen unterschieden werden.

---

850 *Mehran/Morrison/Shapiro*, Corporate Governance and Banks: What have we learned form the financial crisis?, Federal Reserve Bank of New York Staff Reports, no. 502, 2011, S. 3, abrufbar unter http://papers.ssrn.com/sol3/papers.cfm?abstract_id=1880009.

851 Zur Finanzintermediärfunktion siehe oben §4 II).

### a) Privatinstitute

Bei Instituten, die als Kapitalgesellschaften organisiert sind, ist die Entscheidung, in das Bankinstitut zu investieren, mit Kapitalrenditestreben eng verwoben („return on the investment")[852]. Dies gilt insbesondere für die Verbände, die als Aktiengesellschaft organisiert sind. Für die Aktionäre ist der jährliche Kursgewinn von besonderer Bedeutung, und damit steht das Kapitalmaximierungsinteresse im Mittelpunkt. Man kann die Aktionäre grob in zwei Gruppen einteilen. Die einen haben einen kurzfristigen, die anderen eine langfristigen Anlagehorizont. Die Anteilseigner, die ihre Position nur kurzfristig halten wollen, um ihren Anteil dann wieder abzustoßen, streben nach einer möglichst risikoreichen Strategie, die auf kurze Sicht viel Rendite und einen hohen Aktienkurs bringt,[853] auch wenn die Strategie der Bank auf lange Sicht Schaden zufügen kann. Diese Art von Anlegern mit kurzem und sehr kurzem Anlegerhorizont ist in Banken vermehrt zu finden.[854] Zwar sind auch Anleger mit langfristigem Anlagehorizont nicht risikoavers, doch sind sie in der Regel nicht an einer Strategie interessiert, die zwar kurzfristig den Gewinn in die Höhe schnellen lässt, aber auf lange Sicht der Bank eher Schaden zufügt. Ein anderer Aspekt, der auf die Risikofreudigkeit der Aktionäre wirkt, ist der Umstand, ob es sich bei ihnen um diversifizierte Aktionäre handelt oder um „blockholder". Diversifizierte Aktionäre haben in der Regel weniger Einfluss auf das Management, ihr „Wohl und Wehe" ist aber nicht so stark abhängig von der Performance einer einzelnen Gesellschaft. Aktionäre mit großen Anteilen weisen in der Regel nicht so eine hohe Diversifizierung auf, sind daher regelmäßig risikoaverser als diversifizierte Aktionäre mit kleinen Anteilen.[855] Mehrheitsaktionäre haben in der Regel dafür mehr Einfluss auf die Geschäftsführung.

*Bebchuk/Spamann* haben in einer ihrer Arbeiten die Interessenlage von Anteilseignern, unabhängig von besonderen Strukturen, an folgendem Beispiel verdeutlicht:[856]

> *Eine Bank steht vor der Wahl einer Geschäftsstrategie. Die Bank besitzt Güter im Wert von 100 Geld. Diese setzen sich zu 10 Geld aus Kapital und zu 90 Geld aus Einlagen zusammen. Strategie A verspricht eine 90-Prozent-Chance, 2 Geld zu erwirtschaften, und eine 10-Prozent-Chance, 10 Geld zu verlieren. Strategie B hingegen verspricht eine 90-Prozent-Gewinnchance in Höhe von 3 Geld und eine 10-Prozent-Möglichkeit, dass sich ein Verlust von 50 Geld ergibt.*

---

852 *Emmenegger* in: Corporate Governance, 2011, S. 1, 22; auf Aktionäre insgesamt bezogen *Klöhn*, ZGR 2008, 110, 112.

853 *Lautenschläger/Ketessidis*, in: Hopt/Wohlmannstetter, Handbuch Corporate Governance Banken, 2011, S. 759, 761.

854 Siehe hierzu auch die *Europäische Kommission*, Grünbuch Corporate Governance in Finanzinstituten und Vergütungspolitik, KOM(2010)284, S. 8 abrufbar unter http://eur-lex.europa.eu/LexUriServ/LexUriServ.do?uri=COM:2010:0284:FIN:DE:PDF.

855 *Mülbert*, Corporate Governance of Banks after the Financial Crisis, 2010, S. 15, abrufbar unter http://papers.ssrn.com/sol3/papers.cfm?abstract_id=1448118##.

856 Das Beispiel ist entnommen aus *Bebchuk/Spamann*, Geo. L.J. 98 (2010) 247, 256–257.

*Bei dieser Konstellation besteht ein ökonomisches Interesse der Anteilseigner daran, dass die Strategie B gewählt wird. Denn auch wenn der tatsächliche Verlust bei B höher ist, ist der Verlust für die Anteilseigner bei A und B gleich, ihr potenzieller Gewinn bei B jedoch höher.*

Das Phänomen eines erhöhten Risikoappetits bei Bankeigentümern zeigt auch eine Studie von *Gropp/Köhler*[857]. Nach der Auswertung von Bankdaten aus den letzten Jahren, kommt die Studie zu dem Ergebnis, dass „owner controlled banks" vor der Krise mehr Gewinn gemacht haben, während der Krise aber auch entsprechend höhere Verluste hinnehmen mussten. Dagegen waren die Verluste in „manager-controlled banks" im Durchschnitt weniger ausgeprägt. Dieses Ergebnis unterstreicht die These, wonach unter den Anteilseignern von Finanzinstituten eine Neigung zu hohem Risiko besteht.

### *b) Genossenschaftsbanken*

Bei Genossenschaften spielt für die Mitglieder neben einer ertragreichen Strategie vor allem die Mitgliederförderung eine wichtige Rolle. Teilweise können Anteile nur erworben werden, wenn man auch Kunde der Genossenschaft ist. Oft geht mit der Vertragsschließung auch der Erwerb eines genossenschaftlichen Anteils einher. Um die Finanzierungsmöglichkeiten der Genossenschaften zu verbessern, gibt es seit der letzten GenG-Reform die Möglichkeit, gemäß § 8 Abs.2 GenG in der Satzung vorzusehen, dass Kapital auch von sogenannten „nicht-nutzenden Investoren" eingesammelt werden kann. Die Idee hinter der Mitgliedschaft an einer Genossenschaft ist die Nutzung von Synergie- und Skaleneffekten zugunsten des Einzelnen. Solange die Mitglieder der Genossenschaft auch gleichzeitig Einleger sind, liegt es in ihrem Sinne, die Geschäfte der Genossenschaft so zu führen, dass ein möglichst geringes Risiko für ihre hinterlegten Einlagen besteht. Diese „Risikobremse" besteht nicht, wenn Mitglied der Genossenschaft auch werden kann, wer nicht Kunde der Genossenschaft ist. Die Investition in eine Genossenschaft ohne gleichzeitig Kunde dieser zu sein, erscheint aber wenig attraktiv.

### *c) Öffentlich-rechtliche Institute*

Die Neigung zur Eingehung eines hohen Risikos ist nur eingeschränkt auf die Anteilseigner der Sparkassen, hier Träger genannt, und oft nur einer je Sparkasse, zu übertragen. Die Träger der Sparkassen wollen mit dem Betrieb des Instituts in erster Linie ihren öffentlichen Aufgaben nachkommen. Es ist nicht das Streben nach Rendite, das für die Sparkassenträger im Vordergrund steht. Aber in den letzten Jahren hat der Wettbewerbsdruck auf die Sparkassen zugenommen, und wenn auch nicht gewinnmaximierendes Wirtschaften gefordert wird, so sind die Träger

857 Siehe *Gropp/Köhler*, Bank Owners or Bank Managers: Who is Keen on Risk? Evidence from the Financial Crisis, European Business School Research Paper No. 10-02, 2010, abrufbar unter http://papers.ssrn.com/sol3/papers.cfm?abstract_id=1555663.

doch bestrebt, eine gewinnorientierte Ausrichtung des Instituts zu erreichen.[858] Da die Träger der Sparkassen mehr Einfluss auf die Geschäftsführung haben als zum Beispiel in einer Aktiengesellschaft, birgt eine stärkere Orientierung der Träger nach Gewinn ein hohes Risiko. Denn für die Träger ist es einfacher, eine risikoreichere Strategie durchzusetzen, als dies für die Aktionäre bei einer Aktiengesellschaft der Fall ist. Eine weitere Unterscheidung ist im Hinblick auf die Landesbanken zu machen. Hier hat der Wegfall der eigentlichen Aufgabe der Banken dazu geführt, dass diese eine zunehmend andere Richtung einschlugen und in risikoreiche Geschäfte investierten. Den Landesbanken ist es dabei nicht gelungen, sich an die neuen nationalen Rahmenbedingungen durch Wegfall der Gewährträgerhaftung anzupassen. Vielmehr haben die Landesbanken sich verstärkt im internationalen Kapitalmarktgeschäft engagiert. Die dadurch eingegangenen Risiken wurden unterschätzt. In der Folge waren es auch die Landesbanken, die von der Finanzkrise besonders stark getroffen wurden. Hier haben die Träger, die in den verschiedenen Landesbanken sehr unterschiedlich sind, oft aber aus den Bundesländern und Sparkassenverbänden bestehen, eine riskante Geschäftsausrichtung zumindest geduldet. Daran zeigt sich, dass die Aussagen, dass die Träger öffentlich-rechtlicher Institute besonders risikoarme Strategien bevorzugen, nicht ohne Weiteres aufrechterhalten werden kann.

### *d) Einfluss der Besonderheiten der Banken auf die Anteilseigner*

Unabhängig von der „Ausgangsrisikoposition" gibt es bei Finanzinstituten Einflüsse, die eine Eigenart der Branche sind und dazu führen, dass Anleger ein höheres Risiko in der Geschäftsführung anstreben und dulden. Zu diesen Besonderheiten sind Bankenregulierung und Bankenaufsicht, Einlagensicherung und die Zentralbank in ihrer Eigenschaft als „lender of last resort" zu zählen. Denn anders als in nicht überwachten und nicht geförderten Branchen tragen die Anteilseigner der Banken das Geschäfts- und Verlustrisiko nicht alleine. Scheitert die Unternehmensstrategie und schlimmstenfalls mit ihr das Unternehmen, wird dieses Risiko nicht alleine auf die Anteilseigner, sondern auch auf Einlagensicherung und dem „lender of last resort" verteilt.[859] Dieser Umstand erklärt auch, warum die Anteilseigner im oben genannten Beispiel die stärker risikobehaftete Variante wählen würden. Natürlich tragen auch in Nichtbankunternehmen die Anteilseigner das Risiko nicht vollkommen alleine, vielmehr sind es hier Gläubiger und andere in vertraglicher Beziehung zur Gesellschaft stehende Parteien, die am Risiko partizipieren. Dennoch ist der Risikofaktor hier um einiges höher als in der überwachten und regulierten Bankenbranche. Der Anreiz, eine überhöhte Risikogestaltung zu dulden, wächst mit der Größe des Instituts und der

---

858 *Grapentin/Berg/Pfingsten*, ZBB 2007, 399, 400.

859 *Bebchuk/Spamann*, Geo. L.J. 98 (2010) 247, 255; *Ciancanelli/Reyes-Gonzales*, Corporate Governance in Banking: A Conceptual Framework, 2000, S. 15, abrufbar unter SSRN http://papers.ssrn.com/sol3/papers.cfm?abstract_id=253714 (Stand 11.06.2014).

meistens damit einhergehenden Systemrelevanz des Instituts.[860] Denn je „systemrelevanter" das Institut ist, desto sicherer ist ein Einschreiten vonseiten der Regulierung mit dem Ziel, das Institut am Leben zu behalten. Diesem Effekt ist der Gesetzgeber mit der Neuordnung der Abwicklung von Finanzinstituten im Bankenrestrukturierungsgesetz entgegengetreten.[861] Ob die gesetzlichen Maßnahmen tatsächlich greifen, wird sich wahrscheinlich erst im Rahmen der nächsten Finanzkrise zeigen.

## 2) Management (insbesondere Geschäftsleiter)

Für die Analyse der Prinzipal-Agenten-Konflikte sind daneben auch die Geschäftsleiter von besonderem Interesse. Bankmanagern wird häufig ein besonders großer Hang zum Risiko zugesprochen. Ein näherer Blick offenbart jedoch, dass die Geschäftsleiter teilweise risikoaverser eingestellt sind als die Anteilseigner. Erklärbar ist das mit der fehlenden Möglichkeit von Risikostreuung. In der Regel konzentriert sich ihr Wirken auf das eine Institut mit der Folge, dass ihr eigenes Wohl stark abhängig vom Wohl des Instituts ist.[862] Geschäftsführer und Vorstände weisen somit regelmäßig keine Risikodiversifizierung auf. *Martin/Zimmerman* weisen mit Recht darauf hin, dass dieser Umstand dazu führen kann, aber nicht zwingend dazu führt, dass die Leitung der Gesellschaft das Risiko mehr scheut als die Anteilseigner.[863] Dabei kann das Maß der Risikoaversion nicht einheitlich klassifiziert werden, sondern hängt vielmehr von verschiedenen Faktoren ab, unter anderem auch von der Branche, in der die Gesellschaft tätig ist.[864] Dabei ist zu berücksichtigen, dass das Eingehen von Risiken auch immer Chancen eröffnet, sowohl für das Institut als auch für die Geschäftsführer.[865]

---

860 Dazu *Günther*, WM 2010, 825.

861 Gesetz zur Restrukturierung und geordneten Abwicklung von Kreditinstituten, zur Errichtung eines Restrukturierungsfonds für Kreditinstitute und zur Verlängerung der Verjährungsfrist der aktienrechtlichen Organhaftung (Restrukturierungsgesetz) vom 9.12.2010, BGBl. I, 1900.

862 *Cocris/Unugureanu*, Why are Banks Special?, 2007, S. 3, abrufbar unter http://papers.ssrn.com/sol3/papers.cfm?abstract_id=1090291; *Mülbert*, Corporate Governance of Banks after the Financial Crisis, 2010, S. 15, abrufbar unter http://papers.ssrn.com/sol3/papers.cfm?abstract_id=1448118##; *Gropp/Köhler*, Bank Owners or Bank Managers: Who is Keen on Risk? Evidence from the Financial Crisis, European Business School Research Paper No. 10-02, 2010, S. 4, abrufbar unter http://papers.ssrn.com/sol3/papers.cfm?abstract_id=1555663.

863 *Martin/Zimmermann* in: Allmendinger u.a. (Hrsg.), Corporate Governance nach der Finanzkrise, 2011, S. 81, 94 f.; beschränkend auf solche Risiken, die die Position der Geschäftsführer gefährden würden *Hopt*, Better Governance of Financial Institutions, 2013, S. 15 abrufbar unter http://papers.ssrn.com/sol3/papers.cfm?abstract_id=2212198##.

864 *Hütten*, in: Corporate Governance nach der Finanz- und Wirtschaftskrise, 2011, S. 103, 106.

865 *Hopt*, Klaus, Better Governance of Financial Institutions, 2013, S. 16 abrufbar unter http://papers.ssrn.com/sol3/papers.cfm?abstract_id=2212198##.

Klassischerweise wird versucht, den Risikoappetit der Vorstände durch erfolgsbezogene Vergütung zu heben.[866] Dieser Mechanismus hat aber im Rahmen der Finanzkrise einen schlechten Ruf bekommen und wurde dafür mitverantwortlich gemacht, dass Gesellschaften eine zu hohe Risikostrategie eingegangen sind, die sich im Ergebnis nicht ausgezahlt hat. Daneben bleiben auch die Aufsichts- und Sicherungsmechanismen der Finanzbranche nicht ohne Einfluss auf die Geschäftsführer.[867] Vor allem die Einlagensicherung beeinflusst das Verhalten der Geschäftsführer. Denn mit dem Institut der Einlagensicherung im Rücken weisen Bankgeschäftsführer ein höheres Risikopotenzial auf. Im Falle einer Insolvenz fallen dadurch nicht alle Gläubiger mit ihren Forderungen aus, sondern ein erheblicher Anteil der Einleger wird durch die Einlagensicherung befriedigt werden. Dadurch befeuert Einlagensicherung den „moral hazard“ der Manager.[868]

## 3) Einleger

In der Diskussion um die Corporate Governance von Banken kommt den Einlegern eine wichtige Position zu. Sie stellen die größte Gruppe der Fremdkapitalgeber der Institute dar.[869] Einlagen (Spar-, Sicht-, und Termineinlagen) machen zusammen mit Bargeld das anteilig größte Geldvermögen aus.[870] Eine stetige Verstärkung der Einlagenbasis ist dabei erstrebens- und wünschenswert.[871] Daher soll zunächst dargestellt werden, wer überhaupt Einleger ist und anhand welcher Kriterien die Einlegereigenschaft festgemacht wird.

### *a) Wer ist Einleger?*

Nähert man sich dem Begriff des Einlegers aus rechtlicher Sicht, fällt der Blick zunächst auf § 1 KWG. § 1 Abs. 1 KWG gibt vor, unter welchen Umständen ein Unternehmen als Kreditinstitut zu qualifizieren ist. Dort findet man unter §1 Abs.1 S. 2 Nr. 1 KWG das Einlagengeschäft, das als erstes Bankgeschäft genannt wird. Mit dem Betreiben des Einlagengeschäfts wird aus einem Unternehmen ein Kreditinstitut. Schon

866 Dazu schon früh *Kraakman,* Yale L.J. 93 (1983–1984) 857, 864.

867 *Martin/Zimmerman* sehen einen ähnlichen Effekt, wenn Manager kalkulieren, dass die Politik zur Rettung von Arbeitsplätzen einem fehlgeleiteten Unternehmen finanziell aufhelfen, *Martin/Zimmermann* in: Allmendinger u.a. (Hrsg.), Corporate Governance nach der Finanzkrise, 2011, S. 81, 103.

868 *Spong/Sullivan* in: Corporate Governance in Banking a Global Perspective, 2007, S. 40, 43.

869 Bei den Sparkassen machen Spareinlagen ein Drittel der Bilanzsumme aus, *Becker/Peppmeier*, Bankbetrieblehre, 8. Aufl., 2011, S. 86.

870 Für das Jahr 2009 wurde ein Anteil von 39,7 % ausgemacht, im Gegensatz dazu waren nur 3,7 % des Geldvermögens in Aktien angelegt, Bankenverband, Die Privaten Banken, Fakten und Zahlen, November 2009, S. 16, abrufbar unter https://www.**bankenverband**.de/.../ods/...**banken**...**banken**.../download.

871 *Schäfer/Rolker* in: Bankaufsichtsrecht, 2010, 4, 13.

aus der Nennung des Einlagengeschäfts an erster Stelle lässt sich die Wichtigkeit dieses Bankgeschäfts für jede Universalbank ablesen. Mithilfe des Einlagengeschäfts wird Kapital ein- und angesammelt, um mit diesem das Aktivgeschäft zu betreiben und abzusichern.[872] Gemäß dem Gesetzeswortlaut ist unter dem Einlagengeschäft die Annahme fremder Gelder als Einlagen oder anderer unbedingt rückzahlbarer Gelder zu verstehen. Daraus lässt sich schließen, dass im Mittelpunkt Bargeld und dessen Surrogate stehen.[873] Sucht man nach einer gesetzlichen Definition des Begriffs „als Einlage", wird man nicht fündig. Jedoch gibt die BaFin ein Merkblatt aus, in dem sie darlegt, was aus ihrer Sicht alles unter den Begriff der Einlage fällt.[874] Ohne hier auf Einzelheiten einzugehen, soll nur erwähnt werden, dass die Definition des Begriffs „als Einlage" lange Zeit umstritten war.[875] Unstreitig unterfallen ihm nach § 1 Abs.1 S. 2 Nr. 1 KWG Sichteinlagen, Termineinlagen und Spareinlagen.[876] Der Diskussion wurde durch die 6. KWG-Novelle der Wind aus den Segeln genommen. Denn mit der Erweiterung auf die „Annahme anderer rückzahlbarer Gelder des Publikums" wurde ein Auffangtatbestand geschaffen, der nicht auf den subjektiven Zweck abstellt.[877] Die Entgegennahme von Geldern zur gewinnbringenden Verwendung, wie auch die Entgegennahme zum Zwecke der Kapitalanlage, verwirklichen die Voraussetzungen des Einlagengeschäfts. Demnach sind Einleger Personen, die einem Bankinstitut Bargeld oder ein Surrogat überlassen und diesbezüglich einen unbedingten Rückzahlungsanspruch haben. Da es Einlagen des Publikums sein müssen, fällt die Entgegennahme von Geldern von anderen Finanzinstituten, Versicherungsunternehmen oder Kapitalanlagegesellschaften nicht unter den Einlagenbegriff des §1 Abs.1 S. 2 Nr. 1 KWG[878] Ohne Einfluss auf die Qualifizierung als Einlage ist, ob es einer vorherigen Kündigung zur Fälligkeit bedarf.[879] Als klassische Einleger sind die Inhaber eines im

---

872 *Schäfer* in: Boos/ Fischer/ Schulte-Mattler; KWG, 4. Aufl. 2012, § 1 Rn. 33; *Schürmann* in: Schimansky/Bunte/Lwowski, Bankrechts-Handbuch, 4. Aufl. 2011, § 69 Rn. 1; *Peterek* in: Kümpel/Wittig, Bank- und Kapitalmarktrecht, Rn. 8. 4.

873 *Demgensky/Erm,* WM 2001, 1445, 1447.

874 *BaFin,* Merkblatt – Hinweise zum Tatbestand des Einlagengeschäfts, März 2014, abrufbar unter http://www.bafin.de/SharedDocs/Veroeffentlichungen/DE/Merkblatt/mb_140311_tatbestand_einlagengeschaeft.html?nn=2818474#doc2676100bodyText1.

875 Zur früheren vertretenen „Initiativtheorie" siehe Staudinger/ *Hopt/Mülbert,* BGB, 12. Aufl. 1989, Vorbem. zu §§ 607ff, Rn. 29 m.w.N.; zur Sicht der Rechtsprechung *BVerwG,* Urt. v. 27.3.1984 – 1 C 125.80, BVerwGE 69, 120, 124f.; aus der Literatur WuB I L 1. § 1 KWG 1.94 (Hafke); WuB I L § 3 KWG 1.95 (Blaschzcok)

876 *Schwennicke,* in: Schwennicke/Auerbach, KWG, 2. Aufl., 2013, § 1 Rn. 21.

877 *Schäfer* in: Boos/ Fischer/ Schulte-Mattler, KWG, 4. Aufl. 2012, § 1 Rn. 42; *Schwennicke,* in: Schwennicke/Auerbach, KWG, 2. Aufl., 2013, § 1 Rn. 24.

878 *BaFin,* Merkblatt – Hinweise zum Tatbestand des Einlagengeschäfts, März 2014, abrufbar unter http://www.bafin.de/SharedDocs/Veroeffentlichungen/DE/Merkblatt/mb_140311_tatbestand_einlagengeschaeft.html?nn=2818474#doc2676100bodyText1; *Schürmann* in: Schimansky/Bunte/Lwowski, Bankrechts Handbuch, 4. Aufl. 2011, § 69 Rn. 6c.

879 *Schwennicke,* in: Schwennicke/Auerbach, KWG, 2. Aufl., 2013, § 1 Rn. 13.

Guthaben geführten Kontos (Giro- oder Sparkonto) zu nennen. Eine Einlage ist aber auch gegeben, wenn das Geld gegen Aushändigung eines Schuldscheins oder einer Namensaktie angenommen wird.[880] Zusammenfassend lässt sich sagen, dass Einleger derjenige ist, der mit einem Bankinstitut im vertraglichen Kontakt steht, und die Aktion, die zwischen einzahlender Person und Bank stattfindet, unter § 1 Abs.1 S.2 Nr. 2 KWG fällt und somit als Einlagengeschäft in diesem Sinne zu qualifizieren ist.

### *b) Interessen der Einleger*

Die generelle Entscheidung, Einleger zu werden, ist oft nicht vollständig autonom getroffen. Denn nahezu jeder ist auf Bankdienstleistungen im Alltag angewiesen, um sein Gehalt zu bekommen, Rechnungen zu überweisen etc. Deshalb gibt es seit 1995 eine Selbstverpflichtung der deutschen Banken, ein sogenanntes „Konto für Jedermann" anzubieten, das auf Guthabenbasis geführt werden kann. Da in der Realität aber viele Menschen Probleme haben, als Kunde von Banken akzeptiert zu werden, hat das Europäische Parlament für eine Richtlinie über Vergleichbarkeit von Zahlungskontogebühren, den Wechsel von Zahlungskonten und den Zugang zu Zahlungskonten gestimmt.[881] Das unterstreicht die Wichtigkeit eines Kontos im alltäglichen Leben. Die Hinterlegung des Geldes als Einlage kann vor Nachteilen, die Bargeld anhaftet, zum Beispiel Verlust durch Diebstahl oder Vernichtung, schützen.[882]

Das Hauptinteresse des Einlegers ergibt sich dem Grunde nach schon aus § 1 Abs.1 S.2 Nr. 1 KWG. Bei einem Einlagengeschäft steht dem Einleger ein unbedingter Rückzahlungsanspruch zu. Wichtig für den Einleger ist es daher, dass er den Rückzahlungsanspruch zu jedem beliebigen Zeitpunkt realisieren kann („return of the investment").[883] In seinen Augen ist es daher bedeutend, dass die Bank jederzeit solvent ist und ihm das hinterlegte Geld plus eventuell vereinbarte Zinsen auszahlen kann. Daher ist insbesondere die Solvenzüberwachung aus diesem Aspekt heraus von überragender Bedeutung.[884] Einleger befürworten daher für Finanzinstitute eine Geschäftsstrategie, die ein möglichst geringes Risiko in sich birgt.[885] Denn in der Regel sind Einleger nicht bereit, dass Risiko einer Bank auch nur in geringem

---

880 *Schäfer* in: Boos/ Fischer/ Schulte-Mattler, KWG, 4. Aufl. 2012, § 1 Rn. 39.

881 *European Commission*, Proposal for a Directive of the European Parliament and of the Council on the comparability of fees related to payment accounts, payment account switching and access to payment accounts with basic features, COM(2013)266.

882 *Peterek* in: Kümpel/Wittig, Bank- und Kapitalmarktrecht, Rn. 8.2.

883 *Emmenegger* in: Corporate Governance, 2011, S. 1, 22, in Bezug auf Gläubiger allgemein *Klöhn*, ZGR 2008, 110, 112.

884 *Fahl*, Corporate Governance im Versicherungsverein a.G., 2005, S. 121f.

885 *Mülbert*, Corporate Governance of Banks after the Financial Crisis, 2010, S. 15, abrufbar unter http://papers.ssrn.com/sol3/papers.cfm?abstract_id=1448118##; *Europäische Kommission*, Grünbuch Corporate Governance in Finanzinstituten und Vergütungspolitik, KOM(2010)284, S. 4, abrufbar unter http://eur-lex.europa.eu/LexUriServ/LexUriServ.do?uri=COM:2010:0284:FIN:DE:PDF.

Umfang mitzutragen.[886] Einleger profitieren regelmäßig auch nicht davon, wenn die Eingehung eines hohen Risikos zu hoher Rendite führt, denn sie sind auf den ursprünglich vereinbarten Zinssatz verwiesen. Diese Einstellung äußert sich in der Praxis durch Abzug der Einlagen, sobald Gerüchte über Schwierigkeiten des Instituts bekannt werden. Da es dem durchschnittlichen Kleinanleger in der Regel an speziellen Kenntnissen hinsichtlich Bankwirtschaft und Bankgeschäften fehlt, fehlt es ihm auch oft an individueller Verhandlungsmacht.[887] Der Selbstschutz des einzelnen Sparers, auch durch laufende Überwachung, ist daher sehr beschränkt, und die Einlage erfolgt im Vertrauen auf eine sichere Rückzahlung der Bank.[888] Sind die Einleger vollumfänglich von der Einlagensicherung geschützt, haben sie auch kein Interesse daran, individuelle Konditionen mit der Bank auszuhandeln[889] oder das Institut zu überwachen, um es bei negativen Entwicklungen mit Einlagenabzug zu disziplinieren.[890] Da die vereinbarten Zinssätze in der Regel nur gering sind, ist der einzelne Anleger nicht daran interessiert, eine kostenaufwendige Überwachung des Unternehmens durchzuführen. Daneben ist das Phänomen zu beobachten, dass Einleger darauf hoffen, von der Überwachung durch andere profitieren zu können, ohne an den Kosten partizipieren zu müssen (*free-rider effect*).[891]

Einleger, deren Einlage nicht vom Schutz durch die Einlagensicherung gedeckt ist, haben einen größeren Anreiz, das Institut zu überwachen. Der Anreiz zur Überwachung wächst mit der Höhe der hinterlegten Einlage. Teilweise werden die „Großeinleger“ auch die erforderlichen Kenntnisse haben, um ein Institut angemessen zu überwachen. Dennoch ist zu beobachten, dass auch diese Einleger das Institut nicht ihren Möglichkeiten nach überwachen. Zum einen spielen die hohen Kosten, die eine umfassende Überwachung verursachen, eine Rolle, und zum anderen besteht oft die Hoffnung, dass sie im Falle einer Insolvenz des Instituts wenigstens teilweise von der Einlagensicherung entschädigt werden, auch wenn sie eigentlich keinen Anspruch darauf haben.[892] Das zeigt sich daran, dass Einleger und Anleger, die auf den ersten

---

886 *Böcking/Gros/Torabian*, in: MünchKomm-HGB, 3. Aufl. 2013, Vorbem.zu §§ 340 f,g, Rn. 6.

887 *Bebchuk/Spamann,* Geo. L.J. 98 (2010) 247, 257; *Wingendorf* in: Beiträge zum Finanz-, Rechungs- und Bankwesen, 2005, S 289, 298; *Lindner-Lehmann*, Regulierung und Kontrolle von Banken, 2001, S. 44f.; *van der Elst*, Corporate Governance and Banks: How justified is the match?, p.23, abrufbar unter http://papers.ssrn.com/sol3/papers.cfm?abstract_id=2562072.

888 *Linder-Lehmann*, Regulierung und Kontrolle von Banken, 2001, S. 44f.

889 *Mülbert*, Corporate Governance of Banks after the Financial Crisis, 2010, S. 11, abrufbar unter http://papers.ssrn.com/sol3/papers.cfm?abstract_id=1448118##.

890 *Bebchuk/Spamann,* Geo. L.J. 98 (2010) 247, 257; *Mullineux*, J. Fin. Reg. Compl. 14 (4) (2006) 375, 378; *Cihak/Maechler/Schaeck/Stolz*, Rev. Fin.16 (2012) 197–243; *Rocholl*, ZBB 2012, 388, 389.

891 *Hartmann-Wendels/Pfingsten/Weber*, Bankbetriebslehre, 5. Aufl., 2010, S. 392.

892 *Bebchuk/Spamann,* Geo. L.J. 98 (2010) 247, 266.

Blick von den Leistungen der Einlagensicherungsfonds ausgeschlossen sind, gegen die Einlagensicherungseinrichtungen klagen.[893]

Bei Abwesenheit der Einlagensicherungssysteme müssten die Banken voraussichtlich höhere Zinsen zahlen, um die Einleger dazu zu bewegen, das höhere Risiko einzugehen und ihr Geld dennoch der Bank anzuvertrauen.[894]

Kommt es zu einer finanziellen Krise des Instituts, wollen sich die Einleger in der Regel dennoch nicht auf die Einlagensicherung verlassen, sondern die in ihren Augen erstbeste Lösung ist, „ihr" Geld direkt von der Bank wiederzuholen. Durch diese Art von irrationalem Handeln wird ein „Banken-Run" begünstigt.[895] Das Handeln kann insofern als irrational betrachtet werden, als es den Zusammenbruch eines Instituts durch ein solches Verhalten begünstigt bzw. herbeiführen kann. In einer panischen Reaktion ziehen die Einleger das Geld bei dem Institut ab und lösen so Liquiditätsprobleme aus. Dieser plötzliche Abzug von Geld aus einem Institut kann zu einem „Herdenverhalten" führen, und in der Folge ziehen auch Einleger anderen Institute das Geld ab und bringen das ganze System zum Wanken.[896]

## 4) Aufsichtsbehörden

Das Interesse der Aufsichtsbehörden liegt in der Erfüllung der ihnen übertragenen Aufgaben. Auf mikroprudenzieller Ebene besteht die Aufgabe der Aufsicht darin, jedes einzelne Institut für sich zu betrachten und zu überwachen, um durch eine wirksame Aufsicht in Bezug auf jedes einzelne Institut dafür zu sorgen, dass vor allem auch die Kunden der einzelnen Institute geschützt werden.[897] Im Rahmen der makroprudenziellen Aufsicht hingegen ist es Aufgabe der Aufsichtsbehörde, die Institute als System zu betrachten und insbesondere Verflechtungen sowie daraus resultierende Gefahren zu identifizieren. Ziel der makroprudenziellen Aufsicht ist es somit, systemische Risiken zu identifizieren und Maßnahmen zur Kontrolle dieser Risiken zu finden.[898] In den letzten Jahren sind dabei die makroprudenzielle Aufsicht und die damit zusammenhängende Wahrung der Systemstabilität verstärkt in den Vordergrund getreten.[899] Um die Systemstabilität zu wahren, ist für die Aufsicht

---

893 Zur Klage einer Fondgesellschaft gegen Einlagensicherungsfond der privaten Banken siehe *LG Berlin*, Urt. v. 15.6.2010 – 10 O 360/09, BKR 2011, 39; dazu *Binder*, EWiR 2010, 769.

894 *Kern*, J. Bank. Reg., 7 (2006) 17, 23.

895 Zum Phänomen des „Runs" siehe oben §4 V)4)b).

896 *Böcking/Gros/Torabian* in : MünchKomm-HGB, Vorbemerkungen zu §§ 340f, 340g, Rn. 7.

897 *Issing/Bluhm*, in: Hopt/Wohlmanntter, Handbuch Corporate Governance Banken, 2011, S. 77, 84.

898 *Issing/Bluhm*, in: Hopt/Wohlmanntter, Handbuch Corporate Governance Banken, 2011, S. 77, 85.

899 Systemstabilität als „öffentliches Gut" verstehend *Wohlmannstetter*, in: Hopt/Wohlmannstetter, Handbuch Corporate Governance Banken, 2011, S. 31, 56.

das Wohlergehen jedes einzelnen Instituts relevant. Aufsichtsbehörden wachen über die Einhaltung der speziellen vorgegebenen Normen und versuchen so dafür zu sorgen, dass die Institute liquide bleiben sowie ein marktkonformes Verhalten an den Tag legen. In den Augen der Behörden ist für die Erfüllung ihrer Aufgaben dienlich, wenn die Institute eine risikoarme Strategie verfolgen. Im Interesse der besseren Überwachbarkeit sind sie daneben an transparenten und offen kommunizierenden Instituten interessiert. Zusammenfassend sind die Aufsichtsbehörden demnach ähnlich risikoavers wie die Einleger einzustufen.[900]

### 5) Zusammenfassung

Betrachtet man die einzelnen Gruppen und ihre Interessen, so lässt sich eines feststellen: Weder Anteilseigner noch Unternehmensleitung oder Einleger verfolgen mit ihren Interessen eine Unternehmenspolitik, die eine Gesamtwertmaximierung zur Folge hätte.[901] Deutliche Unterschiede bei den einzelnen Gruppen lassen sich vor allem im Hinblick auf die Risikobereitschaft erkennen. Daraus resultieren vielschichtige Konflikte, die im Idealfall im Wege einer guten Corporate Governance im Institut beseitigt oder zumindest minimiert werden sollen.

## II) Prinzipal-Agenten-Konflikte in Bankinstituten

Traditionell wird die Prinzipal-Agenten-Theorie dazu herangezogen, Konflikte zwischen Anteilseignern und Management einer fremdgeführten Kapitalgesellschaft sichtbar zu machen und mithilfe dieser Analyse Lösungen für die Überwindung der Interessenkonflikte zu finden. Mittlerweile wird die Prinzipal-Agenten-Theorie aber nicht mehr nur fruchtbar gemacht, um Lösungen im Verhältnis Anteilseigner und Geschäftsführung einer Gesellschaft zu finden, sondern auch in anderen Beziehungen wird mit der Prinzipal-Agenten-Theorie gearbeitet.[902] Um Konzepte zur Verbesserung der Corporate Governance in Finanzinstituten erarbeiten zu können, muss zunächst einmal klar sein, welche Interessenkonflikte sich in einem Finanzinstitut ergeben und inwiefern sich die Besonderheiten (Regulierung, Aufsicht, Einlagensicherung etc.) auf die Prinzipal-Agenten-Beziehungen auswirken.

Generell kristallisieren sich in Gesellschaften drei verschieden gelagerte Prinzipal-Agenten-Konflikte heraus.[903] Zunächst ist der primäre Prinzipal-Agenten-Konflikt zwischen Anteilseigner und Geschäftsführer zu nennen, der aus der Trennung von

---

900 *Hopt*, EuZW 2010, 561.

901 *Hartmann-Wendels/Pfingsten/Weber*, Bankbetriebslehre, 5. Aufl., 2010, S. 395.

902 So untersucht *Steffek* den Gläubigerschutz mithilfe der Prinzipal-Agenten-Theorie, *Steffek*, Gläubigerschutz in der Kapitalgesellschaft, 2010, S. 24ff.; *Schäfer* überträgt das Konzept auf das Verhältnis zwischen Kapitalanlagegesellschaften und Fondsanlegern, *Schäfer*, Fund Governance, 2009, S. 75f.

903 Zu den auftretenden Konflikten : *Hopt*, in: FS Nobbe, 2009, S. 853, 866; *Ciancanelli/Reyes-Gonzales*, Corporate Governance in Banking: A Conceptual Framework,

Eigentum und Kontrolle resultiert. Zudem treten zwischen den Anteilseignern selbst Konflikte auf, besonders dann, wenn es in der Gesellschaft einen Mehrheitseigner gibt. Zu einem dritten Interessenkonflikt kommt es zwischen den Anteilseignern oder den Geschäftsführern und den Gläubigern der Gesellschaft. Hier interessieren vor allem die auftretenden Interessenkonflikte zwischen Anteilseigner und Geschäftsführer und zwischen Anteilseigner bzw. Geschäftsführung und Gläubigern. Die Gläubigergruppe kann spezifiziert werden, da hier vor allem die Einleger von Interesse sind.[904] Der an zweiter Stelle genannte Konflikt zwischen Mehrheits- und Minderheitsanteilseigner wird nachgehend vernachlässigt, da dies kein Konflikt ist, der banktypisch ist, sondern vielmehr ein Konflikt, der gesellschaftsformabhängig (vor allem in Kapitalgesellschaften) auftaucht.

Eine Besonderheit ergibt sich bei den Instituten des öffentlich-rechtlichen Sektors. Hier stellt sich der Prinzipal-Agenten-Konflikt in den Instituten so dar, dass als wahre Eigentümer nicht die Träger der Institute zu sehen sind, sondern bei genauerer Betrachtung die Bürger die Prinzipale sind, die hinter den Trägern stehen.[905] Demnach ergibt sich bei öffentlichen Unternehmen ein mehrstufiger Prinzipal-Agenten-Konflikt. Auf der ersten Stufe besteht ein Konflikt zwischen Bürger und Träger, auf der zweiten Stufe dann der Konflikt zwischen Träger und Unternehmensführung.

## 1) Anteilseigner und Manager in Banken

Der Prinzipal-Agenten-Konflikt zwischen Anteilseigner und Geschäftsführung ist der „Ursprünglichste“. Anhand dieses Verhältnisses wurde die Theorie entscheidend entwickelt. Da der Konflikt seinen Ursprung in der Trennung zwischen Eigentum und Kontrolle hat, taucht er in Bankinstituten auf, die (zumindest auch) fremdgeführt sind. In Deutschland trifft das auf die Mehrzahl der Institute zu. Eigentümergeführte Institute, die von der Betrachtung ausgenommen werden müssen, gibt es nur noch einige wenige, und ihre Anzahl ist stetig abnehmend.[906]

Der Prinzipal-Agenten-Konflikt zwischen den Anteilseignern und den Geschäftsführern der Institute ergibt sich schon aus den unterschiedlichen Risikohorizonten. Die Anteilseigner werden versucht sein, auf die Agenten einzuwirken, um bei der Geschäftsführung den eigenen Risikohorizont durchzusetzen. Der Risikoappetit ist

---

2000, S. 6 abrufbar unter SSRN http://papers.ssrn.com/sol3/papers.cfm?abstract_id=253714.

904 *Mülbert*, Corporate Governance of Banks after the Financial Crisis, 2010, S. 15, abrufbar unter http://papers.ssrn.com/sol3/papers.cfm?abstract_id=1448118##.

905 *Ganske*, Corporate Governance in öffentlichen Unternehmen, 2005, S. 159.

906 Siehe dazu *Speicher-Utsch*, „Von privat für privat“, FTD v. 8. November 2010. Als reine eigentümergeführte Privatbank wird zu diesem Zeitpunkt noch Metzler, Berenberg, Bankhaus Lampe und M.M. Warburg geführt.

bei den privaten Instituten höher als bei den öffentlich-rechtlichen Instituten.[907] Der Prinzipal-Agenten-Konflikt ist dennoch in den öffentlichen Instituten ebenso angelegt.[908] Dabei haben die Geschäftsführer als Agenten aber bessere Möglichkeiten, ihre eigenen Interessen durchzusetzen, da zwischen ihnen und den Prinzipalen ein Informationsgefälle zu ihren Gunsten besteht. Es besteht also die Gefahr, dass die Agenten Entscheidungen fällen und dabei ihr Interesse statt das der Prinzipale in den Mittelpunkt stellen („moral hazard“).[909] Das ist eine Eigenschaft, die in jeder fremdgeführten Gesellschaft zu finden ist. Die Besonderheiten an Bankinstituten ist die Tatsache, dass das Informationsgefälle aufgrund der Komplexität des Geschäfts besonders ausgeprägt ist. Es ist für die Agenten in Bankinstituten noch leichter, unentdeckt Entscheidungen zu treffen, die sich hauptsächlich zu ihren Gunsten und nicht zu Gunsten der Prinzipale auswirken. Begünstigend tritt der Umstand hinzu, dass bei Banken die Umstellung der Geschäftsstrategie innerhalb kürzester Zeit möglich ist, anders als bei produzierenden Unternehmen, die dazu zunächst vielleicht erst neues Inventar und Maschinen anschaffen müssen.[910] Die Möglichkeit der schnellen und flexiblen Umstellung gepaart mit Informationsdefiziten macht es möglich, dass die Agenten weitreichende Entscheidungen zuungunsten der Prinzipale treffen, ohne dass diese etwas davon mitbekommen bzw. die Auswirkungen der Maßnahmen abschätzen können.[911] Die Konsequenzen aus einer Entscheidung können sich dagegen innerhalb weniger Stunden materialisieren.[912]

Auf der anderen Seite haben die Prinzipale oft nicht die Fähigkeiten, das Treiben der Agenten zufriedenstellend zu überwachen. Ohne spezifisches Fachwissen ist die Überwachung kaum zu leisten. Teilweise fehlt es den Prinzipalen auch an Anreizen, die Agenten zu überwachen. Denn diese unterliegen zusätzlich der Aufsicht durch die BaFin, und viele Einleger sind zusätzlich durch die Einlagensicherung abgesichert.[913] Der Überwachungsreiz der Prinzipale ist nochmals geschmälert, wenn es sich bei dem Institut um eines mit Systemrelevanz handelt und die Möglichkeit besteht, dass dem Institut bei einer Krise staatliche Hilfe geleistet wird.[914] Beeinflusst durch die staatliche Aufsicht und das Bedürfnis, die Überwachungskosten möglichst gering

---

907 *Heremans*, Corporate Governance Issues for Banks – A Financial Stability Perspective, 2007, S. 6 abrufbar unter http://papers.ssrn.com/sol3/papers.cfm?abstract_id=1024693.

908 So auch *Caspar* in: FS Goette 2011, S. 29, 31f.

909 *Gerke/Merx* in: FS Hopt, 2010, S. 1845, 1849.

910 *Mülbert*, Corporate Governance of Banks after the Financial Crisis, 2010, S. 16, abrufbar unter http://papers.ssrn.com/sol3/papers.cfm?abstract_id=1448118##.

911 *Kern*, J. Bank. Reg., 7 (2006), 17, 21.

912 *Becht* in: FS Hopt, 2010, S. 1615, 1618.

913 Siehe zum Einfluss der Einlagensicherung auf den Moral Hazard sowohl beim Management als auch bei den Einlegern *Ciancanelli/Reyes-Gonzales*, Corporate Governance in Banking: A Conceptual Framework, 2000, S. 20 abrufbar unter SSRN http://papers.ssrn.com/sol3/papers.cfm?abstract_id=253714.

914 *Kirchner* in: FS Hopt, S. 2095, 2105; *Pacces*, ECFR 2010, 479, 487.

zu halten, entsteht eine gefährliche Mischung aus übermäßigem Gewinnstreben und laxer Überwachung der Agenten. Aufgrund dieses Umstands gilt der Prinzipal-Agenten-Konflikt in Bankinstituten als komplexer als in anderen Gesellschaften.[915] Die bestehende staatliche Beaufsichtigung kann den Prinzipal-Agenten-Konflikt zugunsten der Prinzipale aber auch schmälern. Denn der staatlichen Beaufsichtigung und der Einlagensicherung wird nachgesagt, die Risikofreudigkeit der Agenten zu erhöhen.[916] Dies gilt in besonderem Maße für systemrelevante Institute. Eine Besonderheit im Prinzipal-Agenten-Verhältnis zwischen Anteilseigner und Management ist die Tatsache, dass die branchenspezifische Aufsicht als externes Element das Verhalten beider Parteien beeinflusst.[917]

## 2) Anteilseigner und Einleger

Die Beziehung zwischen Anteilseigner und Einleger ist nicht die klassische Konstellation, in der man von einer Prinzipal-Agenten-Verbindung spricht. Doch kann die Prinzipal-Agenten-Theorie überall dort fruchtbar gemacht werden, wo das Wohl des einen von der Entscheidung eines anderen abhängt.[918] Die Anteilseigner können durch ihren Einfluss auf die Geschäftsführung die Ausrichtung der Gesellschaft mitbestimmen. Diese Maßnahmen reichen von der generellen Ausrichtung der Gesellschaft (eingegangene Risiken) bis hin zur Sanierungsbereitschaft bei Schieflagen der Gesellschaft. Die Entscheidungen, die Eigentümer treffen, haben also indirekte Auswirkungen darauf, ob das Institut die Einlagen an die Einleger zurückzahlen kann. Daher kann die Beziehung der beiden Gruppen mithilfe der Prinzipal-Agenten-Theorie untersucht werden.[919]

Die Einleger sind im Bankensektor wohl als die wichtigste Stakeholdergruppe neben den Anteilseignern anzusehen.[920] Das Grundinteresse von Einlegern und Anteilseignern ist prinzipiell eigentlich gleich: Beide Gruppen haben ein Interesse an der Werterhaltung und Wertsteigerung des betreffenden Finanzinstituts.[921] Trotz dieses gleichen Grundinteresses beststehen zwischen den Interessen der Anteilseigner und den Interessen der Einleger große Spannungen. Denn grundsätzlich sind die Anteilseigner daran interessiert, einen möglichst großen Ertrag aus ihrer Investition zu ziehen („return on investment“).[922] Wie stark das Interesse daran bei dem jeweiligen

---

915 *Becht* in: FS Hopt, 2010, S. 1615, 1618.
916 Bezogen auf das Finanzinstitut insgesamt *MacNeil*, EBOR 2010, 483, 493.
917 *Ciancanelli/Reyes-Gonzales*, Corporate Governance in Banking: A Conceptual Framework, 2000, S. 22, abrufbar unter SSRN http://papers.ssrn.com/sol3/papers.cfm?abstract_id=253714.
918 Siehe oben §2 III)7)a)bb).
919 Für Gläubiger allgemein auch *Steffek*, Gläubigerschutz in der Kapitalgesellschaft, 2010, S. 24ff.
920 *Becht*, in: FS Hopt, 2010, S. 1615, 1618.
921 *Gerke/Merx*, in: FS Hopt, 2010, S. 1845, 1849.
922 Dazu *Klöhn*, ZGR 2008, 110, 112f.

wirtschaftlichen Eigentümer ausgebildet ist, hängt bei Banken davon ab, in welcher Rechtsform das Institut betrieben wird. Das Interesse des Aktionärs der Deutschen Bank AG an einem hohen „return on investment“ ist deutlich ausgeprägter als das des Trägers der Sparkassen. Eine Sonderstellung nehmen hier die Genossenschaftsbanken ein. Denn bei denen fallen die Gruppe der Einleger und der Anteilseigner regelmäßig zusammen, sodass der Konflikt nicht in dieser Ausprägung besteht. Das Interesse der Einleger besteht regelmäßig vor allem darin, die eingezahlte Einlage zurückzubekommen („return of the investment“). Große Unterschiede weisen die beiden Gruppen zudem in Bezug auf die Risikofreudigkeit auf. Je mehr Einfluss die Anteilseigner auf die Geschäftsführer und Geschäftsführung nehmen können, desto größer stellt sich der Konflikt zwischen Einlegern und Anteilseignern dar.[923] Dies gilt wieder nur eingeschränkt für öffentliche Institute. Steht dagegen ein risikoaverses Management zwischen Anteilseigner und Einleger, das keiner großen Einflussnahme durch die Anteilseigner ausgesetzt ist, kann dies den Konflikt zwischen Anteilseigner und Einleger etwas verringern. Zwischen den beiden Gruppen besteht eine gewisse „Grundabhängigkeit“. Zum einen sind die Institute darauf angewiesen, dass Einleger bei ihnen ihr Geld hinterlegen, denn erst mithilfe der Einlagen kann das Institut das Aktivgeschäft betreiben. Aber auch Einleger sind im gewissen Umfang davon abhängig, dass sich Eigenkapitalgeber finden, damit Institute überhaupt entstehen. Denn auch die Einleger „verdienen“ Geld durch ihre Einlagen. Die Einleger suchen dabei einen Weg, ihr Geld möglichst sicher zu hinterlegen, und für diese Sicherheit nehmen sie auch in Kauf, dass sie nur geringe Zinsen bekommen. Die Initiative zur Begründung der Verbindung zwischen Einleger und Institut geht regelmäßig von dem Einleger aus. Die Wahl trifft der Einleger meist anhand der gebotenen Zinsen für die Einlage, aber auch die örtliche Präsenz und eine persönliche Verbindung können ausschlaggebend sein bei der Wahl des persönlichen Geldinstituts. Der Einleger wählt daher oft nicht das für seine Ansprüche beste Institut, sondern lässt sich von anderen Aspekten leiten. Ist der Vertrag einmal abgeschlossen, wird der Einleger auf den festgelegten Zinssatz verwiesen.[924] Daher ist der Einleger interessiert an einer soliden, eher risikoarmen Strategie des Finanzinstituts, sodass dieses auf Verlangen die Einlage unverzüglich zurückzahlen und den vertraglich vereinbarten Zinssatz leisten kann.

Im Gegensatz dazu stehen die Anteilseigner einer risikoreichen Strategie offen gegenüber und bejahen die Eingehung hoher Risiken.[925] Vor allem die Anteilseigner der Privatinstitute haben ihre Investition nicht getätigt, weil sie ihr Geld möglichst sicher anlegen wollen, sondern weil sie eine flexible und möglichst hohe Rendite erwarten. Die Intentionen, die die beiden Gruppen bei der Investition bzw. Hinterlegung

---

923 *Armour/Hertig/Kanda,* in: Kraakman/Armour/Davies, The Anatomy of Corporate Law, 2nd ed., 2009, S. 115, 117.

924 *Heremans,* Corporate Governance Issues for Banks – A Financial Stability Perspective, 2007, S. 6 abrufbar unter http://papers.ssrn.com/sol3/papers.cfm?abstract_id=1024693.

925 Dazu auch *Emmenegger,* in: Corporate Governance, 2011, S. 1, 22.

haben, stehen sich diametral gegenüber.[926] Die Anteilseigner partizipieren im Gegensatz zu den Einlegern an den Gewinnen uneingeschränkt,[927] und ihr Verlust ist beschränkt auf ihre vorher geleistete Einlage.[928] Eine Erhöhung des Risikos in der Unternehmensführung bedeutet für die Anteilseigner die Chance auf mehr Gewinn und für die Gläubiger, insbesondere die Einleger, die Erhöhung des Risikos, dass das Institut das eingezahlte Geld nicht mehr zurückzahlen kann.[929] In der Beziehung zu den Einlegern und den Gläubigern insgesamt profitieren die Anteilseigner von der Möglichkeit, den Kurs der Bank ohne größeren Aufwand ex post auf eine risikoreichere umzustellen.[930] Die Besonderheit der Bankinstitute einer schnellen, lautlosen Umstellung der Geschäftsstrategie gereicht den Anteilseigner also im Hinblick auf die Beziehung zum Management zum Nachteil, aber in der Beziehung Anteilseigner – Gläubiger kann sie von Vorteil sein. Geht die risikoreiche Strategie nicht auf, geht das zulasten sowohl der Einleger als auch der Anteilseigner.[931] Im schlimmsten Fall sind die Anteile der Anteilseigner wertlos und das Institut ist nicht mehr in der Lage, die eingezahlten Einlagen auf Verlangen auszubezahlen.[932] Der Einleger verliert sein über lange Zeit angespartes Vermögen, was oft auch als seine Altersvorsorge bestimmt ist. Hier könnte man einwenden, dass das Risiko der Einleger nur auf dem Papier besteht. Denn dieser wird im Fall, dass die Bank nicht mehr in der Lage ist, die Einlage zurückzuzahlen, von den Einlagensicherungsinstituten entschädigt. Hier muss man sich aber vor Augen halten, dass die Einlagensicherung auf einen bestimmten Betrag begrenzt ist.[933] Im Umkehrschluss bedeutet dies, dass besonders Großeinleger die Zahlungsunfähigkeit hart treffen würde. Die Einlagensicherung mildert den

---

926 *Mullineux*, J. Fin. Reg. Compl. 14 (4) (2006) 375, 377; dazu auch *Kemter*, Corporate Governance nach der Finanzkrise, 2013, S. 158.

927 *Heremans*, Corporate Governance Issues for Banks – A Financial Stability Perspective, 2007, S. 6 abrufbar unter http://papers.ssrn.com/sol3/papers.cfm?abstract_id=1024693; *Kirchmaier*, Inject Governance, and not just Cash, 2008, S. 2, abrufbar unter http://papers.ssrn.com/sol3/papers.cfm?abstract_id=1303202; *Becht*, in: FS Hopt, 2010, S. 1615, 1626.

928 *Armour/Hertig/Kanda*, in: Kraakman/Armour/Davies, The Anatomy of Corporate Law, 2nd ed., 2009, S. 115, 117.

929 *Armour/Hertig/Kanda*, in: Kraakman/Armour/Davies, The Anatomy of Corporate Law, 2nd ed., 2009, S. 115, 117; *Gann/Rudolph* spricht in diesem Zusammenhang von einem „risk shifting“ *Gann/Rudolph*, in: Hopt/Wohlmannstetter, Handbuch Corporate Governance Banken, 2011, S. 601, 602.

930 *Mülbert*, Corporate Governance of Banks after the Financial Crisis, 2010, S. 15, abrufbar unter http://papers.ssrn.com/sol3/papers.cfm?abstract_id=1448118##; *Mülbert*, EBOR 2009, 411, 425.

931 *Wohlmannstetter*, in: Hommelhoff/Hopt/v. Werder, Handbuch Corporate Governance, 2. Aufl., 2009, S. 905, 909.

932 *Wohlmannstetter*, in: Hommelhoff/Hopt/v. Werder, Handbuch Corporate Governance, 2. Aufl., 2009, S. 905, 909.

933 Zurzeit gilt eine Haftungsgrenze von 100.000 € gem. § 4 Abs.2 EAEG bzw. § 8 des DGSD-Umsetzungsgesetz.

Konflikt zwischen den Interessen der Einleger und Anleger bzw. Anteilseigner zwar ab, aber das betrifft nur die Einleger, deren Einlagen vollumfänglich von der Einlagensicherung umfasst sind. Die von der Einlagensicherung abgesicherten Einleger haben damit auch keinen Anreiz, die Bank zu überwachen und eine zu risikoreiche Strategie zu verhindern.[934] Die Interessen liegen am weitesten auseinander zwischen den Anteilseignern und den Einlegern, deren Einlage nicht vollumfänglich abgesichert ist. Somit entsteht ein Interessenkonflikt zwischen Einleger und Anteilseigner bei jeder Handlung, bei der die Gesellschaft wirtschaftlich wertvoller gemacht wird unter Eingehung zusätzlicher Risiken.[935]

Das Phänomen, das die Interessen zwischen Anteilseignern und Gläubigern des Unternehmens heterogener Natur sind, ist nicht unüblich. Vielmehr ist dies in (nahezu) jeder Unternehmung zu beobachten.[936] In Banken ist der Konflikt aber besonders ausgeprägt, bedingt dadurch, dass Banken mit Risiko bzw. der Übernahme von Risiken ihr Geld verdienen und die Überwachung des Instituts durch die Einleger aufgrund der Unübersichtlichkeit nur schwer möglich ist.[937] Bedingt dadurch ist der Moral-Hazard-Konflikt zwischen Anteilseigner und Einleger in Banken von höherer Interessenspaltung geprägt als der Konflikt zwischen Anteilseignern und Gläubigern in anderen Unternehmensbranchen.[938]

Differenziert werden muss hier aber zwischen den Privatinstituten und denen des öffentlichen Sektors. Bei Sparkassen ist der Konflikt nicht in der starken Ausprägung vorhanden wie in Privatinstituten. Der Träger ist in erster Linie auf das Gemeinwohl verpflichtet. Da mittlerweile aber auch die Sparkassen gewinnorientiert arbeiten, ist der grundsätzliche Konflikt genauso angelegt. Denn auch die Träger partizipieren an den Gewinn der Sparkassen. In Zeiten, in denen Kommunen dauerhaft leere Kassen zu beklagen haben, haben sie ein Interesse an solchen zusätzlichen Einnahmen.

### 3) Management und Einleger

Die Situation zwischen den Einlegern und dem Management der Bank stellt sich im Grundsatz ähnlich wie die zwischen und Einleger und Anteilseigner dar. Die Entscheidungen, die die Geschäftsführer fällen, wirken sich unmittelbar auf die Interessen

---

934 *Bebchuk/Spamann*, Geo. L.J. 98 (2010) 247, 255.

935 Auf das Verhältnis zwischen Aktionär und Gesellschaftsgläubiger bezogen *Klöhn*, ZGR 2008, 110, 112.

936 *Heremans*, Corporate Governance Issues for Banks – A Financial Stability Perspective, 2007, S. 13, abrufbar unter http://papers.ssrn.com/sol3/papers.cfm?abstract_id=1024693.

937 *Heremans*, Corporate Governance Issues for Banks – A Financial Stability Perspective, 2007, S. 13, abrufbar unter http://papers.ssrn.com/sol3/papers.cfm?abstract_id=1024693; *Kern*, J. Bank. Reg. 7 (2006) 17, 21.

938 *Heremans*, Corporate Governance Issues for Banks – A Financial Stability Perspective, 2007, S. 6, abrufbar unter http://papers.ssrn.com/sol3/papers.cfm?abstract_id=1024693.

der Einleger aus. Sie entscheiden darüber, wie die Einlagen genutzt werden und wie sie weitergegeben werden. Damit tragen sie maßgeblich dazu bei, ob das Institut die Einleger zum gewünschten oder vereinbarten Zeitpunkt auszahlen kann. Daher liegt auch im Verhältnis von Geschäftsführung und Einlegern eine Beziehung vor, die mithilfe der Prinzipal-Agenten-Theorie näher untersucht werden kann.

Zwar sind die Geschäftsführer in ihrer Grundeinstellung nicht so risikogeneigt wie die meisten Eigenkapitalgeber, sie sind aber dennoch risikofreudiger als die Einleger. Denn in der Regel partizipiert die Geschäftsführung an wirtschaftlichen Mehrerlösen. Die Teilhabe an den wirtschaftlichen Mehrerlösen wird durch ergebnisorientierte Vergütungsbestandteile erreicht. Dies gilt auch unabhängig von der Rechtsform und der Zugehörigkeit des Instituts zu einer bestimmten Säule. Der Konflikt vergrößert sich, wenn die an sich riskoaversen Manager mithilfe von Anreizsystemen dazu veranlasst werden, stärker den Interessen der (risikogeneigten) Anteilseigner nachzukommen. Die Angleichung an das Risikoniveau der Anteilseigner wird auch mithilfe der Ausgestaltung der Vergütung erzielt. Durch anreizorientierte Vergütung profitieren sie, abhängig von der genauen Ausgestaltung, von den Gewinnen des Instituts und tragen nur ein begrenztes Risiko bei Verlusten.[939] Denn auch wenn die risikoreiche Strategie nicht aufgeht, ist den Managern der erfolgsunabhängige Teil in Form ihres Festgehaltes sicher. Kommt es hingegen zur Insolvenz, steht auch oft das Management mit leeren Händen da. In der Regel bedeutet eine Insolvenz den Verlust des Arbeitsplatzes für das Management. Hinzu kommt der Reputationsverlust, der sich auf dem Managermarkt auswirken kann und das Finden einer neuen Anstellung erschwert. Das Risiko des Managements im Falle des Untergangs eines Instituts ist daher nicht so genau bezifferbar wie das der Anteilseigner. Aus diesen Aspekten heraus erklärt sich auch, dass der Risikohorizont der Anteilseigner regelmäßig größer ist als der der Geschäftsleiter.

Während eine Angleichung der Interessen zwischen Anteilseigner und Management mithilfe vertraglicher Anreizsysteme stattfindet, sind die Möglichkeiten der Einleger, auf die Geschäftsführung einzuwirken und damit eine Verringerung des Konflikts zu erreichen, sehr begrenzt. Die Möglichkeiten der Agenten, von den Interessen der Prinzipale abzuweichen, sind groß. Die Kosten, die die Einleger für eine wirksame Überwachung aufwenden müssten, wären sehr hoch. Auch hier spielt wieder die fehlende Kenntnis und Verhandlungsmacht der Einleger eine Rolle und die mangelnde Motivation der Einleger aufgrund der Einlagensicherung. Die Übernahme der Überwachungskosten rechnet sich demnach für die meisten Einleger nicht, da sie eine Absicherung über das Einlagensystem erfahren. Im Hinblick auf die vollumfänglich abgesicherten Einleger indiziert das Einlagensystem ein ausgeprägtes *free-rider* Problem.[940]

---

939 *Kirchmaier*, Inject Governance, and not just Cash, 2008, S. 2, abrufbar unter http://papers.ssrn.com/sol3/papers.cfm?abstract_id=1303202.

940 *Gann/Rudolph*, in: Hopt/Wohlmannstetter, Handbuch Corporate Governance Banken, 2011, S. 601, 605.

## III) Zwischenergebnis

In Bankinstituten können mehrere Prinzipal-Agenten-Konflikte identifiziert werden. Alle Konflikte zeigen sich dabei durch bankenspezifische Besonderheiten in etwas abgeänderter Form, wie die erschwerte Überwachungsmöglichkeit aufgrund der den Instituten anhaftenden Undurchsichtigkeit, spezielle Regulierung, staatliche Aufsicht oder Einlagensicherung.[941] Es lässt sich ein struktureller Unterschied der Konflikte in Instituten gegenüber Nicht-Bankgesellschaften feststellen.[942] Zudem kann man inkongruente Risikopräferenzen identifizieren.

Mechanismen, die zur Verbesserung eines Konflikts beitragen, zum Beispiel Angleichung der Interessen von Anteilseigner und Geschäftsführer durch Vergütungssysteme[943], bedingen gleichzeitig eine Intensivierung eines anderen Konflikts, wie zwischen Einleger und Management insgesamt.[944]

## IV) Konsequenzen für die Diskussion der Corporate Governance von Banken

Bei der Diskussion der Corporate Governance von Bankinstituten sollten die oben mithilfe der Prinzipal-Agenten-Theorie identifizierten Besonderheiten Berücksichtigung finden. Die Besonderheiten, die sich im Interessengeflecht der Banken aufgrund des Geschäftsmodells ergeben, bedürfen auch im Rahmen der Corporate Governance Beachtung.[945] Zum einen helfen die Feststellung bei der Wirkungsanalyse aktueller Gesetze und Empfehlungen und zum anderen können sie beim Findungsprozess neuer Regelungen helfen.

Allein die Darstellung der Problematik mithilfe der Prinzipal-Agenten-Theorie beinhaltet aber noch keine Wertung darüber, ob und welche Konflikte im Wege der Corporate Governance gelöst werden können und sollten. Denn insbesondere

---

941 *Westman*, The Role of Ownership Structure and Regulatory Environment in Bank Corporate Governance, 2010, S. 36, abrufbar unter http://papers.ssrn.com/sol3/papers.cfm?abstract_id=143504.

942 So auch *Wohlmannstetter*, in: Hommelhoff/Hopt/v. Werder, Handbuch Corporate Governance, 2. Aufl, 2009, S. 905, 908; *Lautenschläger/Ketessidis*, in: Hopt/Wohlmannstetter, Handbuch Corporate Governance Banken, 2011, S. 759, 760.

943 Siehe dazu *Friebel/Langenbucher*, GWR 2011, 103; *Ferran*, ECFR 2012, 1, 7.

944 Dazu *Armour/Hertig/Kanda*, in: Kraakman/Armour/Davies, The Anatomy of Corporate Law, 2nd ed., 2009, S. 115, 118.

945 *Wohlmannstetter*, in: Hopt/Wohlmannstetter, Handbuch Corporate Governance Banken, 2011, S. 31, 69, anders ansetzend *Bachmann*, der das Bedürfnis für eine spezielle Corporate Governance daraus ableitet, dass nicht alle Banken als AG verfasst sind und somit dem DCGK unterstehen *Bachmann*, AG 2011, 181, 187.

für die Konflikte zwischen Einleger und dem Institut insgesamt bieten sich auch Lösungen abseits der Corporate Governance an.[946]

Das bedeutet, dass bei der Ausgestaltung einer „Banken Governance" immer die Frage gestellt werden sollte, ob der zu lösende Konflikt wirklich im Bereich der Corporate Governance anzusiedeln ist oder aber auch abseits der Unternehmensführung und -kontrolle gelöst werden kann.

Bei der Diskussion darf aber auch nicht aus den Augen gelassen werden, dass es sich bei Banken nicht um eine homogene Gruppe handelt, sondern dass sich zwischen den Banken, auch aufgrund der verschiedenen Rechtsformen, Unterschiede ergeben. Daher bedarf es bei der Untersuchung der Corporate Governance von Banken immer der Kontrollfrage, ob es sich bei der speziellen Thematik um eine der Unternehmung als Bank anhaftende Besonderheit handelt oder aber um eine rechtsformspezifische Besonderheit.

## V) Ergebnis

Zusammenfassend bleibt festzuhalten, dass die Besonderheiten, die ein Bankinstitut gegenüber einem „normalen" Unternehmen aufweisen, auf die im Institut angelegten Prinzipal-Agenten-Konflikte wirken. Durch die spezielle Gestaltung der Prinzipal-Agenten-Konflikte sind manche Mechanismen, die sich im Rahmen der Corporate Governance für Nichtfinanzinstitute bewährt haben, in der Wirkung eingeschränkt bis wirkungslos. Im schlimmsten Fall können bewährte Institute in die gegenteilige Wirkung ausschlagen. Aus den geänderten Prinzipal-Agenten-Konflikten ergibt sich auch das Bedürfnis nach einer gesonderten, speziellen Diskussion der Corporate Governance für Finanzinstitute,[947] wenn auch hier zwischen den einzelnen Typen der Banken unterschieden werden muss. Denn aufgrund der verschiedenen rechtlichen und tatsächlichen Strukturen unterscheiden sich die Prinzipal-Agenten-Konflikte in den einzelnen Instituten. Das bedeutet, dass auf einer ersten Stufe festgestellt werden kann, dass eine spezielle „Bank Governance" erforderlich ist. Auf einer zweiten Stufe muss jedoch immer noch genau untersucht werden, welches Institut welche Maßnahmen benötigt. Erst wenn feststeht, dass das in den Fokus gerückte Problem in allen Instituten gleichermaßen auftaucht, ist die Grundlage gegeben für eine an die Unternehmung angeknüpfte Regelung. Denn vor allem der Prinzipal-Agenten-Konflikt zwischen Anteilseignern und Geschäftsführung variiert abhängig von der Rechtsform. Auch innerhalb der Branche „Bank" ist daher kein Platz für einen „one size fits all"-Ansatz.

---

946 Sich für diesen Weg aussprechend *Kirchner/Kaal* in: Law and Economics of Global Financial Insitutions, 2010, S. 5, 15.

947 So im Ergebnis wohl auch *Kemter*, Corporate Governance nach der Finanzkrise, 2013, S. 303.

# §6 Quellen zur Corporate Governance von Banken im Überblick

Nachfolgend soll ein Überblick darüber gegeben werden, wo sich Vorgaben speziell zur Corporate Governance von Banken finden. Dabei ist der Blick sowohl auf gesetzliche Vorgaben gerichtet als auch auf unverbindliche Empfehlungen. Betrachtet man die aktuelle Gesetzeslage im Bereich Corporate Governance für Banken, finden sich sowohl rechtsformabhängige Regeln als auch sektorspezifische Aufsichtsregeln. Die rechtsformspezifischen Regeln sind dabei die, die alle Verbände mit der entsprechenden Rechtsformwahl treffen. Die aufsichtsrechtlichen Regeln knüpfen hingegen an den Betrieb des Bankgewerbes an. Die letzten Jahre waren geprägt durch eine Verstärkung der aufsichtsrechtlichen Seite. Diese Entwicklung steht im Zusammenhang mit der Finanzkrise und den identifizierten Schwächen im Bereich Corporate Governance.[948] Auf die wichtigsten Quellen, die auf die Corporate Governance der Institute wirken, soll nachgehend überblicksweise eingegangen werden.

## I) Basler Ausschuss für Bankenaufsicht

Neben den nationalen gesetzlichen Vorgaben und Ausführungen finden sich zur Materie vermehrt Vorschläge von europäischen und internationalen Akteuren, denen es jedoch an einer unmittelbaren Verbindlichkeit fehlt. Verfasser der Empfehlungen sind mittlerweile oft internationale Zusammenschlüsse oder Gremien von nichtstaatlicher Natur.[949] Von besonderer Bedeutung ist hier der Basler Ausschuss für Bankenaufsicht („*Basler Commitee on Banking Supervision*“) mit seinen Empfehlungen. Dessen zunächst unverbindliche Empfehlungen werden zunehmend vom europäischen Gesetzgeber aufgegriffen und finden so den Weg in das nationale Recht. Aufgrund der wichtigen Rolle, die der Basler Ausschuss faktisch annimmt, soll anhand des Papiers des Ausschusses mit dem Titel „Enhancing corporate governance for banking organisations“ untersucht werden, was der Basler Ausschuss für Bankenaufsicht als gute Corporate Governance für Bankinstitute begreift. Erarbeitet wurde das Papier zur Corporate Governance von einer eigens dafür gegründeten Arbeitsgruppe innerhalb des Basler Ausschusses.[950] Eine erste Version wurde 1999

---

948 *Weber-Rey*, ZGR 2010, 543, 565; auf die Vielzahl der Iniativen im Bereich Corporate Governance als Reaktion auf Finanzkrise hinweisend *Schwarz*, ZBB 2012, 314, 319.

949 *Regierungskommission Deutscher Corporate Governance Kodex*, Bericht der Regierungskommission Deutscher Corporate Governance Kodex an die Bundesregierung, 2010, S. 12 abrufbar unter http://zip-online.de/volltext.html?id=2a38a4a931 6c49e5a833517c45d31070; *Hopt* in: FS Nobbe, 2009, S. 853, 857.

950 *Emmenegger*, in: Hopt/Wohlmannstetter, Handbuch Corporate Governance Banken, 2011, S. 405, 406.

veröffentlicht, zu einem Zeitpunkt, als die Diskussion um eine bankspezifische Corporate Governance in Deutschland noch in den Kinderschuhen steckte. Es war somit eines der ersten Papiere, das von einem Bedürfnis nach einer speziellen Corporate Governance für Banken ausging und somit auch der Beginn branchenspezifischer Corporate-Governance-Vorgaben.[951] Mittlerweile liegen die Grundsätze in vierter, überarbeiteter Version aus dem Jahr 2015 vor.[952] Geprägt sind die Änderungen in der aktuellen Fassung von den Geschehnissen während der Finanzkrise. Das Papier ist in erster Linie an die nationalen Bankaufsichtsbehörden gerichtet, aber natürlich auch für die Bankinstitute bzw. deren Leitungsorgane von wesentlicher Bedeutung, da in dem Papier die Anforderungen an die Corporate Governance zu finden sind, die die Aufsichtsbehörden bei der Beaufsichtigung zugrunde legen.[953] Eine rechtliche Bindung entfaltet das Papier hingegen nicht. Es ist somit als Leitlinie neben den bestehenden Gesetzen auf nationaler, europäischer und internationaler Ebene zu sehen. Dies ist schon darauf zurückzuführen, dass es dem Urheber des Papiers an einer Regelungskompetenz fehlt. Konzipiert ist der Basler Ausschuss eigentlich als Plattform für Meinungs- und Erfahrungsaustausch der Aufsichtsbehörden für den weltweiten Finanzmarkt,[954] die zu einer internationalen Harmonisierung der Aufsichtsstandards beitragen soll. Dennoch hat die Organisation mittlerweile eine wichtige rechtspolitische Stellung inne.[955] Denn viele der Beschlüsse des Basler Ausschusses bilden später die Grundlage für internationale, europäische und nationale Gesetze und Rechtsakte.[956] Gerade deswegen muss dem Papier Beachtung geschenkt werden. Der Basler Ausschuss zeichnet sich auch verantwortlich für die weltweit relevanten Vorgaben von Basel I-III zu Eigenkapital- und Liquiditätsregeln und hat durch diese Papiere eine gewisse Machtstellung erlangt.[957] Basel III wurde zuletzt umfangreich auf europäischer Ebene durch das sogenannte CRD IV-Paket, bestehend aus der Verordnung (EU) Nr. 575/2013[958] und Richtlinie 2013/36/EU[959] umgesetzt und

---

951 *van der Elst*, Corporate Governance and Banks: How justified is the match?, S. 5, abrufbar unter http://papers.ssrn.com/sol3/papers.cfm?abstract_id=2562072.

952 *Basel Committee on Banking Supervision*, Guidelines, Corporate governance principles for banks, July 2015.

953 *Bundesverband Öffentlicher Banken Deutschlands* (VÖB), Jahresbericht 2006, S. 13.

954 *Gröschel*, Die deutsche Kreditwirtschaft, 11. Auf. 2007, S. 54.

955 *Kindler*, NJW 2010, 2465, 2467.

956 Dies kritisch herausstellend *Blaurock*, JZ 2012, 226, 228.

957 *Kindler*, NJW 2010, 2465, 2467.

958 Verordnung (EU) Nr. 575/2013 des Europäischen Parlaments und des Rates vom 26.6.2013 über Aufsichtsanforderungen an Kreditinstitute und Wertpapierfirmen und zur Änderung der Verordnung (EU) Nr. 646/2012 (Capital Requirements Regulation, CRR).

959 Richtlinie 2013/36/EU des Europäischen Parlaments und des Rates vom 26.6.2013 über den Zugang zur Tätigkeit von Kreditinstituten und Wertpapierfirmen, zur Änderung der Richtlinie 2002/87/EG und zur Aufhebung der Richtlininen 2006/48/EG und 2006/49/EG (Capital Requirements Directive IV, nachfolgend: CRD IV).

ins deutsche Recht durch das „Gesetz zur Abschirmung von Risiken und zur Planung der Sanierung und Abwicklung von Kreditinstituten und Finanzgruppe" („Trennbankengesetz") implementiert. Diese Stellung lässt erwarten, dass auch die Empfehlungen zur Corporate Governance von europäischen und nationalen Gesetzgebern früher oder später zumindest teilweise adaptiert werden. Zwar sind mittlerweile schon einige Jahre vergangen seit der ersten Veröffentlichung des Papiers des Basler Ausschusses, in denen die Empfehlungen noch nicht flächendeckend in Gesetze übernommen worden sind. Aber die Finanzkrise hat das Bewusstsein – auch der Gesetzgeber – für die Thematik geschärft. Daher ist zu erwarten, dass in den nächsten Jahren auch weitere gesetzgeberische Aktivität auf diesem Gebiet zu verzeichnen sein wird. Es kann erwartet werden, dass in diesem Fall auf die Empfehlungen des Basler Ausschusses zurückgegriffen wird. Denn dieser hat sich dann schon mehrere Jahre damit auseinandergesetzt und seine Empfehlungen über die Jahre hinweg verbessert sowie den Entwicklungen angepasst.

## 1) Institution Basler Ausschuss

Der Basler Ausschuss ist als Plattform für die nationalen Bankenaufseher konzipiert, die einen internationalen Austausch ermöglichen soll. Gegründet wurde der Basler Ausschuss im Jahre 1974 von den Zentralbankchefs der G-10 Staaten. Eine eigene Rechtspersönlichkeit hat der Basler Ausschuss nicht.[960] Vielmehr ist der Basler Ausschuss eine Kooperation der Behörden aus den verschiedenen Ländern.[961] Idee hinter dem Ausschuss ist es, dafür zu sorgen, dass weltweit keine Bank unbeaufsichtigt bleibt und die Beaufsichtigung wirksam und angemessen ist.[962] Um das zu erreichen, stellt der Basler Ausschuss einen Ort zur Diskussion und zum Erfahrungsaustausch dar. Die Idee hinter den Veröffentlichungen ist die globale Verbesserung der Aufsichtsstrukturen und Aufsichtsvorgaben durch Darlegung der Standards.[963] Die Veröffentlichung des Baslers Ausschusses haben mittlerweile auch einen wesentlichen Einfluss auf die Gesetzgebung der Europäischen Gemeinschaft.[964] Insofern sind die Veröffentlichungen des Ausschusses nicht so unverbindlich, wie sie auf den ersten Blick erscheinen.

---

960 *Weiss*, Hybride Regulierungsinstrumente, 2011, S. 24

961 *Blaurock*, JZ 2012, 226, 228.

962 *Macht*, Der Basler Ausschuss für Bankenaufsicht und Basel II, 2007, S. 25.

963 *Macht*, Der Basler Ausschuss für Bankenaufsicht und Basel II, 2007, S. 28.

964 *Ashauer*, Sparkassen und Banken im Wettbewerb, 2005, S. 183; *Binder* in: Rechtliche Grundlagen des Risikomanagements, 2008, S. 134, 137; eine „forerunner"-Funktion bescheinigend *Hopt*, Better Governance of Financial Institutions, 2013, S. 7 abrufbar unter http://papers.ssrn.com/sol3/papers.cfm?abstract_id=2212198##.

## 2) Intention

Die Veröffentlichung „Enhancing corporate governance for banking organisations" will keinen neuen Rechtsrahmen für die Corporate Governance der Institute schaffen, sondern die dort zusammengetragenen Prinzipien sind Empfehlungen an die Aufsichtsbehörden der Staaten.[965] Adressaten des Papiers sind somit primär die europäischen und nationalen Aufsichtsbehörden. Ziel des Papiers ist es, den Aufsichtsbehörden Richtlinien für eine gute Corporate Governance in Finanzinstituten zu geben und das unabhängig von der Rechtsform des Instituts. Voraussetzung für die Anwendung der Grundsätze ist allein das Betreiben eines Unternehmens, das die Voraussetzungen einer „Bank" erfüllt.[966] Aufgrund der vielen (vorübergehenden) Verstaatlichungen von Bankinstituten während der Finanzkrise, betont der Basler Ausschuss nunmehr ausdrücklich, dass die von ihm erarbeiteten Prinzipien auch bei Bankinstituten zur Anwendung kommen sollen, die sich (vorübergehend) im Besitz des Staates befinden oder vom Staat (vorübergehend) untersützt werden.[967] Hinter diesem System steht der Gedanke, dass Risiken für das Finanzsystem nicht aus der Struktur der gewählten Rechtsform resultieren, sondern aus den Geschäftshandlungen, wie die Annahme von Einlagen.[968] Aufgrund dessen, dass eine rechtsformübergreifende Anwendung angestrebt wird, verzichtet der Basler Ausschuss darauf, nähere Ausführungen zu den Rechten der Anteilseigner zu machen,[969] da die Ausgestaltung der Rechte der Anteilseigner stark von der Rechtsform des Gesellschaft abhängig ist.

Daher ist der Blick des Basler Ausschusses nicht in erster Linie darauf gerichtet, Konflikte zwischen Anteilseignern und Management zu lösen, sondern Banken dazu anzuhalten, ein Corporate-Governance-System zu etablieren, das vor allem auch dem Einlegerschutz dient.[970] Aber in den Augen des Ausschusses kommt ein Corporate-Governance-System, das sich an den Empfehlungen orientiert, nicht nur den Einlegern zugute, sondern schützt auch andere relevante Stakeholdergruppen.[971]

---

965 *Hopt* in: FS Nobbe, 2009, S. 853, 861; *Ungureanu*, Banks: Regulation and Corporate Governance Framework, 2008, S. 16, abrufbar unter http://papers.ssrn.com/sol3/papers.cfm?abstract_id=1084042.

966 *Mülbert*, BKR 2006, 349, 350.

967 *Basel Committee on Banking Supervision*, Priciples for enhancing corporate governance, July 2015, No. 22 (S. 7).

968 *Basel Committee on Banking Supervision*, Priciples for enhancing corporate governance, February 2006, S. 18.

969 *Basel Committee on Banking Supervision*, Priciples for enhancing corporate governance, July 2015, No. 20 (S. 6 f.).

970 *Basel Committee on Banking Supervision*, Priciples for enhancing corporate governance, July 2015, No. 2. (S. 3).

971 *Basel Committee on Banking Supervision*, Priciples for enhancing corporate governance, July 2015, S. 1 f.

### 3) Inhalt der „Principles for enhancing corporate governance", July 2015 (4. Version)

Der aktuellen Fassung der Prinzipien des Basler Auschuss ist ein Glosar mit den wichtigsten Begriffen des Papiers vorangestellt.[972] Nach einer allgemeinen Einführung hinsichtlich Intention und Aufbau des Papiers formuliert der Basler Ausschuss 13 Prinzipien, die in seinen Augen eine gute Corporate Governance ausmachen. Bei der Formulierung der Prinzipien orientiert sich der Basler Ausschuss an Gesellschaften, die mithilfe eines „one tier board" geführt werden.[973] In der Folge unterscheidet das Papier „board" und „senior management". In Deutschland hingegen ist -zumindest in Aktiengesellschaft zwingend - ein „two-tier-system", bestehend aus Vorstand und Aufsichtsrat oder Verwaltungsrat, vorgesehen. Der Ausschuss selbst sieht das Problem, das dadurch entsteht, und weist darauf hin, dass die Adaption der aufgestellten Prinzipien im Rahmen des gesetzlichen nationalen Rahmens erfolgen muss.[974] Bei der Lektüre der Prinzipien fällt auf, dass viele dieser Prinzipien in Deutschland schon in gesetzlicher Form existieren. Teilweise im Gesellschaftsrecht, aber zum großen Teil im Bankenaufsichtsrecht. Die Prinzipien 1–3 beschäftigen sich mit dem Board, im deutschen zweigliedrigen System also mit Vorstand und Aufsichtsrat. Es werden Vorgaben zu den persönlichen Qualifikationen sowie zur organisationsstrukturellen Ausgestaltung der Leitungsaufgaben gemacht. Die Vorgaben der Prinzipien 1–3 sind schon in weiten Teilen vom Gesellschaftsrecht sowie KWG abgedeckt und zum größten Teil auch detaillierter geregelt.[975] Hinsichtlich der internen Struktur des Unternehmens hat das Papier daher nur wenig Einfluss in Deutschland.[976] So ist in den letzten Jahren eine zunehmende Professionalisierung des Aufsichtsratsmandats in Deutschland zu beobachten. Exemplarisch kann hier auf § 25d Abs. 1 KWG verwiesen werden, der besondere Sachkenntnisse der Aufsichtsratsmitglieder fordert.[977] Die Prinzipien 6–8 machen Vorgaben zur Ausgestaltung eines Risikoüberwachungssystems. Die Vorgaben der Prinzipien 6–8 sind weitgehend in § 25a KWG und der MaRisk zu finden. In der aktuellen Fassung widmet sich der Ausschuss in Nr. 11 ausführlich dem Thema der Vergütung in den Instituten. Das beruht natürlich auch auf der hitzigen Diskussion dieses Themas in der breiten Öffentlichkeit, aber auch auf der Erkenntnis, dass die Ausgestaltung der Vergütung sich auf die

---

972 *Basel Committee on Banking Supervision*, Priciples for enhancing corporate governance, July 2015, No. 2 (S. 3).

973 *Basel Committee on Banking Supervision*, Principles for enhancing corporate governance, July 2015, No. 18. (S. 6).

974 *Basel Committee on Banking Supervision*, Principles for enhancing corporate governance, Final Document, July 2015, No. 15 (S. 5).

975 So findet sich bspw. Principle 1 findet sich in § 76 AktG und § 25a KWG; Principle 2 findet sich in den §§ 25c und 25d KWG wieder.

976 *Mülbert*, BKR 2006, 349, 350.

977 Dazu näher unten § 6 II) 2) a) aa).

Strategie und das Risikoniveau auswirken kann.[978] Das Thema Vergütung hat auch im Rahmen der Aufsicht an Bedeutung gewonnen. Deutlich wird das durch § 25a Abs. 5 KWG und der Institutsvergütungsordnung, für die der § 25a Abs. 5 KWG als Ermächtigungsgrundlage dient. Somit bringen die Prinzipien des Basler Ausschusses für Deutschland nicht viel Neues. Eine Menge des Geforderten ist schon jetzt in Deutschland gesetzlich verankert.

Ein zweiter Schwerpunkt des Papiers liegt in der Erläuterung der Rolle der Aufsichtsbehörde im Rahmen der Corporate Governance.[979] Dabei wird einführend vorangestellt, dass für die Etablierung einer guten Corporate Governance in erster Linie natürlich das Bankinstitut selbst, also die für die Führung und Kontrolle bemächtigten Organe, zuständig ist und die Kontrolle über das Corporate-Governance-System auch den Anteilseignern obliegt.[980] Aber in den Augen des Basler Ausschusses kommt auch den Aufsichtsbehörden eine wichtige Stellung im Rahmen der Corporate Governance zu. Zum einen sollen die Aufseher überwachen, dass die vorangestellten Prinzipien in den Banken auch wirklich umgesetzt werden. Um das sicherzustellen, soll die Führung und Kontrolle der beaufsichtigenden Institute regelmäßig evaluiert und ausgewertet werden.[981] Im Rahmen dieses Evalierungsprozesses sollen die Aufsichtsbehörden auch mit dem Führungsorgan des Instituts direkt kommunzieren und sich das Corporate Governance System des Instituts darlegen lassen.[982] Allein mit der Überprüfung soll es aber nicht getan sein, sondern der Aufsichtsbehörde sollen bei der Feststellung von Mängeln im Bereich der Corporate Governance Mittel zur Verfügung stehen, mithilfe derer sie zukünftig sicherstellen kann, dass die Vorgaben eingehalten werden.[983] Damit dies auch bei international tätigen Instituten gewährleistet werden kann, ist es vonnöten, dass die einzelnen nationalen Behörden miteinander kooperieren.[984] Der Basler Ausschuss sieht aber nicht nur die Aufsichtsbehörde in der Lage dafür zu sorgen, dass in den Banken eine gute Corporate Governance herrscht. Vielmehr können ihrer Auffassung nach auch Anteilseigner, Einleger, Wirtschaftsprüfer, Verbände des Bankgewerbes, Beratungsunternehmen, staatliche Einrichtungen, Ratingagenturen, Mitarbeiter etc. Einfluss auf die Etablierung eines guten Governancesystems nehmen. Die Etablierung einer

978 *Basel Committee on Banking Supervision*, Principles for enhancing corporate governance, July 2015, No. 143 (S. 34).

979 *Mülbert*, BKR 2006, 349.

980 *Basel Committee on Banking Supervision*, Principles for enhancing corporate governance, July 2015, No. 157 (S. 38).

981 *Basel Committee on Banking Supervision*, Principles for enhancing corporate governance, July 2015, No. 159 (S. 38).

982 *Basel Committee on Banking Supervision*, Principles for enhancing corporate governance, July 2015, No. 159 (S. 38).

983 *Basel Committee on Banking Supervision*, Principles for enhancing corporate governance, July 2015, No. 166 (S. 39 f.).

984 *Basel Committee on Banking Supervision*, Principles for enhancingcorporate governance, July 2015, No. 168. (S. 40).

guten Governance durch andere Interessengruppen ist dabei äußerst wünschenswert, um ein ausgeglichenes System zu etablieren, das nicht nur auf die Interessen der Aufsichtsbehörden ausgerichtet ist. Nur wenn auch die anderen Interessengruppen dazu beitragen, dass Institute ein funktionierendes Corporate-Governance-System erhalten, ist auch ein wirklicher Interessenausgleich möglich.

Das Papier betont zudem ausdrücklich einen klassischen Grundsatz der Governance und widmet ihm einen eigenen Grundsatz: der Transparenz. Der Basler Ausschuss bezieht sich dabei auch auf Transparenz im Hinblick auf die Corporate Governance im einzelnen Institut.[985] Transparenz hinsichtlich Corporate Governance ist demanch von Nöten, damit Anteilseigner, Einleger und andere Stakeholder die Unternehmensführungsund -kontrollsystem hinreichend beurteilen können.[986] Das, was eigentlich als Selbstverständlichkeit in anderen Sektoren gilt, ist für den Bankensektor eine Umwälzung, die in wenigen Jahren vonstatten ging.[987] Denn lange Zeit herrschte die Ansicht vor, dass Banken aufgrund ihrer Vertrauensempfindlichkeit weniger Transparenz vertragen als Unternehmen der Realwirtschaft. Hier hat die Corporate-Governance-Diskussion einen Sinneswandel gebracht und zeigt sehr gut, wie ein Perspektivenwechsel zu Umbrüchen führen kann.

## 4) Umsetzung

Die Veröffentlichungen des Basler Ausschusses sind zunächst einmal rechtlich unverbindlich. Die faktische Wirkung der Vorgaben des Basler Ausschusses ist jedoch nicht zu unterschätzen. Denn hier zeigt sich, dass auch rechtlich unverbindlichen Vorgaben weltweit große Bedeutung zukommen können.[988] Die Umsetzung des Baslers Papier erfolgt zunächst durch die nationalen Bankaufsichtsbehörden, indem diese bei der Überwachung der Institute das durch das Papier geschaffene Verständnis von guter Corporate Governance zugrunde legen. Das birgt die Gefahr in sich, dass die Aufseher die Vorgaben trotz mangelnder gesetzlicher Grundlage umsetzen und das Papier so indirekt doch zu einer gewissen „Rechtswirkung“ verholfen wird.[989] Einige im Papier genannten Aspekte sind in Deutschland,[990] aber auch schon

985 *Basel Committee on Banking Supervision*, Principles for enhancingcorporate governance, July 2015, No. 151. (S. 36).

986 *Basel Committee on Banking Supervision*, Principles for enhancingcorporate governance, July 2015, No. 151. (S. 36).

987 Dazu *Merkt* in: FS Goette, 2011, S. 313f.

988 *Weiss*, Hybride Regulierungsinstrumente, 2011, S. 23f.; *Wymeersch*, ZGR 2011, 443, 445.

989 *Hopt* in: FS Nobbe, 2009, S. 853, 865.

990 Anders in den USA, wo die gesetzliche Umsetzung der Vorgaben nur zögerlich erfolgt, siehe dazu *Mülbert*, Corporate Governance of Banks after the Financial Crisis, 2010, S. 24, abrufbar unter http://papers.ssrn.com/sol3/papers.cfm?abstract_id=1448118##.

vom Gesetzgeber aufgegriffen worden und in gesetzlicher Form anzutreffen.[991] Das Konzept der Umsetzung ist insofern beachtenswert, als es hier nicht Aufgabe der angesprochenen Unternehmen ist, sich über die Einhaltung der vorgeschlagenen Grundsätze zu erklären, sondern es vielmehr komplett in den Händen der Aufseher liegt, die Einhaltung zu überwachen. In Deutschland wird der Einfluss des Papiers auch dadurch gestärkt, dass es bei der Auslegung von Schreiben der BaFin Berücksichtigung findet.[992]

## 5) Kritik

Inhaltlich bringt der Basler Ausschuss mit seinem Papier für eine Verbesserung der Corporate Governance in Finanzinstituten für deutsche Institute keine übermäßigen Neuerungen.[993] Besonders herausgestellt wird, dass vor allem Banken eine besonders gute Corporate Governance benötigen und führt als Begründung für eine besondere Corporate Governance das Einlegerinteresse an, ohne daraus jedoch bankspezifische Besonderheiten abzuleiten.[994] Das Volumen des Papiers hat zugenommen, dennoch hat es der Basler Ausschuss immer noch nicht geschafft, herauszustellen, was die Corporate Governance der Banken so besonders macht. Dazu wäre es nötig, die Interessenkonflikte, die sich ergeben, vorweg zu erörtern. Die Chance, eine bankenspezifische Corporate-Governance-Diskussion voranzutreiben, wurde durch den Ausschuss bisher nicht genügend genutzt.[995] Daneben konzentriert sich der Basler Ausschuss erneut nur auf die interne Corporate Governance. Besonderheiten und Probleme der externen Corporate Governance greift er wiederholt nicht auf.[996] Des Weiteren ist der Blickwinkel, in dem das Thema Corporate Governance betrachtet wird, sehr eng. Das Papier stellt das Thema komplett in die Dienste der Aufsicht und dementsprechend sind die Grundsätze eingefärbt vom Eigeninteresse der Aufsichtsbehörden.[997]

Kritisch hinterfragt werden sollte auch die zunehmende Instrumentalisierung des Themas Corporate Governance für die Zwecke der Aufsicht. Im Mittelpunkt

---

991 Zuletzt siehe beispielsweise die Formulierung der Anforderungen an Aufsichtsräte § 25d Abs. 1 KWG.

992 *Braun,* in: Boos/ Fischer/ Schulte- Mattler, KWG, 3. Aufl. 2008, § 25a Rn. 56.

993 Das kritisierte der *Bundesverband Öffentlicher Banken Deutschlands (VÖB),* Jahresbericht 2006, 2006, S. 13.

994 *Wohlmannstetter,* in: Hommelhoff/Hopt/v. Werder, Handbuch Corporate Governance, 2. Aufl. 2009, S. 905, 920.

995 Das Problem haftete auch dem vorangegangen Papier aus dem Jahre 2006 an, *Wohlmannstetter,* in: Hommelhoff/Hopt/v. Werder, Handbuch Corporate Governance, 2. Aufl. 2009, S. 905, 919.

996 *Wohlmannstetter,* in: Hopt/Wohlmannstetter, Handbuch Corporate Governance Banken, 2011, S. 31, 57.

997 *Mülbert,* Corporate Governance of Banks after the Financial Crisis, 2010, S. 24, abrufbar unter http://papers.ssrn.com/sol3/papers.cfm?abstract_id=1448118##.

des Basler Ausschusses steht das Bedürfnis, Corporate Governance für die Zwecke der Aufsicht einzusetzen. Effektives Wirtschaften im Unternehmen zugunsten aller Parteien verliert das Papier dabei aus dem Blick.[998] Das zeigt sich unter anderem daran, dass das Papier die Aufsichtsbehörden als Interessengruppe aufführt, deren Interessen bei der Unternehmensführung zu berücksichtigen sein sollen.

### 6) Ergebnis

Der Veröffentlichung „Enhancing corporate governance for banking organisations" kommt keine (direkte) rechtsverbindliche Wirkung zu. Dennoch sind sie für die Corporate Governance der Finanzinstitute weltweit von besonderer Bedeutung. Denn zum einen sind die Aufsichtsbehörden angehalten, ihre Aufsicht an den Prinzipien des Basler Ausschusses auszurichten. Zum anderen spielen die Prinzipien sowohl auf europäischer als auch auf nationaler Ebene eine wichtige Rolle bei der Fortentwicklung des Rechtsrahmens für die Corporate Governance für Banken.[999] *Mülbert* stellt unter anderem die Vermutung an, dass die EBA die Prinzipien des Basler Ausschusses beim Erlass eigener Leitlinien berücksichtigen wird.[1000] Kritisch zu sehen ist die Indienststellung der Thematik Corporate Governance für die Aufsichtsbehörde. Zudem gelingt es dem Basler Ausschuss nicht, die Besonderheiten, die sich im Rahmen der Corporate Governance für Banken ergeben, klar herauszustellen.

## II) Europäisches Gemeinschaftsrecht

Der europäische Gesetzgeber nimmt im Bereich Corporate Governance für Banken eine immer stärkere Schrittmacherrolle ein. Die Schaffung eines europaweit einheitlichen Aufsichtssystems berührt auch zunehmend den Bereich der Unternehmensführung und -kontrolle. Vorgaben zur Corporate Governance von Banken finden sich auf europäischer Ebene zum großen Teil in den Vorgaben des CRD-IV-Paketes.[1001] Mit Erlass des CRD-IV-Maßnahmenpakets sind die bis dahin geltenden Bankenrichtlinien und die Kapitaladäquanzrichtlinie außer Kraft gesetzt worden.

---

998 Die „Zweckentfremdung" kritisierend *Mülbert*, BKR 2006, 349, 359f.; *Emmenegger*, in: Hopt/Wohlmannstetter, Handbuch Corporate Governance Banken, 2011, S. 405, 407f.

999 *Wittig*, WM 2010, 2337, 2338.

1000 *Mülbert*, ZVglRWiss 113 (2014), 520, 523.

1001 Das Paket setzt sich zusammen aus der Verordnung Nr. 575/2013 des Europäischen Parlaments und des Rates vom 26.6.2013 über Aufsichtsanforderungen an Kreditinstitute und Wertpapierfirmen und zur Änderung der Verordnung NR. 646/2012 (Capital Requirements Regulation) und der Richtlinie 2013/36/EU des Europäischen Parlaments und des Rates vom 26.6.2013 über den Zugang zur Tätigkeit von Kreditinstituten und die Beaufsichtigung von Kreditinstituten und Wertpapierfirmen, zur Änderung der Richtlinie 2002/87/EG und zur Aufhebung der Richtlinien 2006/48/EG und 2006/49/EG (Capital Requirements Directive IV).

Mit dem CRD-IV-Paket wurde auf europäischer Ebene das „Basel III-Rahmenwerk", mit dem der Basler Ausschuss für Bankenaufsicht 2010 neue Eigenkapital- und Liquiditätsregeln für Banken festgelegt hat, umgesetzt. Zudem dient das CRD-IV-Paket dazu, einen europaweiten einheitlichen Aufsichtsrahmen für die Beaufsichtigung von Finanzinstituten zu schaffen. Im Bereich der Corporate Governance enthält das CRD-IV-Paket vor allem Voraussetzungen hinsichtlich der Qualifikation von Geschäftsleitern und Verwaltungsrat- und Aufsichtsratsmitgliedern sowie Vorgaben hinsichtlich der Vergütungsstrukturen in Instituten. Das Schaffen detaillierter europäischer Normen im Bereich der Corporate Governance findet nicht nur Zustimmung.[1002] Auf nationaler Ebene erfolgte die Umsetzung aufgrund des CRD -IV-Umsetzungsgesetzes.[1003] Auf Änderungen, die das CRD-IV-Paket auf Ebene des nationalen Rechts gebracht hat, wird weiter unten noch eingegangen. Nachfolgend soll auf das Grünbuch Corporate Governance in Finanzinstituten eingegangen werden. Denn dies war in der Krise die erste Antwort auf (angeblich) mangelhafte Corporate Governance in europäischen Finanzinstituten, und Aspekte des Grünbuchs wurden später im Rahmen des CRD-IV-Pakets umgesetzt.

### 1) Grünbuch Corporate Governance in Finanzinstituten und Vergütungspolitik

Auch auf europäischer Ebene ist der Trend zu einer branchenspezifisches Reformierung der Corporate Governance erkennbar. Im Sommer 2010 hat die Europäische Kommission ein Grünbuch mit dem Titel „Corporate Governance in Finanzinstituten und Vergütungspolitik" veröffentlicht.[1004] Der Anstoß zu einem Grünbuch speziell zur Corporate Governance von Finanzinstituten gründet auf dem Bericht von Sir David Walker, der im Auftrag der britischen Regierung angefertigt wurde.[1005] Das Grünbuch knüpft an die Offensive der Kommission mit dem Titel „Impulse für den

---

1002 „Regelungsbreite und Regelungstiefe geht weit über alles hinaus, was sinnvolle Corporate Governance sein kann" *Weber-Rey*, Corporate Governance in Europa: die Initiativen der EU-Kommission, Zentrum für Europäisches Wirtschaftsrecht, Nr. 193, 2012, S. 30, abrufbar unter http://www.zew.uni-bonn.de/publikationen/schriftenreihe-des-zentrums-fuer-europaeisches-wirtschaftsrecht/heft193weberrey.pdf.

1003 Gesetz zur Umsetzung der Richtlinie 2013/36/EU über den Zugang zur Tätigkeit von Kreditinstituten und der Beaufsichtigung von Kreditinstituten und Wertpapierfirmen und zur Anpassung des Aufsichtsrechts an die Verordnung (EU) Nr. 575/2013 über Aufsichtsanforderungen an Kreditinstitute und Wertpapierfirmen v. 28.8.2013, BGBl. I S. 3395.

1004 *Europäische Kommission*, Grünbuch Corporate Governance in Finanzinstituten und Vergütungspolitik, KOM(2010)284.

1005 *Mülbert*, ZHR 174 (2010), 375, 376.

Aufschwung" an.[1006] Das Papier erfuhr besondere Aufmerksamkeit in Wissenschaft und Praxis.[1007] Wie angekündigt hat die Kommission dem Grünbuch gesetzgeberische Maßnahmen folgen lassen und die Vorschläge aus dem Grünbuch teilweise im Rahmen der CRD-IV-Richtlinie und Verordnung aufgegriffen. Dennoch verdient das Grünbuch auch jetzt noch Beachtung, da es zum einen Einblick gibt, welche Rolle der Corporate Governance in Finanzinstituten in Augen des europäischen Gesetzgebers zukommt, zudem noch nicht alle Vorschläge umgesetzt worden sind und die Erfahrung lehrt, dass oft nicht umgesetzte Vorschläge im Rahmen der nächsten Krise eine Renaissance erleben. Insgesamt war die Reaktion auf das Grünbuch gespalten. Manche Aspekte wurden begrüßt,[1008] andere als viel zu weitrechend abgelehnt.[1009] Zudem war das Grünbuch Vorläufer für etliche Projekte auch über den Finanzsektor hinaus.[1010]

### *a) Dokumente*

Um die Vorschläge der Kommission vollumfänglich verstehen zu können, ist nicht nur die Lektüre des Grünbuchs an sich erforderlich,[1011] sondern auch das dazugehörige Arbeitspapier gibt Aufschluss über die Ideen des Grünbuchs und ist daher als Ergänzung dazu zu sehen.[1012]

### *b) Ziel*

Das Grünbuch sollte einen ersten Anstoß zur Überarbeitung des Themas Corporate Governance auf europäischer Ebene geben. Dem folgte eine teilweise Vereinheitlichung und Verrechtlichung des Themas auf europäischer Ebene durch das CRD-IV-Paket.[1013] Als ein Problem hat die Kommission identifiziert, dass es zwar

---

1006 *Europäische Kommission*, Mitteilung für die Frühjahrstagung des Europäischen Rates, Impulse für den Aufschwung in Europa, TEIL 1, KOM 2009(114).

1007 *Bachmann*, AG 2011, 181, 187.

1008 Positiv aufgefasst wurde zum Beispiel das Erfordernis fortlaufender Weiterbildung der Aufsichtsräte, siehe *Bachmann*, WM 2011, 1301, 1302.

1009 Insgesamt die Tendenz zu immer mehr Aufsicht und Berichtspflichten kritisch hinterfragend *Hemeling*, ZHR 174 (2010), 635, 637.

1010 *Weber-Rey*, Corporate Governance in Europa: die Initiativen der EU-Kommission, Zentrum für Europäisches Wirtschaftsrecht, Nr. 193, 2012, S. 5, abrufbar unter http://www.zew.uni-bonn.de/publikationen/schriftenreihe-des-zentrums-fuer-europaeisches-wirtschaftsrecht/heft193weberrey.pdf.

1011 *Europäische Kommission*, Grünbuch Corporate Governance in Finanzinstituten und Vergütungspolitik, KOM(2010)284.

1012 *Europäische Kommission*, Commission Staff Working Paper, Corporate Governance in Financial Institutions: Lessons to be drawn from the current financial crisis, best practices, SEC(2010)669.

1013 Bestehend aus EU-Richtlinie 2013/36/EU und EU-Verordnung 575/2013 und in Deutschland umgesetzt durch das Gesetz zur Abschirmung von Risiken und zur

Leitlinien und Empfehlungen gab, die die in der Finanzkrise auftretenden Probleme erfasst haben, aber eine Umsetzung dieser bestehenden Regeln scheiterte, weil es an rechtlicher Verbindlichkeit und Sanktionsmöglichkeiten fehlte.[1014] Mit der Veröffentlichung des Grünbuchs verfolgte die Kommission den Zweck, dass sich interessierte Parteien in den Prozess der Entwicklung einer wirksamen Corporate Governance für Finanzinstitute einschalten und konstruktive Vorschläge für die Ausgestaltung bereiten.[1015] Damit hat die Kommission der Diskussion extremen Aufschwung gegeben.

Um die Vorschläge der Kommission im Grünbuch bewerten zu können, ist es wichtig, zu wissen, wie die Kommission den Begriff Corporate Governance interpretiert. Im Grünbuch ist dazu ausgeführt, dass unter dem Begriff Corporate Governance die Beziehungen der an einem Bankunternehmen Beteiligten und die damit im Zusammenhang stehenden Mechanismen zu verstehen sind, die nötig sind, um die Unternehmensziele bei gleichzeitiger Beachtung der vielschichtigen Interessenkonflikte der Unternehmensbeteiligten zu erreichen.[1016]

In den Augen der Kommission müssen Regeln in Bezug auf Corporate Governance von Finanzinstituten so ausgestaltet sein, dass durch sie ein Corporate Governance System geschaffen wird, das die „Checks and Balances“ in einem Unternehmen verbessert. Durch die Verbesserung des Systems der „Checks and Balances“ soll implizit auch das Verantwortungsbewusstsein der einzelnen Beteiligten geschärft werden.[1017] Die Kommission sieht aber auch die Gefahr, dass durch zunehmende Regulierung und verschärfter Haftung eine gewisse Handlungslethargie geschaffen wird. Daher muss Ziel der anstehenden Regulierungsvorhaben sein, ein Klima zu schaffen, in dem sich die Handelnden ihrer Verantwortung bewusst sind, aber nicht ein Regelungskorsett geschaffen wird, das den Verantwortlichen jeglichen Spielraum zum Handeln nimmt.[1018]

Bei der Ausarbeitung des Grünbuchs standen vor allem die großen Bankinstitute Europas, in Deutschland regelmäßig als Aktiengesellschaft geführt, Modell.[1019] Daher wundert es auch nicht, dass das Papier der Rolle der Aktionäre besondere

Planung der Sanierung und Abwicklung von Kreditinstituten und Finanzgruppe vom 7. August 2013, BGBl. I S. 3090 *(„Trennbankengesetz“)*.

1014 *Europäische Kommission*, Grünbuch Corporate Governance in Finanzinstituten und Vergütungspolitik, KOM(2010)284, S. 6.

1015 *Europäische Kommission*, Grünbuch Corporate Governance in Finanzinstituten und Vergütungspolitik, KOM(2010)284, S. 12.

1016 *Europäische Kommission*, Grünbuch Corporate Governance in Finanzinstituten und Vergütungspolitik, KOM(2010)284, S. 4.

1017 *Europäische Kommission*, Grünbuch Corporate Governance in Finanzinstituten und Vergütungspolitik, KOM(2010)284, S. 5.

1018 *Europäische Kommission*, Corporate Governance in Financial Institutions, SEC(2010)669, S. 4.

1019 *Europäische Kommission*, Grünbuch Corporate Governance in Finanzinstituten und Vergütungspolitik, KOM(2010)284, S. 3.

Aufmerksamkeit schenkt.[1020] Vor allem die Anwendung der Vorschläge in diesem Bereich auf Banken, die im Eigentum des Staates stehen, ist nur im begrenzten Umfang möglich.[1021] Neben den rechtsformspezifischen Unterscheidungen weißt die Kommission auch darauf hin, dass die Vorgaben vor allem für solche Institute zur Anwendung kommen sollten, die eine Systemrelevanz aufweisen. Damit macht die Kommission deutlich, dass sie nicht an einer „one size fits all"-Regulierung interessiert ist, sondern vielmehr an einer institutsindividuellen Corporate Governance.

### *c) Inhalt*

Thematisch beschäftigt sich das Grünbuch mit der Verbesserung der Aufsicht durch bessere Qualifizierung des Aufsichts- bzw. Verwaltungsrats, der Stärkung der Risikomanagementfunktion, Ausdehnung der Rolle der externen Revisionen, Stärkung der Rolle der Aufsichtsbehörde, verstärkte Einbeziehung der Aktionäre in die Kontrolle des Managements, der verstärkten Berücksichtigung der Interessen anderer Beteiligter (hier insbesondere einer Sorgfaltspflicht gegenüber den Einlegern), der wirksamen Durchsetzung von Corporate-Governance-Grundsätzen in der Praxis, der Vergütungsstrukturen und der Vermeidung und Bekämpfung von Interessenkonflikten. Insgesamt werden zu acht Themenkomplexen eine verschiedene Anzahl von Vorschlägen zur Diskussion gestellt.

Um die Arbeit des Aufsichts- bzw. Verwaltungsrats zu verbessern, schlägt die Kommission vor, die zulässigen Mandate eines des einzelnen Mitglieds zu schränken, damit gewährleistet ist, dass jedem Mandat genug Zeit gewidmet werden kann.[1022] Zudem spiegelt sich auch hier die allgemeine Diversity-Diskussion wider, und es wird vorgeschlagen, insbesondere bei der Zusammensetzung der Verwaltungsräte darauf zu achten, dass mehr Frauen und insgesamt eine größere kulturelle und soziale Vielfalt in der Besetzung vertreten sind.[1023] Ein weiterer innovativer Punkt auf der Liste der Kommission ist der Vorschlag, das Funktionieren des Verwaltungsrats zukünftig durch einen externen Prüfer bewerten zu lassen und mögliche, durch den Prüfer aufgedeckte Defizite in der Arbeitsweise an die Aufsichtsbehörde zu melden und die Anteilseigner über das Ergebnis der Prüfung zu informieren.[1024] Weiterhin hat die Kommission den Vorschlag formuliert, die Verwaltungsratsmitglieder zukünftig

---

1020 Siehe z.B. *Europäische Kommission*, Grünbuch Corporate Governance in Finanzinstituten und Vergütungspolitik, KOM(2010)284, S. 8 (3.5).

1021 *Europäische Kommission*, Corporate Governance in Financial Institutions, SEC(2010)669, S. 13f.

1022 *Europäische Kommission*, Grünbuch Corporate Governance in Finanzinstituten und Vergütungspolitik, KOM(2010)284, S. 14 (1.1).

1023 *Europäische Kommission*, Grünbuch Corporate Governance in Finanzinstituten und Vergütungspolitik, KOM(2010)284, S. 14 (1.4).

1024 *Europäische Kommission*, Grünbuch Corporate Governance in Finanzinstituten und Vergütungspolitik, KOM(2010)284, S. 14 (1.5).

ausdrücklich dazu zu verpflichten, bei der Ausübung ihrer Tätigkeit die Interessen der Einleger und anderer Beteiligter zu berücksichtigen („Sorgfaltspflicht").[1025]

Ein großes Kapitel wird dem Thema externe Revision gewidmet. Hier steht für die Kommission im Mittelpunkt, zukünftig die Arbeit zwischen externen Revisoren und Aufsichtsbehörden zu verstärken, sodass Aufsichtsbehörden frühzeitig über Missstände in Instituten informiert werden und entsptechend einschreiten können.[1026] Daneben wird eine Mitteilungspflicht der externen Revisoren auch an den Verwaltungsrat vorgeschlagen.[1027]

Äußert interessant ist das Kapitel bezüglich der Rolle der Aufsichtsbehörden im Rahmen der Corporate Governance. Hier ruft die Kommission das Ziel aus, die Rolle der Aufsichtsbehörden im Rahmen der internen Corporate Governance neu zu definieren, wobei deutlich gemacht wird, dass weiterhin eine strikte Trennung zwischen Aufsichtsbehörden und Unternehmensleitung gewahrt bleiben muss. Als wohl wichtigster Vorschlag ist hier der Vorschlag anzuführen, wonach Aufsichtsgremien dazu ermächtigt und verpflichtet werden sollen, das ordnungsgemäße Funktionieren des Verwaltungsrats und der Risikomanagementfunktion zu überprüfen.[1028] Daneben wird vorgeschlagen, die fachlichen und beruflichen Anforderungen an Verwaltungsratsmitglieder zu verschärfen und diese durch die Aufsichtsbehörden überprüfen zu lassen.[1029]

Obwohl das Grünbuch eigentlich branchenspezifisch angelegt ist, behandelt es ein Thema das nicht branchenspezifisch, sondern rechtformspezifisch ist. Die Rede ist von dem Komplex über Aktionäre. Denn die Kommission will mit dem Grünbuch auch eine Diskussion über die Rolle der Aktionäre im Rahmen der Corporate Governance anstoßen. Dafür wirft die Kommission zunächst die Frage auf, ob eine Kontrolle der Institute durch die Aktionäre weiterhin realistisch ist.[1030] Daneben behandelt die Kommission die Frage, wie institutionelle Anleger besser in die Corproate Governance der Institute eingebunden werden können.[1031]

Weiterhin werden Vorschläge formuliert, mit denen die Anwendung und Durchsetzung der Corporate-Governance-Grundsätze verbessert werden soll. Hier zielt

---

1025 *Europäische Kommission*, Grünbuch Corporate Governance in Finanzinstituten und Vergütungspolitik, KOM(2010)284, S. 15 (1.13).

1026 *Europäische Kommission*, Grünbuch Corporate Governance in Finanzinstituten und Vergütungspolitik, KOM(2010)284, S. 16 (3.1).

1027 *Europäische Kommission*, Grünbuch Corporate Governance in Finanzinstituten und Vergütungspolitik, KOM(2010)284, S. 16 (3.2).

1028 *Europäische Kommission*, Grünbuch Corporate Governance in Finanzinstituten und Vergütungspolitik, KOM(2010)284, S. 16 (4.2).

1029 *Europäische Kommission*, Grünbuch Corporate Governance in Finanzinstituten und Vergütungspolitik, KOM(2010)284, S. 16 (4.3).

1030 *Europäische Kommission*, Grünbuch Corporate Governance in Finanzinstituten und Vergütungspolitik, KOM(2010)284, S. 18.

1031 *Europäische Kommission*, Grünbuch Corporate Governance in Finanzinstituten und Vergütungspolitik, KOM(2010)284, S. 18f.

die Kommission in erster Linie darauf, die Verantwortlichkeit von Verwaltungsratsmitgliedern durch zivilrechtliche und strafrechtliche Haftung zu verschärfen.[1032]

Zum Schluss widmet sich die Kommission dem Problem von Interessenkonflikten. Hier geht der Vorschlag dahin, bei Finanzinstituten aufgrund ihrer Bedeutung für die Gesamtwirtschaft typischerweise auftretenden Interessenkonflikte ausdrücklich gesetzlich zu regeln und damit vorzugeben, wessen Interessen in bestimmten Situationen der Vorrang zu gewähren ist.[1033] Konkrete Interessenkonflikte, für welche eine solche gesetzlichen Regelung in Betracht kommen würden, werden in dem Papier allerdings nicht genannt.

### *d) Stellungnahme*

Auffällig erscheint im Nachgang des Grünbuchs, dass einigen Themen besondere Aufmerksamkeit geschenkt wurde, andere hingegen nahezu untergegangen sind. Zu den beliebten Themen gehören die bessere Kontrolle der Unternehmensführung durch Aktionäre und Aufsichtsbehörde sowie die Ausgestaltung der Vergütungsstrukturen.[1034] Ein Aspekt, der bei der Diskussion des Grünbuchs immer im Hinterkopf behalten werden muss, ist die Tatsache, dass das Grünbuch für monistisch geführte Gesellschaften entworfen wurde. Die Übertragung auf das deutsche, duale System der Aktiengesellschaft darf daher nicht unreflektiert erfolgen.[1035] Vielmehr müssen die einzelnen Punkte immer auf Besonderheiten im monistischen und dualen System untersucht werden. Bei dem Grünbuch der Kommission fällt zunächst auf, dass viele Fragen behandelt werden, die nicht als bankspezifisch betrachtet werden können. Exemplarisch seien hier die Ausführungen zur Rolle der Aktionäre im Rahmen der Corporate Governance genannt.[1036] Das verdeutlicht, dass das Grünbuch weniger branchenspezifisch ist, als es vorgibt. Bei den Ausführungen zu den Aktionären fällt daneben weiter ins Auge, dass auch die Aktionäre als Unterstützer der kurzfristigen und risikoreichen Geschäftsführungen identifiziert wurden, aber jetzt im Grünbuch nach Wegen gesucht wird, wie der Einfluss genau dieser Aktionäre verbessert werden kann, um so die Corporate Governance der Institute zu verbessern.[1037] Zwar gibt die Kommission einleitend an, dass sich die Diskussion in erster Linie auf die großen Institute, die als Kapitalgesellschaft organsiert sind, bezieht, dennoch ist die Diskussion um die Rolle der Aktionäre besser in der rechtsformspezifischen anstatt in der branchenspezifischen Diskussion aufgehoben.

---

1032 *Europäische Kommission*, Grünbuch Corporate Governance in Finanzinstituten und Vergütungspolitik, KOM(2010)284, S. 19 (6.1 und 6.2)

1033 *Europäische Kommission*, Grünbuch Corporate Governance in Finanzinstituten und Vergütungspolitik, KOM(2010)284, S. 21 (8.1 und 8.2).

1034 *Weber*, NJW 2011, 273.

1035 *Habbe/ Köster*, BB 2011, 265.

1036 *Mülbert*, ZHR 174 (2010), 375, 379.

1037 *Mülbert*, ZHR 174 (2010), 375, 379.

Der Abschnitt hinsichtlich der Rolle der Aufsichtsbehörde ist dagegen eindeutig der branchenspezifischen Diskussion zuzuordnen. Besorgniserregend ist hier die Einstellung der Kommission, wonach eine gute Corporate Governance der Institute besonders wichtig für die Aufsichtsbehörde sei und diese im Rahmen der Etablierung einer solchen eine herausragende Stellung einnehme. Denn dies deutet darauf hin, dass man den Weg beschreitet hin zu einer „Bank für die Aufsicht“, die sich zu stark an den Interessen der Aufsichtsbehörde orientiert und weniger das Unternehmensinteresse in den Mittelpunkt stellen kann. Einige Abschnitte haben natürlich auch branchenspezifische Bedeutung, so vor allem die Überlegungen zur Verstärkung der Rolle der Aufsicht im Prozess der Corporate Governance. Beispielhaft ist hier der Vorschlag zu nennen, wonach die Aufsichtsbehörde über das korrekte Zusammenspiel zwischen Vorstand und Aufsichtsrat wachen soll.[1038]

Viele Punkte, die in dem Grünbuch zur Diskussion gestellt werden, sind mittlerweile vom europäischen und/oder deutschen Gesetzgeber angegangen worden. So gelten mittlerweile verschärfte Anforderungen hinsichtlich der Sachkenntnisse bei Verwaltungs- und Aufsichtsorganmitgliedern gemäß § 25d KWG. Dennoch ist in dem Grünbuch die Entwicklung angelegt, dass spezifische Erkenntnisse hinsichtlich der Corporate Governance von Banken „blind“ auf andere, nicht bankspezifische Unternehmen übertragen werden.[1039] Die Lösungsansätze, die das Grünbuch hervorbringt, zielen nahezu alle auf mehr Pflichten der Gesellschaftsorgane und mehr Aufsicht ab.[1040] Hinzu kommt, dass die Verschärfung der Anforderungen oft nicht auf umfassenden Untersuchungen beruht, sondern auf sporadisch auftretenden Ereignissen.[1041]

## 2) Kapitaladäquanzrichtlinie („CRD IV“) und Verordnung zur Kapitaladäquanzrichtlinie („CRR“)

Wie schon im Grünbuch angekündigt, hat der europäische Gesetzgeber umfangreiche regulatorische Maßnahmen folgen lassen, um die oben herausgestellten Probleme zu adressieren. Dies geschah in einem Maßnahmenpaket bestehend aus der Kapitaladäquanzrichtlinie (CRD IV)[1042] und der flankierenden Verordung zur Kapitaladäquanzrichtlinie (CRR).[1043] Die beiden Rechtsakte bilden zusammen den

1038 *Europäische Kommission*, Grünbuch Corporate Governance in Finanzinstituten und Vergütungspolitik, KOM(2010)284, S. 15.

1039 Diese Gefahr sieht auch *Buschmann*, NZG 2011, 87, 91.

1040 *Hemeling*, ZHR 174 (2010), 635, 637.

1041 *Mülbert*, ZHR 174 (2010), 375, 380.

1042 Richtlinie 2013/36/EU des Europäischen Parlaments und des Rates vom 26. Juni 2013 über den Zugang zur Tätigkeit von Kreditinstituten und die Beaufsichtigung von Kreditinstituten und Wertpapierfirmen, zur Änderung der Richtlinie 2002/87/EG und zur Aufhebung der Richtlinien 2006/48/EG.

1043 Verordnung (EU) N. 575/2013 des Europäischen Parlaments und des Rates vom 26. Juni 2013 über Aufsichtsanforderungen an Kreditinstitute und Wertpapierfirmen

eruopäischen Rechtsrahmen für den Zugang zur Tätigkeit, den Aufsichtsrahmen und die Aufsichtsvorschriften für Kreditinstitute und Wertpapierfirmen und haben die Bankenregulierung maßgeblich neu geordnet.[1044] Die Errichtung des einheitlichen Aufsichtsrahmens für Bankinstitute war auch der erste Schritt hin zur Schaffung der europäischen Bankenunion.[1045] Dabei wird unter dem Begriff der Bankenunion das zurzeit größte ordnungspolitische Regelpaket zusammengefasst.[1046] Dabei sind auch einige Themen aus dem oben besprochenen Grünbuch augenommen worden und dadurch die Vereinheitlichung von europäischen Mindeststandards im Bereich Corporate Governance voranagetrieben worden. Vorgaben zur Thematik Unternehmensführung und -kontrolle finden sich dabei im Schwerpunkt in der Richtlinie 2013/36/EU. In der Verordnung 575/2013 finden sich hingegen überwiegend Vorgaben zur notwendigen Kapitalausstattung. Anwendbar sollen die neuen Vorgaben auf alle Insitute sein, die rückzahlbare Gelder vom Publikum in Form von Einlagen oder in anderen Formen entgegenehmen.[1047] Die Einhaltung der Vorgaben aus der Richtlinie sollen die nationale Behörden gewährleisten, indem sie wirksame, verhältnismäßige und abschreckende Verwaltungsmaßnahmen zur Verfügung vorsehen und durchsetzen.[1048]. In den Erwägungsgründen zur Richtlinie und Verordnung werden auch die Anteilseigner der Institute in die Pflicht genommen, wenn der Europäische Gesetzgeber die Erwartung an diese formuliert, dass die Anteilseigner bei der Ernennung von Mitgliedern des Leitungsorgans darauf zu achten haben, dass die Bewerber über ausreichende Kenntnisse, Qualifikationen und Fähigkeiten für eine umsichtige und ordnungsgemäße Führung des Instituts verfügen sollen.[1049] Auch die Vergütungsthematik wird in der Richtlinie weitreichend augegriffen, So ist hier die Maxime, dass die Vergütungspolitik in klaren Grundsätzen festzulegen ist und das diese ausgerichtet sein sollen an Risikobereichtschaft, den Werten und den langfristigen Interessen des einzelnen Instituts.[1050]

Die Richtlinie legt detailliert fest, welche Anforderungen erfüllt sein müssen, damit ein Unternehmen in einem ersten Schritt zunächst die Zulassung erhält um als Institut in der europäischen Union tätig zu werden. Weiterhin finden sich Regelungen

---

und zur Änderung der Verordnung (EU) Nr. 646/2012; in Deutschland umgesetzt durch das Gesetz zur Umsetzung der Richtlinie 2013/36/EU über den Zugang zur Tätigkeit von Kreditinstituten und die Beaufsichtigung von Kreditinstituten und Wertpapierfirmen und zur Anpassung des Aufsichtsrechts an die VO (EU) Nr. 575/2013 über Aufsichtsanforderungen an Kreditinstitute und Wertpapierfirmen (CRD IV-Umsetzungsgesetz) vom 28.8.2013, BGBl (2013), S. 3395.

1044 Nr. 2 der Erwägungsgründe Richtlinie 2013/36/EU und Nr. 5 der Erwägungsgründe Verordnung 575/2013.

1045 Nr. 9 der Erwägungsgründe Richtlinie 2013/36/EU.

1046 *Grundmann*, ZHR 179 (2015), 563, 566.

1047 Nr. 14 der Erwägungsgründe Richtlinie 2013/36/EU.

1048 Nr. 35 der Erwägungsgründe Richtlinie 2013/36/EU.

1049 Nr. 59 der Erwägungsgründe Richtlinie 2013/36/EU.

1050 Nr. 63 der Erwägungsgründe Richtlinie 2013/36/EU.

dazu, wie die Aufsicht über Insitut zu organiseren ist, um eine einheitliche Beaufsichtigung von Instituten in der Europäischen Union zu gewährleisten. Dazu gehört die Bestimmung von Sanktionsbefugnissen der Aufsichtsbehörden bei Verstößen der Insitute gegen die Vorgaben.[1051] Die Europäische Union sieht hier als wichtiges Element auch die Veröffentlichung der Verstöße sowie die darauhin ergangenen Verwaltungssanktionen („Naming and Shaming").[1052] Im zweiten Kapitel der Richtlinie werden die Anfordernungen an die Regelungen, Verfahren und Mechanismen in den Insituten selber behandelt. Ab Art. 88 ff der Richtlinie 2013/36/EU finden sich die konkreten Vorgaben zur Unternehmensführung. Unter anderem gibt Art. 91 der Richtlinie 2013/36/EU vor, dass Mitglieder der Leitungsorgane ausreichend gut angesehen („beleumundet") sein müssen und ausreichende Kenntnisse, Fähigkeiten und Erfahrungen für die Wahrnehmung ihrer Tätigkeit vorweisen müssen.[1053] Dabei muss nicht jedes Mitglied auf allen Gebieten vertiefte Kenntnise haben. Vielmehr muss das Leitungsorgan als Kollektiv sicherstellen, dass im Kollektiv Kenntnisse, Fähigkeiten und Erfahrungen vorhanden sind um ein umfassendes Verständnis der Tätigkeiten des Instituts sicherzustellen.[1054] Neben den fachlichen Voraussetzugen sieht die Richtline vor, dass die Mitglieder des Leitungsorgans zudem ausreichend viel Zeit für ihr Amt aufwenden müssen.[1055] Um die zeitliche Verfügbarkeit sicher zu stellen, findet sich in Art. 91 (3) zahlenmäßige Beschränkungen dahingehend wieiviele Leitungs- und Aufsichtsämter ein Mitglied des Leitungsorgans gleichzeitig innehaben kann. Bei Insituten von erheblicher Bedeutung soll zukünftig ein Nominierungausschuss geeignete Personen für die Besetzung des Leitungsorgans ermitteln und vorschlagen.[1056] Zudem setzt der europäische Gesetzgeber auf eine Verstärkung des Effekts durch eine Publizitätswirkung. Denn jedes Institut muss nun auf seiner Webseite erläutern, wie es die europäischen Vorgaben zur Unternehmensführung in Artikel 88–95 der Richtlinie 2013/36/EU in der Praxis umsetzt.[1057] Viele der in der Richtlinie zur Unternehmensführung vorgesehenen Regelungen waren schon vor Erlass der europäischen Rechtsakte im deutschen Aufsichtsrecht verankert. Die neuen Aspekte der Richtlinienvorgaben hat der deutsche Gesetzgeber im „Gesetz zur Umsetzung der Richtlinie 2013/36/EU über den Zugang zur Tätigkeit von Kreditinstituten und Wertpapierfirmen und zur Anpassung des Aufsichtsrechts an die Verordnung (EU) Nr. 575/2013 über Aufsichtsanforderungen an Kreditinsitute und Wertpapierfirmen (CRD IV-Umsetzungsgesetz) vom 28. August 2013" umgesetzt. Im KWG finden sich die Vorgaben dazu jetzt in § 25c KWG für Geschäftsleiter und in § 25d KWG für Verwaltungs- und Aufsichtsorgane. Vor allem die positive Formulierung von Anforderungen an die Verwaltungs- und Aufsichtsorgane war dabei ein Novum im

1051 Abschnitt IV, Artikel 64 ff. Richtlinie 2013/36/EU.
1052 Artikel 68 Richtlinie 2013/36/EU.
1053 Artikel 91 (1) Richtlinie 2013/36/EU.
1054 Artikel 91 (7) Richtlinie 2013/36/EU.
1055 Artikel 91 (2) Richtlinie 2013/36/EU.
1056 Artikel 88 (2) Richtlinie 2013/36/EU.
1057 Artikel 96 Richtlinie 2013/36/EU.

deutschen Recht.[1058] Die Vorgaben zu Vergütungsstrukturen in Instituten sind in den Art. 92ff. der Richtlinie 2013/36/EU verordnet sowie im deutschen Recht nun in § 25a Abs. 5f KWG verankert und machen deutlich, dass die Festsetzung einer konsistenten Vergütungsstruktur Teil der ordnungsgemäßen Geschäftsführungsorganisation ist.[1059] Die sich durch die Richtlinie 2013/36/EU ergebenen inhaltlichen Änderungen im Hinblick auf die Vergütung sind in erster Linie durch Neufassung der Institutsvergütungsverordnung zum 01.01.2014 umgesetzt worden.[1060] Dieser Weg vom europäischen Grünbuch über den europäischen Gesetzgeber hinein ins deutsche Recht veranschaulicht deutlich, dass Impulsgeber für die Governance- Diskussion in erster Linie der europäische Gesetzgeber ist. Die Konzentration bei der Umsetzung auf die persönlichen Anforderungen der Mitglieder der Leitungsorgane und die Vergütung bestätigt auch wieder, dass die Regulierung im Bereich Corporate Governance weiterhin anlassbezogen erfolgt und die Schaffung eines ganzheitlichen Konzepts noch in weiter Ferne liegt.

### 3) EBA Guidelines on Internal Governance of 27. September 2011 and Guidelines on the Assessment of the Suitability of Members of the Management Body and Key Function Holders of 22. November 2012

#### *a) Institution*

Die EBA Guidelines sind eines der ersten Werke der neugeschaffenen europäischen Aufsichtsbehörde EBA.[1061] Diese ist mit dem Ziel angetreten, die europäischen Bankaufsichtsstandards zu vereinheitlichen. Dazu hat die Behörde Leitlinien zu zwei der aktuell wichtigsten Themen im Bereich Bankenaufsicht erlassen. Dies sind zum einen die Leitlinien zur internen Governance bei Bankinstituten und zum anderen die Leitlinien hinsichtlich der Anforderungen an Managementmitglieder und andere Schlüsselpositioneninhaber. Die Leitlinien richten sich in erster Linie an die nationalen Aufsichtsbehörden. Mit den Leitlinien legt die EBA dar, was sie unter angemessenen Aufsichtspraktiken im Hinblick auf die verschiedenen Themen versteht.

#### *b) Inhalt*

Aufgrund der europäischen Ausrichtung der Aufsichtsbehörde widmen sich die Leitlinien an vielen Stellen den Problemen, die bei grenzübergreifenden Bankengruppen auftauchen. Viele Vorschläge der Leitlinie sind daher darauf ausgerichtet,

---

1058 Zu § 25d KWG unten §6 III)2)a)aa).
1059 Zu Problemen in der Anwendung auf bestehende Verträge *Lunk/Besenthal*, NZG 2013, 1010.
1060 Dazu *Thelen-Pischke/Sawahn*, Kreditwesen 2014, 116, 117.
1061 Dazu oben §4 VI)1)b)bb).

die Komplexität und Intransparenz in grenzüberschreitenden Bankengruppen aufzulösen. Besondere Betonung erfährt die Verantwortung der Mutterbank, und hier der Geschäftsführung, für die Etablierung einer guten internen Governance-Struktur in allen gruppenangehörigen Instituten. Betont wird auch hier – wie schon beim Papier des Basler Ausschusses – der Grundsatz „know-your-structure", der in Gruppen nicht nur die Struktur des einzelnen Instituts umfasst, sondern der ganzen Gruppe. Die Leitlinien zur internen Governance[1062] beinhalten Vorgaben zur Unternehmensstruktur und Organisation sowie Pflichten und Aufgaben der Leitungsorgane, dabei insbesondere Vorgaben zur Zusammensetzung, Qualifikation und Arbeitsweise des Organs. Daneben stehen Risikomanagement, interne Kontrolle und Transparenz im Mittelpunkt des Papiers.

Das Papier zur Beurteilung der Eignung von Mitgliedern des Leitungsorgans und von Inhabern von Schlüsselfunktionen[1063] ist ganz auf die Voraussetzungen der Managementmitglieder und Aufsichtsorganmitglieder sowie Prozessausgestaltungen bei der Arbeit im Management und Kontrollorgan fokussiert. So finden sich generelle Vorgaben zu Rechten und Pflichten des Führungsorgans sowie dessen Unabhängigkeit und Vorgehen bei Interessenkonflikten. Die Vorgaben in den Leitlinien sind dabei umfassend und detailreich. Als Besonderheit kann hier gesehen werden, dass die detaillierten Regelungen auch auf Personen in Schlüsselpositionen, die auch einen erheblichen Einfluss auf die Ausrichtung des Instituts haben können, Anwendung finden sollen.

### *c) Durchsetzung*

Eine Besonderheit zeigt sich bei der Durchsetzung der Mechanismen. Zwar entfalten die Guidelines keine rechtlich bindende Wirkung, aber um tatsächlich eine einheitliche Beaufsichtigung der Institute zu erreichen, richten sich die Leitlinien in erster Linie an die nationalen Aufsichtsbehörden. Um überprüfen zu können, ob die nationalen Behörden den Empfehlungen tatsächlich nachkommen, gibt es eine Meldepflicht. Innerhalb einer von der EBA gesetzten Frist müssen sich die nationalen Aufsichtsbehörden darüber erklären, ob sie den Leitlinien im Rahmen ihrer Aufsichtstätigkeit nachkommen. Wird den Empfehlungen nicht nachgekommen, muss die Abweichung begründet werden. Es ist hier somit ein „comply or explain"-Mechanismus etabliert worden, der sich in diesem Fall aber an die Behörden richtet und diese dazu verpflichtet, sich zu erklären. Die deutschen Aufsichtsbehörden haben zu beiden Guidelines ihre Annahme erklärt. Die Empfehlungen der

---

1062 Abrufbar unter *Europäische Bankenaufsichtsbehörde (EBA)*, EBA-Leitlinien zur internen Governance (GL44), November 2011, https://www.eba.europa.eu/documents/10180/103861/EBA_2012_00210000_DE_COR.pdf.

1063 *Europäische Bankenaufsichtsbehörde (EBA)*, Leitlinien zur Beurteilung der Eignung von Mitgliedern des Leitungsorgans und von Inhabern von Schlüsselfunktionen, November 2012, abrufbar unter https://www.eba.europa.eu/documents/10180/106695/EBA_2012_00220000_DE_COR.pdf.

Guidelines wurden unter anderem bei der Neufassung der MaRisk von der BaFin berücksichtigt.[1064]

## III) Nationales Recht

### 1) Rechtsformspezifische Regelungen durch Gesellschaftsrecht

Zunächst wird die Corporate Governance der einzelnen Institute durch die gesellschaftsrechtlichen Vorgaben gestaltet. Diese betreffen in erster Linie die interne Corporate Governance. Je nach Rechtsform sind Aufbau, Organisation und Leitung der Institute teilweise in AktG, GmbHG, GenG und in den einzelnen Sparkassengesetzen der Länder geregelt. Die Sparkassengesetze lehnen sich zunehmend stärker an das Aktiengesetz an. Neben den gesetzlichen Regelungen müssen die Institute auch die Empfehlungen aus nichtgesetzlichen Regelungen im Auge haben und sich dazu erklären. Zum einen ist das natürlich der Deutsche Corporate-Governance-Kodex, der direkt aber nur für die börsennotierte Aktiengesellschaft relevant wird, wenn auch eine entsprechende Anwendung für Gesellschaften in anderen Rechtsformen vorgeschlagen wird. Neuerungen im Gesellschaftsrecht hinsichtlich Corporate Governance als Reaktion im Schatten der Finanzkrise finden sich in erster Linie im Aktienrecht. Zu nennen sind vor allem die Änderungen durch das *VorstAG*[1065] und das *Restrukturierungsgesetz*[1066]. Die Gesetze brachten Änderungen im Hinblick auf die Ausgestaltung der Vergütungssysteme und die nachträgliche Herabsetzung der Vergütung und eine Verlängerung der Verjährungsfrist bei Pflichtverletzungen.

### 2) Aufsichtsrechtliche Vorgaben

Für die Führung und Organisation von Finanzinstituten sind neben den rechtsformspezifischen Regelungen aufsichtsrechtliche Vorgaben von besonderer Bedeutung. Gesetzliche Regelungen finden sich für Bankinstitute vorrangig im Kreditwesengesetz (KWG). Anwendung findet das KWG auf alle erlaubnispflichtigen Unternehmen im Sinne des KWG. Das Aufsichtsrecht reichert die Organpflichten mit einer Vielzahl von weiteren Vorgaben an, die sich in den letzten Jahren stetig gesteigert haben.[1067]

---

1064 Siehe dazu Erklärung der BaFin, abrufbar unter http://www.bafin.de/SharedDocs/Veroeffentlichungen/DE/Fachartikel/2013/fa_bj_2013_03_marisk_ba.html (Stand 24.06.2014).

1065 Gesetz zur Angemessenheit der Vorstandsvergütung (VorstAG) vom 31. Juli 2009, BGBl. I S. 2509.

1066 Gesetz zur Restrukturierung und geordneten Abwicklung von Kreditinstituten zu Errichtung eines Restrukturierungsfonds für Kreditinstitute und zur Verlängerung der Verjährungsfrist der aktienrechtlichen Organhaftung vom 9. Dezember 2010, BGBl. I S. 1900.

1067 *Binder* spricht von einer „rasanten Verdichtung“ des Aufsichtsrechts in diesem Punkt, *Binder*, ZGR 2013, 760, 762.

Gesetzesänderungen haben in den letzten Jahren aus Sicht der Corporate Governance vor allem im Bereich der Vergütung, Tätigkeit und Zusammensetzung des Aufsichtsrats bzw. Verwaltungsrats und Anforderungen an die Organisation stattgefunden. Ausgangspunkt der Gesetzesreformen ist zumeist der europäische Gesetzgeber. Zunächst konzentrierte man sich auf die Regulierung der Vergütungsstrukturen. Dies ist damit zu erklären, dass die These vorherrschte, dass auch Vergütungsstrukturen in den Instituten zu der Krise beitragen haben.[1068] Im Gesetz manifestiert sich dieser Aspekt in § 25a Abs. 5 KWG und der die Regelung flankierenden Institutsvergütungsverordnung. Dieser Schritt wird von manchen als Paradigmenwechsel gesehen, da erstmals die Festlegung der Vergütung nicht mehr dem Markt überlassen wird, sondern von aufsichtsrechtlicher Seite Vorgaben gemacht werden.[1069] Eine weitere Besonderheit der Regelung ist, dass nicht nur die Vergütung der Geschäftsleiter erfasst wird, sondern auch die Vergütung von Mitarbeitern auf den Stufen darunter. Der Aspekt der Vergütung von Mitarbeitern unterhalb der Geschäftsleiter ist dabei weniger ein Thema von Corporate Governance als vielmehr ein Thema der Contract Governance.[1070] Kürzlich ist zudem das schon oben angesprochene CRD-IV-Umsetzungsgesetz[1071] ergangen und das Gesetz zur Abschirmung von Risiken und zur Planung der Sanierung und Abwicklung von Kreditinstituten,[1072] das Änderungen der §§ 25a-e, 36 KWG sowie Ergänzungen der §§ 54a und 60b KWG brachte. Die letzten Reformen brachten sehr ausführliche und detaillierte Regelungen, die nun zum Teil auch strafbewehrt sind.[1073] Ein zentraler Punkt der Corporate Governance, zu dem die letzten Novellen nach intensiver Diskussion des Themas in der Literatur detaillierte Regelungen gebracht haben, sind die Voraussetzungen, die ein Geschäftsleiter oder ein Aufsichtsrats- sowie Verwaltungsratsmitglied für seine Tätigkeit mitbringen muss. Nun sind erstmals die Voraussetzungen, die an Geschäftsleiter und Aufsichts- und Verwaltungsratsmitglieder zu stellen sind, positiv formuliert worden.[1074] § 25c Abs. 1 KWG gibt vor, dass Geschäftsleiter fachlich geeignet und zuverlässig sein

---

1068 *v. Medem*, in: Corporate Governance nach der Finanz- und Wirtschaftskrise, 2011, S. 111. 126.

1069 *Ludwig*, Branchenspezifische Wirtschaftsaufsicht und Corporate Governance, 2012, S. 262f.; zur Thematik Vergütung insgesamt *Däubler*, ArbuR 2012, 380ff.; *Insam/Hinrichs/Hörtz*, DB 2012, 1568ff.; *Lunk/Besenthal*, NZG 2013, 1010ff.; *Simon/Koschker*, BB 2011, 120ff.

1070 Dazu *Möslein*, JZ 2010, 72, 78.

1071 Gesetz zur Umsetzung der RL 2013/13/EU über den Zugang zur Tätigkeit von Kreditinstituten und die Beaufsichtigung von Kreditinstituten und Wertpapierfirmen und zur Anpassung des Aufsichtsrechts an die VO (EU) Nr. 575/2013 über die Aufsichtsanforderungen an Kreditinstitute und Wertpapierfirmen (CRD-IV-Umsetzungsgesetz) vom 28.8.2013, BGBl. I S. 3395.

1072 Gesetz zur Abschirmung von Risiken und zur Planung der Sanierung und Abwicklung von Kreditinsituten vom 7.8.2013, BGBl. I S. 3090.

1073 Siehe § 25c Abs.4a und 4b KWG.

1074 Siehe § 25c Abs.1 KWG.

müssen und ihrer Aufgabe ausreichend Zeit widmen müssen. § 25d Abs. 1 KWG sieht vor, dass Mitglieder der Aufsichtsgremien in Banken zuverlässig sein müssen, die erforderliche Sachkunde für die Überwachungstätigkeit vorweisen müssen und genügend Zeit haben müssen für ihre Tätigkeit.

Im Überblick wird schon deutlich, dass das KWG eine Menge an Normen zur Unternehmensorganisation vorhält, die sich in den rechtsformspezifischen Gesetzen nicht finden. Die umfassenden Regelungen mögen zwar anwenderfreundlich erscheinen, bergen jedoch die Gefahr in sich, dass dadurch das Verhalten der Geschäftsführung der Banken stark eingeschränkt und auf eine schmale Palette von Möglichkeiten beschränkt wird.[1075] Die Business Judgement Rule des § 93 Abs.1 S.1 AktG, die nicht nur im Rahmen der Aktiengesellschaft zur Anwendung kommt, sondern auch auf Geschäftsführer anderer Gesellschaftsformen übertragen wird[1076], wird durch die Anforderungen des KWG stark eingeschränkt.[1077] Somit hat das KWG einen starken Einfluss auf das unternehmerische Ermessen der Geschäftsleiter und Aufsichtsgremien.[1078]

Neben dem KWG sind Verlautbarung der Aufsichtsbehörde BaFin Quelle für Corporate-Governance-Vorgaben. Diese haben zwar nicht den Charakter zwingenden Rechts, dennoch entfalten sie eine starke Bindungswirkung. Das wohl wichtigste Rundschreiben ist hier das Rundschreiben zu den Mindestanforderungen an das Risikomanagement (MaRisk).[1079] In der MaRisk finden sich unter anderem Vorgaben zur Ausgestaltunge des internen Kontrollsystems (AT 4.3.) und zur Aufbau- und Ablauforganisation (AT 4.4.). Die Veröffentlichungen der BaFin dienen in erster Linie dazu, die gesetzlichen Normen zu konkretisieren.[1080]

Vorgaben im Aufsichtsrecht, die die Corporate Governance beeinflussen, finden sich in verschiedensten Ausprägungen. Ein Unterschied von Bedeutung gegenüber der gesellschaftsrechtlichen Corporate Governance sind die Mittel, die der über die Einhaltung wachenden Aufsichtsbehörde zur Durchsetzung der Vorgaben zur Verfügung stehen.[1081]

---

1075 So auch *Hopt,* ZIP 2013, 1793, 1797; *Langenbucher,* ZHR 176 (2012), 652, 664.

1076 Dazu mit weiteren Nachweisen *Bachmann,* NZG 2013, 1121, 1122f.; sich für die Einschränkung der Anwendung der Business Judgement Rule aussprechend *Langenbucher,* ZBB 2013, 16ff.

1077 *Hopt,* ZIP 2013, 1793, 1798, der diesen Effekt besonders bezogen auf das Risikomanagement sieht.

1078 Zu den Voraussetzungen, wann die Business Judgment Rule zur Anwendung kommen kann *Redeke,* ZIP 2011, 59ff.

1079 Rundschreiben 10/2012 (BA) – Mindestanforderungen an das Risikomanagement (MaRisk).

1080 Sich gegen die Einordnung der MaRisk als normkonkretisierende Verwaltungsvorschrift aussprechend *Langenbucher,* ZBB 2013, 16, 21.

1081 *Leyens/Schmidt,* AG 2013, 533, 535.

### a) KWG

Das wichtigste aufsichtsrechtliche Normengefüge, in dem sich vermehrt auch Regelungen hinsichtlich der Führung und Kontrolle finden, ist das Kreditwesengesetz (KWG). Zu Beginn diente das KWG zur Durchsetzung einer Solvenzaufsicht, mittlerweile wird es aber verstärkt dazu instrumentalisiert, um Verhaltensstandards in denen der Aufsicht unterliegenden Instituten durchzusetzen.[1082] Die im Aufsichtsrecht angesiedelten Regelungen lassen sich in zwei Gruppen einteilen: organisationsstrukturelle Regelungen und ablauforganisatorische Vorgaben.[1083] Organisationsstrukturelle Regelungen betreffen dabei die grundsätzlichen Strukturen im Institut. Es geht darum, eine klare Ordnung im Hinblick auf Aufgaben, Zuständigkeit und Verantwortlichkeitsbereiche zu schaffen. Ablauforganisatorische Regelungen sollen hingegen sicherstellen, dass wesentliche Abläufe und ihre Anpassung an ein verändertes Umfeld überwacht und kontrolliert werden. Durch das Umsetzungsgesetz zur vierten Kapitaladäquanzrichtlinie (CRD IV) wurden die Regelungen zur internen Corporate Governance, die zuvor über das KWG verteilt waren, in den §§ 25aff KWG zusammengeführt. Bei diesen zusammengefassten Regelungen handelt es sich in erster Linie um organisationsstrukturelle Vorgaben. Die Zentralisierung der Normen wird auch als Ausdruck für die wachsende Bedeutung der Corporate Governance für die Aufsicht angesehen.[1084]

Besonders herauszustellen sind die Kontroll- und Handlungsmöglichkeiten, die der Aufsichtsbehörde bei Verstößen gegen das KWG zur Verfügung stehen. Das schärfste Schwert der Aufsichtsbehörde ist die Möglichkeit, dem Institut die Erlaubnis nach § 32 KWG zu entziehen. Diese ist insbesondere bei nachhaltigen Verstößen gegen Regelungen des Kreditwesengesetzes möglich.[1085] Gehen die Verstöße von einem Geschäftsführer aus, kann die Behörde statt der Erlaubnisentziehung die Abberufung des betreffenden Geschäftsführers verlangen und diesem ein Tätigkeitsverbot auferlegen.[1086] Ein für die Aufsicht wichtiges Instrument stellt die Kompetenz zur Sonderprüfung nach § 44 Abs.1 KWG dar. Im Jahr 2013 hat die Aufsicht davon im großen Maße Gebrauch gemacht, um die Umsetzung der Vorgaben zu Vergütungsstrukturen zu überprüfen.[1087] Die Aufsichtsbehörde ist gem. § 45c KWG befugt, einen Sonderbeauftragten für einzelne Institute zu bestellen. Mit der Bestellung eines Sonderbeauftragten gehen regelmäßig erhebliche Eingriffe in die

---

1082 *Grundmann/Hofmann/Möslein* in: Grundmann/Hofmann/Möslein, Finanzkrise und Wirtschaftsordnung, 2009, S. 1, 31; *Waigel*, in: Bankaufsichtsrecht, 2010, S. 39, 50; *Wingendorf* in: Beiträge zum Finanz-, Rechungs- und Bankwesen, 2005, S. 289, 298.

1083 *Binder* in: Jahrbuch Junger Zivilrechtswissenschaftler, 2008, S. 145, 153.

1084 *Leyens/Schmidt*, AG 2013, 533, 534f.

1085 Siehe § 35 Abs. 2 Nr. 6 KWG.

1086 Siehe § 36 Abs.1 KWG.

1087 *BaFin*, Jahresbericht der Bundesanstalt für Finanzdienstleistungsaufsicht 2013, S. 106, abrufbar unter http://www.bafin.de/SharedDocs/Downloads/DE/Jahresbericht/dl_jb_2013.html?nn=2818588.

Struktur der Unternehmensführung und Unternehmenskontrolle einher.[1088] Denn dem Sonderbeauftragten kann von der BaFin unter anderem die Aufgabe übertragen werden, in dem betreffenden Institut die Aufgaben und Befugnisse eines Geschäftsleiters wahrzunehmen, § 45c Abs.2 Nr. 1 KWG. Durch die Maßnahme kann die BaFin in dem betreffenden Institut – zumindest vorübergehend – einen Geschäftsleiter installieren, auf dessen Auswahl Anteilseigner des Instituts keinerlei Einfluss haben.

In seiner Bedeutung nicht zu unterschätzen, ist die Möglichkeit der Einflussnahme der Aufsichtsbehörde, die nicht im Gesetz verankert ist: die informelle Einflussnahme im Vorfeld einer formellen Maßnahme.[1089] Das aktuelle Aufsichtskonzept beruht auf einer Zusammenarbeit mit den Instituten. Die BaFin selber rückt sogenannte Aufsichtsgespräche in den Mittelpunkt ihres Handelns.[1090] Daher wendet sich die Aufsichtsbehörde vor Erlass eines formellen Verwaltungsakts an das Institut. In vielen Fällen wird durch diesen informellen Kontakt dem Zustand, der eigentlich den Anlass zum Einschreiten der Aufsichtsbehörde begründet, Abhilfe verschafft.[1091] Ein weiterer Aspekt, der Erwähnung verdient, hängt mit der Handlungsform der Aufsichtsbehörde zusammen. Geht sie förmlich gegen ein Institut vor, erlässt sie einen Verwaltungsakt gegenüber dem Institut. Will sich das Institut dagegen wenden, führt sie der Klageweg zum Verwaltungsgericht. Somit kommt es dazu, dass Fragen zur Corporate Governance nicht mehr vor dem Zivilgericht geklärt werden, sondern im Verwaltungsrechtsweg. Entscheidungen, die Aspekte zur Ausgestaltung einer guten Unternehmensführung und -kontrolle zum Gegenstand haben, gehören nicht zur Kernkompetenz der Verwaltungsgerichte.[1092] Insofern bedeutet eine Erweiterung der Materie Corporate Governance im Aufsichtsrecht auch, dass sich damit die Verwaltungsrichter in neue Gebiete einzuarbeiten haben und die Kompetenz nicht

---

1088 Zu der Thematik insgesamt *Fiedler*, Der Sonderbeauftragte als Eingriffsinstrument der Banken- und Versicherungsaufsicht, 2010.

1089 Dazu *Binder*, ZGR 2013, 760, 775.

1090 Siehe *BaFin*, Ziel, Leitbild und Strategien der Bundesanstalt für Finanzdienstleistungsaufsicht, S. 8, abrufbar unter http://www.bafin.de/SharedDocs/Downloads/DE/Bericht/dl_leitbild_strategie.pdf;jsessionid=9DD515E408EA9D590B5BBF3DF5260ACD.1_cid298?__blob=publicationFile&v=3 (Stand 23.06.2014).

1091 Siehe dazu in Bezug auf Fälle, die Beanstandungen hinsichtlich Geschäftsführer und Verwaltungs- und Aufsichtsratsmitglieder zum Gegenstand hatten, *BaFin*, Jahresbericht 2010, S. 167, abrufbar unter http://www.bafin.de/SharedDocs/Downloads/DE/Jahresbericht/dl_jb_2010.pdf?__blob=publicationFile : Soweit in den insgesamt 187 Fällen „aufsichtsrechtliche Beanstandungen und Maßnahmen“ Vorbehalte gegenüber Geschäftsleitern und Mitgliedern von Verwaltungs- und Aufsichtsorgenen begründet gewesen seinen, reichte „häufig bereits informelles Aufsichtshandeln“ aus, um das gewünschte Handeln auch ohne formellen Akt zu erreichen, abrufbar unter http://www.bafin.de/SharedDocs/Downloads/DE/Jahresbericht/dl_jb_2010.pdf?__blob=publicationFile&v=15.

1092 Darauf hinweisen, dass die Gerichte auch nur selten die Chance bekommen, ihren Erfahrungsschatz zu erweitern, da viele Betroffene sich aus Angst vor Reputationsverlust vor gerichtlichen Schritten scheuen *Gurlit*, ZHR 177 (2013), 862, 864 Fn. 6.

mehr bei den Gerichten liegen, die den größeren Erfahrungsschatz zu der Thematik aufweisen können.

Nachfolgend sollen vier Normen des Aufsichtsrechts näher dargestellt werden. Jede der Normen beeinflusst die Corporate Governance der Kreditinstitute rechtsformunabhängig und aus völlig verschiedenen Perspektiven.

### *aa) Anforderungen an das Verwaltungs- und Aufsichtsorgan, § 25d KWG*

Ein Schritt des Gesetzgebers für eine Verbesserung der Corporate Governance war die gesetzliche Normierung von Anforderungen an Mitglieder des Verwaltungs- oder Aufsichtsorgans, § 25d KWG. Stößt die Idee der Verrechtlichung von Anforderungen an Aufsichtsratsmitglieder im Rahmen der aktienrechtlichen Diskussion aufgrund der Schwierigkeiten im Hinblick auf eine wirkungsvolle, allgemein passende Formulierung auf Ablehnung,[1093] ist der Gesetzgeber diesen Schritt bei Bankinstituten nun gegangen. Auch diese Neuerung geht auf europäische Gesetzgebung zurück und erfolgte im Zuge der Umsetzung des CRD-IV-Pakets.[1094] Dabei gehen die nun normierten Vorgaben im Aufsichtsrecht deutlich über die bisherigen Vorgaben im Gesellschafts- und Aufsichtsrechts hinaus.[1095] Ziel der Vorgaben soll es sein, Voraussetzungen zu schaffen, die eine bessere Risikobeherrschung durch wirksame Überwachung im Institut möglich macht.[1096] Standen zunächst alleine die Fähigkeiten und Kenntnisse der Geschäftsleiter im Blickpunkt, hat man aus der Finanzkrise die Lehre gezogen, dass es nicht ausreichend ist, auf Leitungsebene kompentente Geschäftsleiter zu installieren. Vielmehr bedarf es zur wirksamen Kontrolle der Geschäftsleiter eines Aufsichtsorgans, das mit Personen besetzt ist, die ebenso eine fachliche Qualifiaktion vorweisen können. Dieser Schritt war zuvor schon öfters aus der Wissenschaft gefordert worden.[1097] So gibt § 25d Abs. 1 KWG nun vor, dass die Mitglieder der Verwaltungs- und Aufsichtsorgane neben der Zuverlässigkeit auch die erforderliche Sachkunde, die zur Beurteilung der Geschäfte notwendig ist, vorweisen und auch ausreichend Zeit für die Aufgabe haben müssen. Es gibt somit sowohl qualitative als auch quantitative Vorgaben. Die notwendige Sachkunde im Einzelfall richtet sich nach der Komplexität des Instituts, in dem die Person Mitglied des Verwaltungs- und Aufsichtsorgans werden soll. Dabei muss das einzelne Mitglied keine Spezialkenntnisse in jedem Bereich haben, vielmehr ist in einer Gesamtschau erforderlich, dass die Kenntnisse beim einzelnen Mitglied so

---

1093 Auf die Schwierigkeiten hinweisend *Fleischer*, ZGR 2011, 155, 161f., *Schwarz*, Institutionelle Stimmrechtsberatung, 2013, S. 194.

1094 Einen Überblick dazu bei *Brandi/Gieseler*, NZG 2012, 1321ff.

1095 *Leuschner/Wolfgarten*, WPg 2015, 375, 376.

1096 Dazu *Europäische Kommission*, KOM(2011)453, S. 9.

1097 *Geschwandtner* in: Helios/Strieder, Handbuch Genossenschaft, 2012, § 12 Rn. 132; *Wittmann*, DB 2007, 2579; das Fehlen der entsprechenden Regeln für die Aufsichtsratsmitglieder noch herausstellend und solche fordernd *Ludwig*, Branchenspezifische Wirtschaftsaufsicht und Corporate Governance, 2012, S. 267.

weit reichen, dass sie es ihm ermöglichen eine Kollektiventscheidung konstruktiv mitzugestalten.[1098] Ob die einzelnen Personen die Voraussetzungen erfüllen, kann von der Aufsichtsbehörde in vollem Umfang überprüft werden. Dies hat dazu geführt, dass es mittlerweile quasi eine „Aufsicht über die Aufsicht“[1099] entstanden ist.

In den Absätzen 7–12 von § 25d KWG sieht das Ausichtsrecht nunmehr das Erfordernis der Einrichtung von Ausschüssen im Verwaltungs- oder Aufsichtsorgan vor. Die Einrichtung der Ausschüsse soll sich dabei gemäß § 25d Abs.7 KWG wiederum an der Komplexität und dem Risikogehalt des einzelnen Instituts orientieren. Dabei sind grundsätzlich ein Risikoausschuss, ein Prüfungsausschuss, ein Nominierungsausschuss und ein Vergütungskontrollausschuss einzurichten. Aufgabe der einzelnen Ausschüsse soll die Vorbereitung der Aufgaben für das Gesamtorgan und dessen Beratung sein ohne dieses jedoch von seiner Gesamtverantwortung zu entlassen. Dabei soll bei der Bildung der Ausschüsse darauf geachtet werden, dass die Besetzung so erfolgt, dass die jeweiligen Ausschussmitglieder die erforderlichen Kenntnisse vorweisen können. Dem Risikoausschuss fällt gemäß §25d Abs.8 KWG die Aufgaben zu das Gesamtorgan über die aktuelle und zukünftige Gesamtrisikobereitschaft und – strategie des Instituts zu beraten und es bei der Überwachung der Umsetzung derselbigen zu unterstützen. Um dieser Aufgabe nachkommen zu können, hat der Vorsitzende des Risikoauschusses gemäß §25d Abs.8 S.7 KWG ein Auskunftsrecht gegenüber dem Leiter der Internen Revision und beim Leiter des Risikocontrollings. Weiterhin ist gemäß § 25d Abs.9 KWG ein Prüfungsausschuss einzurichten. Dabei setzt §25d Abs.9 S. 3 KWG voraus, dass der Vorsitzende des Ausschusses über Sachverstand auf den Gebieten Rechnungslegung und Abschlussprüfung verfügen muss. Die dem Risikoausschuss zufallgenden Aufgaben sind in § 25d Abs.9 S.2 Nr. 1–4 KWG aufgezählt, darunter fallen unter anderem die Überwachung des Rechnungslegungsprozesses und die Überwachung der Wirksamkeit des Risikomanagementsystems. Da die Aufgaben des Risiko- und Prüfungsausschusses sich teilweise überschneiden, sieht § 25d Abs.10 KWG unter bestimmten Voraussetzungen die Möglichkeit vor, einen gemeinsamen Risiko- und Prüfungsausschuss einzurichten. Als dritten obligatorisch einzurichtenden Ausschuss sieht §25d Abs. 11 KWG einen Nominierungsausschuss vor. Dieser ist dafür zuständig die Nachfolgeplanung im Institut zu organiseren und geeignete Berwerber für Stellen in der Geschäftsleitung zu finden sowie Wahlvorschläge für die Wahl von Mitgliedern des Verwaltungs- oder Aufsichtsorgans vorzubereiten. Dabei soll der Nominierungsausschuss nicht nur auf ausgewogene Kenntnisse im Organ achten sondern auch gemäß § 25d Abs.11 S. 2 Nr. 2 KWG besonders das unterrepräsentierte Geschlecht im Verwaltungs- oder Aufsichtsorgan fördern. Neben den Aufgaben bei der Neubesetzung soll der Nominierungsausschuss jährlich Struktur, Größe, Zusammensetzung und Leistung des Geschäftsleitungsorgans und des Aufsichts- oder Verwaltungsorgan evaluieren. §25d Abs.12 KWG sieht die Einrichtung eines

---

1098 *Leuschner/Wolfgarten*, WPg 2015, 375, 377.
1099 *Weber*, NJW 2011, 273, 274.

Vergütungskontrollausschusses vor. Dieser ist vor allem für die Überwachung der angemessenen Gestaltung der Vergütungssysteme der Geschäftsleiter und Mitarbeiter zuständig und für die Vorbereitung von Beschlüssen im Verwaltungs- oder Aufsichtsorgan hinsichtlich der Vergütung der Geschäftsleiter.

Die Verschärfung an die Anforderungen an Aufsichts- und Führungsorgane ist eine schon seit Längerem zu beobachtende Entwicklung.[1100] Zum einen wird die Anzahl der zulässigen Aufsichtsmandate beschränkt und zum anderen müssen die Personen „zuverlässig" sein und die „erforderliche Sackkunde" nachweisen. Durch die Normierung von Anforderungen, die schon den Zugang zu einem Amt in ein Finanzinstitut beschneiden, soll sichergestellt werden, dass zumindest die persönliche Kapazität vorhanden ist, um die komplexen Abläufe in einem Institut zu überwachen. Zudem sind die Aufgaben und die Ausführung der Aufgaben durch die Vorgaben zu den verschienden Ausschüssen weitreichend konkretisiert worden. Angesichts der Tatsache, dass empirische Untersuchungen einen Zusammenhang zwischen der Qualifikation der Führungsetage und den Verlusten des Instituts nachgewiesen haben,[1101] erscheint die gesetzliche Normierung von Anforderungen an Mitglieder des Aufsichtsrats nur sinnvoll. Damit einher geht zunächst aber auch eine Beschneidung des Kandidatenpools.[1102] Dies zu spüren bekommen vor allem die öffentlich-rechtlichen Institute, bei denen in der Besetzung des Verwaltungsrats häufig politische Gegebenheiten Berücksichtigung finden. Eine zahlenmäßige Beschränkung der Mandate wird schon seit einiger Zeit auch im Deutschen Corporate Governance Kodex[1103] als Grundsatz guter Unternehmensführung statuiert. In § 25d Abs.3 und 3a KWG hat dieses Prinzip jedoch erstmals Eingang ins Gesetz gefunden. Die Beschränkungen von Mandaten gelten nicht für alle Institute gleichermaßen. Für CRR-Institute von erheblicher Bedeutung ist §25d Abs.3 KWG einschlägig, wohingegen für Institute, die nicht von erheblicher Bedeutung sind § 25d Abs.3a KWG Anwendung findet. Und auch das Erfordernis besonderer Kenntnisse für die Mitglieder des Aufsichtsrates oder Verwaltungsrates ist keine neue Erkenntnis, sondern vielmehr seit langer Zeit als Element einer ordnungsgemäßen Geschäftsführung anerkannt.[1104] Den Weg ins Gesetz haben diese Anforderungen bis jetzt aber nur im Aufsichtsrecht erfahren,[1105] mit der Folge, dass die BaFin beim Fehlen der geforderten Anforderungen oder bei „wesentlichen Verstößen des Unternehmens gegen die Grundsätze einer

---

1100 *Lehrl*, BKR 2010, 485, 492.

1101 *Hau/Thum*; Subprime Crisis and Board (In-)Competence: Private vs. Public Banks in Germany, ECGI – Finance Working Paper No. 247/2009, 2009, S. 3, abrufbar http://papers.ssrn.com/sol3/papers.cfm?abstract_id=1360698; *Becht* in: FS Hopt, 2010, S. 1615, 1623.

1102 Dies auch sehend *Europäische Kommission*, KOM(2011)453, S. 9.

1103 Die Beschränkung der Mandate ist in Ziffer 5.4.2 DCGK vorgesehen.

1104 *Hilgers/ Kurta*, ZBB 2010, 471, 474.

1105 *Dreher* sieht die Schaffung der Anforderungen im § 36 Abs. 3 KWG als die „gesetzliche Festschreibung einer bisher im Aktienrecht allgemein nicht normierten, aber rechtlich vorfindlichen Mindestqualifikation", *Dreher*, ZGR 2010, 496, 512.

ordnungsgemäßen Geschäftsführung, die wegen sorgfaltswidriger Ausübung der Überwachungs- und Kontrollfunktion verborgen geblieben sind", eine Abberufung des Mitglieds verlangen kann. Kommt das Institut dem Abberufungsverlangen nicht nach, kann der betreffenden Person die Ausübung der Tätigkeit gem. § 36 Abs. 3 KWG untersagt kann.[1106] Bisher hat die BaFin nicht die Befugnis, auffällig gewordene Organmitglieder selbst abzuberufen. Sie kann lediglich einen Verwaltungsakt an das Organ richten, das für die Abberufung zuständig ist und auf diesem Wege die Abberufung fordern. Da eine eigene Abberufungsbefugnis ein außerordentlich starker Eingriff in das strukturelle Machtgefüge einer Gesellschaft wäre, ist eine Schaffung einer derartigen Befugnis auch nicht zu empfehlen.

§ 25d KWG zeigt, wie aus einem ehemals als Empfehlung gestalteten Grundsatz aus dem DCGK eine gesetzliche Regelung werden kann, die zudem noch von einer dritten, unternehmensexternen Seite, nämlich der Aufsichtsbehörde, überwacht und durchgesetzt wird. § 25d KWG ist somit ein gutes Beispiel für eine aufsichtsrechtliche Norm, die die Anforderung an eine gute Corporate Governance in Finanzinstituten konkretisiert. Hieran zeigen sich auch die Wechselwirkungen der allgemeinen Corporate Governance Diskussion und der bankspezifischen Corporate Governance.

Neben den aufsichtsrechtlichen Folgen können die Mitglieder der Organe persönlich auch haftungsrechtliche Konsequenzen treffen. So soll ein Geschäftsleiter oder auch Aufsichtsorganmitglied, das den gesetzlichen Anforderungen nicht gerecht wird und dennoch das Amt annimmt und ausübt, gegenüber der Gesellschaft haften, zum Beispiel nach § 93 Abs. 1 AktG.[1107] Ob die zivilrechtliche Haftung dabei durch die aufsichtsrechtlichen Normen beeinflusst wird, ist umstritten.[1108] Eine generelle Ausstrahlung der aussichtsrechtlichen Regelungen auf das Gesellschaftsrecht, insbesondere das Aktienrecht, unabhängig von der Tätigkeit der Gesellschaft wird weitgehend abgelehnt.[1109] Eine Ausstrahlung im Falle von Banken wird hingegen vertreten.[1110]

#### *bb) Bestellung eines Sonderbeauftragten, § 45c KWG*

Neben Vorgaben, die die Voraussetzungen an eine gute Governance in einem Institut konkretisieren, finden sich auch Maßnahmen, die getroffen werden können, wenn eine ordentliche Geschäftsorganisation nicht umgesetzt wird. Zu diesen Maßnahmen gehört auch die im Jahre 2002 eingeführte Möglichkeit zur Einsetzung eines Sonderbeauftragten durch die Aufsichtsbehörde. Durch das Restrukturierungsgesetz wurde die Berufung eines Sonderbeauftragten in § 45c KWG neu geregelt.

---

1106 § 36 Abs. 3 S. 3 KWG.

1107 *Louven/Raapke*, VersR 2012, 257, 266.

1108 Einen Überblick zur Diskussion bei *Weber-Rey*, ZGR 2010, 543, 570f

1109 *Weber-Rey*, ZGR 2010, 543, 570 f; *Bürkle* vertritt hingegen eine Ausstrahlung des Aktienrechts auf das Aufsichtsrecht, *Bürkle*, WM 2005, 1496, 1499.

1110 *Preußner*, NZG 2004, 57, 60; für Versicherungunternehmen siehe VG Frankfurt, Urt. v. 8.7.2004 – 1 E 7363/03, WM 2004, 2157.

Durch die Neuregelung im KWG wurde der bis dahin geltende Gleichlauf zwischen Bankenaufsichtsrecht und Versicherungsaufsichtsrecht aufgegeben.[1111] Nunmehr verdeutlichen zehn Regelbeispiele, in welchen Fällen die Einsetzung eines Sonderbeauftragten möglich ist. So ist beispielsweise die Bestellung eines Sonderbeauftragten möglich, wenn die Voraussetzungen des § 36 Abs. 3 Nrn. 1 bis 9 KWG vorliegen, also unter anderem dann, wenn die zuvor erörterten Anforderungen an die Aufsichtsratsmitglieder nicht erfüllt werden. Dem Sonderbeauftragten können die Aufgaben von gesellschaftsrechtlichen Organen, zum Beispiel der Geschäftsleiter, übertragen werden. Dabei muss die Person des Sonderbeauftragten bestimmte Kriterien erfüllen: Sie muss zuverlässig, für die übertragenen Aufgaben geeignet und unabhängig sein. Mit der Übertragung von organschaftlichen Aufgaben auf den Sonderbeauftragten wird der Sonderbeauftragte selbst zum Subjekt der Aufsicht.[1112] Gemäß § 45c Abs. 1 S. 5 KWG ist der Sonderbeauftragte verpflichtet, der Aufsichtsbehörde Informationen, die er bei der Ausübung seiner Tätigkeit erlangt, weiterzugeben. Die Bestellung eines Sonderbeauftragten und die Übertragung von Befugnissen, die eigentlich den gesellschaftsrechtlichen Organen zusteht, stellen immense Eingriffe in die interne Governance des einzelnen Instituts dar.[1113] Die unternehmensinterne Führung und Kontrolle geht den Unternehmensorganen teilweise verloren, das System der eigentlichen Corporate Governance wird nachhaltig gestört. Einfluss auf das Sanktionssystem in der Corporate Governance nimmt der Sonderbeauftragte auch, wenn er bestellt wurde, um Schadensersatzansprüche der Gesellschaft gegen ihre (ehemaligen) Organmitglieder zu prüfen, § 45c Abs. 2 Nr. 10 KWG. Die Norm verdeutlicht, dass das Aufsichtsrecht zur Durchsetzung organisationsrechtlicher Vorgaben ein scharfes Instrumentarium in die Hände der Aufsichtsbehörden legt.

### *cc) Ordnungsgemäße Geschäftsorganisation, § 25a KWG*

Zentraler gesetzlicher Anknüpfungspunkt der qualitativen Aufsicht, also der Art von Aufsicht, die sich auf die Qualität der Geschäftsführung bezieht, ist § 25a KWG.[1114] Diese Norm wurde durch die sechste KWG-Novelle im Jahre 1997 eingeführt und seitdem fortlaufend ergänzt.[1115] Mit § 25a Abs. 1 KWG werden unter anderem die

---

1111 Kritisch dazu *Herring /Fiedler*, WM 2011, 1311, 1317.

1112 *Herring/Fiedler*, WM 2011, 1311, 1312.

1113 Für die Bestellung eines Sonderbeauftragten in einem Versicherungsunternehmen *Fiedler*, Der Sonderbeauftragte als Eingriffsinstrument der Banken- und Versicherungsaufsicht, 2010, S. 50f.

1114 Zum Begriff der qualitativen Aufsicht *Wundenberg*, Compliance und die prinzipienregulierte Aufsicht über Bankengruppen, 2012, S. 72f.

1115 Die letzten Änderungen hat § 25a durch Art. 1 des Gesetzes zur Umsetzung der geänderten BankenRL und der geänderten KapitaladäquanzRL, Art. 1 des Gesetzes über die aufsichtsrechtlichen Anforderungen an die Vergütungssysteme von Insituten und Versicherungsunternehmen sowie durch Art. 1 des Gesetzes zur Stärkung der Finanzmarkt- und der Versicherungsaufsicht erfahren.

europäischen Vorgaben des Art. 22 der Bankenrichtlinie umgesetzt.[1116] Art. 22 der Bankenrichtlinie sieht vor, dass Kreditinstitute eine solide Unternehmensführung vorweisen müssen. Zuletzt wurde die Norm im Zuge der CRD-IV-Umsetzung sprachlich neu gefasst. Mit der Einführung des § 25a KWG wurde eine aufsichtsrechtliche „Grundpflicht" zur ordnungsgemäßen Organisation des gesamten Instituts geschaffen.[1117] Die Einführung statuierte den Paradigmenwechsel hin zu einer prinzipienbasierten Aufsicht.[1118] Charakteristisch für eine prinzipienbasierte Aufsicht ist, dass in erster Linie Grundsätze gesetzlich statuiert werden. Das durch § 25a KWG aufgestellte Prinzip ist das der „ordnungsgemäßen Geschäftsorganisation".[1119] Die Einführung des § 25a in das KWG war dahingehend besonders, dass somit erstmals gesetzlich bestimmte organisatorische Pflichten festgelegt wurden.[1120] Anhand der Norm zeigt sich, dass durch die aufsichtsrechtlichen Normen nicht nur die Institute, sondern auch die Geschäftsleiter direkt angesprochen werden. Bei Nichtbeachtung der Norm kann die Aufsichtsbehörde somit entweder Maßnahmen gegenüber dem Institut oder aber direkt gegenüber dem Geschäftsleiter erlassen.

§ 25a KWG hat sich mittlerweile zu einer der zentralen Überwachungsnormen entwickelt. Die Norm zeichnet die Geschäftsleiter insgesamt für die ordnungsgemäße Geschäftsorganisation verantwortlich und macht detaillierte Vorgaben hinsichtlich der Geschäftsleiterpflichten.[1121] Schon in § 25a Abs. 1 S. 1 KWG wird darauf verwiesen, dass die Geschäftsorganisation den gesetzlichen Bestimmungen und den betriebswirtschaftlichen Anforderungen entsprechen muss. Mit der Formulierung wird zum Ausdruck gebracht, dass es nicht ausreichend ist, allein die gesetzlichen Vorgaben einzuhalten. Vielmehr müssen auch die betriebsbezogenen Besonderheiten Berücksichtigung finden, um dem Wohl des Instituts nachzukommen.[1122] Die Norm verdeutlicht, dass für die Aufsichtsbehörde das Risikomanagement ein wichtiges Element im Rahmen einer ordentlichen Geschäftsorganisation ist. Die generalklauselartige Formulierung des § 25a Abs. 1 KWG hat zur Folge, dass nicht nur in anderen Gesetzen formulierte Anforderungen an die Geschäftsorganisation in den

---

1116 Richtlinie 2006/48/EG des Europäischen Parlaments und des Rates vom 14. Juni 2006 über die Aufnahme und Ausübung der Tätigkeit der Kreditinstitute.

1117 *Spindler*, Unternehmensorganisationspflichten, 2001, S. 197f.

1118 Ausführlich dazu *Wundenberg*, Compliance und die prinzipiengeleitete Aufsicht über Bankengruppen, 2012, S. 15ff.

1119 *Langenbucher*, ZBB 2013, 16, 17.

1120 *Braun/Wolfgarten*, in: Boos/ Fischer/ Schulte- Mattler, KWG, 4. Aufl., 2012, § 25a Rn. 3.

1121 *Wingendorf*, in: Beiträge zum Finanz-, Rechungs- und Bankwesen 2005, S. 289, 298.

1122 Laut Gesetzesbegründung sollte die Erweiterung des Wortlauts des § 25a KWG um die Wendung „betriebswirtschaftlicher Notwendigkeit" allein dem Eigeninteresse der Institute dienen, Regierungsbegründung zum Entwurf eines Gesetzes zur Umsetzung der Richtlinie über Märkte für Finanzinstrumente und der Durchführungsrichtlinie der Kommission (Finanzmarktrichtlinie-Umsetzungsgesetz), Bundesrat 833/06, 8. Dezember 2006, S. 221)

Schutzbereich des § 25a KWG fallen, sondern auch Anforderungen, die nicht gesetzlich niedergeschrieben sind, aber dennoch als allgemeine Anforderung an eine ordnungsgemäße Geschäftsorganisation eingestuft werden können.[1123] § 25a KWG stellt gleichzeitig eine Erweiterung wie auch eine Konkretisierung der Verhaltenspflichten der Bankorgane dar. Damit sind die Vorgaben des § 25a KWG auch im Rahmen der gesellschaftsrechtlichen Haftung und hier insbesondere für die Feststellung einer Pflichtverletzung von Bedeutung.[1124] So sind die Vorgaben relevant für die Ausfüllung des Begriffs der „Sorgfalt eines ordentlichen und gewissenhaften Geschäftsleiters" im Sinne des § 93 Abs.1 AktG[1125] und können die unternehmerische Entscheidungsfreiheit, die die Business Judgement Rule den Geschäftsleitern grundsätzlich einräumt, beschränken. Die materielle Verdichtung der Geschäftsleiterpflichten im Aufsichtsrecht bleibt somit nicht ohne Einfluss auf das Verbandsrecht.[1126]

Das Herzstück der Norm stellt Abs. 1 mit seinen ausführlichen Anforderungen an das Risikomanagement der Institute dar. Aufgaben des Risikomanagements im Institut ist die Festlegung von Risikostrategien, die Ermittlung von Risikotragfähigkeit, die Errichtung eines internen Kontrollsystems, die Errichtung einer Innenrevision sowie die Entwicklung einer Vergütung, die auf eine nachhaltige Entwicklung des Instituts ausgerichtet ist. Die von § 25a Abs. 1 KWG erfassten Aspekte haben sich im Laufe der Zeit vervielfacht. In Bezug darauf wird kritisch angemerkt, dass die fortlaufende Erweiterung der Norm und somit die Anforderungen an die Organisation den Instituten eine Menge Arbeit und Kosten bereitet, die vor allem kleine Institute vor große Herausforderungen stellen.[1127] Die besondere praktische Bedeutung, die die Norm auch für die Aufsichtsbehörde hat, zeigt sich unter anderem daran, dass die BaFin im Jahr 2013 182 Sonderprüfungen nach § 44 Abs. 1 KWG durchführte, bei denen sie die Umsetzung der Vorgaben aus § 25a KWG und der MaRisk überprüft hat.[1128]

### *dd) Offenlegungspflicht, § 26a KWG*

§ 26a KWG ist im Rahmen des CRD-IV-Umsetzungsgesetzes neu gefasst worden. § 26a KWG normiert in Verbindung mit der europäischen Verordnung Nr. 575/2013 Artikel 435 bis 455 eine weitreichende Offenlegungspflicht gegenüber der Allgemeinheit.

---

1123 *Braun/Wolfgarten* in: Boos/ Fischer/ Schulte- Mattler, KWG, 4. Aufl. 2012, § 25a Rn. 28.

1124 *Fischer* in: Fischer/ Klanten, Bankrecht, 4. Aufl, 2010, 2.193.

1125 *Fischer* in: Krieger/Schneider, U.H., Handbuch Managerhaftung, 2. Aufl. 2010, S. 540, 549; *Fischer* in: Fischer/Klanten, Bankrecht, 4. Aufl. 2010, 2.193.

1126 Dazu *Binder*, ZGR 2013, 760ff.

1127 *Fischer* in: Krieger/Schneider, U.H., Handbuch Managerhaftung, 2. Aufl. 2010, S. 540, 549.

1128 *BaFin*, Jahresbericht der Bundesanstalt für Finanzdienstleistungsaufsicht 2013, S. 107 abrufbar unter http://www.bafin.de/SharedDocs/Downloads/DE/Jahresbericht/dl_jb_2013.html?nn=2818588.

Die Verordnung Nr. 575/2013 legt dabei einen Schwerpunkt darauf, das nach § 25a KWG errichtete, individuelle Risikomanagement der Institute nach außen sichtbar zu machen.[1129] Daneben besteht eine Pflicht, detaillierte Aussagen über die Eigenkapitalmittel sowie die Vergütungsstrukturen im Institut offenzulegen[1130]. Die Offenlegungspflichten gegenüber der Allgemeinheit zum Zwecke der Transparenz stellen in erster Linie ein Instrument der externen Governance dar. Die Norm ist als Ergänzung zu § 25a KWG zusehen. § 26a KWG iVm Verordnung Nr. 575/2013 soll sicherstellen, dass die nach § 25a KWG zu etablierende Geschäftsorganisation auch nach außen sichtbar wird. Durch die Veröffentlichung der Informationen und die dadurch ermöglichte Überprüfung durch die Marktteilnehmer soll eine Marktdisziplin hergestellt werden.[1131] Dies setzt voraus, dass die angesprochenen Marktteilnehmer die Informationen studieren und auch richtig deuten können. Nur dann kann durch die Veröffentlichung und dem anschließenden Verhalten der Marktteilnehmer eine Disziplinierungsfunktion erreicht werden. Wie schon oben aufgezeigt, fallen viele potenzielle angesprochene Marktteilnehmer als Kontrollinstanz weg, weil ihnen entweder die Kenntnisse zur Auswertung fehlen oder sie aber keinen Anreiz zur Kontrolle wegen anderer Sicherungseinrichtungen (Einlagensicherung als Anschubkraft des *„free-rider"*-Problems) haben. Ein Problem, was sich mit der weitgehenden Pflicht zur Veröffentlichung einhergeht, ist das der sinnvollen Informationsfilterung durch die Adressaten.[1132] Denn eine Flut an Offenlegung zu verschiedensten Themen stellt die Adressaten vor das Problem, aus dieser Masse das wirklich Wichtige für sie herauszufiltern. Kommt ein Institut den Offenlegungspflichten nicht nach, droht die Verhängung eines Bußgeldes gem. § 56 Abs. 5 S. 1 Nr. 26 KWG.

#### *ee) Zwischenergebnis*

Mit den oben exemplarisch dargestellten aufsichtsrechtlichen Regelungen zeigt sich, welche Breite das Aufsichtsrecht mittlerweile im Bereich Corporate Governance aufweist. Dabei finden sich sowohl Elemente der internen Governance als auch der externen Governance. Es beginnt mit der Besetzung der Organe der Institute und den gestellten Anforderungen an die Geschäftsleiter und Verwaltungs- sowie Aufsichtsratsmitglieder und erstreckt sich bis hin zur Pflicht zur Etablierung einer ordnungsgemäßen Geschäftsführung. Dies sind alles Maßnahmen zur Verbesserung der internen Governance. Als Mittel zur Verbesserung der externen Governance sind hingegen die weitgehenden Transparenzpflichten zu zählen, die den Außenstehenden möglich machen sollen, die Geschäftsorganisation und das Risikomanagement der Institute nachvollzuziehen. Die Besonderheit dieser Regeln ist auch in der Art ihrer Durchsetzung zu sehen. Denn bei Verstößen und Missachtung der Regeln

1129 Art. 435 Verordnung Nr. 575/2013.
1130 Art. 450 Verordnung Nr. 575/2013.
1131 Dazu *Merkt* in: FS Goette, 2011, S. 313, 325.
1132 *Merkt* in: FS Goette, 2011, S. 313, 328.

steht der BaFin ein weitreichendes Instrumentarium inklusive einer allgemeinen Anordnungsbefugnis aus § 6 Abs.3 KWG zur Beseitigung der Missstände zu.

### *b) Verlautbarungen der BaFin – insbesondere MaRisk*

Auf der untergesetzlichen Ebene spielen für die Governance der Institute Verlautbarungen der BaFin eine wichtige Rolle. Mit den Verlautbarungen konkretisiert die BaFin Normen des KWG, die aufgrund ihrer Anwendung auf eine Vielzahl von verschiedenen Instituten sehr weit formuliert sind, und artikuliert damit Erwartungen, die die Aufsicht an die überwachten Institute hat. Die Verlautbarungen werden unter verschiedenen Namen veröffentlicht. Es gibt Mitteilungen, Schreiben, Rundschreiben,[1133] Richtlinien, Merkblätter[1134] etc. Die Verlautbarungen haben als norminterpretierende Verwaltungsvorschriften zunächst keine Bindungswirkung nach außen[1135] und können auf dem ersten Blick der Gruppe des „soft law" zugeordnet werden. Die Veröffentlichungen der BaFin werden durchaus kritisch gesehen. Es wird moniert, dass sich die BaFin dadurch als „Ersatzgesetzgeber"[1136] betätigt und versucht, ein „eigenes Recht der Aufsichtsbehörde"[1137] zu schaffen. Bestätigt wird die Kritik dadurch, dass die Verlautbarungen oft mehr Außenwirkungen entfalten, als ihnen auf den ersten Blick zukommen mag. Denn auch wenn sie für Gerichte keine Bindungswirkung haben, greifen die Gerichte auf die Verlautbarungen der BaFin zurück, wenn sie im Rahmen eines Prozesses Normen des Aufsichtsrechts oder auch Organisationspflichten auszulegen haben.[1138] Das Vorgehen der Gerichte wird durch den Umstand verstärkt, dass es ihnen selber aufgrund der geringen Fälle, die ihnen zu dem Thema vorgelegt werden, nur schwer möglich ist, ein Detailwissen anzueignen. Zudem darf der Befolgungsdruck der Verlautbarungen nicht unterschätzt werden. Die Institute werden sich um Einhaltung der Vorgaben bemühen. Denn tun sie das nicht, machen sie sich leicht zum Ziel der Aufsichtsbehörde, was mit für die Institute lästigen Nachfragen und unter Umständen auch Sonderprüfungen nach § 44 Abs. 1 KWG einhergehen kann.[1139]

---

1133 *BaFin*, Rundschreiben 10/2012 (BA) - Mindestanforderungen an das Risikomanagement – MaRisk, 2012 abrufbar unter https://www.bafin.de/SharedDocs/Veroeffentlichungen/DE/Rundschreiben/rs_1210_marisk_ba.html.

1134 *BaFin*, Merkblatt zur Kontrolle der Mitglieder von Verwaltungs- und Aufsichtsorganen gemäß KWG und VAG, 2012 abrufbar unter http://www.bafin.de/SharedDocs/Veroeffentlichungen/DE/Merkblatt/mb_121203_kontrolle_ar_vr_ba_va.html.

1135 Sie begründen aber eine Bindung der BaFin selber im Wege der Selbstbindung der Verwaltung, siehe dazu *Weber-Rey/Baltzer* in: Hopt/Wohlmannstetter, Handbuch Corporate Governance Banken, 2011, S. 431, 457.

1136 *Dreher*, Die BaFin geriert sich als Ersatzgesetzgeber, FAZ Nr. 216 v. 17.9.2009, S. 22.

1137 *Dreher*, ZGR 2010, 496, 506.

1138 *Gurlit*, ZHR 177 (2013), 862, 897.

1139 Dazu auch *Hilke*, Risiko und Bankenaufsicht, 2014, S. 276; *Gurlit*, ZHR 177 (2013), 862, 893.

Von besonderer Bedeutung für die Governance der Institute ist die MaRisk. Bei der MaRisk handelt es sich um eine *„rechtliche nicht verbindliche, empfehlende Kundgabe der behördlichen Rechtsaufassung zur Konkretisierung der Anforderungen nach § 25a KWG"*. Zur Fortentwicklung der MaRisk ist ein Fachgremium eingesetzt, dass sich fortlaufend über Anpassungen berät. In diesem Gremium sind neben Vertreter der BaFin und der Bundesbank auch Vertreter der Institute und der Fachverbände vertreten.[1140]. Durch die gemischte Besetzung soll auch das Fachwissen aus den Instituten und die Bedürfnisse der Institute bei der Ausgestaltung der MaRisk Berücksichtigung finden. Intention der MaRisk ist also die verbindliche Auslegung einer aufsichtsrechtlichen Norm, nämlich § 25a KWG, durch die überwachende Aufsichtsbehörde. Bindungswirkung entfaltet die MaRisk nur in Bezug auf die BaFin selbst. Auch wenn für die MaRisk eine rechtliche Unverbindlichkeit deklariert wird, so kommt ihr dennoch eine faktische Bindungswirkung zu.[1141] Die faktische Bindungswirkung resultiert daraus, dass die Banken bei Nichtbeachtung der MaRisk damit rechnen müssen, mit Sanktionsmaßnahmen belegt zu werden.[1142] Daneben können die Geschäftsführer mit der Einhaltung der Regeln der MaRisk ihr Haftungsrisiko vermindern.[1143] Denn es ist naheliegend, dass die in der MaRisk niedergelegten Grundsätze in einem Haftungsprozess als Sorgfaltsmaßstab zugrunde gelegt werden.[1144]

Die MaRisk selbst ist weniger darauf ausgerichtet, detaillierte Einzelnormen vorzugeben, sondern sie soll vielmehr einen flexiblen Rahmen anbieten, um ein funktionierendes Risikomanagementsystem zu schaffen.[1145] Die MaRisk soll die Institute auf diesem Wege dazu anregen, ein Konzept der Geschäftsorganisation zu finden, dass ihren individuellen Bedürfnissen entspricht. Zum Vorteil gereicht dabei die Eigenschaft als Verwaltungsvorschrift. Denn dies ermöglicht eine schnelle Anpassung an wechselnde Gegebenheiten.[1146] Insgesamt ist das Konzept der MaRisk so angelegt, dass lediglich qualitative Vorgaben gemacht werden, die konkreten Verfahren zur Umsetzung und Erreichung der Maßgaben liegen hingegen in den Händen der Institutsleitung[1147] Mit der Einführung der MaRisk wurde der Wandel von einer quantitativen Aufsicht hin zu einer qualitativ orientierten Aufsicht deutlich sichtbar.[1148] Die MaRisk soll es den relevanten Gruppen außerdem ermöglichen, sich schnell einen

---

1140 *Braun/Wolfgarten* in: Boos/Fischer/Schulte-Mattler, KWG, 4. Aufl., 2012, § 25a Rn. 102.

1141 So auch *Gurlit*, ZHR 177 (2013), 862, 893f.

1142 *Weber-Rey*, ZGR 2010, 543, 554.

1143 *Weber-Rey*, ZGR 2010, 543, 557.

1144 *Fischer* in: Krieger/Schneider, U.H., Handbuch Managerhaftung, 2. Aufl. 2010, S. 540, 550.

1145 *Hartmann-Wendels/Pfingsten/Weber*, Bankbetriebslehre, 5. Aufl., 2010, S. 440.

1146 *Braun/Wolfgarten* in: Boos/Fischer/Schulte-Mattler, KWG, 4. Aufl., 2012, § 25a Rn. 100.

1147 *Braun/Wolfgarten* in: Boos/Fischer/Schulte-Mattler, KWG, 4. Aufl. 2012, § 25a Rn. 104; *Hartmann-Wendels/Pfingsten/Weber*, Bankbetriebslehre, 5. Aufl., 2010, S. 440.

1148 *Grabau/ Schlee*, 2005, 392, 393; *Zimmermann*, BKR 2005, 208.

Überblick über die an ein Bankinstitut zu stellenden Anforderungen bezüglich des Risikomanagements zu verschaffen.

Die MaRisk ist gegliedert in einen Allgemeinen Teil und einen Besonderen Teil. Im Allgemeinen Teil finden sich Ausführungen zu grundsätzlichen Prinzipien für die Ausgestaltung des Risikomanagements. Im Besonderen Teil sind Ausführungen zu spezifischen Anforderungen an die Organisation des Kredit- und Handelsgeschäfts angesiedelt. Die Ausführungen können thematisch eingeteilt werden in Risikostrategie, Funktionstrennung, Personalausstattung, operationelle Risiken, Kontrollsysteme und Outsourcing.

Betrachtet man die MaRisk genauer, erkennt man deutlich, dass durch die Vorgaben der MaRisk zwei Ziele verfolgt werden. Zum einen soll das Unternehmen zu einer klar strukturierten internen Corporate Governance angehalten werden, um die Führung im Interesse des Unternehmens selbst zu verbessern. Auf der anderen Seite dienen die in der MaRisk gemachten Vorgaben aber auch dazu, der Aufsichtsbehörde die Beaufsichtigung des Instituts zu vereinfachen.[1149] Die MaRisk erweitert dabei in nicht unerheblichem Maße den Pflichtenkreis der Aufsichtsorgane der Unternehmen und bürdet ihnen mehr Verantwortung im Bereich der ordentlichen Unternehmensorganisation auf.[1150] Zwar entfaltet die MaRisk selbst keine rechtliche Bindungswirkung, die faktische Bindungswirkung, die von ihr ausgeht, kommt einer rechtlichen Bindungswirkung jedoch sehr nahe.[1151] Denn mit den Verlautbarungen legt die Aufsichtsbehörde ihre Ansichten dar, die sie im Rahmen ihrer Überwachung zugrunde legt. Kommen die Institute diesen Empfehlungen nicht nach und befürchtet die Aufsichtsbehörde daher das Vorliegen eines Missstandes, kann sie aufgrund der allgemeinen Ermächtigungsnorm aus § 6 Abs. 3 KWG eine Maßnahme gegen die Institute erlassen. Bevor die BaFin eine Massnahme erlässt, wird sie jedoch zunächst im Rahmen eines informellen Handelns versuchen, das betroffene Institut zum Handeln zu bewegen. Daher ist die Einbeziehung den Verlautbarungen der Aufsichtsbehörde unter den Begriff des „soft law" sehr grenzwertig. Denn kennzeichnend für „soft law" ist eigentlich der Umstand, dass bei Nichteinhaltung der Vorgaben und Empfehlung keine direkten Folgen anknüpfen. Das ist bei den Verlautbarungen der BaFin gerade nicht der Fall. Denn über die allgemeine Befugnisnorm des § 6 Abs. 3 KWG kann bei Nichtbeachtung eine Maßnahme folgen.

Die Aufsichtsbehörde tritt damit nicht nur als Überwachungsorgan hinsichtlich der Einhaltung der gesetzlichen Vorgaben aus dem KWG auf, sondern selbst als aktiver Akteur in der Gestaltung der Corporate Governance der Institute, indem sie wesentliche Elemente des Aufsichtsrahmens selbst erzeugt.

---

1149 *Binder* in: Jahrbuch Junger Zivilrechtswissenschaftler 2007, 2008, S. 145, 155.

1150 *Lehrl*, BKR 2010, 485, 490.

1151 Dazu auch *Langenbucher*, ZBB 2013, 16, 17.

### c) *Zusammenfassung*

Zusammenfassend bleibt festzuhalten, dass im Kreditwesengesetz immer mehr Normen angesiedelt sind, die zusätzliche Anforderungen an die Leitung und Kontrolle der Institute aufstellen. Anhand der letzten Jahre lässt sich der Trend beobachten, dass verstärkt Regelungen betreffend der Corporate Governance im Aufsichtsrecht geschaffen werden[1152] und das Handlungskorsett der Institute aus aufsichtsrechtlicher Sicht zunehmend enger wird. Dabei erfolgen Regulierung und die Wahl der Themen, die sich der Gesetzgeber vornimmt, anlass- und krisenbezogen. Dass der Gesetzgeber die Thematik Corporate Governance und aufsichtsrechtliche Vorgaben zu genuinen gesellschaftsrechtlichen Themen als festen Bestandteil des Aufsichtsrechts sieht, zeigt sich auch an der Neuordnung des Gesetzes im Rahmen des Gesetzes zur Abschirmung von Risiken und zur Planung der Sanierung und Abwicklung von Kreditinstituten und Finanzgruppen („Trennbankengesetzes"), im Zuge dessen die wesentlichen governancerelevanten Normen in den §§ 25a ff KWG systematisch unter der Überschrift „Besondere Pflichten der Institute, ihrer Geschäftsleiter sowie der Finanzholding-Gesellschaften, der gemischten Finanzholding-Gesellschaften und der gemischten Unternehmen" zusammengestellt wurden. Die Besonderheit der im Aufsichtsrecht angesiedelten Vorgaben zur Corporate Governance sind die daran angeknüpften Handlungs- und Durchsetzungsmöglichkeiten durch die Aufsichtsbehörde.[1153]

## IV) Unternehmensinterne Vorgaben zur Corporate Governance

Neben den gesetzlichen Vorgaben finden sich auch auf unternehmensinterner Ebene Richtlinien zur Corporate Governance. Dabei geht es in erster Linie um die Ausgestaltung der internen Governance. Die wichtigste Quelle ist hier die Satzung. Die größte Bedeutung kommt der Satzung als Quelle für Corporate-Governance-Vorgaben in den öffentlich-rechtlichen Instituten zu, insbesondere in den Sparkassen. Das ist darauf zurückzuführen, dass es im Sparkassensektor an einem bundesweit einheitlichen Gesetz fehlt und sich die einzelnen Länder im Hinblick auf die Regelungstiefe in den Sparkassengesetzen stark unterscheiden. Die Ausführungen in den Satzungen der Sparkassen orientieren sich dabei häufig stark an den Vorgaben des Aktiengesetzes.[1154] Diese satzungsrechtlichen Vorgaben binden die Unternehmensorgane und können bei Verstößen haftungsrechtliche Konsequenzen nach sich ziehen. Daneben haben manche Institute aber auch eigene spezielle Corporate Governance Grundsätze oder Kodizes erstellt, zum Beispiel veröffentlicht die Bayern

---

1152 *Lehrl*, BKR 2010, 485.

1153 *Hopt*, Better Governance of Financial Institutions, 2013, S. 28 abrufbar unter http://papers.ssrn.com/sol3/papers.cfm?abstract_id=2212198##.

1154 *Preussner*, NZG 2005, 575, 577

LB ihre ständig angepassten Grundsätze auf ihrer Homepage.[1155] Ein eigener Kodex macht dabei nur für die Institute Sinn, die nicht schon dem DCGK unterfallen.

## V) Ergebnis

Die vorstehende Betrachtung der verschiedenen Quellen der Corporate-Governance-Vorgaben für Banken zeigt, was auch schon im Rahmen der Betrachtung der allgemeinen Corporate Governance zu sehen war: Es gibt ein Zusammenspiel verschiedener Steuerungsformen und verschiedener Akteure. Für Banken treten auf gesetzlicher Ebene neben gesellschaftsrechtlichen Vorgaben eine Reihe von aufsichtsrechtlichen Normen. Die aufsichtsrechtlichen Vorgaben sind schwerpunktmäßig in den §§ 25a ff. KWG angeordnet und detailreicher als entsprechende gesellschaftsrechtliche Vorgaben. Die aufsichtsrechtlichen Regeln können mithilfe eines breiten Instrumentariums seitens der Aufsichtsbehörde überwacht und durchgesetzt werden. Daneben tritt eine Fülle mehr oder weniger verbindlicher Vorgaben, die in Form von Empfehlungen und Guidelines auftreten. Die in Gesetzesform gegossenen Vorgaben sind stetig steigend, zuletzt brachte das CRD-IV-Umsetzungsgesetz[1156] neue Pflichten im Rahmen der Geschäftsorganisation[1157] und setzt den Trend zur Verrechtlichung der Corporate Governance im Aufsichtsrecht fort.[1158] Zudem offenbart sich dadurch, dass das Vertrauen in Steuerung und Kontrolle durch Marktmechanismen im Rahmen der Finanzkrise starken Schaden genommen hat.[1159] Die Gesetzesinitiativen auf nationaler Ebene gehen dabei nahezu alle auf europäische Vorgaben zurück. Der europäische Gesetzgeber bemüht sich zunehmend um eine Mindeststandardisierung bei der Corporate Governance in den europäischen Finanzinstituten und tritt somit als Impulsgeber im Bereich Corporate Governance für Finanzinstitute auf.[1160] Der europäische Gesetzgeber greift bei der Formulierung der Vorgaben häufig auf Ideen nichtstaatlicher Organisationen, hier insbesondere auf den Basler Ausschuss für Bankenaufsicht, zurück. Dies führt dazu, dass nicht staatlich legitimierte Organisationen faktisch einen gewichtigen Einfluss auf die

---

1155 Abrufbar unter http://www.bayernlb.de/internet/ln/ar/sc/Internet/de/Downloads/0100_CorporateCenter/1310Marketing/Corporate_Governance/36893_Grundsaetze_D.pdf.

1156 Gesetz zur Umsetzung der Richtlinie 2013/36/EU über den Zugang zur Tätigkeit von Kreditinstituten und die Beaufsichtigung von Kreditinstituten und Wertpapierfirmen und zur Anpassung des Aufsichtsrechts an die Verordnung (EU) Nr. 575/2013 über Aufsichtsanforderungen an Kreditinstitute und Wertpapierfirmen v. 28. August 2013, BGBl. I S. 3395.

1157 Inbesondere Anforderungen an die Verwaltungs- und Aufsichtsratsmitglieder in § 25d KWG, siehe dazu oben §6 III)2)a)aa).

1158 Dies kritisch sehend *Binder*, ZGR 2013, 760, 764.

1159 *Langenbucher*, ZHR 176 (2012), 652, 663.

1160 Siehe nur *Europäische Kommission*, Grünbuch Corporate Governance in Finanzinstituten und Vergütungspolitik, KOM(2010)284.

europäische und sodann auch nationale Gesetzgebung erhalten. Im Laufe der Zeit ist somit eine „Multi-Level Governance" entstanden.[1161]

Die Vielzahl an Projekten und Veröffentlichungen in diesem Bereich offenbart ein weiteres Phänomen im Rahmen der bankenrechtlichen Governance-Diskussion. Denn die verschiedenen Urheber haben ein unterschiedliches Verständnis von guter Corporate Governance. Es sind vor allem Unterschiede dahingehend festzustellen, wem die guten Corporate Governance dienen und wer für die Etablierung eines wirksamen System zuständig sein soll. Der Basler Ausschuss spricht der Aufsichtsbehörde eine wichtige Rolle dabei zu. Zudem tritt eine Gruppe auf den Plan, dessen Schutz bei der Gestaltung einer guten Governance zunehmend Berücksichtigung findet und das ist ein Bankenspezifikum. Die Rede ist von den Einlegern. Das führt dazu, dass die Banken Governance immer weniger anlegerschutzorientiert als mehr einlegerschutzorientiert wird.[1162]

Bei einer Gesamtschau bleibt festzuhalten, dass es mittlerweile eine Flut an Normen und Empfehlungen gibt, die nebeneinander auf verschiedenen Regelungsebenen stehen. Diese Vielzahl an Vorgaben erschwert die externe Überwachung. Als weiteres Defizit ist die fortlaufende, anlassbezogene Nachregulierung zu sehen. Diese „Reform in Permanenz", die man schon aus dem Aktienrecht kennt, lässt ein Gesamtkonzept vermissen und führt dazu, dass immer mehr genuin verbandsrechtliche Themen den Weg ins Aufsichtsrecht finden und dort in den Dienst des Einlegers – und nicht mehr in den Dienst des Anlegers – gestellt werden.

Im nächsten Kapitel soll auf die Auswirkungen der fortschreitenden Verrechtlichung von governancerelevanten Themen im Aufsichtsrecht und der damit einhergehenden Verstärkung der staatlichen Aufsicht durch die Aufsichtsbehörden eingegangen werden.

---

1161 Zu dem Begriff *Fleischer*, ZGR 2012, 160ff.

1162 *Hopt*, NZG 2012, 619.

# §7 Staatliche Aufsicht, Regulierung und Corporate Governance

Im vorangegangenen Kapitel wurde festgestellt, dass sich Regelungen zur Corporate Governance von Finanzinstituten sowohl im Gesellschaftsrecht als auch verstärkt im Aufsichtsrecht finden. In diesem Kapitel soll das Verhältnis von Aufsicht und Corporate Governance näher betrachtet werden. Dabei soll zunächst auf die Regulierung allgemein und deren Wirkung auf die Corporate Governance eingegangen werden. In einem nächsten Schritt soll dann die Auswirkung einer aktuellen Entwicklung, nämlich der Schaffung von aufsichtsrechtlichen Regeln, die Vorgaben zur Unternehmensführung und -kontrolle machen, untersucht werden. Diese Entwicklung soll unter dem Schlagwort der „aufsichtsrechtlichen" Corporate Governance behandelt werden.

## I) Bestandsaufnahme

Betrachtet man die Entwicklung der Gesetzgebung zu den Themen Corporate Governance und Aufsicht in den letzten Jahrzehnten, fällt eine Gemeinsamkeit ins Auge: Beide sind krisengetrieben. Wenn allgemein gilt, dass unternehmerisches Handeln immer stärker der Regulierung unterworfen wird,[1163] so gilt das in einem noch größeren Maß für den Bereich der Banken. In den letzten Jahren ist eine auffällige Entwicklung, dass immer öfters Regeln im branchenspezifischen Aufsichtsrecht erlassen werden, die dem Bereich der klassischen Corporate Governance, also Unternehmensführung und -kontrolle unterfallen.[1164] Die durch das Gesellschaftsrecht zugestandene Organisationsfreiheit wird durch das Aufsichtsrecht zunehmend beschränkt, aufsichtsrechtliche Anforderungen konkretisieren verbandsrechtliche Sorgfaltspflichten und der rechtliche Corporate Governance Rahmen von Banken umfasst mittlerweile vermehrt aufsichtsrechtliche Regeln. Zwar gehört die Unternehmensorganisation (noch) nicht zu den Kerngebieten des Aufsichtsrechts,[1165] doch ist das Verbandsinnenrecht nicht mehr länger Tabuzone für die staatliche Aufsicht[1166] und das gesellschaftsrechtliche Pflichtenprogramm

---

1163 *Hemeling*, ZHR 175 (2011), 368.

1164 *Bachmann* spricht in diesem Zusammenhang von „Sonder-Governance-Anforderungen" *Bachmann*, AG 2011, 181, 187; *Emmenegger* bezeichnet es als „prudentielle Corporate Governance, *Emmenegger* in: Corporate Governance 2011, S. 1, 11; ebenso in den USA *Macey/O'Hara*, Bank Corporate Governance: A Paradigm fort he Post-Crisis World, 2014, S. 23, abrufbar unter https://fnce.wharton.upenn.edu/linkservid/6703E275-5056-893A-285F1F77AF3D52FF/showMeta/0/.

1165 *Bundesverband Öffentlicher Banken Deutschlands (VÖB)*, Jahresbericht 2006, S. 14.

1166 *Binder*, in: Jahrbuch Junger Zivilrechtswissenschaftler 2007, 2008, S. 145, 165; bezüglich des Themas Vorstandsvergütung *Langenbucher*, in: FS U.H. Schneider, 2011, S. 751ff.

hinsichtlich der Unternehmensorganisation wird erweitert durch detaillierte, aufsichtsrechtliche Vorgaben,[1167] die teilweise als Ermessensschranken fungieren. Gesellschaftsrechtlich gewährte Freiräume bei der Ausgestaltung der inneren Ordnung werden durch aufsichtsrechtliche Vorgaben beschnitten und gesellschaftsrechtliche Grundprinzipien in Frage gestellt.[1168] Als Beispiel kann hier die Ernennung von Geschäftsleitern und Aufsichts- und Verwaltungsratsmitgliedern genannt werden. Die Auswahl des Leitungspersonals – und somit der Agenten – ist primäres Recht der Anteilseigner bzw. des von ihnen gewählten Überwachungsorgans. Dieses Recht zur freien Wahl ist durch die letzte Änderung des KWG eingeschränkt worden, indem mittlerweile in § 25c KWG und § 25d KWG Anforderungen formuliert wurden, die die Geschäftsleiter und Verwaltungs- und Aufsichtsratsmitglieder erfüllen müssen, um die Position erhalten zu können. Es liegt natürlich auch im Interesse der Anteilseigner, dass nur solche Personen an die Spitze des Unternehmens gewählt werden, die auch ausreichend Kenntnisse zur Erledigung der Aufgabe haben. Das Besondere an der aufsichtsrechtlichen Regelung ist jedoch, dass die Aufsichtsbehörde die Befugnis innehat, von dem Institut verlangen zu können, dass Personen, die die Anforderungen nicht erfüllen, abberufen werden, gem. § 36 Abs. 3 KWG, oder falls das Institut dieser Forderung nicht nachkommt, die betreffende Person mit einem Tätigkeitsverbot zu belegen.

Daneben finden sich ausführliche Regelungen zum Thema Risikomanagement und Ausgestaltung der Vergütungssysteme im Aufsichtsrecht.[1169] Das Besondere bei den aufsichtsrechtlichen Regelungen ist der Umstand, dass durch das Aufsichtsrecht nicht nur detaillierte Vorgaben gemacht werden, sondern dass sich auch der Kreis der Betroffenen erweitert. Nicht mehr nur die Vorstandsvergütung wird reguliert, sondern betroffen von der Beaufsichtigung ist auch die Vergütung nachgeordneter Mitarbeiter. Die Aufseher haben die „Klammerwirkung" des Themas Corporate Governance erkannt, und es hat den Anschein, dass die Aufsicht organisationsrechtliche Strukturen und Abläufe in ihre Dienste stellt.[1170] Das wachsende Interesse der Aufsicht an der Corporate Governance, in erster Linie an der internen Governance,[1171] ist nicht zu übersehen.[1172] Es ist eine fortschreitende Instrumentalisierung des Themas

---

1167 *Binder,* in: Hopt/Wohlmannstetter, Handbuch Corporate Governance Banken, 2011, S. 685, 686.

1168 *Binder,* ZGR 2013, 760, 764.

1169 Dieselbe Entwicklung in diesem Bereich ist auch in UK zu beobachten, siehe *MacNeil,* EBOR 2010, 483, 493.

1170 *Hopt,* in: FS Nobbe, 2009, S. 853, 859; die generelle Entwicklung, Corporate Governance Mechanismen zu nutzen und gesellschaftspolitische Ziele durchzusetzen, kritisierend *Mülbert,* ZHR 174 (2010), 375, 384.

1171 *Hopt,* EuZW 2010, 561.

1172 *Roh/Vogel,* Sparkasse 2004, Heft 11, S. 8; *Wingendorf,* in: Beiträge zum Finanz-, Rechnungs- und Bankwesen, 2005, S: 287, 289; *Devries/Dewatripont/Heremans/Nguyen,* Corporate governance, regulation and supervision of banks, Financial

Corporate Governance für aufsichtsrechtliche Zwecke zu beobachten.[1173] Themen, die die Unternehmensführung und -kontrolle betreffen, sind mittlerweile fest etabliert im Rahmen der aufsichtsrechtlichen Überwachung.[1174] Das ist auch die Konsequenz der veränderten Ausrichtung der Aufsicht, weg von einem rein quantitativen hin zu einem stärker qualitativen Aufsichtsgerüst, das geprägt ist durch prinzipienbasierte Normen.[1175] Neben der systemisch, organisationsbezogenen Regulierung, zum Beispiel die Anforderung an die Eigenkapitalausstattung, wird vermehrt auf verhaltenssteuernde Regulierung gesetzt (zum Beispiel Anforderungen an das Vergütungssystem).[1176] Es handelt sich hierbei nicht um einen nationalen, sondern vielmehr um einen europäischen und auch internationalen Trend. Oft gehen die im Aufsichtsrecht verankerten Normen hinsichtlich Anforderungen weit über die des Gesellschaftsrechts hinaus.[1177] Das zeigt, dass das Thema Corporate Governance in den letzten Jahren nicht nur für die Kapitalmärkte zunehmend Bedeutung erlangt hat, sondern auch für die Aufsicht.[1178] So kommt es zu der Situation, dass europäische Regulierungsaktivitäten auf ein über Jahrzehnte gewachsenes und entwickeltes Verbandsrecht treffen. Das dies nicht ohne Folgen für das daher gebrachte System bleibt, versteht sich fast von selbst.

Aufgrund dieser Entwicklung hat sich auch in der Wissenschaft eine Diskussion um die „Ausstrahlungswirkung" des branchenspezifischen Aufsichtsrechts auf das allgemeine Gesellschaftsrecht entwickelt bzw. ist von einer „Schrittmacherfunktion" des Aufsichtsrechts die Rede.[1179] Eine Ausstrahlungswirkung des Aufsichtsrechts auf das „allgemeine" Gesellschaftsrecht, in erster Linie Aktiengesetz, wird vor allem

---

Stability Review 2004, S. 95, 98, abrufbar unter http://www.nbb.be/doc/oc/repec/fsrart/FSR_2004_En_95_120.pdf.

1173 *Emmenegger /Kurzbein*, GesKR 2010, 462.

1174 So schon vor einiger Zeit beobachtend *Hafke*, in: FS Hadding, 2004, S. 863, 867.

1175 Die Änderung der Ausrichtung geht auch zurück auf die 2. Säule von Basel II, die das aufsichtsrechtliche Überprüfungsverfahren („Supervisory Review Process") zum Gegenstand hat. Zur prinzipienbasierten Aufsicht *Wundenberg*, Compliance und die prinzipiengeleitete Aufsicht über Bankengruppen, 2012; *Langenbucher*, ZBB 2013, 16, 17; zum Versicherungsaufsichtsrecht *Bürkle*, WM 2012, 878, 880.

1176 *Grundmann/Hofmann/Möslein*, in: Grundmann/Hofmann/Möslein, Finanzkrise und Wirtschaftsordnung, 2009, S. 1, 31.

1177 Beispielhaft dafür kann § 33 KWG angeführt werden *Preußner*, NZG 2004, 57, 59.

1178 *Hafke* in: FS Hadding, 2004, S. 863, 865.

1179 Fleischer spricht von einer „Rückwirkung des Wirtschaftsaufsichtsrecht auf die gesellschaftsrechtliche Legalverfassung, *Fleischer*, ZIP 2003, 1ff; *Ständige Deputation des Deutschen Juristentages* (Hrsg.), Verhandlungen des 69. Deutschen Juristentages München 2012 Band II/1: Sitzungsberichte – Referate und Beschlüsse, Abteilung Wirtschaftsrecht, Thesen zum Referat von Chefsyndikus Dr. Peter Hemeling, München, 2010, S. 61, *Preußner*, NZG 2004, 57; *Binder*, in: Jahrbuch Junger Zivilrechtswissenschaftler 2007, 2008, S. 145, 165; *Langenbucher*, ZHR 176 (2012), 652, 666; *Leyens/Schmidt*, AG 2013, 533.

im Bereich der Corporate-Governance-Anforderungen gesehen.[1180] Auf diese Problematik soll hier aber nicht näher eingegangen werden, da sich die Frage der Ausstrahlungswirkung vor allem dann stellt, wenn es sich bei der gegenständlichen Gesellschaft nicht um ein Bankinstitut handelt.

## II) Theorien zum Verhältnis von Corporate Governance und Aufsicht

Die oben aufgezeigte Entwicklung wirft eine Frage auf: In welchem Verhältnis stehen Corporate Governance und Regulierung bzw. staatliche Aufsicht? Diese Frage ist keine neue, und es liegen mehrere Untersuchungen zu diesem Thema vor.[1181] Im Folgenden soll das Verhältnis der makroökonomischen Aufsicht und der mikroökomischen unternehmensbezogenen Corporate Governance näher beleuchtet werden. Zu unterscheiden sind in diesem Bereich zwei Hauptströmungen: die Vertreter der „Substitutionsthese" und auf der anderen Seite die Vertreter der „Ergänzungstheorie".

### 1) Substitutionstheorie

Grundsätzlich gibt es für das Verhältnis von Corporate Governance und Aufsichtsrecht zwei Thesen. Entweder wird vertreten, dass staatliche Aufsicht Corporate Governance auf Unternehmensebene ersetzen kann oder aber, dass es sich um zwei ergänzende Mechanismen handelt.[1182] Die erstgenannte These wird unter dem Begriff Substitutionsthese diskutiert. Die Kernaussage der Substitutionsthese ist die Behauptung, dass in regulierten Branchen eine aufwendige Ausgestaltung der Corporate Governance überflüssig sei, da die Aufsicht anstelle der Corporate Governance trete. Die Intensivierung des Themas Corporate Governance in regulierten und beaufsichtigten Branchen verursacht lediglich Mehrkosten, ohne aber einen Mehrwert zu leisten. Im Klartext bedeutet dies, dass das Thema Corporate Governance in beaufsichtigten Branchen vernachlässigt werden kann. Das, was

---

1180 *Dreher*, ZGR 2010, 496, 538; *Hopt*, ZIP 2013, 1793, 1797; allgemein zum Verhältnis öffentlich-rechtlicher Vorschriften zum Privatrecht *Forschner*, Wechselwirkungen von Aufsichtsrecht und Zivilrecht, 2013, S. 99ff.

1181 *Becher/Frey*, Journal of Banking and Finance 35, 736–751 (2011); *Mullineux*, J. Fin. Reg. Compl. 14 (4) (2006) 375–382; *Hagendorff/Collins/Keasey*, Corp. Govern. Int. Review, 18 (2010) 381–395; *Ungureanu*, Effective Systemic Players in the Corporate Governance of Banks: A Closer Look at Supervision, 2008, abrufbar unter http://papers.ssrn.com/sol3/papers.cfm?abstract_id=1307644.

1182 Dazu *Mülbert*, Corporate Governance of Banks after the Financial Crisis, 2010, S. 25, abrufbar unter http://papers.ssrn.com/sol3/papers.cfm?abstract_id=1448118##; *Wohlmannstetter* hingegen kommt zu dem Ergebnis, dass sowohl Elemente des Ersetzens als auch des Ergänzens vorhanden sind, *Wohlmannstetter*, in: Hopt/Wohlmannstetter, Handbuch Corporate Governance Banken, 2011, S. 31, 54.

normalerweise durch eine gute Corporate Governance sichergestellt werden soll, wird durch die spezielle Aufsicht gewährleistet. Dieser Standpunkt erklärt auch das bis vor einigen Jahren schwache Interesse an einer speziellen Corporate Governance für Banken[1183] bzw. für regulierte Branchen allgemein. Die zunehmende Sensibilisierung für das Thema Corporate Governance in regulierten Branchen, auch vonseiten der Regulierer selbst, zeigt jedoch, dass die Ansicht nicht mehr haltbar ist. Und auch empirische Studien sprechen gegen eine Substitution von Governance durch Aufsicht.[1184] Ein weiteres Argument, das gegen die Substitutionsthese angebracht werden kann, ist der Hinweis auf die verschiedenen Zielrichtungen von Aufsicht (Stabilität) und Corporate Governance (Auflösung der Prinzipal-Agenten-Konflikte).[1185] Denn für die Aufsicht steht im Mittelpunkt die Erhaltung der Stabilität des gesamten Finanzsystems, was unter anderem dadurch erreicht werden soll, dass jedes einzelne Institut gut aufgestellt und gut geführt wird. Bei der Corporate Governance hingegen steht im Mittelpunkt die Auflösung der Konflikte zwischen den einzelnen Interessengruppen, die in jedem Institut anders gelagert sein können.

## 2) Ergänzungstheorie (complementarity hypothesis)

Der Substitutionstheorie wurde vor allem in den letzten Jahren die Ergänzungstheorie entgegen gehalten. Wie sich aus dem Namen schon ergibt, liegt ein Verständnis zugrunde, das davon ausgeht, dass Aufsicht und Corporate Governance als sich ergänzende Elemente nebeneinander stehen.[1186] Nicht nur die Aufsicht kann von einer guten unternehmensinternen Corporate Governance profitieren, sondern auch die Corporate Governance kann von einem regulierten Umfeld positiv beeinflusst werden.[1187] *Becher/Frey* beschreiben das Verhältnis wie folgt:[1188] Regulierte Branchen, die einer staatlichen Aufsicht unterliegen, werden durch die Aufsicht gedrängt, wirksame Governance-Mechanismen zu etablieren. Motivation hierfür soll in erster Linie die Vermeidung weiterer aufsichtsrechtlicher Vorgaben sein. Untersuchungen zur Finanzkrise deckten Corporate-Governance-Mängel gerade auch in Banken als regulierte Brache auf. Sollte die bloße Anwesenheit einer staatlichen Aufsicht tatsächlich ein Ansporn für die Etablierung einer guten Corporate Governance sein,

---

1183 *Hafke*, in: FS Hadding, 2004, S. 863, 867.

1184 Siehe hierzu *Hadlock/Lee/Parino*, J. L. & Econ. 45 (2002) 535 (2002); *Houston/James*, J. Monetary Econ 36 (1995) 405.

1185 So *Becher/Frey*, J. Bank. Finance 35 (2011) 736; *Mullineux*, J. Fin. Reg. Compl. 14 (4) (2006) 375, 377; *Hagendorff/Collins/Keasey*, Corp. Govern. Int. Review 18 (2010) 381–395.

1186 *Mullineux*, J. Fin. Reg. Compl. 14 (4) (2006) 375, 377; *Hagendorff/Collins/Keasey*, Corp. Govern. Int. Review, 18 (2010) 381, 392.

1187 *Ungureanu*, Effective Systemic Players in the Corporate Governance of Banks: A Closer Look at Supervision, 2008, S. 4, abrufbar unter http://papers.ssrn.com/sol3/papers.cfm?abstract_id=1307644.

1188 *Becher/Frey*, J. Bank. Finance 35 (2011) 736.

so war der Ansporn dennoch nicht stark genug. Denn zum einen haben Studien Mängel in der Corporate Governance aufgedeckt[1189] und zum anderen ist das Aufsichtsrecht in den letzten Jahren verdichtet worden.[1190]

## 3) (Neu-)Bewertung

Beide zuvor dargestellten Theorien liefern kein zufriedenstellendes Ergebnis.[1191] Problematisch erscheint, dass in beiden Ansätzen Regulierung und Corporate Governance streng voneinander getrennt werden. Eine solche trennscharfe Abgrenzung ist aber gar nicht mehr möglich, angesichts der verstärkten Ausrichtung der Regulierung auf qualitative Aspekte in den Banken. Denn wie oben gesehen gibt es immer mehr aufsichtsrechtliche Normen, die auf die Binnenstruktur der Bankgesellschaft wirken. Es entsteht vielmehr zunehmend eine in die Regulierung implementierte Corporate-Governance-Struktur. Diese Entwicklung lässt sich nicht mit dem bisherigen Trennungsschema erklären und analysieren. Vielmehr erschüttert es das Fundament der bisherigen Theorien, die auf der strikten Trennung von Regulierung und Corporate Governance beruhen. Daher bedarf es einer Untersuchung des Aspekts, welche Wirkung die Verlagerung einer quantitativen Aufsicht hin zu einer qualitativ ausgerichteten hat. Das wirft die Frage auf, worin genau die Unterschiede zwischen „gesellschaftsrechtlichen" und „aufsichtsrechtlichen" Corporate-Governance-Vorgaben liegen.

### *a) Unterschied: Intention und Ziel der Gesetzgebung*

Der größte Unterschied zwischen aufsichtsrechtlichen und gesellschaftsrechtlichen Corporate-Governance-Regeln ist die Intention, die hinter der Gesetzgebung steht.

Hintergrund gesellschaftsrechtlicher Corporate Governance ist das Bestreben, Strukturen und Abläufe sicherzustellen, mit deren Hilfe gesellschaftsrechtlich angelegte Konflikte gelöst werden können und der Gesellschaftszweck verwirklicht werden kann. Es sollen Konflikte gelöst werden, die sich entweder direkt aus der Verbandsstruktur ergeben oder aber aufgrund der Interaktion der Gesellschaft mit verbandsexternen Gruppen.[1192] Dazu werden Rechtsinstitute zur Verfügung gestellt, mit denen ein Interessenausgleich erreicht werden kann. Nutznießer der Regeln soll die Gesellschaft und die mit ihr verbundenen Gruppen sein. Betreffen die Vorgaben

---

1189 Zum Beispiel *High-level Group on Financial Supervision in the EU* (chaired by Jacques de Larosiére), Report, 2009, abrufbar unter http://ec.europa.eu/internal_market/finances/docs/de_larosiere_report_en.pdf.

1190 Der Regulierungsschub beruhte dabei auch auf der Erkenntnis, dass Defizite im Bereich Corporate Governance vorhanden sind.

1191 So auch *Wohlmannstetter,* in: Hopt/Wohlmannstetter, Handbuch Corporate Governance Banken, 2011, S. 31, 54.

1192 Im Schwerpunkt auf den Minderheitenschutz abstellend *Kallmeyer,* in: FS Peltzer, 2001, S. 205.

im Schwerpunkt primär nur das Verhältnis von Anteilseigner und Geschäftsführer, ergibt sich dennoch teilweise für andere Stakeholdergruppen ein „Reflexschutz“.[1193]

Die Intention hinter aufsichtsrechtlicher Regulierung und Aufsicht durch die BaFin ist eine ganz andere. Regulierung und Beaufsichtigung der Bankenbranche sollen Missständen im Finanzbereich entgegenwirken sowie für Systemstabilität sorgen und erfolgen somit im öffentlichen Interesse.[1194] Die Aufsichtsbehörde als Wächterin über die Einhaltung des Aufsichtsrechts agiert in diesem Zusammenhang als Agent für das öffentliche Interesse. Die Ausübung der Aufsichtstätigkeit im öffentlichen Interesse schließt Amtshaftungsansprüche der Einleger wegen mangelnder Aufsicht aus.[1195] Die Gründe für die Schaffung des Aufsichtsrechts sind nicht in verbandsrechtlichen Strukturen angelegt, sondern stützen sich vielmehr auf das „Unternehmensmodell“ Bank und dem damit zusammenhängenden Risiken. Die Aufsicht wird im öffentlichen Interesse tätig, um Schäden im Finanzsystem vorzubeugen und Systemstabilität zu erhalten. Einher mit dem Systemschutz geht in gewissem Maße auch der Schutz der Einleger vor dem Verlust ihrer Einlagen. Dabei ist der Schutz des einzelnen Einlegers nicht explizit Gegenstand der Aufsicht.[1196] Vielmehr wird die Aufsicht im öffentlichen Interesse tätig. Reflexartig ergibt sich dennoch auch ein gewisser Einlegerschutz durch die staatliche Beaufsichtigung der Banken. Denn Ausfluss eines stabilen Bankensystems ist gerade auch die Rückzahlbarkeit der hinterlegten Einlagen. Auch der Anteilseignerschutz ist nicht die primäre Aufgabe der Aufsicht.[1197] Dennoch können auch die Anteilseigner von der Beaufsichtigung profitieren, indem diese zum wirtschaftlichen Erhalt des Verbandes beiträgt. Für die Aufsichtsbehörde trägt eine gute Corporate Governance im einzelnen Institut, die auf eine langfristige Bestandssicherung jedes einzelnen Instituts ausgerichtet ist, dazu bei, das System im Ganzen zu stabilisieren.[1198]

Die verschiedenen Zielrichtungen werden auch bei der praktischen Gestaltung von Regelung sichtbar. Denn dieselbe Thematik und Problematik kann im Aufsichtsrecht

---

1193 *Binder* in: Jahrbuch Junger Zivilrechtswissenschaftler 2007, 2008, S. 145, 166.

1194 Regierungsbegründung zum Entwurf KWG von 1961, BT-Drs. 3/111; dazu auch *Binder*, ZGR 2013, 760, 783; allgemein im Hinblick auf Unterschiede zwischen öffentlichem Recht und Zivilrecht *Forschner*, Wechselwirkungen von Aufsichtsrecht und Zivilrecht, 2013, S. 135ff.

1195 Siehe oben §4 VI)1)c).

1196 Daher stehen dem einzelnen Einleger auch keine Amthaftungsansprüche zu, siehe dazu § 4 Abs.4 FinDAG „Aufgaben nur im öffentlichen Interesse“.

1197 Mit Hinweis auf die ausschließlichen verbandsexternen Ziele: *Binder*, in: Jahrbuch Junger Zivilrechtswissenschaftler 2007, 2008, S. 145, 166; *Mülbert*, Corporate Governance of Banks after the Financial Crisis, 2010, S. 24, abrufbar unter http://papers.ssrn.com/sol3/papers.cfm?abstract_id=1448118##.

1198 *Armbrüster*, VersR 2009, 1293, 1294; *Hopt* in: FS Nobbe, 2009, S. 853, 860; *Ciancanelli / Reyes-Gonzales*, Corporate Governance in Banking: A Conceptual Framework, 2000, S. 12 abrufbar unter SSRN http://papers.ssrn.com/sol3/papers.cfm?abstract_id=253714.

und Gesellschaftsrecht durch andere Regelungen gelöst werden.[1199] Dabei bedeuten verschiedene Regelungen nicht automatisch, dass sich diese unvereinbar gegenüberstehen müssen. Vielmehr können sie die Normen auch ergänzen. Als Beispiel hierfür kann die Konkretisierung des § 91 Abs. 2 AktG durch § 25a KWG genannt werden. Die offene Formulierung des § 91 Abs. 2 AktG, wonach der Vorstand verpflichtet ist, ein System zu installieren, das frühzeitig die Gesellschaft gefährdende Entwicklung identifizieren kann, wird durch § 25a Abs.1 KWG, der organisationsstrukturelle Vorgaben für das Risikomanagement bei Banken macht, ergänzt und ausgefüllt.

Auf der anderen Seite ergibt sich aus den verschiedenen Interessen und Zielrichtungen auch eine Gefahr. Denn Corporate-Governance-Strukturen zur Auflösung des Prinzipal-Agenten-Konflikts zwischen Management und Anteilseigner können sich für andere Stakeholdergruppen negativ auswirken. In der Konsequenz können Mechanismen, die sich für die Auflösung der Konflikte zwischen Anteilseigner und Management bewährt haben, aufgrund der strukturellen Unterschiede im Bankwesen eine kontraproduktive Wirkung entfalten.[1200]

Zusammenfassend lässt sich sagen, dass Intention und Ziel von gesellschaftsrechtlichen und aufsichtsrechtlichen Corporate-Governance-Vorgaben nicht identisch sind.[1201]

### b) *Unterschied: Durchsetzung der Normen*

Ein weiterer Unterschied zwischen den Corporate-Governance-Vorgaben liegt in der Art ihrer Durchsetzung. Die Einhaltung gesellschaftsrechtlicher Organisationsvorgaben liegt primär in den Händen der Gesellschaftsorgane. Für die Überwachung der Geschäftsführung ist das Aufsichtsorgan zuständig, genauso wie für die Geltendmachung etwaiger Schadensersatzansprüche bei Pflichtverletzungen. Die Durchsetzung des Verbandsrechts wird daher in erster Linie durch privatrechtliche Mechanismen sichergestellt.[1202]

Die Einhaltung der aufsichtsrechtlichen Vorgaben liegt hingegen primär in den Händen der Aufsichtsbehörden.[1203] Die Möglichkeiten der BaFin, die Nichteinhaltung aufsichtsrechtlicher Regeln zu sanktionieren, sind weitreichend. Die „ultima ratio" ist die Aufhebung der Bankerlaubnis, gem. § 35 Abs. 2 KWG. Daneben gewährt § 6 Abs. 3 KWG eine umfangreiche und umfassende Anordnungsbefugnis. Diese ermächtigt die Aufsichtsbehörden, bei Verstößen gegen aufsichtsrechtliche Vorgaben Anordnungen in Form von Verwaltungsakten gegenüber den Instituten oder den Geschäftsleitern selbst zu erlassen. Gerade weil den Aufsichtsbehörden ein

---

1199 Dazu *Rothenhöfer*, in: Perspektiven des Wirtschaftsrechts, 2008, S. 55, 60.

1200 Exemplarisch dafür stehen die anreizorientierten Vergütungssysteme, siehe *Hopt*, ZIP 2013, 1793, 1795.

1201 Zu dieser Feststellung kommt *Kallmeyer* auch im Hinblick auf das Kapitalmarktrecht, *Kallmeyer*, in: FS Peltzer, 2001, S. 205.

1202 Für die AG, *Langenbucher*, in: FS U.H. Schneider, 2011, S. 751, 753.

1203 Diesen Aspekt betonend auch U.H. Schneider/S.H. Schneider, AG 2015, 621, 626.

so großer Einfluss zuteilwird, soll ihre Rolle im Rahmen der Corporate Governance näher betrachtet werden.

### *aa) Funktion und Wirkung der Aufsichtsbehörden*

Die Aufsichtsbehörden waren und sind, auch ohne spezielle aufsichtsrechtliche Corporate-Governance-Vorgaben, ein integraler Teil des Systems der Corporate Governance.[1204] Sie sind dabei ein Element der externen Governance.[1205] Die Arbeit der Geschäftsleiter und der Aufsichts- und Verwaltungsratsmitglieder wird durch eine weitere Kontrollinstanz überprüft. Die Aufsichtsbehörde tritt also nicht an die Stelle des organschaftlichen Aufsichtsorgans, sondern neben dieses. Die Aufsichtsbehörde hat keine ersetzende Funktion, sondern vielmehr eine ergänzende.[1206] Die Aufgabe der Aufsichtsbehörden beschränkt sich dabei nicht nur auf die Kontrolle über die Einhaltung von Corporate-Governance-Vorgaben,[1207] sondern diese sind selbst auch Urheber von Vorgaben bezüglich der Corporate Governance. Beispielhaft kann dafür die MaRisk[1208] genannt werden. Dabei agiert die Aufsichtsbehörde zum Teil auch anstelle anderer Stakeholdergruppen. Im besonderen Maße trifft dies auf die Einleger zu. Einleger sind in der Regel nicht in der Lage, eine effektive Überwachung der Institute zu gewährleisten,[1209] und haben aufgrund anderer Schutzmechanismen auch keinen Anreiz. Durch das Eintreten der Aufsichtsbehörde in den Überwachungsprozess anstelle der Einleger fühlen sich diese aus dem Überwachungssystem weitestgehend entlassen. Vor allem Einleger, deren Einlage komplett durch das Einlagensicherungssystem abgesichert ist, haben keinen Anreiz mehr, das Geschehen im Bankinstitut zu beobachten.[1210] Die Inkorporierung der Aufsichtsbehörden in das Governance-System beeinflusst wiederum die traditionell bestehenden Prinzipal-Agenten-Beziehungen zwischen Anteilseigner und Management in dem Finanzinstitut.[1211] Denn der Anreiz

---

1204 *Mullineux*, J. Fin. Reg. Compl. 14 (4) (2006) 375, 377.

1205 *Ciancanelli/Reyes-Gonzales*, Corporate Governance in Banking: A Conceptual Framework, 2000, S. 14, abrufbar unter SSRN http://papers.ssrn.com/sol3/papers.cfm?abstract_id=253714 (Stand 11.06.2014).

1206 *Dreher/Häußler*, ZGR 2011, 471, 483.

1207 *Hopt*, ZHR 175 (2011), 444, 514.

1208 Dazu siehe oben §6 III)2)b).

1209 *Devries/Dewatripont/Heremans/Nguyen*, Corporate governance, regulation and supervision of banks, Financial Stability Review 2004, S. 95, 98, abrufbar unter http://www.nbb.be/doc/oc/repec/fsrart/FSR_2004_En_95_120.pdf; *Heremans*, Corporate Governance Issues for Banks – A Financial Stability Perspective, 2007, S. 8 abrufbar unter http://papers.ssrn.com/sol3/papers.cfm?abstract_id=1024693; *Mülbert*, Corporate Governance of Banks after the Financial Crisis, 2010, S. 26, abrufbar unter http://papers.ssrn.com/sol3/papers.cfm?abstract_id=1448118##; *Wohlmannstetter*, in: Hommelhoff/Hopt/v. Werder, Handbuch Corporate Governance, 2. Aufl., 2009, S. 905, 917.

1210 *Kern*, J. Bank. Reg., 7 (2006) 17, 23.

1211 *Mullineux*, J. Fin. Reg. Compl. 14 (4) (2006) 375, 377.

der Anteilseigner, ausgeprägte Überwachungstätigkeiten an den Tag zu legen, nimmt mit zunehmender Aktivität der Aufsicht im Bereich Corporate Governance ab.[1212] Denn schließlich kommt die von den Aufsichtsbehörden ausgehende Kontrolle über die Geschäftsführung auch der internen Corporate Governance zugute.[1213] Je mehr Kontroll- und Überwachungsfunktionen den Aufsichtsbehörden zukommen, desto stärker fühlen sich die Anteilseigner aus ihrer Pflicht zur Kontrolle des Managements entlassen. Durch weniger Kontrolle vonseiten der Anteilseigner, fallen bei diesen auch geringere Überwachungskosten an. Die staatliche Aufsicht kann aber nicht nur in der verbandsrechtlichen Struktur selbst zu Kostenersparnissen führen, sondern eine gute Aufsicht kann auch zu einer Suchkostensenkung auf dem Kapitalmarkt führen, zum Beispiel indem sie konsequent die Veröffentlichungspflichten der Institute überwacht.[1214] Auf der anderen Seite verursachen die Aufsichtsbehörden selbst große Kosten, die von der Allgemeinheit zu tragen sind.

Aus der Sicht der Aufsicht ist gute Corporate Governance gegeben, wenn diese auf ein nachhaltiges Wirtschaften der Gesellschaft ausgerichtet ist und jederzeitige Liquidität und Solvenz mit sich bringt. Das ist auch im Interesse der Einleger, die dadurch ihren Rückzahlungsanspruch durchsetzen können, geht jedoch nicht unbedingt einher mit den Interessen der Anteilseigner.[1215] Diese wechselseitigen Beziehungen und Erwartungen erklären auch das vermehrte Interesse des Themas Corporate Governance in Wissenschaft und Praxis. Denn man ist zu der Erkenntnis gekommen, dass eine zufriedenstellende Organisation der Bankenwelt nur möglich ist, wenn man sowohl die staatliche Aufsicht insgesamt als auch die Corporate Governance des einzelnen Instituts verbessert.[1216]

#### *bb) Befugnis- und Funktionserweiterung der Aufsichtsbehörde*

Die Beobachtung zeigt, dass in den letzten Jahren immer mehr Themen und Mechanismen, die ursprünglich ganz und gar der verbandsrechtlichen Corporate-Governance-Diskussion zugeordnet waren, auch im Rahmen des Aufsichtsrechts aufgegriffen werden.[1217] Der Gesetzgeber bedient sich im Rahmen der aufsichtsrechtlichen Gesetzgebung verstärkt der Instrumentarien, mit denen er zuvor

1212 *Bigus/Leyens*, ZBB 2008, 277, 280; *Lindner-Lehmann*, Regulierung und Kontrolle von Banken, 2001, S. 100f.; *Hagendorff/Collins/Keasey*, Corp. Govern. Int. Review 18 (2010) 381.

1213 *Wingendorf*, in: Beiträge zum Finanz-, Rechungs- und Bankwesen, 2005, S. 289, 298.

1214 *Adams/Mehran*, Is Corporate Governance different for bank holding companies?, FRBNY, Economic Policy Review, April 2003, S. 123, 136 Fn.8, abrufbar unter http://www.gsb.columbia.edu/leadership/sites/leadership/files/Is_Corporate_Governance_Different_For_Bank_Holding_Companies.pdf.

1215 *Mülbert*, BKR 2006, 349, 350.

1216 *Hagendorff/Collins/Keasey*, Corp. Govern. Int. Review 18 (2010) 381, 392.

1217 Zum „overlap" zwischen staatlicher Regulierung und Corporate Governance in den USA siehe *Shull*, in: Corporate Governance in Banking a Global Perspective, 2007, S. 1f.

im Gesellschaftsrecht agiert hat. Oft wird betont, dass die gesetzgeberische Verlagerung nicht nur ein Aufgabenzuwachs aufseiten der Aufsichtsbehörden, sondern auch eine Funktionserweiterung mit sich gebracht hat.[1218] Die Funktionserweiterung wird damit begründet, dass die Sicherung einer guten Governance, die eigentlich primär in den Händen des verbandsrechtlichen Überwachungsorgans und den Anteilseignern liegt, jetzt teilweise auf die Aufsichtsbehörde mithilfe des Aufsichtsrechts übertragen worden ist. Betrachtet man die Zuständigkeiten der Aufsichtsbehörde nach dem KWG allerdings näher, zeigt sich, dass die behauptete Funktionserweiterung der Aufsicht nicht so gravierend ist, wie sie zum Teil dargestellt wird. Zwar stellt § 6 Abs. 1 KWG klar, dass sich die Beaufsichtigung der Institute in erster Linie nach den Normen des Kreditwesengesetzes zu richten hat und schließt damit eine Allzuständigkeit der Aufsichtsbehörde aus.[1219] Dennoch ist nach der vorherrschenden Meinung auch die Einhaltung organisationsrechtlicher Vorschriften aus dem Handels- und Gesellschaftsrecht, und somit Vorschriften die Corporate Governance betreffend, durch die Aufsichtsbehörde zu beaufsichtigen.[1220] Die Befugnis gilt aber nicht schrankenlos. Vielmehr sind Überwachung und Einschreiten durch die Aufsichtsbehörde nur insoweit möglich, als die Normen unter kreditwesentlichen Punkten von Bedeutung sind.[1221]

#### *cc) Die Aufsichtsbehörde als Stakeholder*

Die Aufsichtsbehörde ist Teil des externen Governance-Systems bei Banken. Sie übernimmt dabei die Kontrolle, die eigentlich von den Gläubigern als Stakeholder ausgehen sollte. Das wirft die Frage auf, ob die Aufsichtsbehörde selbst auch als Stakeholder zu qualifizieren ist. Daran schließt sich eine zweite Frage an: Welche Konsequenzen hat die Klassifizierung der Aufsichtsbehörde als Stakeholder?

Einen primären Anhaltspunkt für die Beantwortung der ersten Frage liefert der Blick in den DCGK. Denn liest man im DCGK die Pflichten des Vorstandes einer börsennotierten Aktiengesellschaft nach, so steht dort geschrieben:

> *„4.1.1. Der Vorstand leitet das Unternehmen in eigener Verantwortung im Unternehmensinteresse, also unter Berücksichtigung der Belange der Aktionäre, der Arbeitnehmer und*

1218 *Merkt*, in: Hommelhoff/Hopt/v. Werder, Handbuch Corporate Governance, 2. Aufl. 2009, S. 683, 699; *Binder* in: Jahrbuch Junger Zivilrechtswissenschaftler 2007, 2008, S. 145, 165.

1219 *Fischer*, in: Boos/Fischer/Schulte-Mattler, KWG, 4. Aufl. 2012, § 33 Rn. 4, *Habetha/Schwennicke*, in: Schwennicke/Auerbach, KWG, 2. Aufl., 2012, § 6 Rn. 3.

1220 *Schäfer*, in: Boos/Fischer/Schulte-Mattler, 4. Aufl., 2012, § 6 Rn. 4; *Habetha/Schwennicke*, in: Schwennicke/Auerbach, KWG, 2. Aufl., 2012, § 6 Rn. 3; *Spindler*, Unternehmensorganisationspflichten, 2001, S. 199; die Überwachung KWG-fremder Normen kritisierend *Fischer*, in: Krieger/Schneider, U.H., Handbuch Managerhaftung, 2. Aufl. 2010, S. 540, 578.

1221 *Habetha/Schwennicke*, in: Schwennicke/Auerbach, KWG, 2. Aufl., 2013, § 6 Rn. 3.

*der sonstigen dem Unternehmen verbundenen Gruppen (Stakeholder) mit dem Ziel nachhaltiger Wertschöpfung."*

Die Einstufung der Aufsichtsbehörde als Stakeholder würde dazu führen, dass die Unternehmensleitung grundsätzlich dazu angehalten wäre, auch die Interessen der Aufsichtsbehörde zu berücksichtigen. Diese Konsequenz erklärt das Bedürfnis nach Klärung der Stellung der Aufsichtsbehörde im Netzwerk von Prinzipal und Agenten, Shareholdern und Stakeholdern.

Für den Basler Ausschuss ist die Stakeholdereigenschaft der Aufsichtsbehörde unproblematisch gegeben. In der letzten Version der Grundsätzen des Basler Ausschusses „Principles for enhancing corporate governance"[1222] aus 2010 wurden die Aufsichtsbehörden bei einer Aufzählung von Stakeholdergruppen sogar gleich an erster Stelle genannt.[1223] Aus dem Selbstverständnis der Aufsichtsbehörde als Stakeholder heraus ist auch das verstärkte Interesse der Aufsicht für das Thema Corporate Governance nachvollziehbar.[1224]

Der Begriff Stakeholder ist in Abgrenzung zu dem Begriff Shareholder gewählt worden. Stakeholder sind diejenigen, die nicht als wirtschaftliche Eigentümer eines Unternehmens gesehen werden können, deren „Wohl und Wehe" dennoch vom Unternehmen beeinflusst werden kann. Übersetzt man den Begriff in die deutsche Sprache, kommt man zu dem Ergebnis, dass Stakeholder derjenige ist, für den „etwas auf dem Spiel steht". Klassische Gruppen sind die Arbeitnehmer und Gläubiger. Im Hinblick auf Finanzinstitute kann auch der Staat, der im Falle einer Krise finanzielle Hilfen zur Verfügung stellt, als Stakeholder genannt werden.[1225] Denn kommt es zu einer Krise im System, liegt es zumeist an ihm, den taumelnden Instituten Geld zuzuführen, um so zu verhindern, dass die Krise sich ausweitet. Durch staatliche Finanzspritzen werden auch die Steuerzahler zu Stakeholdern, denn mit deren Steuern werden die Banken aufgefangen. Oft bestehen vertragliche Verbindungen zwischen Stakeholdern und Unternehmen, und die Stakeholder stehen aufgrund eines frei gefassten Entschlusses in Verbindung mit dem Unternehmen. Dagegen beruht die Verbindung zwischen Aufsichtsbehörde und Bankinstitut aufgrund eines öffentlichen Auftrags. Denn die Tätigkeit der Bankaufsichtsbehörde erfolgt im öffentlichen Interesse.[1226] Daneben spricht gegen die Stakeholderstellung der Aufsichtsbehörde, dass nicht erkennbar ist, inwiefern für die Aufsicht etwas „at the stake" steht. Denn

---

1222 *Basel Committee on Banking Supervision*, Principles for enhancing corporate governance, Final Document, October 2010.

1223 *Basel Committee on Banking Supervision*, Principles for enhancing corporate governance, Final Document, October 2010, Tz. 13 Fn. 11.

1224 *Mülbert*, BKR 2006, 349, 350.

1225 *Ungureanu*, Banks: Regulation and Corporate Governance Framework, 2008, S. 4, abrufbar unter http://papers.ssrn.com/sol3/papers.cfm?abstract_id=1084042.

1226 *Schäfer*, in: Boos/Fischer/Schulte-Mattler, KWG, 4. Aufl., 2012, § 6 Rn. 1; *Träm*, Neue Entwicklungen der staatlichen Bankenaufsicht in Deutschland und den USA sowie der Einfluss von Basel II, 2006, S. 72.

da die Aufsicht nach § 4 Abs. 4 FinDAG ausdrücklich nur „im öffentlichen Interesse" erfolgt, ergeben sich aus Aufsichtsfehlern keine Amtshaftungsansprüche.[1227] Es hat für die Aufsicht keinerlei finanzielle Konsequenzen, wenn ein von ihnen (vielleicht mangelhaft) beaufsichtigtes Institut dennoch insolvent geht. Es droht in der Regel „nur" ein Reputationsverlust. Mag ein Reputationsverlust für Gesellschaften regelmäßig mit finanziellen Einbußen Hand in Hand gehen, ist das im Fall des Reputationsverlustes einer staatlichen Behörde nicht der Fall.

Für die Stakeholderstellung der Aufsichtsbehörde könnte angeführt werden, dass sie anstelle der Einleger tätig wird und diese somit ersetzt. Doch wird sie nicht auf Veranlassung der Einleger tätig, Grund für ihr Tätigwerden ist alleine der öffentliche Auftrag, den sie hat.

Das führt zu dem Schluss, dass die Aufsichtsbehörde selbst nicht als Stakeholder zu qualifizieren ist.[1228] Weder ist sie ein integriertes Mitglied der kooperativen Struktur der Bank, noch weißt sie Merkmale eines typischen Stakeholders auf.[1229] Die Behörde erfüllt lediglich ihren staatlich zugewiesen Auftrag, aber sie hat nichts „at the stake".

Das hat zur Folge, dass die Unternehmensleitung auch bei einem Stakeholderansatz, wie er zum Beispiel dem DCGK zugrunde liegt, nicht die Interessen der Aufsichtsbehörde zu berücksichtigen hat. Die Aufsichtsbehörde spielt zwar eine wichtige Rolle als Aufsichtsinstanz im Rahmen der Corporate Governance, ist aber selbst nicht Stakeholder.

### *c) Zwischenergebnis*

Vorgaben bezüglich der Corporate Governance von Banken setzen sich aus gesellschaftsrechtlichen und aufsichtsrechtlichen Vorgaben zusammen. Intention und Ziel dieser Vorgaben sind nicht identisch.

Aufsicht und Aufsichtsrecht wirken sowohl auf die interne als auch auf die externe Governance der Banken. Der Einfluss auf die interne Unternehmensorganisation ist kaum zu übersehen. Er äußert sich in erster Linie durch die gesetzlichen Vorgaben

---

1227 Sowohl BGH als auch EuGH haben das Erfordernis eines Schadensersatzanspruches für den Einzelnen abgelehnt: *EuGH*, Urt. v. 12.10.2004, Rs. C-222/02, Slg. I 2004, 946; *BGH*, Urt. V. 20.1.2005 – III ZR 48/01, BGHZ 162, 49; *BGH*, Urt. v. 2.6.2005 – III ZR 365/03, NJW-RR 2005, 1406.

1228 So auch *Mülbert*, BKR 2006, 349, 360; anders aber *Ungureanu*, Effective Systemic Players in the Corporate Governance of Banks: A Closer Look at Supervision, 2008, S. 1, abrufbar unter http://papers.ssrn.com/sol3/papers.cfm?abstract_id=1307644; *Kunze*, Überwachung operationeller Risiken bei Banken, 2007, S. 55.

1229 *Mülbert*, BKR 2006, 349, 350; *Zentraler Kreditausschuss (ZKA)*, Stellungnahme des Zentralen Kreditausschusses (ZKA) zum Grünbuch der EU-Kommission „Corporate Governance in Finanzinstituten und Vergütungspolitik", S. 4 abrufbar unter https://circabc.europa.eu/sd/a/98815313-9f11-4dc5-a645-c8ce34d09823/Zentraler_Kreditausschuss_de.pdf.

im Aufsichtsrecht. Aufsichtsrechtliche Vorgaben ergänzen und konkretisieren gesellschaftsrechtliche Pflichten. So wird zum Beispiel § 91 Abs.2 AktG durch § 25a KWG konkretisiert. Der Einfluss auf die externe Governance geht vorrangig von der Aufsichtsbehörde aus. Sie selber wird Träger der externen Governance, indem sie über die Einhaltung der aufsichtsrechtlichen Regeln wacht und bei Nichtbeachtung mit den aufsichtsrechtlich vorgesehenen Maßnahmen reagiert. Die Anwesenheit der Aufsichtsbehörde beeinflusst darüber hinaus auch das Verhalten anderer Governance-Träger, die durch eine umfassende Aufsicht verleitet werden, ihrer eigenen Überwachungstätigkeit nicht mehr mit ganzer Vehemenz nachzukommen.

### 4) Ergebnis

In der Tatsache, dass das Aufsichtsrecht vermehrt organisationsrechtliche Vorgaben aufweist, spiegelt sich die Einsicht, dass eine gute Aufsicht durch eine stabile, gut organisierte Corporate Governance unterstützt werden kann. Voraussetzung dafür ist, dass die Unternehmensführung auf ein nachhaltiges Wirtschaften ausgerichtet ist.[1230] Aber nicht nur die Aufsicht kann von einer guten unternehmensinternen Corporate Governance profitieren, sondern auch die Corporate Governance kann positiv von einem regulierten Umfeld beeinflusst werden.[1231] Die staatliche Aufsicht wird ein inkorporierter Bestandteil des Governance-System und beeinflusst dadurch auch die Prinzipal-Agenten-Konflikte in der Gesellschaft.[1232] Aufsicht und Regulierung im Bereich Corporate Governance sind dabei auch notwendig, weil von Anteilseignern und Einlegern nur eine unzureichende Aufsicht ausgeht. Das Niveau der Überwachung wird durch das Hinzutreten der Aufsicht weiter vermindert.

## III) Systematische Teilung der Corporate Governance

Oben wurden die Vorgaben, die sich aus aufsichtsrechtlichen Quellen ergeben und Einfluss auf Struktur und Führung der Gesellschaft nehmen, schlagwortartig als „aufsichtsrechtliche" Corporate Governance bezeichnet. Dies verdeutlicht eine bankspezifische Entwicklung im Bereich Corporate Governance: Das Thema Corporate Governance bei Banken kann systematisch in zwei Blöcke geteilt werden. Beide zusammen wollen im Ergebnis zu einer guten und stabilen Corporate Governance beitragen, die Intention ist aber, wie oben gesehen, unterschiedlich. Um dies auch begrifflich zum Ausdruck zu bringen, bietet sich eine Unterteilung des Begriffs Corporate Governance in zwei Unterbegriffe an. Für die Untergliederung der Corporate Governance haben sich vor allem im ökonomischen Schrifttum die Begriffe „equity

---

1230 *Mülbert*, BKR 2006, 349, 350.

1231 *Ungureanu*, Effective Systemic Players in the Corporate Governance of Banks: A Closer Look at Supervision, 2008, S. 4, abrufbar unter http://papers.ssrn.com/sol3/papers.cfm?abstract_id=1307644.

1232 *Mullineux*, J. Fin. Reg. Compl. 14 (4) (2006) 375, 377.

governance" und „debt governance" herausgebildet.[1233] Teilweise werden auch andere, völlig neue Begriffe verwendet. Als Beispiel kann hier die Wortschöpfung von *Susan Emmenegger* „Prudential Corporate Governance" als Schlagwort für die aufsichtsrechtliche Corporate Governance für Schweizer Banken genannt werden.[1234]

## 1) „Equity Governance"

Möchte man den Begriff der „equity governance" übersetzen, bietet sich der Begriff „Anteilseigner Governance" an. Der Komplex der „equity governance" soll die Interessenwahrung der Eigenkapitalgeber sichern, unter anderem durch Harmonisierung der Interessen von Anteilseigner und Management.[1235] Andere Stakeholderinteressen sind nicht direkt Gegenstand der „equity governance",[1236] oft geht von Regeln zur „equity governance" als Reflex eine gewisse Schutzwirkung auch für andere Stakeholder aus. Gesetzlich umgesetzt ist die „equity governance" in Deutschland zumeist im Verbandsrecht und im DCGK. Überwacht wird die Einhaltung der Vorgaben in erster Linie durch die Gesellschaftsorgane und Anteilseigner selbst.[1237] Grundvoraussetzung für eine gute „equity governance" ist daher ein effektives Kontroll- und Überwachungssystem.[1238] Daneben finden sich Vorgaben und Vorschläge für „equity governance" in Kodizes, in Deutschland ist das vor allem der Deutsche Corporate Governance Kodex.

---

1233 Siehe bei *Hartmann-Wendels/Pfingsten/Weber*, Bankbetriebslehre, 5. Aufl. 2010; *Hartmann*, in: Hopt/Wohlmannstetter, Handbuch Corporate Governance Banken, 2011, S. 527, 528; *Heremans*, Corporate Governance Issues for Banks – A Financial Stability Perspective, 2007, S. 3 abrufbar unter http://papers.ssrn.com/sol3/papers.cfm?abstract_id=1024693; *Mülbert*, Corporate Governance of Banks after the Financial Crisis, 2010, S. 25, abrufbar unter http://papers.ssrn.com/sol3/papers.cfm?abstract_id=1448118##; *Weber-Rey*, ZGR 2010, 543, 549; *Weber/Steffen*, in: Hopt/Wohlmannstetter, Handbuch Corporate Governance Banken, 2011, S. 303; *Wohlmannstetter*, in: Hommelhoff/Hopt/v. Werder, Handbuch Corporate Governance, 2. Aufl., 2009, S. 905, 917; *Wohlmannstetter*, in: Hopt/Wohlmannstetter, Handbuch Corporate Governance Banken, 2011, S. 31, 53f.

1234 *Emmenegger* in: Corporate Governance, 2011, S. 1, 25.

1235 *Hartmann-Wendels/Pfingsten/Weber*, Bankbetriebslehre, 5. Aufl. 2010; *Heremans*, Corporate Governance Issues for Banks – A Financial Stability Perspective, 2007, S. 3 abrufbar unter http://papers.ssrn.com/sol3/papers.cfm?abstract_id=1024693; *Weber-Rey*, ZGR 2010, 543, 549.

1236 *Hartmann-Wendels/Pfingsten/Weber*, Bankbetriebslehre, 5. Aufl. 2010, S. 28.

1237 *Devries/Dewatripont/Heremans/Nguyen*, Corporate governance, regulation and supervision of banks, Financial Stability Review 2004, S. 95, 97, abrufbar unter http://www.nbb.be/doc/oc/repec/fsrart/FSR_2004_En_95_120.pdf.

1238 *Heremans*, Corporate Governance Issues for Banks – A Financial Stability Perspective, 2007, S. 3 abrufbar unter http://papers.ssrn.com/sol3/papers.cfm?abstract_id=1024693.

## 2) „Debt Governance"

Das Gegenstück zur „equity governance" stellt die „debt governance" oder auch „debtholder governance" dar. Darunter werden die Mechanismen gefasst, die zur Konfliktlösung zwischen Fremdkapitalgebern bzw. allgemeinen Gläubigern und der Gesellschaft beitragen und damit im Endeffekt den Rückzahlungsanspruch der Gläubiger absichern sollen.[1239] Träger der „debt governance" sind in der Regel die Gläubiger selbst. Sind die Gläubiger selbst Banken, was vor allem bei Gesellschaften der Fall ist, die sich nicht über den Kapitalmarkt finanzieren, ist die Überwachung der „debt governance" in Regel auf gutem Niveau gewährleistet.[1240] Bei Bankinstituten treten anstelle vieler Gläubiger die Aufsichtsbehörden.[1241] Dies gilt vor allem für die vielen Einleger, die nur kleine Summen bei der Bank hinterlegt haben.[1242] Denn aufgrund der undurchsichtigen Strukturen, die Bankinstitute regelmäßig aufweisen, ist es selbst für andere Banken, die Gläubiger sind, schwer eine angemessene „debt governance" zu gewährleisten.

Im Kontext von Banken kann man den Begriff der „debt governance" noch weiter konkretisieren, denn hier sind die Interessen einer Gläubigergruppe von besonderem Gewicht:[1243] die Einleger. Daher kann man spezieller gewendet von einer „Einlegergovernance" oder auch „Einlagengovernance" sprechen. Anliegen der „Einlegergovernance" ist der Schutz der Werthaltigkeit der Einlagenforderungen.[1244] Gesetzliche Normen zu diesem Themenkomplex finden sich vor allem im Bankaufsichtsrecht. Es ist also der Themenkomplex gemeint, der oben als „aufsichtsrechtliche" Corporate Governance bezeichnet wurde. Durchgesetzt und überwacht werden die Normen in erster Linie durch die Bankaufsichtsbehörde.

## 3) Ergebnis

Der Komplex der Corporate Governance lässt sich in die Bereiche „equity governance" und „debt governance" bzw. spezieller „Einlagengovernance" aufteilen. Dabei ist die „equity governance" dem Bereich der internen Governancen zuzuordnen. Denn hier stehen die Interessen der Anteilseigner im Mittelpunkt. „Debt governance"

---

1239 *Wohlmannstetter*, in: Hommelhoff/Hopt/v. Werder, Handbuch Corporate Governance, 2. Aufl. 2009, S. 905, 917; *Hartmann-Wendels/Pfingsten/Weber*, Bankbetriebslehre, 5. Aufl., 2010, S. 28.

1240 *Devries/Dewatripont/Heremans/Nguyen*, Corporate governance, regulation and supervision of banks, Financial Stability Review 2004, S. 95, 97, abrufbar unter http://www.nbb.be/doc/oc/repec/fsrart/FSR_2004_En_95_120.pdf.

1241 *Heremans*, Corporate Governance Issues for Banks – A Financial Stability Perspective, 2007, S. 8 abrufbar unter http://papers.ssrn.com/sol3/papers.cfm?abstract_id=1024693.

1242 *Dewatripont*/Tirole, The Prudential Regulation of Banks, 1993, S. 117f.

1243 *Weber-Rey*, ZGR 2010, 543, 549.

1244 *Gann/Rudolph*, in: Hopt/Wohlmannstetter, Handbuch Corporate Governance Banken, 2011, S. 601, 603.

ist in großen Teilen externe Governance, da hier im Mittelpunkt die Interessen von außenstehen Gruppen zum Unternehmen stehen. Unstreitig weisen die Teilbereiche Interessen und Positionen auf, die sich diametral gegenüberstehen.[1245] Dennoch gibt es auch kongruente Interessen.[1246] Die größte Gemeinsamkeit: Unzweifelhaft gibt es von allen Seiten ein Interesse am langfristigen Erhalt des Instituts.

## IV) Konsequenzen und Auswirkungen aufsichtsrechtlicher Vorgaben zur Corporate Governance

Die wachsende Anzahl der aufsichtsrechtlichen Regeln im Bereich der Corporate Governance begünstigt das Interesse einer Stakeholdergruppe besonders, und das sind die Einleger.[1247] Diese Entwicklung birgt die Gefahr in sich, dass die Schaffung eines engen aufsichtsrechtlichen Netzes zur Corporate Governance zu einem künstlichen Interessenungleichgewicht zugunsten der debt governance führen kann. Zudem stellt sich die Frage, inwiefern die Regelungen zur debt governance Einfluss auf die Haftung des Organs gegenüber dem Verband haben.

### 1) Auswirkungen auf die Haftungsverfassung

Im Aufsichtsrecht finden sich immer mehr Normen, die die Organe direkt ansprechen und ihnen Pflichten auferlegen. Zu nennen ist zum Beispiel § 25a Abs. 1 S. 2 KWG, der die Geschäftsleiter dafür verantwortlich macht, dass das Institut eine ordnungsgemäße Geschäftsorganisation vorweisen kann, und die Geschäftsleiter dazu verpflichtet, die erforderlichen Maßnahmen zu ergreifen. Dies ist ein Beispiel für eine verhaltenssteuernde Norm aus dem Aufsichtsrecht. Die aufsichtsrechtlich normierten Verhaltensanforderungen entfalten ihre Wirkung nicht nur im Rahmen der Aufsicht, sondern beeinflussen auch die verbandsrechtliche Haftung der Organe. Verstöße gegen aufsichtsrechtliche Vorschriften können eine zivilrechtliche Haftung der Organe gegenüber der Gesellschaft begründen. Dogmatisch fußt die gesellschaftsrechtliche Haftung im Falle eines Verstoßes gegen Aufsichtsrecht auf der Legalitätspflicht. Die Legalitätspflicht gilt dabei aufgrund der gesetzlichen Haftungsregeln für die Organe von Aktiengesellschaft, GmbH und Genossenschaft.[1248] Auf die öffentlich-rechtlichen Unternehmen des Sparkassensektors werden die Regeln bei Fehlen ausdrücklicher Regeln in den jeweiligen Sparkassengesetzen oder Satzungen analog angewendet.[1249] Die Legalitätspflicht umschreibt die Verpflichtung der geschäftsführenden Organe, sich im

1245 *Hopt*, EuZW 2010, 561.
1246 *Wohlmannstetter*, in: Hopt/Wohlmannstetter, Handbuch Corporate Governance Banken, 2011, S. 31, 58.
1247 *Emmenegger*, in: Corporate Governance, 2011, S. 1, 18.
1248 Die jeweils einschlägigen Normen sind §§ 92, 116 AktG, §§ 43, 52 GmbH mit § 116 AktG und §§ 34, 41 GenG.
1249 *Lutter*, DZWiR 2011, 265.

Rahmen der Geschäftsführung gesetzestreu zu verhalten.[1250] Der Verstoß gegen eine Norm, die die Gesellschaft als Rechtssubjekt oder das Organ selbst trifft, begründet im Innenverhältnis eine Pflichtverletzung des Organs gegenüber der Gesellschaft. Kommt es somit im Rahmen der Geschäftsführung zu Verstößen gegen das Aufsichtsrecht, kann dies die Haftung des Organs gegenüber der Gesellschaft begründen. Ist ein Verstoß gegen das Aufsichtsrecht gegeben, kommt die Anwendung der Business Judgment Rule, die in § 93 Abs. 1 S. 2 AktG niedergelegt ist und entsprechende Anwendung auch auf andere Verbände findet, nicht mehr in Betracht.[1251] Ist die Befolgungspflicht bei positiv gesetzlich vorgegebenen Pflichten über die Legalitätspflicht zu begründen, gilt es für informelles Handeln der Aufsichtsbehörde nicht. Denn anders als bei den gesetzlichen Normen fehlt es an einer ausreichenden Legitimation in Bezug auf den Eingriff in Grundrechte.[1252] Das gilt insbesondere auch für die Verwaltungsanweisungen der Aufsichtsbehörden, explizit kann hier die MaRisk genannt werden.[1253] Zudem sind die Gerichte nicht an die Vorgaben der Aufsichtsbehörde gebunden. Auch wenn zu erwarten ist, dass sich die Gerichte an den Vorgaben orientieren werden. Ist tatsächlich ein die Haftung begründender Verstoß gegen aufsichtsrechtliche Normen gegeben, liegt die Geltendmachung des Schadens durch die geschädigte Gesellschaft auch im Interesse der Aufsicht und den Einlegern.[1254] Denn die Geltendmachung des Schadens gegenüber dem Organ kann Liquidität generieren, wenn ein Schadensersatzanspruch zugesprochen wird.

Daraus folgt, dass sich mit der Vervielfachung aufsichtsrechtlicher Verhaltensnormen auch das Haftungsrisiko der Organe vergrößert.[1255] Dies gilt im selben Maße für Geschäftsleiter wie auch für die Aufsichts- und Verwaltungsorgane. Insbesondere profitieren die Aufsichts- und Verwaltungsorgane hier nicht von der Anwesenheit der Aufsichtsbehörde. Denn die Überwachung durch die BaFin befreit den Aufsichts- und Verwaltungsrat nicht von seiner Pflicht und ersetzt auch dessen Tätigkeit nicht.[1256] Dies gilt umso mehr, als dass es bei den Überwachungstätigkeiten von Verwaltungs- und Aufsichtsrat und BaFin zwar Überschneidungen gibt, dies gilt aber nur für die

---

1250 Dazu *Fleischer*, Handbuch des Vorstandsrechts, 1. Auf. 2006, § 7 Rn. 4 ff.; *Spindler*, in: MünchKomm-AktG, 4. Aufl., 2014, § 93 Rn. 73 ff.; *Goette*, in: FS 50 Jahre BGH, 2000, 123, 131ff.; *Habersack*, in: FS U.H. Schneider, S. 429 ff.; *Thole*, ZHR 173 (2009), 504 ff.; *Wiedemann*, ZGR 2011, 183, 198.

1251 *Blasche*, WM 2011, 343, 346; insgesamt eine einschränkende Anwendung der „business judgement rule“ auf Organmitglieder von Bankinstituten fordernd *Langenbucher*, ZBB 2013, 16, 21f.

1252 Aufgrund diesen Umstands eine Kollisionsregel fordernd *Binder*, ZGR 2013, 760, 784ff.

1253 *Langenbucher*, ZBB 2013, 16, 20.

1254 *Louven/Raapke*, VersR 2012, 257, 263.

1255 *Louven/Raapke*, VersR 2012, 257, 262; diese Sichtweise ablehend *Hemeling*, ZHR 175 (2011), 368, 383.

1256 *Louven/Raapke*, VersR 2012, 257, 263, *Dreher/Häußler*, ZGR 2011, 471, 482.

Bereiche, auf die sich die Aufsicht durch die BaFin aufgrund der Legalitätskontrolle erstreckt.[1257]

Der Verstoß gegen eine aufsichtsrechtliche Norm kann eine gesellschaftsrechtliche Haftung begründen. Umgekehrt ist bei Einhaltung aller aufsichtsrechtlichen Normen eine gesellschaftsrechtliche Haftung aber nicht ausgeschlossen. Denn das Aufsichtsrecht etabliert Mindeststandards, die in einzelnen Teilen auch das Gesellschaftsrecht überlagern. Es ersetzt das Gesellschaftsrecht aber nicht umfassend. Zudem sichert die Einhaltung des Aufsichtsrechts das öffentliche Interesse. Das muss aber nicht deckungsgleich mit dem Gesellschaftsinteresse sein. Denn das setzt sich aus einem Strauß an verschiedenen Interessen zusammen. Deswegen kann die gesellschaftsrechtliche Haftung auch begründet sein, wenn Leitungs- und Überwachungsorgan im Rahmen ihrer Tätigkeit alle aufsichtsrechtlichen Vorschriften berücksichtigt haben.

## 2) Bewertung der Entwicklung der Verlagerung von Corporate-Governance-Elementen ins Aufsichtsrecht

### *a) Entstehung eines „Bankgesellschaftsrechts“?*

Betrachtet man die Entwicklung des Themas Corporate Governance, ist festzustellen, dass vor allem im Bereich „debt governance“ vermehrt legislative Vorgaben geschaffen werden und es eine Vielzahl von Vorschlägen gibt, diesen Bereich noch stärker zu reglementieren[1258]. Aufsichtsrechtliche Vorgaben schaffen neue Anforderungen, sowohl qualitativer als auch quantitativer Art, an die Leitungs- und Führungsorgane sowie die Aufsichtsorgane der Institute und somit eine zunehmende Verrechtlichung der Entscheidungsbefugnisse.[1259] *Langenbucher* spricht im Rahmen dessen von der Entstehung eines europäischen Bankgesellschaftsrechts[1260] und qualifiziert dieses schon als eigenes Rechtsgebiet.[1261] Unter Bankgesellschaftsrecht versteht sie dabei die „Ordnung der Beziehungen zwischen Anteilseignern, Verwaltung und staatlicher Aufsicht“.[1262] *Mülbert* sieht die Entwicklung allgemeiner und nicht nur auf das Gesellschaftsrecht beschränkt und spricht daher von Bankorganisationsrecht.[1263] Diese Feststellung wirft eine Frage auf: Welche konkreten Konsequenzen hat die Stärkung der „debt governance“ durch aufsichtsrechtliche Instrumentarien?

---

1257 Siehe oben §7 II)3)b)bb).

1258 Siehe nur das Grünbuch *Europäische Kommission*, Grünbuch Corporate Governance in Finanzinstituten und Vergütungspolitik, KOM(2010)284, was bisher nur teilweise umgesetzt wurde.

1259 Für das Versicherungsaufsichtsrecht siehe *Dreher/Häußler*, ZGR 2011, 471, 487, 513.

1260 *Langenbucher*, ZHR 176 (2012), 652.

1261 *Langenbucher*, ZHR 176 (2012), 652, 662 Fn. 50.

1262 *Langenbucher*, ZHR 176 (2012), 652, 662f.

1263 *Mülbert*, ZVglRWiss 113 (2014), 520, 524.

Die Verstärkung des Aufsichtsrechts und der Aufsichtsbehörde im Bereich Corporate Governance wird durchaus kritisch betrachtet. Denn es werden genuin gesellschaftsrechtliche Themen in die Dienste der Aufsicht gestellt.[1264] Die Corporate Governance als Thema, das der einzelnen Organisation und denen an ihr beteiligten Gruppen Hilfe sein soll, soll nun auch zum Systemschutz aktiv beitragen. Dabei übersteigen die aufsichtsrechtlichen Anforderungen die gesellschaftsrechtlich aufgestellten Anforderungen oft erheblich.[1265] Die Risikofreude soll gedämpft werden, um so das einzelne Institut vor Krisen und Zusammenbruch zu bewahren und infolgedessen auch eine Krise der ganze Sparten zu verhindern.[1266] Unternehmerische Freiräume, die das Gesellschaftsrecht schafft, werden aufgrund der Bedeutung und Stellung der Kreditinstitute durch das Aufsichtsrecht zunehmend beschränkt.

Das legt einen Effekt der Verstärkung der aufsichtsrechtlichen Governance offen: die Interessen verbandsexterner Dritter, auch der Einleger, werden gestärkt, weil sie vermehrt in die Formulierung einer guten Corporate Governance mit einfließen.[1267] Aus Sicht der Aufsichtsbehörde ist dieser Effekt auch gewünscht. Das zeigt der Blick in das Papier „Enhancing corporate governance for banking organisations" des Basler Ausschusses, in dem es heißt: *„In discharging these responsibilities, the board should take into account the legitimate interests of shareholders, depositors and other relevant stakeholders."*[1268]

Unstreitig geht von guter Corporate Governance in nicht regulierten Gesellschaften, die primär den Ausgleich der Interessen von Anteilseignern und Management vor Augen hat, ein Schutz zugunsten anderer Stakeholder, zum Beispiel Gläubiger und Arbeitnehmer, aus. Der Schutz ist regelmäßig aber mehr *Reflex* als Ziel.[1269] Der Reflexschutz der gesellschaftsrechtlichen Corporate Governance resultiert aus dem Umstand, dass das Interesse der Anteilseigner an Bestand und Profitabilität Hand in Hand mit dem Interesse der Gläubiger und der Arbeitnehmer an der Zahlungsfähigkeit des Unternehmens geht.[1270] Durch das „Einfallen" der Aufsicht in den Bereich der Corporate Governance wird der Schutz verbandsexterner Gruppen verstärkt

---

1264 *Hopt* in: FS Nobbe, 2009, S. 853, 859.

1265 Siehe hierzu die aufsichtsrechtlichen Vorgaben zum Risikomangement in § 25 a KWG, die zudem noch durch die MaRisk flankiert werden; kritisierend, dass teilweise in den Vorgaben mehr Ziele als konkrete Handlungsanweisungen formuliert werden *Hemeling*, ZHR 175 (2011), 368, 383.

1266 *Wohlmannstetter*, in: Hopt/Wohlmannstetter, Handbuch Corporate Governance Banken, 2011, S. 31, 35.

1267 *Emmenegger*, in: Corporate Governance, 2011, S. 1, 18; *Merkt* weist auf die Gefahr hin, dass der Schutzbereich bald alle Marktteilnehmer erfassen könnte *Merkt*, in: Hommelhoff/Hopt/v. Werder, Handbuch Corporate Governance, 2. Aufl. 2009, S. 683, 700.

1268 *Basel* Commitee on Banking Supervision, Principles for enhancing corporate governance, October 2010, Tz. 23.

1269 *Binder*, in: Jahrbuch Junger Zivilrechtswissenschaftler 2007, 2008, S. 145, 166.

1270 *Binder*, in: Jahrbuch Junger Zivilrechtswissenschaftler 2007, 2008, S. 145, 167.

und der Kreis der geschützten Güter und Interessen erweitert.[1271] Unter dem Deckmantel der Corporate Governance werden nicht nur Anteilseignerinteressen bzw. Unternehmensinteressen verfolgt, sondern auch der Einlegerschutz und weitgehender noch der Systemschutz.[1272] Diese Entwicklung entspricht dem „Trend" der letzten Jahre, wonach in den erstrebten Schutzzweck vermehrt öffentlich-rechtliche Interessen mit eingeflossen sind.[1273] Aufsichtsrechtliche Corporate Governance soll nicht nur die Interessen der Anteilseigner und Stakeholder sichern, sondern auch zur Stabilität des ganzen Finanzsystems beitragen.[1274] Diese aufgezeigte Interessenmultiplizierung durch aufsichtsrechtlich geschaffene Corporate Governance Vorgaben wird gespalteten kommentiert.[1275] Die Bewertung der Verstärkung einer aufsichtsrechtlichen Corporate Governance hängt dabei in erster Linie von der zugrunde liegenden Definition des Begriffs Corporate Governance ab. Diejenigen, die Corporate Governance als genuines Instrument zur Lösung des Konflikts zwischen Anteilseigner und Mangement sehen, empfinden die Implemtierung aufsichtsrechtlicher Corporate Governance als Fremdkörper, da dadurch verstärkt Drittinteressen in die Corporate Governance einfließen.[1276] Andere, die den Begriff Corporate Governancen weiter definieren und nicht auf die Auflösung der Konflikte zwischen Management und Anteilseignern begrenzen, begrüßen die Erweiterung der Corporate-Governance-Vorgaben durch aufsichtsrechtliche Normen hingegen als weiteres Puzzleteil hin zu einer wirksamen und ganzheitlichen Corporate Governance, die im Interesse aller am Unternehmen beteiligten Gruppen ist.[1277]

### *b) Vereinbarkeit der Entwicklung mit dem Konzept Corporate Governance*

Ist man dem ursprünglichen Begriff der Corporate Governance verhaftet, wonach eine gute Corporate Governance ganz auf die Lösung des ursprünglichen

---

1271 *Bühler*, Regulierung im Bereich der Corporate Governance, 2009, S. 206 sieht darin eine Entwicklung weg vom Individualschutz hin zu einem Marktschutz; *Becht*, in: FS Hopt, 2010, S. 1615, 1618.

1272 So auch *Bachmann*, WM 2011, 1301, 1302; *Binder*, in: Hopt/Wohlmannstetter, Handbuch Corporate Governance Banken, 2011, S. 685, 686; *Gup*, in: Corporate Governance in Banking a Global Perspective, 2007, S. 18, 23.

1273 *Hafke*, in: FS Hadding, 2004, S. 863, 865.

1274 *Hafke*, in: FS Hadding, 2004, S. 863, 866.

1275 Der Entwicklung ablehnend gegenüber *Binder*, in: Jahrbuch Junger Zivilrechtswissenschaftler 2007, 2008 S. 145, 165; *Große/Boos*, WM 2006, 1177, 1179; der Entwicklung offen gegenüber *Wohlmannstetter*, in: Hopt/Wohlmannstetter, Handbuch Corporate Governance Banken, 2011, S. 31, 58.

1276 *Binder*, in: Jahrbuch Junger Zivilrechtswissenschaftler 2007, 2008 S. 145, 165; *Große/Boos*, WM 2006, 1177, 1179.

1277 *Wohlmannstetter*, in: Hopt/Wohlmannstetter, Handbuch Corporate Governance Banken, 2011, S. 31, 58.

Prinzipal-Agenten-Konflikts, nämlich dem zwischen Anteilseignern und Management, gerichtet ist, sind aufsichtsrechtliche Vorgaben zur Corporate Governance nicht akzeptabel. Denn hinter diesen steht gerade nicht das Bestreben, das Interessengefälle zwischen Management und Anteilseigner zu minimieren. Die Vertreter der „klassischen" Corporate Governance tun sich schwer, die aufsichtsrechtlichen Vorgaben, die die Unternehmensführung- und kontrolle betreffen, unter den Begriff der Corporate Governance zu fassen[1278] und dem Aufsichtsrecht sowie der Aufsichtsbehörde eine aktive Rolle in der Corporate Governance zuzusprechen.[1279] Dabei wird das Schutzbedürfnis der Einleger und des ganzen Systems nicht abgestritten, allerdings sollte dieser Schutz nicht in der Corporate Governance angesiedelt werden, sondern durch andere Instrumentarien umgesetzt werden.

Andere haben mit der verstärkten Eingliederung der Aufsichtsinteressen, insbesondere des Einlegerschutzes, in den Komplex der Corporate Governance keine Probleme.[1280] Denn legt man ein weiteres Verständnis von Corporate Governance zugrunde, wie das zum Beispiel auch der DCGK tut, und sieht als Ziel den Ausgleich der Interessen zwischen allen Stakeholdern, erscheinen aufsichtsrechtliche Regeln zur Unternehmensführung nicht konzeptfremd. Vielmehr ist dieser Prozess dann die logische Konsequenz aus den oben festgestellten Besonderheiten des Bankgewerbes (unter anderem Risikoverlagerung von Anteilseigner auf Fremdkapitalgebern).[1281] Divergierende Ansichten bestehen aber hinsichtlich des Umfangs der Eingliederung des Aufsichtsrechts in den Rahmen der Corporate Governance.

### *c) Stellungnahme*

Aufgrund der „Klammerwirkung", die die Corporate Governance einnimmt, ist die Inanspruchnahme des Themas auch aus aufsichtsrechtlicher Sicht nachvollziehbar. Und da sich in Banken Besonderheiten im Bereich der Prinzipal-Agenten-Konflikte finden, die sich auch auf die Regulierung und Beaufsichtigung der Branche zurückführen lassen, erscheint es sinnvoll, die Besonderheiten, die sich im Prinzipal-Agenten-Konflikt ergeben, auch mithilfe der Corporate Governance anzugehen. Denn eine langfristige Stabilisierung der Bankenwelt ist ohne eine stabile, bankinterne Unternehmensführung und -kontrolle nicht zu bewerkstelligen. Dies gilt auch, wenn nicht mehr festgestellt werden kann, ob die vergangene Krise mithilfe

---

1278 *Binder* sieht das „Funktionsverständnis guter Corporate Governance" in Frage gestellt *Binder,* in: Jahrbuch Junger Zivilrechtswissenschaftler 2007, 2008 S. 145, 165.

1279 *Große/Boos,* WM 2006, 1177, 1179.

1280 *Merkt* sieht in dieser Entwicklung die logische Konsequenz aus dem Umstand, dass „der Gesellschafter in der (Publikums-)Kapitalgesellschaft in seiner Person untrennbar zwei Rollen vereint, die Rolle des Verbandsmitglieds und die Rolle des Anlegers" *Merkt,* in: Hommelhoff/Hopt/v. Werder, Handbuch Corporate Governance, 2. Aufl., 2009, S. 683, 699; *Singh,* J. Bank. Reg.7 (2006) 189, 189, 190.

1281 *Wohlmannstetter,* in: Hopt/Wohlmannstetter, Handbuch Corporate Governance Banken, 2011, S. 31, 58.

strengerer Vorgaben zur Corporate Governance verhindert hätte werden können.[1282] Außerdem muss klar sein, dass auch zukünftig Krisen nicht allein durch gute und stabile Corporate-Governance-Strukturen verhindert werden können, da die Erfahrung der Vergangenheit lehrt, dass Krisen regelmäßig durch das Zusammenspiel verschiedenster Faktoren entstehen. Da Corporate Governance kein Rechtsbegriff ist, werden mit der Ausweitung des Schutzkreises auch keine vom Gesetzgeber ursprünglich gesetzten Grenzen überschritten. Vielmehr lebt die Corporate-Governance-Diskussion davon, gerade nicht auf einem statischen Fundament zu ruhen, sondern sich den aktuellen Entwicklungen anzupassen.

Aufsichtsrechtliche Vorgaben liegen in einem gewissen Maße, auch wenn sie indirekt zu einer Vergrößerung der zu berücksichtigenden Interessen führen, im Interesse der regulierten Institute und deren Anteilseigner. Die Banken als gemeinsame Gruppe haben durchaus ein Interesse daran, dass in allen Instituten eine effektive Unternehmensleitung und -kontrolle herrscht. Denn der Niedergang eines einzelnen Instituts betrifft die ganze Branche und kann durch das Phänomen „Bankenrun" weitergetragen werden auf andere, eigentlich gesunde Institute.[1283] Auch können aufsichtsrechtliche Vorgaben und Überwachung mehr Transparenz in das Geschehen im Institut bringen, und von mehr Transparenz profitieren auch wieder die Anteilseigner, da ihnen die Kontrolle des Instituts dadurch vereinfacht werden kann.[1284] Daneben können aufsichtsrechtliche Vorgaben zur Unternehmensführung und -kontrolle auch das Vertrauen der Banken untereinander stärken, denn in gewissen Bereichen ist ein einheitlicher Qualitätsstandard, unabhängig von der gesellschaftsrechtlichen Ausgestaltung, für dessen Einhaltung die staatliche Aufsicht zuständig ist, unerlässlich.[1285]

Zudem können Regelungen im Aufsichtsrecht als Chance gesehen werden, das Verbandsrecht von Regelungen zu befreien bzw. in Zukunft von weiteren Regelungen freizuhalten, die nicht in erster Linie auf den Prinzipal-Agenten-Konflikt zwischen Anteilseigner und Manager abzielen, sondern im Schwerpunkt Drittinteressen betreffen. Das Aufsichtsrecht ist grundsätzlich dazu geeignet, Konflikte zu behandeln, an denen mehrere Interessenkonflikte beteiligt sind.[1286] Das hat auch mit der Überwachung und Durchsetzung des Aufsichtsrechts durch eine staatliche Institution zu tun. Denn damit tritt zwischen die verschiedenen Stakeholder ein weiterer Akteur, der selbst aber nicht Stakeholder ist.[1287]

---

1282 *Binder*, in: Corporate Governance nach der Finanz- und Wirtschaftskrise, 2011, S. 239, 241.
1283 Zum Phänomen „Bankenrun" oben unter §4 V)4)b).
1284 *Gerke/Merx*, in: FS Hopt, 2010, S. 1845, 1848.
1285 *Burghof*, Kreditwesen, 2007, 610.
1286 *Rothenhöfer*, in: Perspektiven des Wirtschaftsrechts, 2008, S. 55, 58.
1287 Siehe oben §7 II)3)b)cc).

## 3) Die Weiterentwicklung der bankenspezifischen Corporate Governance

### a) *Ausblick*

Die Finanzkrise führte zu vermehrter gesetzgeberischer Aktivität auf dem Feld der Corporate Governance. Betroffen war sowohl das Gesellschaftsrecht, zu nennen ist hier beispielsweise das Gesetz zur Angemessenheit der Vorstandsvergütung,[1288] als auch das branchenspezifische Aufsichtsrecht.[1289] Der Fokus soll hier aber in erster Linie auf die aufsichtsrechtliche Entwicklung und deren Wirkung gerichtet werden. Einige Vorhaben sind umgesetzt worden, andere werden in Zukunft noch erwartet.[1290] Eine umfangreiche Verrechtlichung der Thematik auf europäischer Ebene erfolgte mit dem CRD-IV-Paket.[1291] Es bleibt zu erwarten, dass die Entwicklung auch weiterhin stoßweise durch Krisen getrieben wird. Vorschläge zu einer (umfassenden) Verstärkung der aufsichtsrechtlichen Corporate Governance werden teilweise begrüßt[1292] und erwartet,[1293] aber auch oft kritisch kommentiert.[1294] Dabei ist auch die

---

1288 Gesetz zur Angemessenheit der Vorstandsvergütung (VorstAG) vom 31. Juli 2009, BGBl. I S. 2509 (Nr. 50).

1289 Hier zum Beispiel Instituts-Vergütungsverordnung vom 6. Oktober 2010 (BGBl. I S. 1374); Gesetz zur Abschirmung von Risiken und zur Planung der Sanierung und Abwicklung von Kreditinstituten und Finanzgruppen (*„Trennbankengesetz“*) vom 7. August 2013 (BGBl. I S. 3090).

1290 So sind auf europäischer Ebene die Vorschläge des Grünbuchs *Europäische Kommission*, Grünbuch Corporate Governance in Finanzinstituten und Vergütungspolitik, KOM(2010)284 nur teilweise umgesetzt worden.

1291 Bestehend aus der Richtlinie 2013/36/EU des Europäischen Parlaments und des Rates vom 26. Juni 2013 über den Zugang zur Tätigkeit von Kreditinstituten und die Beaufsichtigung von Kreditinstituten und Wertpapierfirmen, zur Änderung der Richtlinie 2002/87/EG und zur Aufhebung der Richtlinien 2006/48/EG und 2006/49/EG und der Verordnung (EU) N. 575/2013 des Europäischen Parlaments und des Rates vom 26. Juni 2013 über Aufsichtsanforderungen an Kreditinstitute und Wertpapierfirmen und zur Änderung der Verordnung (EU) Nr. 646/2012; umgesetzt durch das Gesetz zur Umsetzung der Richtlinie 2013/36/EU über den Zugang zur Tätigkeit von Kreditinstituten und die Beaufsichtigung von Kreditinstituten und Wertpapierfirmen und zur Anpassung des Aufsichtsrechts an die Verordnung (EU) Nr. 575/2013 über Aufsichtsanforderungen an Kreditinstitute und Wertpapierfirmen (CRD-IV-Umsetzungesetz), BGBl. I S. 3395.

1292 Den „Luxus“ einer Selbstregulierung bei Finanzinstituten ablehnend *Sanio*, in: Corporate Governance Report 2007, S. 7, 13.

1293 So sprach man sich zum Beispiel auf dem Juristentag 2010 für eine Stärkung des Aufsichtsrechts aus, dazu *Leyens*, JZ 2011, 418, 419.

1294 Gegen eine Regulierungsprozyklik und für Verbesserung verhaltenslenkender Anreizstrukturen *Zeitler*, in: Bankaufsichtsrecht – Entwicklungen und Perspektiven, 2010, S. 3, 5.

Erweiterung der Aufgaben und Pflichten der Aufsichtsbehörde ein Thema.[1295] Bei fortschreitender und krisengetriebener Regulierung sowie Regulierung ohne wirkliches Konzept werden verschiedene Gefahren gesehen. Ein langfristiges Konzept ist oft nicht erkennbar, sondern es wird an den Stellen gesetzgeberisch nachgebessert, die sich in der jeweiligen Krise als problematisch offenbart haben.

### *b) Gefahren*

#### *aa) Schaffung einer „Bank für die Aufsicht"*

Die aufsichtsrechtlichen Vorgaben, sowohl allgemein als auch speziell für die Unternehmensorganisation und Unternehmensführung, werden zahlreicher. Die Institute werden in ihrem Handlungsfreiraum eingeengt, und vor allem für kleinere Institute wird es zunehmend schwierig, alle gesetzlichen Anforderungen zu erfüllen.[1296] Diese Entwicklung schürt die Angst, dass die Vereinnahmung des Aspekts der Unternehmensführung und -kontrolle in dem zuletzt zu beobachtenden Tempo dazu führt, dass die Ausrichtung der Banken in Zukunft allein an den Zielen des Aufsichtsrechts zu erfolgen hat.[1297] Die Verschärfung der Anforderungen an die Organe der Bankinstitute darf nicht dazu führen, dass diese nur noch mit dem „Abarbeiten" der aufsichtsrechtlichen Anforderungen beschäftigt sind und das eigentliche Unternehmensziel aus den Augen verlieren.[1298] Dabei muss klar sein, dass das den Instituten anhaftende Risiko auch mithilfe der Aufsicht nicht „wegreguliert" werden kann. Ziel muss es vielmehr sein, zu regulieren, um das Risiko managen zu können.[1299] Ein Aufsichtsrecht, das durch zu ausführliche Vorgaben im Bereich der Corporate Governance eine „Bank für die Aufsicht" schafft, minimiert Vorteile, die aus der Wahl einer bestimmten Rechtsform resultieren können. Die Schaffung eines ausführlichen und abschließenden „Bankgesellschaftsrechts" sollte daher unbedingt vermieden werden.[1300] Denn das könnte auch zu beitragen, dass die Rolle als Eigenkapitalgeber in

---

1295 Verhaltend, aber eine Erweiterung generell nicht ablehnend *Bundesregierung*, Grünbuch Corporate Governance in Finanzinstituten und Vergütungspolitik Stellungnahme der Regierung der Bundesrepublik Deutschland, 01.09.2010, S. 16, abrufbar unter https://circabc.europa.eu/sd/a/7bd8934e-f4c9-41ea-a0c6-05b98a22b7c4/German_Federal_Government_de.pdf (Stand 21.07.2014).

1296 Mit dem Hinweis, dass kleinere Institute dadurch vom Markt verschwinden oder aber ihre Selbstständigkeit verlieren *Fischer*, in: Boos/Fischer/Schulte-Mattler, KWG, 3. Aufl., 2008, Einf. Rn. 60j.

1297 *Mülbert*, BKR 2006, 349, 360.

1298 *Burghof*, Kreditwesen, 2007, 610, 612.

1299 *Mülbert/Citlau*, The Uncertain Role of Banks' Corporate Governance in Systemic Risk Regulation, ECGI – Law Working Paper No. 179/2011, 2011, S. 21, abrufbar unter http://papers.ssrn.com/sol3/papers.cfm?abstract_id=1885866.

1300 *Goette* weißt kritisch auf die Entwicklung hin, dass auch das Straf- und Ordnungswidrigkeitsrecht vermehrt zur „Quelle des Gesellschaftsrecht" wird *Goette*, ZHR 175 (2011), 388, 398.

einem Bankinstitut weniger attraktiv wird. Auf lange Sicht kann diese Entwicklung eine Schwächung der Privatinstitute nach sich ziehen und das Wettbewerbsverhältnis auf dem Bankenmarkt nachhaltig verändern.

### *bb) Grenzen der Aufsicht*

Daneben sind Nutzen und Effektivität von Regulierung und Aufsicht auch Grenzen gesetzt.[1301] Zum einen verfügt auch die Aufsichtsbehörde selbst über endliche Ressourcen. Wird die Überwachung der Unternehmensführung und -kontrolle verstärkt, bringt das eine höhere Arbeitsbelastung für die Aufsichtsbehörde mit sich, die regelmäßig auch weitgehende Qualifikationen verlangt.[1302] Denn die Qualität der Aufsicht hängt entscheidend von der Qualität der Aufseher ab.[1303] Das hat auch die BaFin selber erkannt und gibt in ihren Prinzipien als Ziel an, hochqualifizierte Mitarbeiter zu gewinnen und diese fortlaufend weiterzubilden.[1304] Aufgrund dieser Feststellung ergibt sich auch ein Bedürfnis nach einer „Good Governance“ für die Aufsichtsbehörde selbst, auf die hier nur hingewiesen, aber nicht näher eingegangen werden soll. Für die Behörde ist eine umfassende Beaufsichtigung der vielzähligen Institute im Deutschland kaum zu stemmen. Eine umfassende Aufsicht auf dem Papier, die in der Praxis aufgrund mangelnder Ressourcen nicht umgesetzt werden kann, ist für alle Beteiligten schädlich. Der Gesetzgeber hat die Gefahr erkannt und versucht die Last der Überwachung der aufsichtsrechtlichen Vorgaben auf mehrere Schultern zu verteilen. § 25d Abs. 6 KWG verpflichtet die Verwaltungs- und Aufsichtsratsmitglieder nunmehr ausdrücklich, bei ihrer Tätigkeit auch die Einhaltung der einschlägigen bankaufsichtsrechtlichen Regelungen zu überwachen. In einem weiteren Schritt können hieraus Schlüsse für die Art der Regulierung gezogen werden. Nicht nur „hartes“ Gesetzesrecht sollte zur Anwendung kommen, sondern auch das Instrument des „soft laws“ sollte in Betracht gezogen werden. Denn der Einsatz von „soft law“ kann helfen, die Masse an aufsichtsrechtlicher und aufsichtspflichtiger Normen zu beschränken. Zu der Frage, ob dafür ein spezieller „Bankenkodex“ geschaffen werden sollte, soll weiter unten Stellung bezogen werden.

### *cc) Kompetenzverlagerung*

Eine weitere Stärkung der Position der Aufsichtsbehörde in der Corporate Governance bringt zudem die Gefahr mit sich, dass die Verantwortlichkeiten von

---

1301 Vor allem die Effizienzgrenzen aufzeigend *Hemeling*, ZHR 174 (2010), 635, 638.

1302 Hier drauf hinweisend auch *Zeitler*, in: Bankaufsichtsrecht – Entwicklungen und Perspektiven, 2010, S. 3, 5; zur Effektivität in der Aufsichtsbehörde *Enriques/Hertig*, EBOR 2011, 357ff.

1303 *Hemeling*, ZHR 174 (2010), 635, 641.

1304 Siehe dazu *BaFin*, Ziel, Leitbild und Strategien der Bundesanstalt für Finanzdienstleistungsaufsicht, S. 10, abrufbar unter http://www.bafin.de/SharedDocs/Downloads/DE/Bericht/dl_leitbild_strategie.pdf;jsessionid=9DD515E408EA9D590B5BB F3DF5260ACD.1_cid298?__blob=publicationFile&v=3.

Gesellschaftsorganen und Aufsicht verwischen. Bei jeder gesetzlichen Maßnahme muss daher darauf geachtet werden, dass die Rollen der Beteiligten gewahrt werden und dass sich alle Beteiligten der Verantwortung für ihr Handeln bewusst bleiben.[1305] Daher sind Gesetze, die im Ergebnis zu einer Verschiebung der Entscheidungskompetenz von Bankleitungsorgan auf Bankaufsichtsbehörde führen, nicht förderlich und empfehlenswert.[1306] Um einer Machtverschiebung nicht den Weg zu bereiten, sollten der Aufsichtsbehörde keine Befugnisse eingeräumt werden, die sie dazu bemächtigen, in das „daily business" des Instituts einzugreifen. Das Grünbuch „Corporate Governance in Finanzinstituten und Vergütungspolitik" geht jedoch in eine andere Richtung, wenn es vorschlägt, die Aufsichtsbehörde dazu „zu verpflichten, das ordnungsgemäße Funktionieren und die Wirksamkeit des Verwaltungsrats"[1307] zu überprüfen. Die vorgeschlagene Einbindung der Aufsichtsbehörde in die innere Struktur der Institute ist von vielen Kommentatoren des Grünbuchs abgelehnt worden.[1308] Die Stärkung der Rolle der Aufsicht im Bereich Corporate Governance darf nicht dazu führen, dass das Verantwortungsbewusstsein der anderen Akteure auf dem Spielfeld der Corporate Governance geschwächt wird.

---

1305 *Europäische Kommission*, Grünbuch Corporate Governance in Finanzinstituten und Vergütungspolitik, KOM(2010)284, S. 17; *Hemeling*, ZHR 174 (2010), 635, 639; *European Association of Co-operative Banks*, Green Paper on Corporate Governance in financial institutions and remuneration policies, 01.09.2010, S. 26, abrufbar unter http://www.globalcube.net/clients/eacb/content/medias/publications/position_papers/banking_legislation/Position_Papers_to_COM/COM_Green_Paper_Corporate_Governance_Financial_Institutions_Remunersation_Policies.pdf; auf den Einfluss von übermäßigen Verhaltensanfoerungen hinweisend *Hemeling*, ZHR 175 (2011), 368, 383.

1306 Beim Gesetz zur Stärkung der Finanzaufsicht sieht *Rudolph* eine solche Verschiebung noch abgewendet *Rudolph*, in: FS Hopt, 2010, S. 2047, 2411.

1307 Da als Modell für das Grünbuch das monistische System gedient hat, ist übertragen auf das dualstische System sowohl Leitungsorgan (Vorstand) als auch Überwachungsorgan (Aufsichtsrat/Verwaltungsrat) von der Beaufsichtigung betroffen, *Europäische Kommission*, Grünbuch Corporate Governance in Finanzinstituten und Vergütungspolitik, KOM(2010)284, S. 15, 17.

1308 *European Association of Public Banks*, EAPB comments on the Green Paper on Corporate Governance in Financial Institutions, S. 6, abrufbar unter https://circabc.europa.eu/sd/a/7d33942e-6fae-411e-afba-a1473d6a92ff/EAPB_en.pdf; *European Savings Banks Group*, ESBG Response to European Commission Consultation concerning the Green Paper on Corporate Governance in financial institutions and remunerations policies, 01.09.2010, S. 15, abrufbar unter https://circabc.europa.eu/sd/a/fcd391fb-12e7-44db-8228-d11d63f168b5/ESBG_en.pdf; *European Association of Co-operative Banks*, Green Paper on Corporate Governance in financial institutions and remuneration policies, 01.09.2010, S. 26, abrufbar unter https://circabc.europa.eu/sd/a/9e2f6a5b-849c-408e-9f60-09195f369e74/EACB_en.pdf; *European Banking Federation*, Draft Response to the European Commissions Green Paper on Corporate Governance in financial institutions, 31.08.2010, S. 12, abrufbar unter https://circabc.europa.eu/sd/a/5070cb60-59ec-4667-b303-1a84b9f23c72/EBF_en.pdf.

#### dd) „Aushebelung“ der klassischen Corporate Governance

Unterstellt man die Corporate Governance weitgehend der Überwachung durch die staatliche Aufsichtsbehörde, beeinflusst das die klassische Überwachungssituation im Bereich Corporate Governance. Denn der Anreiz für Anteilseigner und sonstige Stakeholder schwindet mit Schaffung aufsichtsrechtlicher Vorgaben, über deren Einhaltung die aufsichtsrechtlichen Behörden wachen und das „moral hazard“-Problem kann dadurch verstärkt werden.[1309] Vor allem Einleger, die zudem noch von der Einlagensicherung geschützt werden, haben kaum noch einen Anreiz, sich mit der Bonität ihres Instituts auseinanderzusetzen.[1310] Besonders schwer wiegt es, wenn Parteien, die eigentlich über das Fachwissen verfügen und daher eine Beaufsichtigung des Instituts gewährleisten können, durch die staatliche Bankenaufsicht aus ihrer Überwachungsfunktion „verdrängt“ werden bzw. keinen Anreiz mehr haben.

### c) Schlussfolgerung

Die aufgezeigten Gefahren, die eine weitgehende aufsichtsrechtliche Regulierung im Bereich Corporate Governance nach sich ziehen kann, macht eines deutlich: Ein Interesse an aufsichtsrechtlicher Regulierung im Bereich Corporate Governance ist grundsätzlich anzuerkennen, aber jede gesetzgeberische Maßnahme muss vor Erlass auf ihre Wirkungen im Rahmen der Interessensituationen und Interessenkonflikte untersucht werden. Vor allem darf die weitergehende Regulierung von Corporate-Governance-Anforderungen nicht nur ein Mehr an Regelungen nach sich ziehen, sondern auch wirklich eine bessere Regulierung.[1311] Das Aufsichtsrecht und die Aufsichtsbehörde dürfen auch in Zukunft nicht alle Grundsätze ordnungsgemäßer Corporate Governance vorgeben und mit aufsichtsrechtlichen Mitteln über deren Einhaltung wachen.[1312] Insbesondere ist die Schaffung eines umfassenden „Bankgesellschaftsrechts“ zu vermeiden. Denn das wäre ein Schritt hin zu der „Bank an sich“,[1313] womit lediglich das Interesse der Aufsichtsbehörden befriedigt wäre und kein Interessenausgleich mehr stattfindet, was aber letztlich die Idee hinter der Corporate Governance ist. Es darf nicht aus den Augen verloren werden, dass Banken trotz ihrer wichtigen Rolle für die Gesamtwirtschaft und ihrer Eigenheiten, denoch selbst auch Wirtschaftsunternehmen sind. Vor allem in den Bereich des „daily business“ sollten Aufsichtsrecht und Aufsichtsbehörde nicht eingreifen. Die Rolle des Aufsichtsrechts und der Aufsichtsbehörde sollten sich vielmehr darauf beschränken, Vorgaben für einen guten Governance-Rahmen vorzugeben, der Platz

---

1309 *Mülbert*, Corporate Governance of Banks after the Financial Crisis, 2010, S. 18, abrufbar unter http://papers.ssrn.com/sol3/papers.cfm?abstract_id=1448118##.

1310 *Wohlmannstetter*, in: Hommelhoff/Hopt/v. Werder, Handbuch Corporate Governance, 2. Aufl. 2009, S. 905, 913.

1311 *Mülbert*, ZHR 174 (2010), 375, 380; *Hemeling* ZHR 174 (2010), 635, 638.

1312 So auch *Lautenschläger/Ketessidis*, in: Hopt/Wohlmannstetter, Handbuch Corporate Governance Banken, 2011, S. 739, 774.

1313 Dazu *Mülbert*, BKR 2006, 349, 350.

für eine individuelle, die Besonderheiten des einzelnen Instituts berücksichtigende Corporate Governance lässt. Erstrebenswert ist es, zwischen den Elementen Corporate Governance und Aufsicht eine Symbiose zu schaffen, also einen Zustand, bei dem das eine jeweils von dem anderen profitiert. Bevor eine aufsichtsrechtliche Regelung geschaffen wird, sollte zunächst überprüft werden, ob es einer branchenspezifischen Regelung bedarf. Das ist dann der Fall, wenn ein Problem oder eine Besonderheit nach einer Regelung verlangt, die nicht rechtsformspezifisch, sondern branchenspezifisch anknüpft und erforderlich ist, um aufsichtsrechtliche Ziele, in erster Linie Systemstabilität, zu gewährleisten, und der Markt es nicht schafft, diese Angelegenheit zu regeln.[1314] Dabei ist weiterhin darauf zu achten, dass die aufsichtsrechtlichen Regelungen nicht zu einer übermäßigen Risikoverlagerung führen.

Unter Zugrundelegung dieser Gesichtspunkte erweist sich beispielsweise die Regelung in § 25d KWG, die vorsieht, dass Verwaltungs- und Aufsichtsratsmitglieder bestimmte Qualifikationen erfüllen müssen, als sinnvoll. Denn durch die Sicherstellung guter Überwachung in den Instituten, durch Organe, die das Bankengeschäft verstehen, wird der Rahmen für eine gute innerverbandliche Überwachung gesetzt. Davon profitieren sowohl die wirtschaftlichen Eigentümer, da durch eine gute innergesellschaftliche Überwachung der Prinzipal-Agenten-Konflikt zwischen Anteilseignern und Geschäftsleitern minimiert werden kann, als auch die Einleger. Denn gute Überwachung der Geschäftsführung trägt auch zur Minderung des Konflikts zwischen Einleger und Geschäftsführung bei, indem die Verwaltungs- und Aufsichtsratsmitglieder gem. § 25d Abs. 6 KWG auch die Einhaltung der einschlägigen bankaufsichtsrechtlichen Regelungen durch die Geschäftsleiter zu überwachen haben. Die Vorgaben hinsichtlich der Qualifikation an Verwaltungs- und Aufsichtsratsmitglieder ist auch Ausfluss der Erkenntnis, dass die staatliche Aufsicht erheblich erleichtert wird, wenn die verbandsrechtliche Überwachung gut funktioniert. Anhand des Beispiels zeigt sich, dass eine allgemein gültige Aussage, in welchen Fällen unternehmensspezifisches Verbandsinnenrecht auf aufsichtsrechtlicher Ebene näher auszugestalten ist, nicht möglich ist. Dies bedarf einer individuellen Einzelfallprüfung.

Es gibt Themen, bei denen alle Beteiligten von einer aufsichtsrechtlichen Normgebung und Aufsicht profitieren und diese auch befürworten. Dies gilt vor allem für Regeln, die die Rahmenbedingungen betreffen, in denen sich die einzelnen Institute bewegen. Auch wenn die Einhaltung der Vorgaben für das einzelne Institut lästig erscheinen mag, weiß es, dass auch die Konkurrenz demselben Normenkorsett unterliegt und die Einhaltung von staatlicher Seite beaufsichtigt wird. Das gilt umso mehr, als die Banken untereinander auch in einer Vielzahl von Schuldner-Gläubiger-Beziehungen stehen.

Aufsicht über Corporate Governance und aufsichtsrechtliche Regeln im Bereich Corporate Governance sind daher dem Grunde nach angebracht. Die Grenzen müssen aber dort sein, wo nicht mehr Einleger und Anteilseigner, als die beiden Gruppen

1314 So auch in Bezug auf rechtformspezfische, aktienrechtliche Corporate Governance *Bayer*, NZG 2013, 1, 6.

in Bankinstituten, deren Interessen sich am deutlichsten voneinander abweichen, profitieren, sondern es nur einer der beiden Gruppen zugute kommt. Das bedeutet auch, dass darauf geachtet werden muss, dass „debt governance“ und „equity governance“ zukünftig in einem ausgeglichenen Verhältnis stehen. Ein Interesse, das zu keiner Zeit als Messlatte dienen darf, ist das Interesse der Aufsichtsbehörde an sich. Denn diese ist nicht als Stakeholder anzusehen. Aus dem zuvor Gesagten ergibt sich, dass eine generelle Aussage zur Abgrenzung nicht getroffen werden kann, sondern dass es vielmehr bei jeder einzelnen Norm einer Abwägung bedarf, bei denen die Vorteile für die einzelnen Gruppen festzustellen sind.

## V) Ergebnis

Ausgangsfrage dieses Abschnitts war das Verhältnis zwischen Corporate Governance und Aufsicht.

Die Ausführungen zeigen, dass die Themen Corporate Governance und Aufsicht mittlerweile fest miteinander verknüpft sind und die Diskussion des Themas Corporate Governance bei Banken nicht umhinkommt, der staatlichen Aufsicht und Regulierung Aufmerksamkeit zu schenken. Denn vermehrt finden sich Vorgaben zum Komplex der Corporate Governance im Aufsichtsrecht. Zudem bringen nicht nur gesetzliche Regelungen spezifische Vorgaben, sondern auch die Aufsichtsbehörde beschäftigt sich intensiv mit dem Thema und erlässt Verlautbarungen, mit denen sie im Rahmen der Auslegung der aufsichtsrechtlichen Normen darlegt, was in ihren Augen zur Ausgestaltung einer branchenspezifischen Corporate Governance zu tun ist. Die branchenspezifische Diskussion und Bearbeitung des Themas ist insgesamt zu begrüßen, da die Institute unabhängig von ihrer Rechtsform, identische Grundkonflikte aufweisen. Die Intention, die dabei hinter dem Aufsichtsrecht steht, unterscheidet sich von dem des Gesellschaftsrechts. Während die Regeln des Gesellschaftsrechts hauptsächlich der „equity governance“ dienen, steht hinter den aufsichtsrechtlichen Regeln die „debt governance“. Dabei sind sich überschneidende Corporate-Governance-Vorgaben vor allem im Bereich der Binnenorganisation der Institute festzustellen. Gesellschaftsrecht und Aufsichtsrecht sind dabei nicht als zwei voneinander unabhängige Materien zu sehen, vielmehr stehen sie ergänzend nebeneinander.

Ein momentanes Ungleichgewicht in der Entwicklung zugunsten der „debt governance“ begünstigt die Entstehung eines Bankgesellschaftsrechts. Diese Entwicklung ist kritisch zu sehen. Denn kommt es so weit, verliert die Wahl des Rechtskleides und in Konsequenz das Verbandsrecht für Banken seine Bedeutung. Man wäre dann auf dem Weg zur „Bank an sich“. Die Konsequenz daraus wäre, dass vor allem die Finanzierung über Eigenkapital bei Aktiengesellschaften erschwert werden würde. Denn die Investition für Eingekapitalgeber in eine Bank in Form der Akiengesellschaft wäre nicht mehr so interessant, wenn das Instiut aufgrund der Regulierung nicht mehr als freies Wirtschaftsunternehmen agieren kann. Das kann auf lange Sicht auch Auswirkungen auf das in Deutschland gewachsene Drei-Säulen-System haben. Zudem sind die Grenzen der Möglichkeiten der Aufsichtsbehörden hinsichtlich der Überwachungsleistung zu berücksichtigen.

Daher ist bei der Fortentwicklung der „debt governance" darauf zu achten, dass Regelungen geschaffen werden, die dazu beitragen, einen guten Governance-Rahmen zu schaffen und die letztlich im Interesse aller Beteiligten liegen. Es bedarf vor dem Erlass neuer Regelungen neben einer Wirkungsanalyse auch einer Analyse in Bezug auf die speziell bestehenden Prinzipal-AgentenBeziehungen in den Instituten.

# §8 Stärkung der Corporate Governance durch „soft law“ – Bankenkodex

Es steht somit fest, dass aufgrund der Besonderheiten, die der Unternehmung Bank anhaften und die sich auch auf die Prinzipal-Agenten-Beziehungen auswirken, ein Bedürfnis nach einer branchenspezifischen Corporate-Governance-Diskussion und Behandlung besteht. Bei der Ausgestaltung des Corporate-Governance-Rahmens wirken Verbandsrecht und Aufsichtsrecht zusammen. Auch wenn das Bedürfnis nach aufsichtsrechtlichen Regeln besteht, lässt die Entwicklung der letzten Jahren, die eine Verdichtung der Materie im Aufsichtsrecht erkennen lässt, zu befürchten, dass das Konzept zugunsten der Aufsicht und dem dahinterstehenden öffentlichen Interesse ins Ungleichgewicht kippt. Daher soll nachfolgend untersucht werden, ob eine Fortentwicklung einer bankenspezifischen Corporate Governance über „soft law“, nämlich einen Bankenkodex, möglich und sinnvoll ist.[1315] Insbesondere stellt sich die Frage, wer als Entwickler eines solchen Kodex fungieren kann.

## I) Die Idee eines Bankenkodex wird geboren

Die Idee zur Entwicklung eines Bankenkodex als ergänzendes „soft law“-Instrument ist nicht neu.[1316] Vor allem während der Finanzkrise und dem unmittelbaren Nachgang wurden Bedeutung und Rolle der Corporate Governance an der Krise hinterfragt. Im Rahmen des Aufarbeitungsprozesses tauchte auch der Vorschlag auf, die branchenspezifische Governance mithilfe eines spezifischen Bankenkodex zu stärken. Dem lag der Gedanke zugrunde, dass den Eigenheiten des Bankensektors am besten mit einem rechtsformunabhängigen, branchenspezifischen Konzept beizukommen sei.[1317]

So stand das Thema auch beim 68. Juristentag vom 21.–24. September 2010 in Berlin auf der Agenda. Der Juristentag stimmte hier in der Abteilung Öffentliches und Privates Wirtschaftsrecht, die sich mit dem Thema *„Finanzmarktregulierung – Welche Regelungen empfehlen sich für den deutschen und europäischen Finanzsektor?“* beschäftigte, über zwei Vorschläge einen Bankenkodex betreffend ab. Unter Abschnitt

---

1315 Einen Bankenkodex in Gesetzesform fordernd *Lutz*, in: Ständige Deputation des Deutschen Juristentages (Hrsg.), Verhandlungen des 69. Deutschen Juristentages München 2012 Band II/2: Sitzungsberichte – Diskussion und Beschlussfassung, 2010, Teil P, P 115.

1316 Einen Kodex für öffentliche Banken vorschlagend *Kirschbaum*, BKR 2006, 139ff.

1317 Befürwortend *Hopt*, dazu *Hopt*, Kodex für Banken, Handelsblatt v. 28.1.2009, S. 19 und *Fockenbrock*, Interview mit Klaus Hopt, „Gefahr einer Überregulierung, Handelsblatt v. 2.1.2009, S. 12.

*III. Corporate Governance* standen unter den Punkten 13 a) und b) die folgenden Vorschläge zur Abstimmung der Mitglieder:

> *(13) a) Es ist ein speziell auf Finanzinstitute zugeschnittener Corporate Governance Kodex zu formulieren.*
>
> *b) Bejahendenfalls: Der Europäischen Union ist der Erlass eines Corporate Governance Kodexes zu empfehlen.*

Der erste Vorschlag wurde denkbar knapp angenommen: mit 26 Ja-Stimmen zu 25 Nein-Stimmen bei 10 Enthaltungen. Der zweite Vorschlag fand dagegen nicht die Zustimmung der Mitglieder. Er wurde mit 24 Ja-Stimmen zu 27 Nein-Stimmen bei 10 Enthaltungen abgelehnt.

Das Thema wurde zwar im Nachgang des Deutschen Juristentags diskutiert, geriet aber schon bald aus dem Fokus.[1318] Zurückzuführen ist das auch auf die gesetzgeberische Aktivität in diesem Bereich, vor allem auf europäischer Ebene, die sich zu diesem Zeitpunkt zeigte und Bemühungen im Bereich „soft law" für überflüssig erschienen ließ.

## II) Vorbilder

Die Idee eines speziellen Bankenkodex wurde in anderen Ländern aufgegriffen und umgesetzt. Von Interesse sind hier insbesondere die Kodizes und Projekte in den Niederlanden, der Schweiz und Irland.[1319] Folgend sollen die Kodizes dieser Länder kurz dargestellt werden.

### 1) Niederlande

In den Niederlanden ist am 1.1.2010 ein Bankenkodex in Kraft getreten.[1320] Entworfen hat ihn die niederländische Vereinigung von Banken (Bankenverband). Der Bankenverband ist die Interessenvertretung der niederländischen Banken. Im Jahr 2001 wurde in den Bankenverband die Arbeitgebervereinigung der Banken („Werkgeversvereniging voor het Bankbedriijf") integriert. Seitdem wird der Bankenverband auch bei sozio-ökonomischen Themen aktiv.[1321] Der Kodex findet Anwendung bei allen Banken, die eine Bankerlaubnis haben. Er erging im Nachgang zu dem Report „Restoring trust" („Maas Report"), der vom Advisory Committee on the Future of Banks

1318 Siehe *Leyens*, JZ 2011, 418, 419; *Bachmann*, AG 2011, 181, 193.

1319 *Fleischer*, ZGR 2012, 160, 187; zum aktuellen Stand der Anzahl von speziellen Banken-Kodizes siehe die Übersicht bei *van der Elst*, Corporate Governance and Banks: How justified is the match?, p. 5, abrufbar unter http://papers.ssrn.com/sol3/papers.cfm?abstract_id=2562072.

1320 *Nederlandse Vereniging van Banken*, Code Banken, abrufbar unter http://www.nvb.nl/media/document/000592_code-banken-nl.pdf; dazu *Jennen/van de Vijver*, Banking and Securities Regulation in the Netherlands, 2010, S. 52

1321 Siehe dazu http://www.nvb.nl/en/.

(Adviescommissie Toekomst Banken, „Maas Commitee") am 7.4.2009 veröffentlicht wurde. Der Bankenkodex tritt mit dem Ziel an, die bestehenden Gesetze und Regeln flankierend zu ergänzen und betont explizit, dass bei Anwendung des Kodex bei dem einzelnen Institut auf dessen besondere Struktur Rücksicht genommen werden soll.[1322] Die individuell angepasste Anwendung des Kodex wird über einen „comply or explain"-Ansatz sichergestellt. Der Kodex verpflichtet die Geschäftsführer darauf, alle Interessen im Rahmen der Unternehmensleitung zu berücksichtigen, und nennt hier explizit auch die der Kunden.[1323]

Inhaltlich bezieht sich der Kodex auf Zusammensetzung und Qualifikation sowohl des Leitungs- als auch des Überwachungsorgans; er macht Angaben zu Aufgaben und Arbeitstechniken. Für das Leitungsorgan wird explizit noch einmal erwähnt, dass die Interessen der Kunden, also in erster Linie der Einleger, besondere Berücksichtigung finden sollen, da dies ein kontinuierliches Wirtschaften der Bank erst möglich mache.[1324] Die Beachtung der Sorgfaltspflicht („duty of care") in Bezug auf die Kunden soll Teil der Kultur der Bank sein.[1325] Daneben sollen die Mitglieder der Geschäftsführung jährlich eine Erklärung hinsichtlich der moralischen und ethischen Führung des Instituts abgeben („moral and ethical conduct declaration").[1326] Diese Art einer moralischen und ethischen Erklärung ist bisher einzigartig.[1327] Aus dieser Erklärung sollen Prinzipien abgeleitet und formuliert werden, die als Orientierung für die komplette Belegschaft dienen sollen.[1328]

In Kapitel 4 des Kodex sind Vorgaben zum Risikomanagement sowie die Aufgaben von Führungs- und Aufsichtsorgan im Rahmen der Etablierung sowie Überwachung eines effektiven Risikomanagements enthalten. Es schließen sich in Kapitel 5 Vorgaben zu Audits an, insbesondere wird ein institutsinterner Auditor gefordert, dessen Aufgabe es sein soll, zu überprüfen, ob die intern geschaffenen Kontrollmechanismen greifen.[1329] Abschließend finden sich Empfehlungen für die Thematik Vergütung. Im Mittelpunkt steht hier die Etablierung eines Vergütungssystems, das

---

1322 *Nederlandse Vereniging van Banken*, Code Banken, S. 2, abrufbar unter http://www.nvb.nl/en/media/document/000601_code-banken-uk.pdf.

1323 *Nederlandse Vereniging van Banken*, Code Banken, S. 2, abrufbar unter http://www.nvb.nl/en/media/document/000601_code-banken-uk.pdf.

1324 *Nederlandse Vereniging van Banken*, Code Banken, 3.2.2, S. 9, abrufbar unter http://www.nvb.nl/en/media/document/000601_code-banken-uk.pdf.

1325 *Nederlandse Vereniging van Banken*, Code Banken, 3.2.2, S. 9, abrufbar unter http://www.nvb.nl/en/media/document/000601_code-banken-uk.pdf.

1326 *Nederlandse Vereniging van Banken*, Code Banken, 3.2.3, S. 9, abrufbar unter http://www.nvb.nl/en/media/document/000601_code-banken-uk.pdf.

1327 *Wallace*, in: Chandler (Ed.), Business and Corporate Integrity, 2014, S. 188, 122.

1328 *Silverentand*, in: Bösch (ed.), Banking Regulation, 2012, S. 229, 234.

1329 *Nederlandse Vereniging van Banken*, Code Banken, 5.2, S. 9, abrufbar unter http://www.nvb.nl/en/media/document/000601_code-banken-uk.pdf.

im Einklang stehen soll mit Strategie, Risikohorizont und Werten des Instituts und das die langfristigen Ziele des Instituts unterstützt.[1330]

Die Umsetzung des Kodex erfolgt im Wege „comply or explain". Kommt ein Institut einzelnen Empfehlungen nicht nach, muss es dies aufdecken und sich darüber erklären, warum eine Abweichung davon erfolgt. Zur Überwachung im Hinblick auf die Einhaltung des Kodex ist ein unabhängiges Komittee durch den Bankenverband in Zusammenarbeit mit dem Finanzministerium berufen worden.[1331]

Bemerkenswert ist, dass der Kodex, der aus der Feder der Bankenvereinigung stammt, also einer Interessenvertretung der Banken, stark darauf abstellt, das Interesse der Kunden, und somit letztlich der Einleger, bei der Unternehmensführung zu berücksichtigen. Die Verpflichtung der Institute auf die verstärkte Berücksichtigung der Kundeninteressen war schon Haupttenor des Berichts „Restoring trust" des „Advisory Committee on the Future of Banks in the Netherlands"[1332] und wurde auch im europäischen Grünbuch Corporate Governance in Finanzinstituten und Vergütungspolitik[1333] vorgeschlagen.

## 2) Schweiz

Auch in der Schweiz finden sich Vorgaben speziell zur Corporate Governance von Banken. Hier sind diese aber nicht explizit in einem eigenen Kodex geregelt, sondern in Form eines Rundschreibens durch die FINMA. Es handelt sich dabei um Rundschreiben 2008/24 mit dem Titel „Überwachung und interne Kontrolle Banken", das erstmals im Jahr 2008 veröffentlicht wurde. Die FINMA ist die Eidgenössische Finanzmarktaufsicht und in Form einer selbstständigen Anstalt des öffentlichen Rechts organisiert. Sie ist somit vergleichbar mit der BaFin in Deutschland. Die Rundschreiben sind Verwaltungsverordnungen und dienen in erster Linie dazu, darzulegen, wie die Aufsichtsbehörde die gesetzlichen Bestimmungen auslegt.[1334]

In dem Rundschreiben finden sich „Vorgaben zur Corporate Governance, zur Überwachung der Geschäftstätigkeit und zur internen Kontrolle und deren Überwachung durch die zuständigen Stellen in Banken".[1335] Dementsprechend umfasst

---

1330 *Nederlandse Vereniging van Banken*, Code Banken, 6.1, S. 9, abrufbar unter http://www.nvb.nl/en/media/document/000601_code-banken-uk.pdf.

1331 *Nederlandse Vereniging van Banken*, Code Banken, S. 3, abrufbar unter http://www.nvb.nl/en/media/document/000601_code-banken-uk.pdf.

1332 Abrufbar unter *Advisory Committee on the Future of Banks*, Restoring trust, 2009, abrufbar unter http://www.nvb.nl/en/media/document/001225_090407-rapport-adviescommissie-toekomst-banken-uk.pdf.

1333 Siehe oben § 6 II)1).

1334 *Emmenegger*, in: Hopt/Wohlmannstetter, Handbuch Corporate Governance Banken, 2011, S. 405, 411.

1335 *Eidgenössische Finanzmarktaufsicht (FINMA)*, Rundschreiben 2008/24 - Überwachung und interne Kontrolle Banken, S. 4 Rn. 1, abrufbar unter http://www.finma.ch/d/regulierung/Documents/finma-rs-2008-24.pdf.

das Rundschreiben Empfehlungen zu Aufgaben, persönlichen Voraussetzungen und Verantwortlichkeiten von Verwaltungsrat, Geschäftsleitung und interner Revision. Mitglieder des Verwaltungsrats müssen demnach die erforderlichen Fachkenntnisse, Erfahrung und zeitliche Verfügbarkeit für ihre Funktion vorweisen können.[1336] Das erinnert an die deutschen Regeln in § 25c KWG und § 25d KWG, die ähnliche Voraussetzungen an die Geschäftsführer und Verwaltungs- sowie Aufsichtsratsmitglieder adressieren. Auch die zwingende Einrichtung eines Audit Committee ist bei Vorliegen bestimmter Voraussetzungen vorgesehen.[1337] Die Einrichtung eines Prüfungsausschusses ist im deutschen Recht zwingend in § 25d Abs. 9 KWG vorgesehen. Zudem finden sich Vorgaben zu Aufgaben und Verantwortlichkeiten des Verwaltungsrats.[1338] Das Thema Vergütung ist in dem Rundschreiben, das im Jahr 2008 erlassen wurde, nicht enthalten. Zu dieser Thematik hat die FINMA im Jahr 2009 ein eigenes Rundschreiben erlassen mit dem Titel „Vergütungssysteme – Mindeststandards für Vergütungssysteme bei Finanzinstituten".[1339] Die Rundschreiben halten sich zurück mit Angaben dahingehend, an welchen Interessen sich die Führung des Instituts zu orientieren hat und beschränkt sich auf tatsächliche Strukturen und Voraussetzungen. Die Vorgaben der FINMA dienen auch dazu, ihrer Überwachung durch gute Strukturen in der Bank selbst zu erleichtern.

Die Einhaltung des Rundschreibens erfolgt nicht über einen „comply or explain"-Ansatz. Vielmehr sind zur Überwachung über die Einhaltung der Rundschreiben die bankengesetzlichen Prüfgesellschaften berufen.[1340] Im Hinblick auf die Durchsetzung der Rundschreiben weisen sie somit einen aufsichtsrechtlichen Charakter auf.

## 3) Irland

Ähnlich wie in den Niederlanden gibt es auch in Irland einen ausdrücklichen Bankenkodex. Er trägt den Titel „Corporate Governance Code for Credit Institutions and Insurance Undertakings" und wird veröffentlicht von der irischen Zentralbank

---

1336 *Eidgenössische Finanzmarktaufsicht (FINMA)*, Rundschreiben 2008/24 - Überwachung und interne Kontrolle Banken, Rn. 6, Rn. 17., abrufbar unter http://www.finma.ch/d/regulierung/Documents/finma-rs-2008-24.pdf.

1337 *Eidgenössische Finanzmarktaufsicht (FINMA)*, Rundschreiben 2008/24 - Überwachung und interne Kontrolle Banken, Rn. 7 f., Rn. 32ff., abrufbar unter http://www.finma.ch/d/regulierung/Documents/finma-rs-2008-24.pdf.

1338 *Eidgenössische Finanzmarktaufsicht (FINMA)*, Rundschreiben 2008/24 - Überwachung und interne Kontrolle Banken, Rn. 9ff., abrufbar unter http://www.finma.ch/d/regulierung/Documents/finma-rs-2008-24.pdf.

1339 *Eidgenössische Finanzmarktaufsicht (FINMA)*, Rundschreiben 2010/1 – Vergütungssysteme, abrufbar unter http://www.finma.ch/d/regulierung/Documents/finma-rs-2010-01-d.pdf.

1340 *Eidgenössische Finanzmarktaufsicht (FINMA)*, Rundschreiben 2008/24 – Überwachung und interne Kontrolle Banken, Rn. 127, abrufbar unter http://www.finma.ch/d/regulierung/Documents/finma-rs-2008-24.pdf.

(„Central Bank of Ireland").[1341] Die irische Zentralbank ist zuständig für Zulassung, Regulierung und Aufsicht über in Irland ansässige Banken. Somit ist sie in ihrer Stellung und Aufgabe vergleichbar mit der BaFin in Deutschland. Die erste Konsultation zu dem Kodex erfolgte schon 2005, also noch vor der Finanzkrise. Doch dann wurde das Projekt zunächst zurückgestellt, da man weitreichende gesetzliche Änderungen erwartete und diese in einem Kodex berücksichtigen wollte.[1342] In Kraft getreten ist der Kodex dann im Januar 2011. Im Dezember 2013 ist ein überarbeiteter Kodex veröffentlicht worden, der im Januar 2015 in Kraft trat. Mit fast fünfzig Seiten ist der irische Kodex sehr umfangreich.

Der Kodex besteht zum einen aus Vorgaben, die alle Bankinstitute treffen, und zum anderen aus speziellen Vorgaben, die nur von Instituten einzuhalten sind, die von der Zentralbank als besonders bedeutend, also systemrelevant, eingeschätzt werden. In einer Präambel definiert der Kodex zunächst einige Begriffen, unter anderem auch den Begriff Corporate Governance selbst. Der Kodex begreift unter dem Begriff Corporate Governance die „Methoden, Prozesse und Einstellungen mit denen eine Organisation geführt und kontrolliert wird".[1343] Im Kodex wird ausdrücklich klargestellt, dass dieser andere Vorgaben zum Thema Corporate Governance ergänzt, diese aber nicht ersetzt.[1344] Die Vorgaben des Kodex werden als Mindestvoraussetzungen für einen guten und robusten Corporate Governance Rahmen verstanden.[1345] Inhaltlich ist der Kodex auf das One-tier-Board-System zugeschnitten.

Es finden sich ausführliche Angaben zu der Zusammensetzung des Boards und sodann Voraussetzungen, die Personen in den einzelnen Funktionen, insbesondere Chairman, Chief Executive Officer (CEO), Independent Non-Executive Directors, Non-Executive Directors, Executive Directors und Chief Risk Officer vorweisen sollen. Es werden die Aufgaben des Boards dar- und hier insbesondere insofern

---

1341 *Central Bank of Ireland*, Corporate Governance Code for Credit Institititions and Insurance Undertakings 2013, 2013, abrufbar unter http://www.centralbank.ie/press-area/press-releases/Pages/RevisedCorporateGovernanceCodeforCreditInstitutionsandInsuranceUndertakings.aspx; dazu *Cox/Cain/O'Connor*, in: Bösch (ed.), Banking Regulation, S. 145, 160f.

1342 *Clarke/Hardiman*, Crisis in the Irish Banking System, 2012, S. 18, abrufbar unter http://papers.ssrn.com/sol3/papers.cfm?abstract_id=2008302&download=yes

1343 *Central Bank of Ireland*, Corporate Governance Code for Credit Institutions and Insurance Undertakings 2013, 2. Definitions, S. 5, abrufbar unter http://www.centralbank.ie/press-area/press-releases/Pages/RevisedCorporateGovernanceCodeforCreditInstitutionsandInsuranceUndertakings.aspx.

1344 *Central Bank of Ireland*, Corporate Governance Code for Credit Institutions and Insurance Undertakings 2013, 3.6, S. 8., abrufbar unter http://www.centralbank.ie/press-area/press-releases/Pages/RevisedCorporateGovernanceCodeforCreditInstitutionsandInsuranceUndertakings.aspx.

1345 *Central Bank of Ireland*, Corporate Governance Code for Credit Institutions and Insurance Undertakings 2013, 6.1, S. 11, abrufbar unter http://www.centralbank.ie/press-area/press-releases/Pages/RevisedCorporateGovernanceCodeforCreditInstitutionsandInsuranceUndertakings.aspx.

herausgestellt, dass das Board für die Etablierung und Überwachung der Geschäftsstrategie zuständig ist.[1346] Das Board soll zu jeder Zeit in der Lage sein, seine Entscheidungen der Zentralbank darzulegen und begründen zu können.[1347] Der Kodex sieht vor, dass das Board mindestens zwei Komitees einrichtet. Zwingend vorgesehen sind dabei ein audit committee und ein risk committee. Die Strukturen und Aufgaben der beiden Komitees werden näher dargelegt.[1348] Die Einrichtung eines remuneration committee und eines nomination committee sind daneben wünschenswert.[1349] In einem Appendix finden sich zusätzliche Regelungen, die aber nur auf Institute mit besonderer Systemrelevanz für den Kapitalmarkt Anwendung finden. Die Qualifikation, ob ein Institut von besonderer Relevanz ist, nimmt die Zentralbank vor.

Zur Überwachung über die Einhaltung des Kodex ist die Zentralbank im Rahmen der von ihr betriebenen laufenden Überwachung berufen.[1350] Weicht ein Institut von den Vorgaben des Kodex ab, hat es die Abweichung innerhalb von fünf Werktagen an die Zentralbank zu melden. Grundsätzlich hat jedes Institut jährlich einen Bericht darüber zu verfassen, ob und in welchem Maße es die Vorgaben des Kodex eingehalten hat. Dieser Bericht ist an die Zentralbank zu richten.[1351] Der Kodex wirkt somit in erster Linie im Verhältnis Zentralbank und Institut und begründet umfangreiche Darlegungspflichten gegenüber der Zentralbank.

---

1346 *Central Bank of Ireland*, Corporate Governance Code for Credit Institutions and Insurance Undertakings 2013, 13.1, S. 24, abrufbar unter http://www.centralbank.ie/press-area/press-releases/Pages/RevisedCorporateGovernanceCodeforCreditInstitutionsandInsuranceUndertakings.aspx.

1347 *Central Bank of Ireland*, Corporate Governance Code for Credit Institutions and Insurance Undertakings 2013, 13.6, S. 25, abrufbar unter http://www.centralbank.ie/press-area/press-releases/Pages/RevisedCorporateGovernanceCodeforCreditInstitutionsandInsuranceUndertakings.aspx.

1348 *Central Bank of Ireland*, Corporate Governance Code for Credit Institutions and Insurance Undertakings 2013, 22+23, S. 37ff, abrufbar unter http://www.centralbank.ie/press-area/press-releases/Pages/RevisedCorporateGovernanceCodeforCreditInstitutionsandInsuranceUndertakings.aspx.

1349 *Central Bank of Ireland*, Corporate Governance Code for Credit Institutions and Insurance Undertakings 2013, 19.6, S. 33, abrufbar unter http://www.centralbank.ie/press-area/press-releases/Pages/RevisedCorporateGovernanceCodeforCreditInstitutionsandInsuranceUndertakings.aspx.

1350 *Central Bank of Ireland*, Corporate Governance Code for Credit Institutions and Insurance Undertakings 2013, 4.1, S. 9, abrufbar unter http://www.centralbank.ie/press-area/press-releases/Pages/RevisedCorporateGovernanceCodeforCreditInstitutionsandInsuranceUndertakings.aspx.

1351 *Central Bank of Ireland*, Corporate Governance Code for Credit Institutions and Insurance Undertakings 2013, 26, S. 43, abrufbar unter http://www.centralbank.ie/press-area/press-releases/Pages/RevisedCorporateGovernanceCodeforCreditInstitutionsandInsuranceUndertakings.aspx.

## 4) Zwischenergebnis

Die drei oben vorgestellten Kodizes weisen im Einzelnen erhebliche Unterschiede auf. Die schweizerischen und irischen Vorgaben sind auf die jeweilige Aufsichtsbehörde zurückzuführen. Der niederländische Kodex ist vom Bankenverband entwickelt worden. Alle drei Werke haben aber denselben Anknüpfungspunkt. Sie finden Anwendung auf alle Institute, die Bankgeschäfte betreiben, unabhängig von ihrer Rechtsform.

In der Schweiz gibt es keinen Kodex im engeren Sinne. Vielmehr ist Quelle hinsichtlich der Vorgaben für die Corporate Governance ein Rundschreiben der FINMA, der schweizerischen Aufsichtsbehörde. Die Vorgaben, die sich in dem Schweizer Rundschreiben 2008/24 befinden, sind in Deutschland in nicht unerheblichem Umfang in Gesetzesform schon im KWG zu finden und daneben noch in Verlautbarungen der BaFin, so zum Beispiel der MaRisk. Hinter den Vorgaben steht die Idee, die Strukturen der Corporate Governance im Sinne der Aufsicht zu verbessern und damit auch die Tätigkeit der Aufsicht selbst zu erleichtern. Über die Einhaltung der Vorgaben müssen sich die Institute nicht über eine Selbsterklärungsverpflichtung (zum Beispiel „comply or explain“) erklären. Die Einhaltung der Vorgaben überprüfen die bankgesetzlichen Prüfgesellschaften. Die Vorgaben aus der Schweiz bringen somit nichts Neues im Vergleich zu Deutschland. Insbesondere können die Vorgaben nicht als klassisches „soft law“ eingeordnet werden.

Einen anderen Ansatz verfolgt der Kodex, der von der irischen Zentralbank entwickelt wurde. Auf fast 50 Seiten finden sich ausführliche Empfehlungen zu Aufbau und Organisation der Leitung und Kontrolle der Banken. Daneben ist unter anderem auch das mittlerweile fast als Klassiker zu bezeichnende Thema der Vergütung angesprochen und Empfehlungen dazu erlassen. Zudem ist in dem Kodex auch der Umstand berücksichtigt, dass Banken verschieden großen Einfluss auf die Gesamtwirtschaft haben können und ein unterschiedliches Risikoprofil aufweisen. Daher gibt es neben dem Hauptkodex, der auf alle Banken Anwendung findet, einen Appendix, der lediglich Geltung für Institute beansprucht, denen die Zentralbank einen hohen Einfluss attestiert. Überwachung über die Einhaltung der Vorgaben aus dem Kodex erfolgt durch die Zentralbank selbst. Umgesetzt wird dies, indem die Institute verpflichtet sind, jährlich einen Bericht über die Einhaltung des Kodex zu verfassen und der Zentralbank zukommen zu lassen. Es wird deutlich, dass auch hier der Kodex in erster Linie der Aufsichtsbehörde zur Durchsetzung ihres Überwachungsauftrags dient. Dafür spricht auch, dass die Aufsichtsbehörde den Kodex selbst formuliert hat.

Anders stellt sich die Situation in den Niederlanden dar. Denn hier steht hinter dem Kodex nicht die staatliche Aufsichtsbehörde, die mithilfe eines Kodex ihrer Überwachungsaufgabe nachkommen will, sondern der Bankenverband als Interessenvertretung der Banken. Inhaltlich hat er weitgehende Ähnlichkeiten mit den Empfehlungen aus den anderen beiden Ländern. Auch hierin finden sich Vorgaben hinsichtlich der Voraussetzungen der Mitglieder des Geschäftsführungs- und des Aufsichtsorgans sowie Angaben zu Arbeitstechniken. Die Besonderheit des Kodex, die große Beachtung verdient, ist die mehrfache Betonung der Berücksichtigung des Kundeninteresses – also auch der Einleger – bei der Geschäftsführung. Begründet wird das mit dem Umstand, dass ein langfristiges Wirtschaften nur dann möglich ist, wenn die Kundeninteressen hinreichend Berücksichtigung finden. Auch der Mechanismus der Umsetzung verdient Erwähnung. Denn der niederländische Bankenkodex sieht den klassischen „comply or explain“-Ansatz vor. Dennoch erfolgt noch eine gesonderte Überwachung über die Einhaltung des Kodex mithilfe der von den Instituten verfassten Erklärungen. Dazu ist ein Komitee berufen worden. Hier ist die Besonderheit, dass die Mitglieder des Komitees nicht allein vom Bankenverband selber eingesetzt werden, sondern dass dies in Zusammenarbeit mit dem Finanzministerium geschieht. Die Einrichtung des Überwachungskomitees zeigt aber auch, dass man nicht davon ausgeht, dass vom Markt eine ausreichende Kontrolle über die Einhaltung erfolgen kann.

## III) Brauchen wir einen Bankenkodex?

Ob die Schaffung eines branchenspezifischen Kodex für Banken auch in Deutschland sinnvoll ist, ist anhand von drei Fragen zu klären. Zum einen muss klar sein, welches Ziel mit dem Kodex verfolgt werden soll. Denn wie oben gesehen gibt es für die Materie schon jetzt eine Vielzahl an gesetzlichen Regelungen und etliche Veröffentlichungen mit einer Vielzahl an verschiedenen Akteuren. Wenn man zu dem Ergebnis kommt, dass noch Platz für einen speziellen Kodex ist, ist auf einer zweiten Ebene zu klären, wer sich für die Schaffung und Ausformulierung des Kodex verantwortlich zeichnen sollte. Sind diese beiden Grundfragen geklärt, kommt der eigentlich schwierigste Teil. Denn es muss sodann geklärt werden, was tatsächlich inhaltlich in dem Kodex stehen soll. Hier soll der Teil des tatsächlichen Inhalts zunächst ausgeklammert werden. Denn diese Frage ist sehr komplex, die es erforderlich macht, ihr eine eigene Bearbeitung zu widmen. Daher wird nachfolgend zunächst der Aspekt der Erforderlichkeit eines Kodex geklärt werden, und bei Bejahung dieser Frage muss auf die möglichen Autoren eingegangen werden.

### 1) Erforderlichkeit eines Kodex

Zur Beantwortung der Frage, ob die Schaffung eines Kodex als weiterer Beitrag zur Corporate Governance von Banken erforderlich und sinnvoll ist, ist auf die aktuelle Situation zu blicken und herauszufiltern, welchen Vorteil ein Kodex in dieser Situation noch bringen kann. Wie oben gesehen ist die Regelungs- und Normendichte auf deutscher wie auf europäischer Ebene momentan schon sehr hoch. Zunehmend wird die Materie der internen Governance im deutschen Aufsichtsrecht geregelt. Mittlerweile gehen viele der Gesetzesänderungen auf europäische Vorgaben zurück, wie zuletzt bei der Umsetzung der CRD-IV-Richtlinie und Verordnung.[1352] Zudem muss ein branchenspezifischer Anknüpfungspunkt bestehen, der die Schaffung eines branchenspezifischen Kodex sinnvoll erscheinen lässt.

### *a) Branchenspezifischer Anknüpfungspunkt*

Ein Branchenkodex erscheint nur dann sinnvoll, wenn der Branche Besonderheiten anhaften, die unabhängig von der Rechtsform auftreten und einen Anknüpfungspunkt für den Kodex bieten. Es bedarf somit einer – zumindest zum Teil - homogenen Gruppe, an die sich der Kodex richtet. Ein Kodex würde Verbände der unterschiedlichsten Rechtsformen mit den unterschiedlichsten Eigentümerstrukturen erfassen. Angefangen von den in der Form der Aktiengesellschaft organisierten Großbanken mit weitläufigem Streubesitz, deren Anteilseignern es vornehmlich auf einen hohen „return on investment" ankommt, über die genossenschaftlichen Banken, die im hohen Maß der Mitgliederförderung verpflichtet sind, hin zu den öffentlich-rechtlichen Instituten,[1353] die zumeist nur einen Träger und ihrem öffentlichen Auftrag nachzukommen haben. Auch wenn die Institute Besonderheiten aufweisen, finden sich dennoch einige Aspekte, die rechtsformunabhängig zu identifizieren sind. Hier sind die oben aufgezeigten Besonderheiten in den Prinzipal-Agenten-Strukturen zu nennen, die sich aufgrund der Eigenheiten des Geschäftsmodells ergeben, sowie die spezielle Aufsicht und Regulierung der Branche. Alle in den Blick genommenen Institute haben eine Stakeholdergruppe, ohne die sie ihr Geschäft nicht betreiben können, die sie aber ebenso auch in ihrer Existenz bedrohen können – die Einleger. Daraus ergibt sich ein besonderer Prinzipal-Agenten-Konflikt, der auf der einen Seite durch staatliche Regulierung vermindert werden soll und auf der anderen Seite durch die Aufsicht und Regulierung modifiziert wird.[1354] Zudem besteht zwischen den Instituten selbst eine besondere Abhängigkeit aufgrund der intensiven Interbankengeschäfte und eine Schicksalsgemeinschaft, da sie oft als gesamte Branche und nicht als einzelnes Institut wahrgenommen werden.

Das Aufsichtsrecht modifiziert und konkretisiert mittlerweile durch vermehrte Vorgaben zur internen Kontroll- und Führungsstrukturen die Corporate Governance der Institute schon jetzt weitreichend unabhängig von ihrer Rechtsform. Für die Begründung dieser Modifizierung der internen Strukturen werden auch die oben genannten Besonderheiten sowie die besondere Stellung der Banken für die Gesamtwirtschaft angeführt. Diese Besonderheiten der Bankenbranche, an denen auch die

---

1352 Gesetz zur Umsetzung der Richtlinie 2013/36/EU über den Zugang zur Tätigkeit von Kreditinstituten und die Beaufsichtigung von Kreditinstituten und Wertpapierfirmen und zur Anpassung des Aufsichtsrechts an die Verordnung (EU) Nr. 575/2013 über Aufsichtsanforderungen an Kreditinstitute und Wertpapierfirmen (CRD-IV-Umsetzungsgesetz) vom 28. August 2013, BGBl. I S. 3395.

1353 Aber zu dem Umstand, dass auch die öffentlich-rechtlichen Institute mittlerweile gewinnorientiert arbeiten müssen siehe oben §4 V)4)b)bb)(2)(a).

1354 Dazu oben §5 II)3).

staatliche Aufsicht und Regulierung anknüpft, können auch als Anknüpfungspunkt für einen branchenspezifischen Kodex dienen.

### *b) Nutzen eines Bankenkodex*

Steht fest, dass es einen einheitlichen Anknüpfungspunkt für einen speziellen Bankenkodex gibt, muss auf der nächsten Stufe der Nutzen eines solchen Kodex untersucht werden. Geprägt ist die momentane Situation jetzt schon durch viele Akteure (europäischer und deutscher Gesetzgeber, Aufsichtsbehörden) und Regelungsebenen (europäische Richtlinien und Verordnungen, auf nationaler Ebene das KWG, Verlautbarungen der nationalen Aufsichtsbehörde und Empfehlungen nichtstaatlicher Verbände wie des Basler Ausschusses). Daher bleibt die Frage, welchen Platz und welche Rolle ein Kodex in diesem System noch einnehmen kann. Dazu muss man betrachten, welche Ziele mit einem Kodex in der Regel verfolgt werden. Als Betrachtungsobjekt auf nationaler Ebene kann hier der Deutsche Corporate Governance Kodex herangezogen werden. Der DCGK tritt mit zwei großen Zielen an. Zum einen soll er eine Informationsfunktion – oder auch Kommunikationsfunktion[1355] – erfüllen.[1356] Dieser Funktion kommt er nach, indem er die wichtigsten gesetzlichen Vorgaben zur Unternehmensführung und -kontrolle zusammenträgt. Dadurch wird Transparenz geschaffen, die es auch Unkundigen ermöglicht, das Corporate-Governance-System der Gesellschaften nachzuvollziehen. Zum anderen soll der Kodex als Plattform für weitergehende Empfehlungen dienen, die sich bisher nicht im Gesetz finden, aber eine Verbesserung der Corporate Governance leisten können. Diese Funktion wird unter dem Begriff Ordnungsfunktion diskutiert.[1357] Diesen Empfehlungen müssen die Unternehmen nicht zwingend folgen, sondern können von diesen auch abweichen. Tun sie dies, müssen sie im Rahmen der Erklärung, die sie nach § 161 AktG jährlich über die Einhaltung des Kodex zu veröffentlichen haben, begründen. Dabei muss herausgestellt werden, warum sie den Empfehlungen nicht nachgekommen sind. Dadurch können spezielle Themen in das Bewusstsein der Institute gerückt werden und dadurch erreicht werden, dass sich hinsichtlich dieser Aspekte Gedanken über eine individuelle Ausrichtung gemacht werden.[1358] Ein Vorteil der Platzierung von Empfehlungen in einem Kodex, ist die daraus resultierende Möglichkeit, neue Lösungen zunächst auf einer untergesetzlichen Ebene auszuprobieren und sie wieder zu entfernen oder zu ändern, wenn sich

---

1355 So *v. Werder*, in: Ringleb u.a., Deutscher Corporate Governance Kodex, 5. Aufl. 2014, Rn. 80.

1356 Dazu z.B. in der Begr. RegE, BT-Drs. 14/8769, S. 21; *Schneider/Strenger*, AG 2000, 106, 109.

1357 Siehe *v. Werder*, in: Ringleb u.a., Deutscher Corporate Governance Kodex, 5. Aufl. 2014, Rn. 83.

1358 *Leyens*, AnwBl 2010, 584, 586.

herausstellt, dass sie in der vorgesehenen Form keinen Nutzen entfalten.[1359] Daraus hat sich in den letzten Jahren aber zunehmend ein typischer Verlauf entwickelt. Zwar wurde die Möglichkeit, in dem Kodex weitere Empfehlungen auszusprechen im Sinne einer „pre-legal function" genutzt.[1360] Das bedeutet, diese Empfehlungen wurden im Sinne einer Vorbereitung für spätere verbindliche, gesetzliche Regelungen erlassen.[1361] Zu einer gesetzlichen Regelung kommt es in erster Linie in den Fällen, in denen die Kodexempfehlungen nicht auf die gewünschte Befolgungsrate kommen. Zusammenfassen kann man die Funktionen des Kodex mit den Worten „Informieren und Steuern".[1362]

Denkt man an die Besonderheiten, die die Governance-Struktur der Banken aufweist, nämlich die Spaltung in eine „equity governance" und eine „debt governance", könnte einem Kodex in Bezug darauf auch eine Plattformfunktion zukommen, in der die beiden Interessen gegenübergestellt und in Ausgleich gebracht werden können. Denn bisher ist es so, dass die Vorgaben zur „equity governance" und zur „debt governance" hauptsächlich an verschiedenen Stellen finden. Hinsichtlich der „equity governance" finden sich auf gesetzlicher Ebene die meisten Vorgaben in dem jeweilig anwendbaren Gesellschaftsrecht. Für die „debt governance" ist der Hauptanknüpfungspunkt das Aufsichtsrecht. Ein Kodex kann die Chance eröffnen, die Interessen in einem Werk zu bündeln und zum Ausgleich zu bringen.[1363]

Die Funktionen kann ein Kodex aber nur entfalten, wenn es tatsächlich Adressaten gibt, die die Unternehmen im Hinblick auf die Einhaltung überwachen. Denn nur, wenn es einen Adressaten gibt, der die Erklärung studiert und unter Umständen auch Sanktionen bei Nichteinhaltung ausüben kann, kann von dem Kodex eine verhaltenssteuernde Wirkung ausgehen.[1364] Ist die Überwachung im Hinblick auf die Einhaltung nicht gewährleistet, bedeutet Kodex und die Pflicht

---

1359 Als „legal experiments" bezeichnend *European Company Law Experts*, Making Corporate Governance Codes more effective – A response to the European Commission's Action Plan of December 2012, S. 3, abrufbar unter http://papers.ssrn.com/sol3/papers.cfm?abstract_id=2366273.

1360 Dazu *Fleischer*, ZGR 2012, 160, 183; der Kodex wird in diesen Bereichen als „Warnschuss" missbraucht *Bayer*, NZG 2013, 1, 5.

1361 Beispielhaft kann hier die Frauenquote genannte werden, dazu *Langenbucher*, JZ 2011, 1038ff.

1362 *Müller*, 2001–2011: Selbstverpflichtung zur guten Unternehmensführung in Deutschland – Erreichtes und Erwartungen, Hauptrede zur 10. Deutsche Corporate Governance Kodex-Konferenz am 30. Juni 2011, S. 2 abrufbar unter http://www.dcgk.de/de/kommission/die-kommission-im-dialog/deteilansicht/dokumentation-10-corporate-governance-konferenz.html.

1363 Dieser Aspekt kommt in dem bisherigen Banken-Kodex zu kurz, *van der Elst*, Corporate Governance and Banks: How justified is the match?, p. 32, abrufbar unter http://papers.ssrn.com/sol3/papers.cfm?abstract_id=2562072.

1364 *Leyens*, in: *Ständige Deputation des Deutschen Juristentages (Hrsg.)*, Verhandlungen des 69. Deutschen Juristentages München 2012 Band II/2: Sitzungsberichte – Diskussion und Beschlussfassung, 2010, Teil P, P 117 f.

zur Entsprechenserklärung lediglich mehr Arbeit für die Institute, ohne weiteren Nutzen zu generieren.

### *aa) Informationsfunktion*

Unproblematisch kann einem Kodex speziell für Banken ein Informationsfunktion zukommen. Dies gilt umso mehr, als das Dickicht aus Vorgaben zur Corporate Governance, hier insbesondere der internen Governance, bei Instituten aufgrund von wachsenden Vorgaben im Aufsichtsrecht und anderen, teils auch nicht gesetzlichen Regelungen besonders undurchsichtig für einen Außenstehenden erscheinen mag. Einen Überblick über die wesentlichen Vorgaben zur Unternehmensführung und -kontrolle in Form eines Kodex kann in diesem Fall zu einer wichtigen Informationsquelle werden. Eine Frage, die sich dann aber stellt, ist, zu wessen Gunsten diese Informationsfunktion eintreten kann und wer für die Überwachung der erhaltenen Information in Frage kommt. Denn ein Kodex mit Entsprechenserklärungspflicht, der keinen Empfänger zur Überwachung der Einhaltung der Vorgaben hat, kann auch keine verhaltenssteuernde Wirkung bei den zur Erklärung verpflichteten Banken auslösen.

### (1) Anteilseigner

Im Rahmen der DCGK wird die Informationsfunktion in erster Linie im Hinblick auf Investoren gesehen. Das ist sinnvoll, da sich der DCGK in erster Linie an börsennotierte Aktiengesellschaften richtet, die auch ausländische Investoren ansprechen wollen. Für die ausländischen Investoren, die oftmals keine näheren Kenntnisse im deutschen Gesellschaftsrecht haben, bietet der Kodex und die entsprechende Erklärung dazu die Möglichkeit, sich überblicksweise über gesellschaftsrechtliche Strukturen in der entsprechenden Aktiengesellschaft zu informieren, ohne sich näher mit den einzelnen gesetzlichen Regelungen beschäftigen zu müssen. Zudem sollen diese Informationen dazu beitragen, den wahren Preis des Unternehmens am Finanzmarkt zu ermitteln, indem die veröffentlichten Informationen in den Marktpreis eingepreist werden.

Die vielschichtigen Vorgaben zu dem Thema Corporate Governance von Finanzinstituten, die über verschiedene Quellen wie KWG und Verlautbarungen der BaFin verstreut sind, bieten sich an, um im Rahmen eines Kodex überblicksweise dargestellt zu werden. Zumal diese Vorgaben die bestehenden gesellschaftsrechtlichen Vorgaben modifizieren und ergänzen. Wenn das Bedürfnis für eine Information besteht, ist ein Aspekt, der nicht so eindeutig identifiziert werden kann, die Personengruppe, an die sich das Informationsangebot richtet. Der durchschnittliche Anteilseigner bzw. künftige Anteilseigner fällt bei einem branchenspezifischen Kodex als Empfänger der Information heraus. Denn der Investor im klassischen Sinne, den der DCGK vor Augen hat, findet sich in dieser Form nur bei den Privatbanken, die zumeist als Aktiengesellschaft organisiert sind und bei Börsennotierung schon dem DCGK unterfallen. Anders ist das bei Instituten im Genossenschafts- und öffentlich-rechtlichen Sektor. Hier fehlt es schon an einem Markt, an dem die Informationen eingespeist werden könnten. Im Genossenschaftssektor steht hinter der Beteiligung an dem Verband die Idee der Mitgliederförderung, und mit der Mitgliedschaft an der Genossenschaft geht regelmäßig die Nutzung des Instituts auch als Kunde einher. Im großen Teil sind daher Anteilseigner und Kunden deckungsgleich, wobei in der Regel ein größeres Interesse an der vertraglichen Verbindung zum Institut besteht als an der mitgliedschaftsrechtlichen Verbindung. Bei den öffentlich-rechtlichen Instituten ist überwiegend lediglich ein Anteilseigner in Form eines Trägers vorhanden, und zudem besteht auch keine Möglichkeit, Anteile frei zu handeln. Eine Informationsfunktion für die Anteilseigner um Investitions- oder Deinvestitionsentscheidungen zu treffen, ist daher nur für Aktiensgesellschaften relevant. Dafür gibt es aber den DCGK, und es bedarf von dieser Seite her keinen weiteren branchenspezifischen Kodex.

### (2) Kunden, insbesondere Einleger

Als weitere mögliche angesprochene Gruppen kommen Kunden, insbesondere die Einleger, in Betracht, wie auch die Aufsichtsbehörde. Kunden, insbesondere Einleger, haben eigentlich ein besonderes Interesse daran, Informationen zur Corporate Governance zu erfahren und unter Berücksichtigung dieser Informationen die Entscheidung zu treffen, bei welchem Institut das Geld hinterlegt werden sollte. Der Anreiz, sich über das Institut, dem man sein Geld anvertraut, zu informieren, wird beeinflusst durch die bestehenden Sicherungsmechanismen. Aufsicht und vor allem die Einlagensicherung beeinflussen die Einleger dahingehend, dass sie bei voller Abdeckung ihrer Einlagen kein Interesse daran haben, die Corporate Governance der Institute näher zu betrachten. An dieser Situation wird sich auch aufgrund eines Kodex nichts ändern. Denn es besteht für diese Gruppe der Einleger weiterhin kein Interesse, sich zu informieren und zu prüfen, inwieweit die einzelnen Institute den Empfehlungen aus dem Kodex folgen. Ein weiterer Aspekt, der Berücksichtigung finden muss, ist der Umstand, dass viele Kleineinleger mit Lektüre und Bewertung der Erklärung zur Befolgung des Kodex überfordert sein werden.[1365] Ein Großteil der Personen, die ein Konto mit Guthaben bei einer Bank unterhalten, fehlt es schon an Grundkenntnissen hinsichtlich verbandsrechtlicher Strukturen und Aufgabenverteilung. Diesen wird eine Bewertung anhand der Lektüre der Veröffentlichung zur Befolgung der Kodex kaum möglich sein. Besonders ausgeprägt ist das Phänomen bei den Kunden, die das Institut aufgrund von Aspekten wie örtlicher Nähe oder langer Verbundenheit wählen.[1366] Auf der anderen Seite gibt es unter den Kunden aber auch einen Teil, der ein besonderes Interesse an der Überwachung der Einhaltung des Kodex hat und dieses auch leisten kann. Das sind vor allem die Einleger, die nicht unter den Schutz der Einlagensicherung fallen und aufgrund von Kenntnissen

---

1365 Dies gilt wohl ebenso auch für kleine Anteilseigner.

1366 Dies auch ansprechend *Casper*, in: *Ständige Deputation des Deutschen Juristentages (Hrsg.)*, Verhandlungen des 69. Deutschen Juristentages München 2012 Band II/2: Sitzungsberichte – Diskussion und Beschlussfassung, 2010, Teil P, S. 122.

und Möglichkeiten eine Beurteilung vornehmen können. In diese Gruppe fallen vor allem andere Bankinstitute.[1367] Denn Institute sind gem. § 3 Abs. 2 Nr. 1 EAEG bzw. § 6 Nr. 1 des Entwurfs des DGSG-Umsetzungsgesetzes. vom Schutz der Einlagensicherung ausgenommen, soweit sie im eigenen Namen und auf eigene Rechnung handeln. Aufgrund der ausgesprochen ausgeprägten Interbankenvernetzung, die mit hohen Forderungen untereinander einhergeht, besteht eine Situation eines hohen gegenseitigen Überwachungsinteresses, auch in Bezug auf die Unternehmensführung. In diesem Rahmen würde auch die Erklärung zur Befolgung eines Kodex in den Blick genommen und die Umsetzung des Kodex kontrolliert. Diese Information kann zwar nicht auf den Markt für Anteile wie bei der börsennotierten Aktiengesellschaft auf den Börsenkurs eingespeist werden, aber eine Verarbeitung der Information hätte Auswirkungen, wenn die Institute untereinander Bedingungen aushandeln, zu denen sie sich gegenseitig das Geld überlassen. Insofern würde die Einhaltung oder Nichteinhaltung der Kodexvorgaben belohnt oder aber auch sanktioniert werden, indem sie sich auf die Finanzierungskosten auswirken. Somit kommen die Einleger generell als Adressat eines Kodex in Betracht. Aufgrund tatsächlicher Umstände wird wohl nur ein kleiner Teil die Einhaltung der Vorgaben effektiv überwachen können. Dennoch soll weiter unten ein Vorschlag unterbreitet werden, wie auch die Einleger, die aufgrund fehlender Kenntnisse nicht unmittelbar von einem Kodex und der Entsprechenserklärung profitieren können, doch eine Möglichkeit erhalten könnten, bei der Disziplinierungsfunktion im Rahmen der Einhaltung des Kodex eine aktive Rolle zu spielen.

#### (3) Aufsichtsbehörde

Daneben kommt als weiterer Adressat für die Überwachung und Durchsetzung eines Kodex die Aufsicht bzw. die Aufsichtsbehörde in Betracht. Die Aufsichtsbehörde als Adressat für die Erklärung über die Einhaltung eines Bankenkodex ist nicht neu. Wie oben gesehen funktioniert der irische Kodex auf diese Art und Weise. Hier sind die Institute verpflichtet, die Entsprechenserklärung direkt an die für die Aufsicht zuständige Zentralbank zu übersenden. Die Institute unterliegen aber schon jetzt weitreichenden Offenlegungspflichten gegenüber der BaFin. Gemäß § 26 KWG haben Banken die Pflicht, ihren Jahresabschluss sowie Lagebericht und Prüfungsberichte bei BaFin und Bundesbank einzureichen. § 26a KWG statuiert weitergehende Offenlegungspflichten gegenüber der Aufsichtsbehörde hinsichtlich rechtlicher und organisatorischer Struktur sowie Grundsätze ordnungsgemäßer Geschäftsführung in Gruppenstrukturen. Flankiert werden diese Vorschriften durch § 44 KWG. Diese Norm etabliert einen allgemeinen Auskunftsanspruch der Aufsicht gegenüber den Instituten. Demnach sind die Institute verpflichtet, der BaFin, den Personen und Einrichtungen, derer sich die BaFin bei der Durchführung ihrer Aufgaben bedient,

1367 *Leyens*, in: Ständige Deputation des Deutschen Juristentages (Hrsg.), Verhandlungen des 69. Deutschen Juristentages München 2012 Band II/2: Sitzungsberichte – Diskussion und Beschlussfassung, 2010, Teil P, P 117 f.

sowie der Deutschen Bundesbank auf Verlangen Auskünfte über alle Geschäftsangelegenheiten zu erteilen und die entsprechenden Unterlagen vorzulegen. Neben den Auskunftsansprüchen hat die Behörde die Möglichkeit, jederzeit und ohne besonderen Anlass eine Sonderprüfung durchzuführen, § 44 Abs.1 KWG. § 44 Abs. 4 KWG ermächtigt die BaFin weiterhin, zu Hauptversammlungen, Generalversammlungen, Gesellschafterversammlungen und zu den Sitzungen der Aufsichtsorgane Vertreter zu entsenden, die sich nicht lediglich aufs Zuhören beschränken müssen, sondern auch selbst das Wort ergreifen können. Die Institute sind verpflichtet, die Teilnahme an den Sitzungen und Versammlungen zu dulden, § 44 Abs. 4 S. 2 KWG. Die Aufsicht ist aber nicht allein auf die Informationsrechte verwiesen. Vielmehr steht ihr auch die Möglichkeit zu, selber Einfluss auf Organisation und Struktur in den Instituten zu nehmen. Dies geschieht in Form von verschiedenen Arten von Verlautbarungen, wie die MaRisk. Insoweit bedarf es für die Aufsicht nicht unbedingt einer weiteren Informationsquelle. Hier ist auch die begrenzte Kapazität der Aufsichtsbehörden zu beachten. Denn bei 1820 Instituten im Jahr 2013 bindet die Prüfung der Entsprechenserklärungen aller Institute einiges an Kapazität und Zeit, ohne einen sonderlichen Mehrertrag für die Aufsichtsbehörde zu generieren.

#### (4) Zwischenergebnis

Festzuhalten bleibt, dass als Adressat für einen Kodex die Kunden insgesamt und vor allem die Einleger in Betracht kommen. Das Potenzial zur Überwachung schwankt innerhalb dieser Gruppe stark und wird unter anderem von den bestehenden Sicherungsmechanismen im Bankenmarkt beeinflusst. Potenziell kommt auch die Aufsichtsbehörde als Adressat in Betracht. Angesichts der schon jetzt bestehenden weitreichenden Informationsbefugnisse scheint ein zusätzlicher Kodex mit entsprechender Erklärungspflicht keinen Mehrwert für die Aufsicht zu bringen.

### *bb) Ordnungsfunktion*

Neben der Informationsfunktion über die Einhaltung gesetzlicher Vorschriften erfüllen Kodizes eine weitere Funktion. Sie sind Plattform für Empfehlungen, die sich so nicht im Gesetz finden, deren Einhaltung aber ein positiver Effekt auf die Unternehmensführung attestiert wird. Diese weitergehenden Empfehlungen, die nicht lediglich die Gesetzeslage wiedergeben, sind auch regelmäßig die Punkte, bei denen eine Abweichung in Betracht kommt. Sie sollen eigentlich auch dazu beitragen, die Gesetze, in Bezug auf den DCGK ist das das Aktiengesetz, zu entlasten und von allzu kleinteiligen und detaillierten Regelungen freizuhalten. Die Vergangenheit zeigt jedoch, dass viele ursprüngliche Empfehlungen, ihren Weg ins Gesetz gefunden haben.[1368] Dieses Phänomen wird unter dem Stichwort „pre-legal function“[1369] behandelt.[1370]

Im Bereich der Bankenführung gibt es neben den speziellen, gesetzlichen Vorgaben im KWG auch jetzt schon eine Menge nicht gesetzlicher Empfehlungen, wie die Verlautbarungen der BaFin oder auch die Empfehlungen des Basler Ausschusses. Daher ist die Frage zu stellen, ob noch eine Plattform zur Formulierung weiterer Empfehlungen vonnöten ist und neben Kosten und Aufwand für die Institute einen gesamtwirtschaftlichen Mehrnutzen bringt. Ein Aspekt, der zu berücksichtigen ist, der aber keinen direkten Vorteil für die Banken selbst bringt, ist die Entlastung, die ein spezieller Bankenkodex für den allgemeinen DCGK, aber auch für das allgemeine Gesellschaftsrecht und das Aufsichtsrecht bedeuten kann. Wird eine Plattform zur Verfügung gestellt, auf welcher Besonderheiten, die ein spezielles Phänomen der Bankindustrie darstellen, diskutiert und in Form von Empfehlungen vergegenständlicht werden können, kann das dazu beitragen, dass sich die Empfehlungen tatsächlich nur an diese Gesellschaften richten, die diese Besonderheiten aufweisen.[1371] Von manchen Seiten wird die Befürchtung ausgesprochen, dass ein spezieller Bankenkodex am Ende nicht zu einer Entlastung des allgemeinen Gesellschaftsrechts und Aufsichtsrechts führt, sondern zu einer Verschärfung der allgemeinen gesellschaftsrechtlichen Vorgaben, weil die auf die Besonderheiten der Banken zugeschnittenen Vorgaben ins allgemeine Gesellschaftsrecht übernommen werden („spillover statt containment“).[1372]

Neben der Befürchtung, dass ein Kodex am Ende nur zu mehr gesetzlichen Regeln führt, besteht aber die berechtigte Erwartung, dass der Kodex eine Entschleunigung der Verrechtlichung der Corporate Governance im KWG erreichen kann.[1373] Ein Kodex würde nicht nur die Plattform bieten, um die generellen Besonderheiten, die einem Unternehmen des Typus Bank anhaften, zu regeln, sondern würde vor allem Platz dafür bieten, auf die Besonderheiten, die den verschiedenen Instituten, auch infolge ihrer unterschiedlichen Rechtsformen, zueigen sind, einzugehen. Dies gilt also insbesondere für Empfehlungen, die in erster Linie die „equity governance“ betreffen. Es ermöglicht hier, die unterschiedlichen Interessen der Anteilseigner und die daran anknüpfenden Folgen in den unterschiedlichsten Instituten zu berücksichtigen. Es ist zuzugeben, dass bei Berücksichtigung der Unterschiedlichkeiten im Kodex, dies darin münden würde, dass der Kodex an einigen Stellen variantenreicher Regelungen bedarf. Dem ist aber entgegenzuhalten, dass dies nicht alle Regelungen betreffen wird,

---

1368 Als aktuelles Beispiel kann hier das Ringen um eine Frauenquote betrachtet werden, das nach anfänglicher Empfehlung nun den Weg ins Gesetz eingeschlagen hat.

1369 Dazu *Fleischer*, ZGR 2012, 160, 183.

1370 Dazu auch *Hennrichs*, GmbHR 2011, R257.

1371 Auf diesen Aspekt hinweisend *Bachmann*, AG 2011, 181, 193.

1372 Dazu auch *Fleischer*, ZGR 2012, 160, 187.

1373 *Hopt*, in: Ständige Deputation des Deutschen Juristentages (Hrsg.), Verhandlungen des 69. Deutschen Juristentages München 2012 Band II/2: Sitzungsberichte – Diskussion und Beschlussfassung, 2010 Teil P, S. 116f.

sondern lediglich die zur „equity governance“, in der sich die Unterschiede in den drei Säulen im Bankensystem am stärksten abbilden. Zudem kann den Instituten so Raum gegeben werden, um eine unternehmensindividuelle Governance-Struktur zu schaffen, die durch Gesetze regelmäßig nicht möglich ist. Diese Anpassungsfähigkeit bewirkt auch auf einer anderen Ebene Vorteile. Diese zeigen sich bei der Möglichkeit, zeitlich schnell auf Veränderungen oder aber neue Erkenntnisse zu reagieren.[1374] Denn manchmal zeigt sich erst in der praktischen Anwendung, dass eine Empfehlung in der vorgesehenen Weise nicht wirkt. Aber es sind auch Fälle denkbar, dass Empfehlungen, die lange Zeit gut funktioniert haben, aufgrund von Änderungen der Gesamtumstände nicht mehr wirken oder aber auch nicht mehr benötigt werden. Ein Kodex ist damit einer „Reform in Permanenz“ unterworfen. Was in Bezug auf Gesetze als nachteilig angeführt wird, stellt einen Vorteil des Kodex dar. Da für eine Änderung nicht erst der schwerfällige Apparat der Gesetzgebung durchlaufen werden muss, wird die Zeit zwischen Erkenntnis und Umsetzung deutlich verkürzt. Ein Kodex bietet zudem die Möglichkeit einer ganzheitlichen Betrachtung der Thematik. Aktuell wird die Diskussion oft schubweise, an Einzelthemen orientiert geführt und jeweils in diesen Bereichen nachreguliert.

An den Kodex darf hingegen nicht die Erwartung gestellt werden, dass dieser den bisherigen Umfang der Regelungen verringert. Denn der Fall der Deregulierung in der Form, dass eine gesetzliche Regelung wegfällt und der Komplex nur noch im Rahmen einer „soft law“-Regelung geregelt wird, ist eher selten anzutreffen.[1375]

## 2) Europäischer oder nationaler Kodex

Entschieden werden muss auch ein Punkt, der schon am Juristentag angeklungen ist. Eine grundsätzliche Frage, die sich neben dem „ob“ eines Kodex stellt, ist die Frage danach, auf welcher Ebene ein Kodex angesiedelt werden soll. Zur Wahl steht eine nationale Anknüpfung oder aber eine europäische Variante des Kodex. Berücksichtigt man den Umstand, dass ein Bankenkodex auch an die „debt governance“ anknüpft, die zum größten Teil im Aufsichtsrecht zu finden ist, könnte dies für eine europäische Variante sprechen. Denn die aufsichtsrechtlichen Regelungen zur internen Governance gehen heute fast alle auf europäische Vorgaben zurück. Somit finden sich in diesem Punkt auf europäischer Ebene weitgehend Übereinstimmungen, die eine Zusammenfassung in einen länderübergreifenden Kodex grundsätzlich möglich machen. Etwas anderes gilt jedoch für die Seite der „equity governance“. Hier gibt es große Unterschiede, da die Europäisierung im Gesellschaftsrecht noch lange nicht so weit fortgeschritten ist wie im Aufsichtsrecht. Das hängt vor allem mit fehlenden Kompetenzen der Europäischen Union in diesem Bereich zusammen.[1376] Als ein Beispiel, an dem sich die Unterschiede im Bereich „equity governance“

1374 Allgemein dazu *v. Werder*, in: Ringleb u.a., Deutscher Corporate Governance Kodex, 5. Aufl. 2014, Rn. 83.

1375 Diese Entwicklung im Hinblick auf den DCGK vermissend *Rode*, Der DCGK, S. 124.

1376 Siehe dazu *Fleischer*, ZGR 2012, 160, 164f.

veranschaulichen lassen, sind die in Kapitalgesellschaften verschiedenen Arten der Organisation in einem „one-tier"- oder „two-tier"-System. Aufgrund der vielfältigen Unterschiede müsste sich ein europäischer Kodex in diesem Bereich auf sehr allgemeine Vorgaben beschränken. Dies geht wiederum zu Lasten der Transparenz- und Steuerungsfunktion eines Kodex, weil die Passgenauigkeit für das einzelne Institut so nicht erreicht werden kann.[1377]

Festzuhalten bleibt, dass ein nationaler einem europäischen Kodex vorzuziehen ist. Auf nationaler Ebene sind angepasste „equity governance"-Empfehlungen für die einzelnen Institute noch zu bewältigen, was auf europäischer Ebene nicht mehr geleistet werden kann.

## 3) Entwickler eines Bankenkodex

Steht fest, dass ein nationaler Bankenkodex zu empfehlen ist, ist zu klären, wer sich für das Entwerfen eines entsprechenden Werkes verantwortlich zeichnen soll. Bei der Betrachtung der Kodizes in der Schweiz, den Niederlanden und in Irland sind schon zwei mögliche Akteure genannt worden. In Betracht kommen Bankaufsichtsbehörden, in Deutschland also Bundesbank oder BaFin, oder aber die Bankenverbände.

### *a) Aufsichtsbehörden*

Zunächst sollen die Aufsichtsbehörden als potenzielle Urheber in den Blick genommen werden. Zur Aufsicht berufen sind in Deutschland die Bundesbank und die Bundesanstalt für Finanzdienstleistungsaufsicht (BaFin). Dabei ist die Bundesbank insbesondere für die Überwachung der Institute mit Blick auf Solvenz und Liquidität zuständig, § 7 KWG. Der BaFin hingegen kommt die Hauptleistung der Überwachung in Bezug auf die Einhaltung der Vorgaben aus dem KWG zu, § 6 KWG. Ist auf einer ersten Stufe zu entscheiden, welche der beiden Aufsichtsbehörden besser qualifiziert ist für die Formulierung eines Kodex, fällt die Wahl auf die BaFin. Denn diese ist aufgrund der weitgehenden Überwachung nach dem KWG, welches Vorgaben zu dem Thema enthält, näher an der Thematik und kann fundierte Kenntnisse in diesem Bereich vorweisen. Ihr obliegt die Beaufsichtigung auch in Bezug auf die Geschäftsorganisation. Wenn die BaFin auch die Qualifikation für die Beaufsichtigung aufweist, ist es dennoch nicht ratsam, ihr die Aufgabe der Formulierung eines Bankenkodex zu übertragen. Die BaFin hat schon jetzt ein weitreichendes Instrumentarium zur Verfügung, das es ihr ermöglicht, sich im Hinblick auf die Gestaltung einer guten Corporate Governance mitzuteilen. Ihr stehen dafür Verlautbarungen in Form von Rundschreiben, Richtlinien, Merkblätter etc. zur Verfügung. Von der Möglichkeit der Verlautbarungen macht sie auch im großen Umfang – auch im Hinblick auf die Geschäftsorganisation – Gebrauch. Zu nennen ist hier beispielsweise die MaRisk. Zwar kommt den Verlautbarungen als norminterpretierende

1377 *Leyens*, JZ 2011, 418, 419.

Verwaltungsvorschriften keine Gesetzesbindung zu, dennoch entfalten sie durch die der Aufsicht zur Verfügung stehenden Durchsetzungs- und Sanktionsmechanismen eine faktische Bindung.[1378] Beauftragt man die BaFin daneben noch zur Erstellung eines Kodex, verstärkt man damit auch ihre Möglichkeit der Einflussnahme auf die Corporate Governance der Institute erheblich. Hinzu kommt, dass bei einer Formulierung durch die Aufsicht ein Interessenausgleich zwischen der „equity governance" und der „debt governance" nur schwierig erreicht werden kann. Denn die Aufsichtsbehörde hat kraft ihres öffentlichen Auftrags in erster Linie die „debt governance" im Blick. Es ist daher zu erwarten, dass Empfehlungen von ihrer Seite die „debt governance" bevorzugen könnten. Daher kann nicht empfohlen werden, der Aufsichtsbehörde die Aufgabe zur Formulierung eines Kodex zu übertragen.

### *b) Interessenvertretungen der Institute (Bankenverbände)*

In den Niederlanden wird der Kodex vom Bankenverband entwickelt und veröffentlicht. In Deutschland gibt es nicht nur einen Bankenverband. Vielmehr haben sich aufgrund des 3-Säulen-Systems, das die Bankenwelt in Deutschland prägt, Verbände für die einzelnen Säulen entwickelt. Insgesamt gibt es fünf Spitzenverbände. Der Bundesverband deutscher Banken (BdB) ist die Interessenvertretung der privaten Banken. Im Bundesverband der Deutschen Volksbanken und Raiffeisenbanken (BVR) sind die genossenschaftlichen Banken zusammengeschlossen. Für den öffentlich-rechtlichen Sektor gibt es zwei Verbände, zum einen den Bundesverband öffentlicher Banken Deutschland und den Deutschen Sparkassen- und Giroverband (DSGV). Daneben gibt es noch den Verband deutscher Pfandbriefbanken. Aufgrund dieser Zersplitterung stellen die Spitzenverbände keine einheitliche Institution dar, die die Formulierung eines Kodex sinnvollerweise für alle Institutsgruppen leisten könnte. Die Spitzenverbände sind wiederum in einer gemeinsamen Interessenvertretung, nämlich der „Deutschen Kreditwirtschaft" (DK)[1379] vereinigt. Diese Plattform nutzen die Spitzenverbände, um zu Themen, die die Institute säulenübergreifend betreffen, gemeinsame Standpunkte zu bankrechtlichen, bankpolitischen und bankpraktischen Themen auszuformulieren. Damit könnte der DK auch der richtige Anknüpfungspunkt sein, um einen branchenspezifischen Kodex zu formulieren. Ein Problem könnte sich aber aus dem Umstand ergeben, dass es sich dabei um eine Interessenvertretung der Institute handelt. Damit steht zu befürchten, dass hier das Interesse der Banken, und somit auch der Anteilseigner, einseitig stark Berücksichtigung findet. Die „equity governance" wird hier dann in den Vordergrund rücken. Zwar zeigt das Beispiel aus den Niederlanden, dass dies nicht zwingend so sein muss, denn hier hat auch der Bankenverband als Interessenvertretung der Institute den Kodex veröffentlicht, und dennoch ist die Berücksichtigung der Kundeninteressen, insbesondere der Einlegerinteressen, ausdrücklich aufgenommen und die Geschäftsführung verpflichtet, auf

1378 Dazu oben§6 III)2)b).

1379 Bis 2011 unter dem Namen „Zentraler Kreditausschuss" firmierend.

diese Interessen im Rahmen ihres Handelns Rücksicht zu nehmen. Hier findet somit auch die „debt governance" Berücksichtigung. Dennoch erscheint es nicht als ideale Lösung, der DK die Ausarbeitung eines Bankenkodex zu überlassen. Zwar hat man hier Kenntnisse hinsichtlich der Eigenarten der unterschiedlichen Institutsarten, dennoch fehlt die Expertise im Bereich der „debt governance" und auch der Anreiz, sich mit dieser näher auseinanderzusetzen.

### *c) Unabhängige, gemischt besetzte Kommission*

Um einen Ausgleich der verschiedenen Interessen zu erreichen und dennoch von spezifischem Fachwissen profitieren zu können, empfiehlt sich die Errichtung einer unabhängigen Kommission mit gemischter Besetzung aus dem Banken- und Aufsichtslager. Diese Idee kam schon bei der Errichtung des DCGK zum Tragen. Zur Erarbeitung und Fortentwicklung der DCGK wurde eine Kodexkommission eingesetzt, die vom Bundesministerium der Justiz den Auftrag erhielt, auch nach Erarbeitung des Kodex diesen fortlaufend anhand der aktuellen Trends weiterzuentwickeln. Veröffentlicht wird der Kodex durch das Bundesministerium der Justiz im amtlichen Teil des elektronischen Bundesanzeigers.

Ein solches Vorgehen bietet sich auch für eine Kommission zur Entwicklung und laufenden Überarbeitung eines Bankenkodex an. Zum einen kann die Errichtung einer Regierungskommission dazu führen, dass der Thematik entsprechend Beachtung geschenkt wird. Zum anderen kann so eine Besetzung erreicht werden, die eine Berücksichtigung von „equity governance" wie auch „debt governance" gleichermaßen gewährleistet. Denn um einen Kodex zu kreieren, der sowohl zu einem Interessenausgleich führt als auch zu Akzeptanz bei den angesprochenen Instituten, ist es notwendig, auf das Know-how sowohl des Banken- als auch des Aufsichtslagers zurückzugreifen. Indem man Persönlichkeiten in die Kommission holt, die das spezifische Wissen schon vorweisen, verringern sich Informationsbeschaffungskosten.[1380] Durch ein Mitwirken der angesprochenen Adressaten kann die Akzeptanz der Regeln verbessert werden[1381] und typische Ausweichreaktionen, die oft bei gesetzlichen Regeln zu beobachten sind, verringert werden.[1382] Dabei ist bei den Bankenvertretern darauf zu achten, dass alle Säulen hinreichend vertreten werden. Denn nur mithilfe ihres Wissens über die Eigenarten der verschiedenen Institute können Empfehlungen formuliert werden, die auch die Eigenarten, die sich aus den verschiedenen Rechtsformen ergeben, berücksichtigen. So könnte man die verschiedenen Bankinteressenverbände auffordern, potenzielle Mitglieder zu benennen. Die Vertreter der Aufsichtsbehörden können aus ihrer Aufsichtstätigkeit heraus zu den Punkten Stellung nehmen, die aus ihrer Sicht besondere Berücksichtigung für eine gute Corporate Governance benötigen. Zum anderen haben sie einen

---

1380 *Littger*, Rechtstheorie 39 (2008), 495, 502.

1381 *Schwarz*, Regulierung durch Corporate Governance Kodizes, 2004, S. 77; *Littger*, Rechtstheorie 39 (2008), 495, 502.

1382 *Littger*, Rechtstheorie 39 (2008), 495, 504.

guten Überblick über die gesetzlichen Regeln, die das bankrechtliche Corporate-Governance-Gerüst ausmachen. Die hinreichende Kenntnis dieser Normen ist bei der Zusammenfassung der gesetzlichen Vorgaben notwendig. Eine Aufgabe, die auf den ersten Blick zwar einfach erscheinen mag, aber gerade dabei ist es im Rahmen des DCGK mehrfach zu missverständlichen Formulierungen gekommen.[1383] Die Mitglieder der Kommission müssen weisungsunabhängig vom Gesetzgeber arbeiten. Ansonsten verkommt der Kodex zu einem verkappten Gesetz ohne gesetzliche Ermächtigungsgrundlage.

## 4) Mechanismen zur Durchsetzung

Steht fest, an wen sich ein Kodex richten soll, nämlich an alle Institute unabhängig von der Rechtsform, wer ihn formulieren soll – eine unabhängige, gemischt besetzte Kommission –, und wer generell über die Einhaltung des Kodex wachen könnte, bedarf es weiterhin der Klärung, mithilfe welchen Mechanismus die Banken den potenziell interessierten Gruppen eine Überwachung ermöglichen. Lediglich die Bereitstellung eines Kodex allein wird nicht dazu beitragen, dass die Institute transparenter werden. Denn für Außenstehende ist dann immer noch nicht erkennbar, welche Institute sich an den Kodex halten und in welchem Rahmen sie ihm folgen. Vielmehr bedarf es eines Ansatzes, der dafür sorgt, dass die Institute nach außen deutlich machen, inwiefern sie sich an den Kodex halten und in Bezug auf welche Punkte sie ein anderes Vorgehen bevorzugen. Erst dann wird es Außenstehenden möglich sein, die individuelle Corporate Governance zu beurteilen. Zudem werden die Organe der Institute somit in die Situation gebracht, sich tatsächlich mit Kodex und Inhalt auseinanderzusetzen und sich zu überlegen, inwiefern die Empfehlungen für die einzelne Bank sinnvoll erscheint.

### *a) „Comply or explain“*

Häufig bedient man sich zur Durchsetzung von Kodizes eines „comply or explain“-Ansatzes. So auch in Bezug auf den DCGK. „Comply or explain“ ist ein Mittelweg und steht zwischen völliger Unverbindlichkeit und zwingender Einhaltung.[1384] § 161 AktG und § 289a HGB erlegen Vorstand und Aufsichtsrat börsennotierter Aktiengesellschaften die Pflicht auf, sich jährlich darüber zu erklären, welche Empfehlungen des Kodex nachgekommen wurde und welchen nicht. Bei Nichteinhaltung von Empfehlungen muss die Abweichung begründet werden. Die Erklärung ist auf der Internetseite der Gesellschaft dauerhaft zugänglich zu machen, § 161 Abs. 2 AktG. Die Erklärungspflicht und Begründungspflicht betrifft dabei nur den Teil des Kodex der Empfehlungen und Anregungen enthält, denn nur hier sind Abweichungen überhaupt möglich. Bezüglich des Teils, der eine Ordnungsfunktion wahrnimmt

1383 Dazu *Krieger*, ZGR 2012, 202, 207.
1384 *Goette*, in: MünchKomm-AktG, 3. Aufl. 2013, § 161 Rn. 11.

und das geltende Recht zur Information wiedergibt, besteht nicht die Möglichkeit, hinsichtlich der Befolgung zu wählen.

Das System des „comply or explain“ findet auch seine Kritiker. Bemängelt wird vor allem, dass die angesprochenen Unternehmen bei der Wahl der Befolgung der Empfehlungen nicht so frei sind, wie suggeriert wird. Argumentiert wird hier, dass viele Unternehmen sich den Empfehlungen nur unterwerfen, um nicht als diejenigen identifiziert zu werden, die davon abweichen, und um eventuelle Sanktionen, die an eine Abweichung knüpfen können, abzuwehren. Daneben tritt die Befürchtung, bei Nichtbeachtung ein Aktivwerden des Gesetzgebers zu provozieren, mit der Folge, dass die nichtbefolgte Empfehlung bald in Gesetzesform gegossen wird. Dadurch besteht ein faktischer Zwang zur Befolgung, der dazu führt, dass der Kodex mehr Richtung zwingendes Recht als fakultative Empfehlung rückt.[1385] Dem ist zu entgegnen, dass das „comply or explain“-Prinzip gerade zur Anwendung kommt, um den Kodex einen gewissen Grad an Verbindlichkeit zu verschaffen. Fühlen sich Vorstand und Aufsichtsrat dazu verpflichtet, eine möglichst hunderprozentige Übereinstimmung herbeizuführen oder auch nur vorzuspiegeln, dass diese Quote erreicht wird, liegt dem ein Verständnisproblem des „comply and explain“-Ansatzes bei den Organen der Gesellschaft zurgrunde. Entgegengewirkt werden kann dem nicht mit einem Verzicht auf das „comply or explain“-Prinzip, sondern vielmehr mit Aufklärung darüber, dass eine absolute Übereinstimmung mit dem Kodex nicht das Ziel ist, sondern vielmehr eine individuelle, an die besonderen Gesellschaftsstrukturen angepasste Governance.

In Bezug auf einen Bankenkodex wird angemerkt, dass hier aufgrund der starken Beobachtung, unter der die Branchen allgemein und deren Corporate Governance im Speziellen stehen, ein Abweichen von Empfehlungen noch weniger möglich ist als für die börsennotierten Aktiengesellschaften, die unter den DCGK fallen.[1386] Dem muss widersprochen werden. Gerade bei einem Bankenkodex, der mit der Anknüpfung an die Branche und nicht der Rechtsform eine Vielzahl von unterschiedlich ausgeprägten Gesellschaften erfasst, gilt der Grundsatz „one-size does not fit all“ in besonderer Ausprägung. Insbesondere, wenn Empfehlungen auch die „equity governance“ betreffen, kann es für Institute aufgrund ihrer verbandsrechtlichen Struktur sinnvoll sein, dieser Empfehlung nicht nachzukommen. Daher muss klar sein, dass es für einen Bankenkodex nicht das Ziel sein kann, eine hunderprozentige Übereinstimmung mit dem Kodex herzustellen. Eine gute Governance ergibt sich nicht allein daraus, Empfehlungen blind nachzukommen, sondern anhand des Kodex die für das jeweilige Institut passende Governance-Struktur herauszubilden. Dies sollte im Kodex selbst auch einleitend klargestellt werden, dass das Ziel des

1385 Zu den Punkten *Krieger*, ZGR 2012, 202, 215.

1386 So *Krämer*, in: Ständige Deputation des Deutschen Juristentages (Hrsg.), Verhandlungen des 69. Deutschen Juristentages München 2012 Band II/2: Sitzungsberichte – Diskussion und Beschlussfassung, 2010, Teil P, S. 123.

Kodex nicht darin zu sehen ist, eine möglichst hohe Übereinstimmung mit dem Kodex bei den einzelnen Instituten herzustellen.[1387]

Entscheidet man sich grundsätzlich für den „comply or explain"-Ansatz, stellt sich auf der nächsten Stufe die Frage nach der Begründungstiefe im Falle des Abweichens von einer Empfehlung. Die Möglichkeiten hinsichtlich des Reportings in Bezug auf ein Abweichen sind vielfältig. Die einfachste Möglichkeit ist das Aufdecken einer Abweichung ohne weitere Ausführungen dazu („comply or diclose"). Die nächste Variante ist die Angabe des Abweichens mit einer Begründung, warum dies geschehen ist („comply or explain"). Die weitreichendste Variante ist die Angabe der Gründe in Kombination mit Darlegung der tatsächlichen Praxis.[1388] Die erste Möglichkeit, die lediglich das Aufdecken der Abweichung bedeutet, ist abzulehnen. Sie ist zwar für die Unternehmen selbst am einfachsten und am wenigsten arbeitsintensiv. Es lässt aber auf der anderen Seite keinerlei Möglichkeit zur Bewertung der Qualität der tatsächlichen Corporate Governance. Zudem gibt diese Möglichkeit den Unternehmensorganen den Anreiz, Empfehlungen abzulehnen, ohne sich tatsächlich mit ihnen auseinandergesetzt zu haben. Diese Gefahr wird verhindert, wenn neben Aufdecken der Abweichung auch eine Begründung verlangt wird. Hier muss sich mit der Empfehlung selbst auseinandergesetzt werden, um ein Abweichen begründen zu können. Die Begründung gibt auf der anderen Seite demjenigen, der sich mithilfe der Entsprechenserklärung über die tatsächlichen Governance-Strukturen informieren will, die Möglichkeit, anhand der Begründung eine eigene Bewertung vorzunehmen. Die Begründung, warum eine Empfehlung abgelehnt wird, muss zu diesem Zwecke verständlich sein und alle relevanten Informationen zu dem Thema enthalten. Die weitergehende Variante dahingehend, dass neben der Begründung, warum es zu einer Abweichung kommt, auch angegeben wird, wie es stattdessen gemacht wird, bietet den Vorteil, dass man sieht, welche Punkte die Unternehmen darin hindern einer Empfehlung nachzukommen. Das ermöglicht vor allem der Kodexkommission, schnell evaluieren zu können, welche Empfehlung statt der aktuellen aufgenommen werden könnte und die dann voraussichtlich auf weitere Akzeptanz stoßen würde. Auf der anderen Seite hat die Darlegungs- neben der Begründungspflicht aber auch einige Nachteile. Die Arbeit für die Entsprechenserklärung vervielfacht sich. Die Entsprechenserklärungen werden umfangreicher, und bevor man darlegt, wie die tatsächliche Handhabe ist, muss überprüft werden, ob die Offenlegung erfolgen kann, ohne negative Folgen für das Unternehmen zu

---

1387 Dies als Voraussetzung für den "comply or explain" Modus insgesamt sehend *Weber-Rey*, Corporate Governance in Europa: die Initiativen der EU-Kommission, Zentrum für Europäisches Wirtschaftsrecht, Nr. 193, 2012, S. 10, abrufbar unter http://www.zew.uni-bonn.de/publikationen/schriftenreihe-des-zentrums-fuer-europaeisches-wirtschaftsrecht/heft193weberrey.pdf.

1388 In Spanien wird dieses Modell angewendet, siehe *European Company Law Experts*, Making Corporate Governance Codes more effective – A response to the European Commission's Action Plan of December 2012, December 2013, S. 8, abrufbar unter http://papers.ssrn.com/sol3/papers.cfm?abstract_id=2366273.

haben. Das kann die Suche nach der passenden unternehmensspezifischen Corporate Governance negativ beeinflussen. Denn hier könnten die Organe verleitet sein, Empfehlungen nachzukommen oder vorgeben, ihnen nachzukommen, um die aufwendige Begründungs- und Darlegungspflicht zu umgehen. Zudem erweitert sich der Umfang der Entsprechenserklärung, was wiederum diejenigen, die sich anhand der Erklärung informieren wollen, von einer Lektüre abschrecken könnte. Bei einer Gesamtschau ist somit das Prinzip Aufdecken und Begründen ohne weitergehende Darlegungspflicht zu bevorzugen.

### *b) Veröffentlichung*

Steht fest, wie die Erklärung über die Einhaltung eines Bankenkodex inhaltlich auszusehen hat, stellt sich die Frage, wie und wem gegenüber die Veröffentlichung der Erklärung erfolgen sollte. Wie schon oben gesehen etabliert § 161 AktG für die Durchsetzung des DCGK in Bezug auf börsennotierte Aktiengesellschaften die Pflicht für Vorstand und Aufsichtsrat, sich jährlich über die Einhaltung des DCGK zu erklären und diese Erklärung dauerhaft auf der Internetseite der Gesellschaft zur Verfügung zu stellen. Zudem besteht gemäß § 289a HGB die Pflicht, sich im Lagebericht die Erklärung gem. § 161 AktG darzulegen. Die Erklärungspflicht trägt maßgeblich zur Etablierung des DCGK bei. Eine entsprechende gesetzlich verankerte Erklärungspflicht empfiehlt sich auch für einen Bankenkodex. Da dieser branchenspezifisch und nicht rechtsformabhängig Anwendung finden soll, empfehlen sich die einzelnen Verbandsrechte nicht als Anknüpfungspunkt. Hier könnte eine entsprechende Erklärungspflicht aber im KWG niedergelegt werden.[1389] Das KWG findet Anwendung auf alle Bankinstitute und somit auf alle Rechtsobjekte, deren Corporate Governance durch einen Bankenkodex verbessert werden kann. Gerichtet werden kann die Pflicht zur Veröffentlichung in diesem Fall an Geschäftsleiter iSd § 1 Abs. 2 KWG und an das Verwaltungs- oder Aufsichtsorgan. Aufgrund der in § 25c und § 25d KWG vorgesehenen persönlichen Qualifikationen sollten die Mitglieder auch die entsprechenden persönlichen Möglichkeiten haben, eine Entsprechenserklärung zu entwerfen. Vorstellbar ist es neben der allgemeinen Veröffentlichungspflicht, die Institute zu verpflichten, die Entsprechenserklärung auch an die Aufsichtsbehörde zu übermitteln. Dies ist aber abzulehnen, da der Kodex gerade nicht in erster Linie als Überwachungsinstrument für die Aufsicht zu sehen ist. Die Anknüpfung der Veröffentlichungspflicht im KWG hätte die Folge, dass die Einhaltung der Norm und somit der Veröffentlichung in den Zuständigkeitsbereich der Aufsichtsbehörde fällt. Das umfasst aber nur die Veröffentlichung einer Entsprechenserklärung an sich und nicht die Überprüfung des Inhalts. Kommt daher ein Institut der Pflicht zur Veröffentlichung nicht nach, ist die BaFin gemäß § 6 Abs.3 KWG befugt, aufgrund dessen eine Anordnung gegenüber dem Institut zu erlassen.

---

1389 Alternative wäre auch eine Anpassung des § 289a HGB denkbar.

Da sich die Anordnung aber lediglich auf die Erklärung bezieht, wird damit zwar ein Erklärungszwang erzeugt, aber kein Befolgungszwang.

### *c) Überwachung*

#### *aa) Aufsichtsbehörde*

Es stellt sich die Frage, ob neben der Pflicht, jährlich eine Entsprechenserklärung zu veröffentlichen, ein weiteres Überwachungsinstrument installiert werden sollte, das die Entsprechenserklärung inhaltlich in Augenschein nimmt. Der DCGK sieht einen solchen weiteren direkten Kontrollposten nicht vor, sondern vertraut in erster Linie auf die Kontrollfunktion des Markts. Zu einer gerichtlichen Überprüfung kann es kommen, wenn der Entlastungsbeschluss wegen vermuteten Verstoßes gegen die Entsprechenserklärung angefochten wird und im Rahmen dessen eine gerichtliche Inhaltskontrolle der Entsprechenserklärung stattfindet.[1390] Auf europäischer Ebene hat die Kommission im Grünbuch Europäischer Corporate-Governance-Rahmen die Möglichkeit aufgeworfen, die Finanzmarktaufsichtsbehörde zu ermächtigen, die Entsprechenserklärungen in Bezug auf die Qualität der Informationen zu überprüfen.[1391] Der Vorstoß wurde mit der mangelnden Qualität der Abweichungserklärungen begründet. Der Vorschlag ist in Deutschland auf breite Ablehnung gestoßen.[1392] Was für den DCGK abzulehnen ist, könnte für einen Bankenkodex eine wirksame Bereicherung sein. Die Situation stellt sich hier anders dar, da es an einem breiten Publikum fehlt, dem die Beurteilung anhand der veröffentlichten Erklärung möglich ist. Wie oben gesehen ist aufseiten der Kunden – spezieller der Einleger – die breite Masse nicht zur Beurteilung der Erklärung in der Lage. Aufseiten der Anteilseigner ist dies auch abhängig von der Rechtsform des jeweiligen Instituts. So stehen bei einer Genossenschaft aufseiten der Anteilseigner weitgehend dieselben Personen, die auch auf Kundenseite stehen und daher kann hier keine besondere Überwachungsqualität erwartet werden. Um dennoch zu gewährleisten, dass der Kodex zur Wirksamkeit kommt und die Banken dazu angehalten sind, sich entsprechend mit der Thematik und dem Kodex auseinanderzusetzen, bietet es sich an, eine weitere Kontrollinstanz einzurichten. In Betracht kommen – ähnlich wie von der Kommission vorgeschlagen – die Aufsichtsbehörden. Zu denken wäre hier insbesondere an die BaFin. Diese könnte im Rahmen ihrer laufenden Überwachung auch die Entsprechenserklärung in den Blick nehmen. Vorteil daran wäre, dass die BaFin aufgrund ihrer Arbeit mit den Strukturen und dem Thema selbst vertraut ist. Betraut man aber die BaFin mit der Aufgabe der Überwachung der Qualität der Entsprechenserklärung, gehen damit zwei Effekte einher, die die Idee des Bankenkodex konterkarieren. Zum einen ist zu berücksichtigen, dass die Aufsichtsbehörde im Interesse der „debt governance“

1390 Siehe BGH; Urt. v. 16.2.2009 - II ZR 185/07, BGHZ 180, 9.

1391 *Europäische Kommission*, Grünbuch Europäischer Corporate Governance Rahmen, KOM(2011)164/3, S. 22 f.

1392 Exemplarisch *Krieger*, ZGR 2012, 202, 219, dazu auch *Weber-Rey*, KSzW 2013, 77, 80.

handelt. Ihr Blick ist daher getrübt, und es ist zu befürchten, dass sich ihre Überprüfung der Entsprechenserklärung vor allem an Interessen der „debt governance" ausrichtet. Die Idee, mit einem Kodex auch die verschiedenen Interessen der „debt und equity governance" besser in Ausgleich zu bringen, wird dann auf der Stufe der Überwachung verschoben zugunsten der „debt governance". Weiterhin ist zu berücksichtigen, welche Folgen daran anknüpfen, wenn man die Überwachung in die Sphäre der Aufsichtsbehörde stellt. Denn bei festgestellten Mängeln würde der Aufsicht die Möglichkeit zustehen, hinsichtlich ihrer allgemeinen Anordnungsbefugnis gemäß § 6 Abs. 3 KWG Maßnahmen zur Abhilfe der Verstöße zu treffen. Stellt die BaFin somit in ihrem Augen mangelnde Qualität bei der Entsprechenserklärung fest, kann sie eine Anordnung gegenüber dem Institut erlassen, dass dieses die Entsprechenserklärung nachbessert. Dieses Vorgehen wäre zwar effektiv, aber es hätte auch Einfluss auf den grundlegenden Charakter eines Kodex. Denn mit der Überwachung durch die Aufsicht und der damit verbundenen möglichen Sanktionen verliert der Kodex seinen Charakter als „soft law" und rückt dem zwingenden Recht näher. Ein weiterer Aspekt, der gegen die Übertragung dieser Aufgabe auf die Aufsichtsbehörde spricht, ist das Arbeitsvolumen, das damit zusätzlich für die Aufsichtsbehörde entstehen würde.

*bb) Unabhängige, gemischt besetze Kommission*

Um auch bei der Überwachung die Qualität der Entsprechenserklärung zu gewährleisten, dass alle Interessen dabei hinreichend Berücksichtigung finden, sollte die Entsprechenserklärung auch durch eine gemischt besetzte Kommission erfolgen. Vertretern von „debt und equity governance" liegen aufgrund ihrer verschiedenen Interessen unterschiedliche Empfehlungen mehr am Herzen, und somit ergänzen sie sich bei der Überwachung der Qualität, weil sie sich jeweils auf verschiedene Komplexe konzentrieren. Indem man Vertreter aus beiden Lagern zur Qualitätskontrolle beruft, stellt man eine ganzheitliche Qualitätsüberwachung sicher. Auf den ersten Blick würde es sich anbieten, die Kommission, der die Aufgabe zur Formulierung des Kodex zukommt, auch mit der Überwachung zu betrauen. Das ist aber nicht zu empfehlen. Vielmehr sollte daneben eine weitere Kommission eingerichtet werden, die die Überprüfung übernimmt. Auch bei dieser sollte auf eine Besetzung geachtet werden, die sowohl „equity"- als auch „debt"-Interessen abdeckt. Das bedeutet, es sollten Vertreter von Banken, der Aufsicht und auch der Einleger in die Kommission berufen werden. Der Vorteil einer weiteren Kommission ist darin zu sehen, dass die Überwachung neutraler erfolgen kann und nicht eingefärbt ist durch die bei der Formulierung erwachsenen Erwartungen. Damit die Kommission, die die Kodexempfehlungen formuliert, durch die Erfahrungen und Ergebnisse, die sich aus der Überwachung ergeben, auch proftieren kann, muss sichergestellt werden, dass es einen Austausch zwischen den beiden Kommissionen gibt. Die beiden Kommissionen sollten dabei eher eine kleine Anzahl an Mitgliedern haben. Zum einen wird es ansonsten prolematisch, ausreichend viele, qualifizierte Personen für beide Kommissionen zu finden. Auf der anderen Seite würde eine große Anzahl an Personen zu einer Aufblähung des Instruments führen, was wiederum einem guten und regen Austausch der Mitglieder entgegenstehen würde. Von der Überwachungskommission kann die erarbeitende Kommission nicht nur Informationen zur Qualität der Entsprechenserklärung bekommen, sondern auch zuverlässige Zahlen hinsichtlich der Befolgung der einzelnen Empfehlungen.

### *cc) Umfang der Überprüfung*

Betraut man eine Kommission mit der Kontrolle über die Entsprechenserklärungen, muss ein Prüfungsrahmen für diese aufgestellt werden. Es sind verschiedene Varianten denkbar, auf die sich die Prüfungskompetenz der Kommission erstrecken könnte. Es kann sich zwischen einer generellen Kontrolle, ob überhaupt eine Erklärung abgegeben wurde, bis hin zu einer Überprüfung dahingehend erstrecken, wie viel Übereinstimmung im Rahmen der Erklärung mit dem Kodex erreicht wird. Für die Überprüfung, ob ein Institut überhaupt eine Entsprechenserklärung abgibt, bedarf es nicht der Einrichtung einer unabhängigen, gemischt besetzten Kommission. Zudem wäre der Druck, der dadurch ausgeübt wird, nur sehr gering. Daher sollte die Überprüfung einen Schritt weiter gehen und sich auch auf den Inhalt der Erklärung beziehen. Eine rein quantitative Überprüfung dahingehend, in wie vielen Punkten das einzelne Institut dem Kodex folgt, ist aber auch nicht zielführend. Denn eines muss klar sein: Abweichungen vom Kodex bedeuten nicht schlechte Governance. Das gilt insbesondere für einen branchenspezifischen Kodex, der Institute verschiedenster Rechtsformen erfasst. Hier machen es tatsächliche Unterschiede notwendig, dass manchen Empfehlungen nicht gefolgt wird. Daher wäre eine Beurteilung allein anhand der Quantität kontraproduktiv und könnte dazu beitragen, dass gegenfalls sinnvolle und notwendige Abweichungen vom Kodex nicht umgesetzt werden. Sinnvoll ist daher eine Überprüfung der Entsprechenserklärung hin auf ihre Qualität, besonders in den Fällen, in denen von einer Empfehlung abgewichen wird. Qualität bedeutet in diesem Rahmen vor allem, dass die Abweichung begründet wird und die Begründung nachvollziehbar, detailliert und in sich konsistent ist. Es ist somit eine Art „Schlüssigkeitsprüfung" vorzunehmen, und eine weitergehende Überprüfung und Beurteilung der Kommission dahingehend, ob sie selbst die Abweichung als sinnvoll für das Institut hält, ist abzulehnen. Denn die Entscheidung darüber, ob einer Empfehlung gefolgt werden sollte oder nicht, stellt eine unternehmerische Entscheidung dar, über die zu urteilen und bewerten eine Kommission keine Befugnis hat.

### *dd) Sanktionen*

Besteht schon eine Einrichtung, die die Qualität der Entsprechenserklärung überprüft, schließt sich daran die Frage an, ob bei Fällen, in denen die Kommission zu dem Ergebnis kommt, dass die Erklärungen nicht die gewünschte Qualität aufweisen, Sanktionen möglich sein sollen. Ansonsten könnte die Arbeit der Überprüfung überflüssig erscheinen, wenn sich daran keine Folgen knüpfen. Dennoch sind im Ergebnis jegliche direkte Sanktionen bei Feststellung von Mängeln in der Qualität der Darlegung im Rahmen der Entsprechenserklärung abzulehnen. Folgt man dem

Vorbild des DCGK und setzt jeweils eine Regierungskommission zur Erarbeitung und Überwachung des Kodex ein, fehlt es für Sanktionen an einer gesetzlichen Ermächtigung. Denn die Kommissionen sind dann nicht aufgrund eines formellen und materiellen Gesetzes begründet worden. Zum anderen gilt das, was schon oben gesagt wurde: Bei einer unmittelbaren Sanktionierung von Nichteinhaltung des Kodex oder aber auch bei Verstößen im Rahmen der Entsprechenserklärung verliert der Kodex das, was ihn ausmachen soll, nämlich den Charakter eines „soft laws", der auf die Selbstverpflichtung der Institute setzt und auf diesem Wege zu einer Verbesserung der Corporate Governance beitragen soll.

### *ee) Einführung eines Ampelsystems*

Dennoch könnte sich ein Weg ergeben, wie sich aus der Überprüfung durch die Kommissionen zusätzlicher Nutzen gezogen werden könnte. Das Ergebnis der Qualitätskontrolle könnte anhand einer Farbampel abgebildet werden. Die Idee der Einstufung anhand eines Ampelsystems ist nicht neu und wird auch in anderen Gebieten diskutiert.[1393] Zuletzt gab es den Vorschlag, ein Ampelsystem für Finanzprodukte einzuführen. Der Vorschlag eines Ampelsystems wurde von der Präsidentin der BaFin, *Elke König,* aufgeworfen.[1394] Und das bedeutet, dass die Kommission die Qualität der Entsprechenserklärung anhand eines dreifarbigen Farbsystems mit den Farben Grün, Orange und Rot beurteilt. Letztlich wird damit auch eine Aussage über die Transparenz des Instituts in Bezug auf die individuelle Unternehmensführung getroffen. Ist die Entsprechenserklärung mit ihren Erläuterungen im Falle des Abweichens von Empfehlungen verständlich, nachvollziehbar und hinreichend begründet, bekommt sie eine grüne Beurteilung. Bei kleineren Mängeln wird die Entsprechenserklärung mit der Farbe Orange beurteilt und bei schwerwiegenden Mängeln mit der Farbe Rot. Dabei bezieht sich die Beurteilung allein auf die Qualität der Begründung, nicht aber auf das Maß der Einhaltung der Empfehlungen aus dem Kodex. Dies ist ein wichtiger Unterschied. Denn gerade aufgrund der Unterschiedlichkeiten der Institute ist eine viel höhere Abweichquote zu erwarten als beim DCGK. Mit dem Ampelsystem darf daher nicht ein Druck dahingehend ausgeübt werden, Empfehlungen zu übernehmen, die auf das einzelne Institut gar nicht passen. Die Einstufung im Rahmen des Ampelsystems sollte öffentlich zugänglich gemacht werden (zum Beispiel auf einer Homepage), damit auch andere Gruppen neben Kommission und Institut von der Einstufung Kenntnis erlangen können. Mithilfe eines Ampelsystems könnte auch eine Gruppe in die Durchsetzung eines Bankenkodex miteinbezogen werden, die oben aufgrund mangelnder Kenntnisse als wirksame Überwacher und Durchsetzer eines Kodex ausgeschlossen worden sind. Die Rede ist von den Einlegern. Zwar ist dem Ampelsystem eine starke

---

1393 Intensiv wird ein Ampelsystem im Bereich Lebensmittelrecht diskutiert, dazu *Behnsen*, ZLR 2009, 1730ff.; *Natz/Zumdick/Heck*, LMuR 2009, 59, 61.

1394 *Schieritz/Storn*, Finanzaufseherin Elke König, Die Zeit v. 13.02.2014; dazu auch *Zimmer*, JZ 2014, 714, 719 f.

Informationsverkürzung immant, denn es gibt lediglich drei farblich dargestellte Stufen, und aus der jeweiligen farblichen Kennzeichnung folgt aus sich noch keine Information dazu, in welchen Punkten Mängel bestanden, die zu der jeweiigen Einstufung führten. Diese Informationsverkürzung ist im Hinblick auf die Einbeziehung der Einleger in den Pozess aber hinzunehmen. Denn zu Recht ist im Rahmen der Diskussion um die Einführung eines Bankenkodex angeführt worden, dass der durchschnittliche Kleineinleger, der überlegt, ob er sein Geld der Sparkasse oder aber der genossenschaftlichen Bank im Umkreis anvertrauen soll, kaum zur Vorbereitung seiner Entscheidung die Entsprechenserklärungen der beiden Institute hinsichtlich der Einhaltung eines Bankenkodex lesen und vergleichen werde.[1395] Gibt man diesem zukünftigen Kunden und Einleger aber die Möglichkeit, sich anhand eines einfach verständlichen Ampelsystems zu informieren, wird auch dieser den Aspekt in seine Entscheidung einbeziehen. Ein Institut, das aufgrund seiner qualitativ guten Entsprechenserklärung eine gute Transparenz bescheinigt bekommt, wird auch von den Einlegern mehr Vertrauen entgegengebracht bekommen.

Ob sich die Einleger tatsächlich von dem Ampelsystem leiten lassen und ihm Vertrauen entgegenbringen, hängt von verschiedenen Faktoren ab.[1396] Ein wichtiger Aspekt dabei ist, wer die Beurteilung und Einstufung anhand des Ampelsystems vornimmt. Einer Beurteilung durch eine Institution oder Person, die nicht in einem Abhängigkeitsverhältnis zu dem zu beurteilenden Institut steht, wird in einer seiner Beurteilung mehr Vertrauen entgegengebracht.[1397] Das Vertrauen in die Beurteilung kann durch das Einrichten einer unabhängig und gemischt besetzten Kommission, die die Beurteilung vornimmt, gestärkt werden. Durch die gemischte Besetzung wird es in den Kommissionen zwar auch Mitglieder geben, die den Instituten nahestehen. Dennoch kann in diesem Fall nicht von einem Abhängigkeitsverhältnis gesprochen werden. Zum anderen werden die den Instituten nahestehenden Mitgliedern ebenso durch die anderen Mitglieder kontrolliert. Ihr Einfluss auf die endgültige Entscheidung und Einstufung ist daher bei einem mehrköpfigen Gremium begrenzt. Zusammenfassend bleibt festzuhalten, dass eine unabhängige und gemischt besetzte Kommission auch viel zum Vertrauen in die Einstufung beitragen kann. Ein weiterer Aspekt, von dem das Vertrauen in die Beurteilung abhängt, ist Schlüssigkeit der Einstufung.[1398] Das bedeutet, es muss für die Einleger nachvollziehbar sein, wie die Beurteilung zustande kommt; und diese Kriterien, mittels derer die Beurteilung erfolgt, müssen zumindest teilweise mit den Kriterien, anhand derer der Einleger die Beurteilung vornehmen würde, identisch sein. Die Schlüssigkeit wird hier dadurch gewährleistet, dass Leitfaden der Beurteilung die Vorgaben eines

1395 Dazu *Casper*, in: Ständige Deputation des Deutschen Juristentages (Hrsg.), Verhandlungen des 69. Deutschen Juristentages München 2012 Band II/2: Sitzungsberichte – Diskussion und Beschlussfassung, 2010 Teil P, S. 122.
1396 Siehe dazu ausführlich *Möslein* ZHR 176 (2012), 470, 485ff.
1397 Dazu siehe *Tirole*, Journal of Law, Economics and Organization 2 (1986), 181, 202f.
1398 *Möslein*, ZHR 176 (2012), 470, 486.

öffentlich zugänglichen Kodex und die dazu ergangene Entsprechenserklärung mit Angaben zur Abweichung ist. Eine dritte Voraussetzung für die Leitungsqualität eines Ampelsystems ist, dass die Einleger das Ampelsystem mit den entsprechenden Anforderungen in Zusammenhang bringen müssen.[1399] Den Einlegern muss also klar sein, dass mit der Ampelbeurteilung die Ensprechenserklärung im Hinblick auf den Kodex beurteilt wird und letztlich auch die Transparenz der Geschäftsführung des Instituts. Diesen gedanklichen Brückenschlag wird der durchschnittliche Einleger nicht von sich aus vornehmen können. Damit dies passiert, muss vielmehr vor allem in der Einführungspahse deutlich kommunziert werden, was die Anforderungen sind, die anhand des Ampelsystems dargestellt werden.

Ein Aspekt, der gegen das angedachte Ampelsystem sprechen könnte, ist ein möglicher Eingriff durch das Ampelsystem in Grundrechte.[1400] Infrage steht hier inbesondere ein Eingriff in Art. 12 Abs.1 GG. Ein relevantes staatliches Handeln muss man wohl bejahen, wenn die prüfende Kommission eine Regierungkommission darstellt. Gegen einen solchen grundrechtsrelevanten Eingriff spricht aber schon, dass eine beeinträchtigende Wirkung nicht durch die Einstufung in das Ampelsystems und deren Veröffentlichung zu erwarten ist, sondern erst durch eine mögliche Reaktion der Einleger auf die Veröffentlichung des Ampelsystems. Die Einleger können bei einer schlechten, also roten Beurteilung, mit einem Abzug der Einlagen reagieren. Zudem hat das BVerfG in seinem „Gykol-Beschluss" dargelegt, dass die Rechtsordnung auf eine hohe Markttransparenz abzielt. Das übergeordnete Ziel der Markttransparenz prägt dabei auch die Veröffentlichung von wettbewerbsrechtlichen Informationen durch den Staat, wenn dieser auch selbst nicht Wettberwerber ist.[1401] Die Veröffentlichung des Ampelergebnisses erfolgt hier mit dem Ziel, Transparenz in einen Bereich zu bringen, bei dem bisher die meisten Einleger überfordert waren, auch nur eine ungefähre Einschätzung vorzunehmen. Zudem trifft es die Wettberwerber gleichermaßen, da alle die Entsprechenserklärung abgegeben müssen, die sodann beurteilt wird. Das Ampelystem wird daher voraussichtlich keinen rechtswidrigen Eingriff in Grundrechte darstellen.

### *d) Verhältnis zum DCGK*

Von besonderem Interesse für die Institute, die als börsennotierte Aktiengesellschaften organisiert sind und damit schon dem DCGK unterfallen, ist das Verhältnis zwischen dem DCGK und einem speziellen Bankenkodex. Denn für diese Institute würde ein Bankenkodex unter Umständen doppelte Arbeit bedeuten. Der Bankenkodex kann für diese Institute aber nicht an Stelle des DCGK treten. Denn der DCGK verfolgt das Ziel, Informationen für Investoren in einer verständlichen Form zu vermitteln, und knüpft dazu auch stark an aktienrechtliche Besonderheiten an.

---

1399 *Möslein*, ZHR 176 (2012), 470, 486.

1400 Siehe diese Diskussion zum Ampelsystem bei „Hygiene-Ampel" bei Lebensmittelkontrollen *Kügel/Plaßmann*, LMuR 2012, 1, 4f.

1401 BVerfG, Beschl. v. 26.6.2002 – 1 BvR 558/91, NJW 2002, 2621, 2622.

Ein Bankenkodex soll hingegen losgelöst von der Rechtsform Branchenspezifika in den Blick nehmen und eine Plattform für den Ausgleich von „debt governance"- und „equity governance"-Interessen bieten. Daher kann ein Bankenkodex nicht anstelle des DCGK treten, sondern nur neben diesen.

### e) *Zwischenergebnis*

Zusammenfassend ist zur Durchsetzung eines Bankenkodex zu resümieren, dass die Qualität der Entsprechenserklärungen durch eine unabhängige Kommission, die aus Vertretern der „equity governance" wie auch „debt governance" bestehen sollte, zu überprüfen ist. Bei Mängeln hinsichtlich der Darlegung, warum von einer Empfehlung abgewichen wird, sollten keine direkten Sanktionen gegen das Institut verhängt werden dürfen. Vielmehr sollten diese aufgedeckten Mängel im Rahmen einer Gesamtbeurteilung anhand eines dreifarbigen Ampelsystems miteinbezogen werden. Mithilfe des Ampelsystems können auch Personengruppen wie der durchschnittliche Einleger, von denen eine Überwachung der Einhaltung des Kodex anhand der Entsprechenserklärung nicht erwartet werden kann, bei ihren Einlegeentscheidungen Transparenzaspekte der Institute berücksichtigen.

## 5) Kosten eines Bankenkodex

Nicht zu leugnen ist, dass mit der Schaffung eines Kodex weitere Kosten, vor allem für die betroffenen Institute, entstehen. Die Kosten müssen in Bezug auf den Nutzen eines Kodex abgewogen werden. Zum einen verursacht die Schaffung an sich Kosten. Das Komitee bedarf hinreichender sachlicher Mittel, um seiner Arbeit nachzukommen. Auch die sich anschließende Überwachung über die Qualität der Entsprechenserklärungen verursacht laufende Kosten. Ist ein Kodex einmal geschaffen, entstehen den Instituten Kosten im Rahmen der Anwendung des Kodex, hier vor allem für das Verfassen der Entsprechenserklärung. Daneben kann es weitere Kosten verursachen, wenn im Rahmen der Überprüfung anhand des Kodex festgestellt wird, dass eine Übernahme einer Empfehlung sinnvoll erscheint und dadurch Kosten für Umstrukturierung oder Ähnliches. bestehen. Auf der anderen Seite werden die Institute dadurch dazu angehalten, ihre Governance-Strukturen einer gründlichen Überprüfung zu unterziehen. Individuell angepasste Strukturen können im Institut selbst dazu beitragen, Kosten zu reduzieren, und eine Unternehmensführung begünstigen, die möglichst geringe Kosten für die Allgemeinheit produziert, weil Fehlentwicklungen, die staatliche Unterstützung nötig machen, weitgehend abgewendet werden. Zudem können die Banken mithilfe des Ampelsystems Vertrauen neuer Kunden und Einleger gewinnen. In Bezug auf die Kosten, die für Etablierung und Überwachung eines Bankenkodex entstehen, ist anzuführen, dass sich bei einer weiteren Verrechtlichung der Thematik im Aufsichtsrecht der Aufsichtsumfang erweitert. Auch dadurch entstehen Kosten. Bei einer Gesamtschau entstehen Kosten, aber auch ein Mehrwert sowohl für die betroffenen Institute als auch für die Allgemeinheit.

## 6) Hinweise zum Inhalt eines Bankenkodex

Wie schon oben angedeutet sollen hier keine tiefgehenden Ausführungen zum abschließenden Inhalt eines Bankenkodex gemacht werden. Denn das würde den Rahmen dieser Arbeit sprengen. Daher sind hier lediglich ein paar allgemeine Hinweise zum Inhalt anzustellen. Im Vordergrund eines Kodex muss stehen, an die branchenspezifischen Besonderheiten anzuknüpfen und nicht an verbandsabhängige Aspekte. Um eine hohe Akzeptanz zu erreichen, sind allzu kleinteilige Empfehlungen und Anregungen, die lediglich Selbstverständlichkeiten wiedergeben, zu vermeiden. Bei der Erarbeitung in der Kommission ist darauf zu achten, dass im Kodex sowohl „equity governance"- als auch „debt governance"-Interessen hinreichend zum Tragen kommen und ein tatsächlicher Interessenausgleich möglich ist. Dazu kann es durchaus von Nutzen sein, Empfehlungen aufzunehmen, in denen sich Geschäftsführer sowie Verwaltungs- und Aufsichtsratsmitglieder dazu verpflichten, im Rahmen der Ausübung ihrer Ämter sowohl Anteilseigner- als auch Einlegerinteressen zu berücksichtigen.[1402] Zudem sollte im Kodex selbst zum Ausdruck gebracht werden, dass ein Abweichen von Empfehlungen nicht als Ausdruck einer mangelhaften Corporate Governance gewertet werden darf.[1403] Denn es muss klar sein, dass ein Abweichen von einer Empfehlung für manche Institute die bessere Unternehmensführung darstellt als das blinde Verfolgen. Eine Kommission könnte bei der Ausarbeitung auch auf die vielfältigen Vorarbeiten anderer Stellen zurückgreifen. Insoweit in der Literatur vorgeschlagen wurde, sich bei der Erarbeitung eines Kodex an dem Papier „Enhancing corporate governance principles in financial institutions" des Basler Ausschusses zu orientieren, ist dem nicht beizupflichten.[1404] Denn der Basler Ausschuss hat es bisher gerade nicht geschafft, die branchenspezifischen Besonderheiten in seiner Veröffentlichung herauszustellen. Zudem zeigt sich in dem Papier eine sehr starke Ausrichtung auf das Interesse der Aufsichtsbehörden. Der Kodex soll jedoch nicht an den genuinen Interessen der Aufsichtsbehörde orientiert werden, sondern die Möglichkeit bieten, „debt governance" und „equity governance" in einen Ausgleich zu bringen.

## 7) Ergebnis

Zusammenfassend bleibt aus diesem Kapitel festzuhalten, dass sich die Schaffung eines branchenspezifischen Corporate Governance Kodex für Banken, wie er in anderen Ländern schon existiert, empfiehlt. Zwar ist schon heute eine hohe gesetzliche Regelungsdichte in diesem Bereich zu verzeichnen, ein Bankenkodex als „soft law"-Instrument kann jedoch dazu beitragen, die Verrechtlichung der Thematik im

1402 So auch im Niederländischen Bankenkodex, siehe oben.

1403 Das für eine Public Corporate Governance Kodex empfehlend *Weber-Rey/Buckel*, ZHR 177 (2013), 13, 42.

1404 So auch *Leyens*, AnwBl 2010, 584, 586.

Aufsichtsrecht zu verlangsamen. Außerdem bietet ein Kodex eine Plattform, um die teilweise stark divergierenden Interessen in einen Ausgleich zu bringen.

Die Formulierung eines entsprechenden Kodex sollte einer unabhängigen Kommission, die mit Vertretern von Banken, Aufsicht sowie Gläubiger- und Einlegervertretern besetzt ist, auferlegt werden. Die von den Instituten zu veröffentlichende Entsprechenserklärung sollte einer Prüfung durch eine unabhängige Kommission unterzogen werden, wobei zwischen der erarbeitenden und überwachenden Kommission zur Vermeidung von Interessenkonflikten keine Personenidentität bestehen sollte. Die Qualität der Entsprechenserklärung sollte anhand eines Ampelsystems bewertet werden und damit auch Auskunft über die Transparenz des einzelnen Instituts geben. Mithilfe des Ampelsystems können auch Gruppen, die der Überwachung über die Einhaltung des Kodex aufgrund der Entsprechenserklärung wegen verschiedener Aspekte (unter anderem *free-rider*-Problem) nicht nachkommen werden, dennoch in den Prozess einbezogen werden.

# §9 Gesamtergebnis

*„Are banks special?“*

Diese Frage stellte vor über 30 Jahren Gerald Corrigan, ehemaliger Präsident der US-Notenbank und Vorsitzender des Basler Ausschusses für Bankenaufsicht, in einer gleichnamigen Veröffentlichung.[1405] Seitdem beschäftigt diese Frage die Fachwelt. In Bezug auf Corporate Governance kann die Frage bejaht werden – und zwar unabhängig von der Rechtsform des einzelnen Instituts. Die wichtigsten Ergebnisse der Untersuchung, die zu dieser Aussage führen, sollen hier noch einmal knapp zusammengefasst werden.

Die Thematik der Corporate Governance ist ein Schnittstellenthema, bei dem vor allem die Rechtswissenschaftler und Wirtschaftswissenschaftler zusammenarbeiten und voneinander lernen. Bei einer näheren Betrachtung des Themas Corporate Governance zeigt sich, dass das Thema rechtsformunabhängig immer dort relevant wird, wo eine Prinzipal-Agenten-Beziehung mit Informationsdefiziten besteht. Das ist aber nicht nur in großen Kapitalgesellschaften – zumeist in Form der Aktiengesellschaft organisiert – der Fall, sondern auch bei allen anderen Formen von Verbänden, in denen wirtschaftliches Eigentum und Leitung der Geschicke des Verbandes auseinanderfallen. Dabei bedarf es bei der Beseitigung des Konflikts nicht zwingend gesetzlicher Regelungen, sondern vor allem in diesem Bereich erweist sich ein Vorgehen über „soft law“ als wirkungsvoll.

Es hat sich gezeigt, dass eine branchenspezifische Diskussion des Themas Corporate Governance angebracht und sinnvoll ist – das gilt insbesondere für diejenigen Institute, die das Einlagengeschäft betreiben. Denn Banken zeigen neben ihrer wichtigen Bedeutung für die gesamte Wirtschaft einige strukturelle Besonderheiten auf, aufgrund derer sie einer speziellen Regulierung und Überwachung unterworfen sind. Das gilt nicht nur in Bezug auf Deutschland, sondern weltweit. Diese Besonderheiten rechtfertigen allein noch nicht die Diskussion um eine spezielle Bankengovernance. Das Bedürfnis ergibt sich vielmehr daraus, dass die aufgezeigten Besonderheiten, beispielsweise die Intransparenz der Institute, aber auch die deswegen etablierte Beaufsichtigung und Regulierung, Einfluss auf den Prinzipal-Agenten-Konflikt haben. Es hat sich zum einen gezeigt, dass die intransparenten Strukturen und die Schnelllebigkeit der Bankenbranche die Überwachungsmöglichkeiten der Anteilseigner stark einschränken und damit die Möglichkeiten der Geschäftsführer zu eigennützigem Handeln vergrößern. Zum anderen tragen diese Umstände auch dazu bei, dass andere an der Unternehmung Bank beteiligte Stakeholdergruppen – hier sind die Einleger herauszustellen – ebenso wenig in der Lage sind, das Handeln ihrer Bank zu überwachen oder auch nur einzuschätzen. Einher damit geht der panische Abzug von Einlagen im Falle von Gerüchten um eine schlechte wirtschaftliche Situation, was

---

1405 *Corrigan*, Are banks special?, 1982.

nicht nur eine ganze Branche in Schieflage bringen kann, sondern auch negativen Einfluss auf die Gesamtwirtschaft nehmen kann. Aufgrund dessen ist der Gesetzgeber früh aktiv geworden und hat Bankinstitute einer speziellen Regulierung und einer zusätzlichen staatlichen Aufsicht unterworfen, die neben und teilweise auch anstelle anderer Stakeholder im Rahmen der Beobachtung und Überwachung der Institute tritt. Zudem ist zur weiteren Absicherung des Systems ein Einlagensicherungssystem geschaffen worden, das vor allem Kleineinleger vor dem vollkommenen Verlust ihres Ersparten bewahren soll. Die Modifizierung der Rahmenbedingungen wirkt sich auch im Rahmen des Corporate-Governance-Gefüges und den zugrunde liegenden Prinzipal-Agenten-Konflikten aus. Daher erweist es sich als zweckmäßig, den Punkt der Corporate Governance im Rahmen der Banken branchenspezifisch zur Diskussion zu stellen und die Diskussion hier nicht rein rechtsformspezifisch zu führen. In einem weiteren Schritt ist es dann auch konsequent, die Aspekte, die sich im Rahmen einer Analyse als branchenspezifische ergeben und die dort eine besondere Bedeutung erlangen, einer einheitlichen Regelung zu unterwerfen. Der Weg für ein Aktivwerden des Gesetzgebers ist dann frei, wenn der Markt die Spezifika nicht hinreichend ausgleichen kann. Für den Fall, dass eine gesetzliche Regelung notwendig erscheint, ist das Aufsichtsrecht, also das KWG, der richtige Ort zur Verankerung. Das gilt umso mehr, als die Erfahrung lehrt, dass eine stabile Bankenwelt nicht alleine durch Liquiditätsvorgaben erreicht werden kann, sondern nur dann, wenn neben Liquidität auch eine transparente Unternehmensführung und -kontrolle gewährleistet wird.

Wenn das Erfordernis nach einer speziellen aufsichtsrechtlichen Behandlung der Thematik generell bejaht werden kann, zeigt sich aber auch, dass die Verlagerung der Thematik ins Aufsichtsrecht nicht ohne Folgen bleibt. Die Analyse deckt auf, dass Corporate-Governance-Vorgaben im Aufsichtsrecht eine andere Ausrichtung haben als gesetzliche Vorgaben in den einzelnen verbandsrechtlichen Gesetzen. Denn die Zielsetzung hinter dem Aufsichtsrecht ist eine andere als die hinter dem Gesellschaftsrecht. Das Aufsichtsrecht ist in die Dienste des öffentlichen Interesses gestellt und soll Systemstabilität und damit am Ende auch Schutz der Einleger gewähren. Das Gesellschaftsrecht hingegen dient dazu, einen Rahmen zur Verfügung zu stellen, in dem die Interessen der am Verband beteiligten Gruppen – insbesondere finden hier die Anteilseigner Berücksichtigung – zum Ausgleich gebracht werden sollen. Vorgaben im Gesellschaftsrecht dienen daher eher der „equity governance" als die der „debt governance". De lege lata zeigt sich, dass die Vorgaben im Aufsichtsrecht stetig steigen. Ein wichtiger Impulsgeber ist dabei der europäische Gesetzgeber. Daneben gibt es eine Vielzahl an Organisationen und Aufsichtsbehörden, die zu dem Thema Corporate-Governance-Empfehlungen veröffentlichen. Als wichtigster Akteur ist hier der Basler Ausschuss für Bankenaufsicht zu nennen, dessen Arbeiten häufig Modell stehen für den europäischen Gesetzgeber. Dieser Trend zur Verrechtlichung der Thematik im Dienste des Aufsichtsrechts ergänzt und überlagert das Verbandsrecht heute schon in vielen Punkten und begrenzt die Handlungsoptionen der Leitungs- und Kontrollorgane. Damit ist ein Bankgesellschaftsrecht in der Entstehung. Diese Entwicklung ist nicht gut zu heißen, denn sie ist der schleichende

Prozess zu einer „Bank an sich". Es wird übersehen oder ignoriert, dass Banken am Ende auch Wirtschaftsunternehmen sind. Die Schaffung neuer aufsichtsrechtlicher Normen sollte daher nur dort in Betracht gezogen werden, wo eine Prüfung ergibt, dass sich Vorteile aus einer Regelung sowohl für die „equity governance"- als auch für „debt governance"-Seite ergeben und es zur Begegnung einer branchenspezifischen Besonderheit dient, die die Systemstabilität gefährden kann.

Um eine Entschleunigung einer Verrechtlichung zu erreichen und um eine Plattform zu schaffen, auf der die Thematik auf untergesetzlicher Ebene diskutiert und erprobt werden kann, ist die Schaffung eines Bankenkodex angebracht. Als „soft law"-Instrument, das im Schwerpunkt auf die Selbstverpflichtung statt auf stures Befolgen von Normen setzt, kann ein Kodex auf einer Ebene wirken, auf der sich bisher kein wirksames Instrument zur Banken-Governance befindet. Vor allem ermöglicht ein Kodex, dass die einzelnen Institute eine individuelle, passgenaue Corporate Governance etablieren können. Bei der Schaffung eines Kodex empfiehlt sich die Einrichtung einer unabhängigen Kommission, besetzt mit Vertretern aus sowohl dem „debt governance"- als auch dem „equity governance"-Lager. Dadurch kann man die Akzeptanz des Kodex erhöhen, denn wenn die Adressaten indirekt an dem Kodex mitarbeiten, ist der Anreiz zur Befolgung höher. Und man sichert dadurch ab, dass sowohl das Know-how der Banken als auch ihrer Überwacher miteinfließt. Um sichtbar zu machen, inwiefern der Kodex im einzelnen Institut bei Unternehmungsführung- und kontrolle zugrunde gelegt wird, ist eine Erklärungspflicht „comply or explain" im KWG zu verankern. Dabei kommt für einen Bankenkodex vor allem der „explain"-Funktion eine bedeutende Rolle zu. Daher sollte bei der Überprüfung der Entsprechenserklärung vor allem die Qualität der Erklärungen im Falle eines Abweichens in den Blick genommen werden. Anhand der Überprüfung der Entsprechenserklärung sollte eine Bewertung mittels eines einfachen Ampelsystems vorgenommen werden. Dahinter steht die Idee, dass durch ein Ampelsystem die Stakeholdergruppe, die für Banken von außerordentlicher Wichtigkeit ist, aber sich dem Überwachungsprozess zumeist aus Überforderung und dem Vorliegen des *„free-riders"*-Problems entziehen, verstärkt in den Prozess miteingebunden werden kann. Die Rede ist von den Einlegern. Mithilfe des Bankenkodex und der Bewertung der Entsprechenserklärung anhand des Ampelsystems kann ihnen ein Instrument an die Hand gegeben werden, das es ihnen ermöglicht, eine aktivere Rolle im Rahmen der Corporate Governance einzunehmen.

Abschließend lässt sich sagen, dass eine spezielle Bankengovernance zu befürworten ist und diese durchaus ihren Platz im Aufsichtsrecht haben sollte, ihr aber auch Grenzen zu setzen sind, und zwar mittels eines Bankenkodex, der ein Schritt zum Setzen dieser Grenze sein kann.

# Literaturverzeichnis

*Adams*, Renee/*Mehran*, Hamid, Is Corporate Governance Different for Bank Holding Companies?, FRBNY Economic Policy Review, April 2003, S. 123–142, abrufbar unter http://www8.gsb.columbia.edu/leadership/sites/leadership/files/Is_Corporate_Governance_Different_For_Bank_Holding_Companies.pdf (Stand 30.03.2016)

*Advisory Committee on the Future of Banks*, Restoring trust, 2009, abrufbar unter http://www.nvb.nl/en/media/document/001225_090407-rapport-adviescommissie-toekomst-banken-uk.pdf (Stand 14.06.2015)

*Alchian*, Armen/*Demsetz*, Harold, Production, Information Costs, and Economic Organisation, Am. Econ. Rev. 62 (1972), 777–795

*Armbrüster*, Christian, Haftung der Geschäftsleiter bei Verstößen gegen § 64a VAG, VersR 2009, 1293–1304

*Armour*, John/*Hansmann*, Henry/*Kraakman*, Reinier, Agency Problems and Legal Strategies, in: Kraakman, Reinier/Armour, John/Davies, Paul u.a., The Anatomy of Corporate Law, 2[nd] ed., Oxford/New York, 2009, S. 35–51 (zitiert: *Armour/Hansmann/Kraakmann* in: Kraakman/Armour/Davies, The Anatomy of Corporate Law)

*Armour*, John/*Hertig*, Gerard/*Kanda*, Hideki, Transactions with Creditors, in: Kraakman, Reinier/Armour, John/Davies, Paul u.a., The Anatomy of Corporate Law, 2[nd] ed., Oxford/New York, 2009, S. 115–152 (zitiert: *Armour/Hertig/Kanda* in: Kraakman/Armour/Davies, The Anatomy of Corporate Law)

*Arndt,* Dominik, Sinn und Unsinn von Soft Law – Prolegomena zur Zukunft eines indeterminierten Paradigmas, Baden-Baden, 2011 (zitiert: *Arndt*, Sinn und Unsinn von Soft Law)

*Arnold*, Arnd, Die Steuerung des Vorstandshandelns – Eine rechtsökonomische Untersuchung der Principal-Agent-Problematik in Publikumskapitalgesellschaften, München, 2007 (zitiert: *Arnold,* Die Steuerung des Vorstandshandeln)

*Ashauer*, Günter, Sparkassen – Gesellschaftliche Verantwortung in der Region, Schuster, Leo (Hrsg.), Die gesellschaftliche Verantwortung der Banken, Berlin, 1997, S. 121–135 (*Ashauer*, in: Schuster, Die gesellschaftliche Verantwortung der Banken)

*Ashauer*, Günter, Sparkassen und Banken im Wettbewerb: Strukturwandel im deutschen Kreditgewerbe, Stuttgart, 2005 (zitiert: *Ashauer*, Sparkassen und Banken im Wettbewerb)

*Assmann*, Heinz-Dieter, Corporate Governance - Eine Vorbemerkung zu den Beiträgen von Edward B. Rock und Eddy Wymeersch, AG 1995, 289–290

*Assmann*, Heinz-Dieter, Corporate Governance im Schnittfeld von Gesellschaftsrecht und Kapitalmarktrecht, in: Ekkenga, Jens/Hadding, Walther/Hammen, Horst, Bankrecht und Kapitalmarkrecht in der Entwicklung – Festschrift für Siegfried Kümpel zum 70. Geburtstag, Berlin, 2003, S. 1–18 (zitiert: *Assmann*: in FS Kümpel)

*Aus der Fünten*, Heinz, Der Verwaltungsrat der Sparkassen, Berlin, 1969

*Bachmann*, Gregor, Der „Europäische Corporate Governance-Rahmen", WM 2011, 1301–1310

*Bachmann*, Gregor, Corporate Governance nach der Finanzkrise, AG 2011, 181–193

*Bachmannn*, Gregor, Die Haftung des Geschäftsleiters für die Verschwendung von Gesellschaftsvermögen, NZG 2013, 1121–1128

*Bachmann*, Gregor, Reform der Organhaftung? Materielles Haftungsrecht und seine Durchsetzung in privaten und öffentlichen Unternehmen, NJW-Beilage 2014, 43–46

*BaFin*, Jahresbericht der Bundesanstalt für Finanzdienstleistungsaufsicht 2009, abrufbar unter http://www.bafin.de/SharedDocs/Downloads/DE/Jahresbericht/dl_jb_2009.pdf;jsessionid=3FBF172C1F662CC5E82B97DB11E92B44.1_cid290?__blob=publicationFile&v=9 (Stand 30.03.2016)

*BaFin*, Jahresbericht der Bundesanstalt für Finanzdienstleistungsaufsicht 2010, abrufbar unter http://www.bafin.de/SharedDocs/Downloads/DE/Jahresbericht/dl_jb_2010.pdf?__blob=publicationFile (Stand 30.03.2016)

*BaFin*, Jahresbericht der Bundesanstalt für Finanzdienstleistungsaufsicht 2013, abrufbar unter http://www.bafin.de/SharedDocs/Downloads/DE/Jahresbericht/dl_jb_2013.pdf;jsessionid=3A769C1C620E32003AE820053605397D.1_cid290?__blob=publicationFile&v=9 (Stand 30.03.2016)

*BaFin*, Rundschreiben 10/2012 (BA) - Mindestanforderungen an das Risikomanagement – MaRisk, 2012 abrufbar unter https://www.bafin.de/SharedDocs/Veroeffentlichungen/DE/Rundschreiben/rs_1210_marisk_ba.html (Stand 30.03.2016)

*BaFin*, Merkblatt zur Kontrolle der Mitglieder von Verwaltungs- und Aufsichtsorganen gemäß KWG und VAG, 2012 abrufbar unter http://www.bafin.de/SharedDocs/Veroeffentlichungen/DE/Merkblatt/mb_121203_kontrolle_ar_vr_ba_va.html (Stand 30.03.2016)

*BaFin*, Ziel, Leitbild und Strategien der Bundesanstalt für Finanzdienstleistungsaufsicht, abrufbar unter http://www.bafin.de/SharedDocs/Downloads/DE/Bericht/dl_leitbild_strategie.pdf;jsessionid=9DD515E408EA9D590B5BBF3DF5260ACD.1_cid298?__blob=publicationFile&v=3 (30.03.2016)

*BaFin*, Merkblatt – Hinweise zum Tatbestand des Einlagengeschäfts, März 2014, abrufbar unter http://www.bafin.de/SharedDocs/Veroeffentlichungen/DE/Merkblatt/mb_140311_tatbestand_einlagengeschaeft.html?nn=2818474#doc2676100bodyText1 (Stand 30.03.2016)

*Barth*, James/*Caprio*, Gerard/*Levine*, Ross, Bank Regulation and Supervision: What works best?, World Bank Policy Research Working Paper No. 2725, abrufbar unter http://www-wds.worldbank.org/servlet/WDSContentServer/WDSP/IB/2002/01/17/000094946_01120104231862/Rendered/PDF/multi0page.pdf (Stand 30.03.2016)

*Basel Committee on Banking Supervision*, Consultative Document, Principles for enhancing corporate governance, March 2010, abrufbar unter http://www.bis.org/publ/bcbs168.pdf (Stand 30.03.2016)

*Basel Committee on Banking Supervision*, Principles for enhancing corporate governance, Final Document, October 2010, abrufbar unter http://www.bis.org/publ/bcbs176.pdf (Stand 30.03.2016)

*Basel Committee on Banking Supervision*, Consultative Document, Guidelines; Corporate governance principles for banks, October 2014, abrufbar unter http://www.bis.org/publ/bcbs294.htm (Stand 30.03.2016)

*Basel Committee on Banking Supervision*, Principles for enhancing corporate governance, Final Document, July 2015, abrufbar unter http://www.bis.org/bcbs/publ/d328.htm (Stand 30.03.2016)

*Baumann*, Diethelm, Einführung eines Trennbankensystems?, GWR 2013, 307–310

*Baumbach*, Adolf/*Hueck*, Alfred, Beck'sche Kurzkommentar GmbHG, 20. Aufl., München, 2013 (zitiert: *Bearbeiter* in: Baumbach/Hueck, GmbHG)

*Baums*, Theodor, Die Regierungskommission Corporate Governance: Ziele und Wirkungen für Deutschland, in: von Rosen, Rüdiger (Hrsg.), Corporate Governance-Nutzen und Umsetzung, Studien des deutschen Aktieninstituts, Heft 15, Frankfurt am Main, 2001, S. 12–17 (zitiert: *Baums* in: v. Rosen (Hrsg.), Corporate Governance)

*Bayer*, Walter, Grundsatzfragen der Regulierung der aktienrechtlichen Corporate Governance, NZG 2013, 1–16

*Bebchuk*, Lucian/*Weisbach*, Michael, The State of Corporate Governance Research, Rev. Fin. Stud. 23 (2010) 939–961

*Bebchuk*, Lucian/*Spamann*, Holger, Regulating Bankers' Pay, Geo. L.J. 98 (2010) 247–287

*Bebchuk*, Lucian, How to fix bankers' pay, Harvard Law School John M. Olin Center Discussion Paper No. 677, abrufbar unter http://papers.ssrn.com/sol3/papers.cfm?abstract_id=1673250 (Stand 30.03.2016)

*Becher*, David/*Frey*, Melissa, Does Regulation substitute or complement governance?, J. Bank. Finance 35 (2011) 736–751

*Beber*, Heike, Wirkung des bankaufsichtsrechtlichen Instrumentariums auf den Wettbewerb im Kreditgewerbe, Göttingen, 1988

*Becht*, Marco, The Governance of Financial Institutions in Crisis, in: Grundmann, Stefan/Haar, Brigitte/Merkt, Hanno/Mülbert, Peter O./Wellenhofer, Marina, Festschrift für Klaus J. Hopt zum 70. Geburtstag am 24. August 2010, Berlin, 2010, S. 1615–1628 (zitiert: *Becht* in: FS Hopt)

*Becker*, Hans Paul/*Peppmeier*, Arno, Bankbetriebslehre, 8. Aufl., Herne, 2011

*Behnsen*, Alexander, Verfassungsrechtliche Fragen einer Reform der Regelung zur Nährwertinformation, ZLR 2009, 17–30

*Beltratti*, Andrea/*Stulz*, Rene, Why did some Banks perform better during the Credit Crisis? A cross-country study of the impact of Governance and Regulation, 2009, NBER Working Paper No. 15180, abrufbar unter http://www.nber.org/papers/w15180.pdf (Stand 30.03.2016) (zitiert: *Beltratti/Stulz*, Why did some Banks perform better during the Credit Crisis?)

*Beisel*, Wilhelm/*Klumpp*, Hans-Hermann, Der Unternehmenskauf, 6. Auflage, München, 2009

*Berger*, Klaus, Niedersächsisches Sparkassengesetz, Kommentar, 2. Aufl., München, 2006 (zitiert: *Berger*, Niedersächsisches Sparkassengesetz)

*Berle*, Adolf A./*Means*, Gardiner C., The Modern Corporation and Private Property, New York, 1932 (zitiert: *Berle/Means*, The Modern Corporation and Private Property)

*Bernhardt*, Wolfgang, Corporate Governance statt Unternehmensführung? – Eine Widerrede, RIW 2004, 401–408

*Beuthien*, Volker, Inwieweit können Sparkassen und Genossenschaftsbanken zusammenwirken?, WM 2003, 1881–1885

*Beuthien*, Volker, Genossenschaftsgesetz, 15. Auflage, München, 2011 (zitiert: *Bearbeiter* in Beuthien, GenG)

*Blaurock*, Uwe, Regelbildung und Grenzen des Rechts – Das Beispiel der Finanzkrise, JZ 2012, 226–234

*Bigus*, Jochen/*Leyens*, Patrick, Reform der Anlegerentschädigung und Einlagensicherung: Empfehlungen aus rechtsökonomischer Perspektive, ZBB 2008, 277–291

*Bigus*, Jochen/*Leyens*, Patrick, Einlagensicherung und Anlegerentschädigung: Reformüberlegungen aus ökonomischer und rechtsvergleichender Sicht, Tübingen, 2008 (*Bigus/Leyens*, Einlagensicherung und Anlegerentschädigung)

*Binder*, Jens-Hinrich, Corporate Governance in Wirtschaftsaufsicht und allgemeinem Gesellschaftsrecht – Perspektiven wechselseitiger Beeinflussung am Beispiel der gesetzlichen Anforderungen an das Risikomanagement, in: Zetzsche u.a. (Hrsg.), Jahrbuch Junger Zivilrechtswissenschaftler 2007, Stuttgart, 2008, S. 145–173 (zitiert: *Binder* in: Jahrbuch Junger Zivilrechtswissenschaftler 2007)

*Binder*, Jens-Hinrich, Rechtliche Grundlagen des Risikomanagements in Banken und Finanzdienstleistungsinstituten in: Romeike, Frank (Hrsg.), Rechtliche Grundlagen des Risikomanagements – Haftungs- und Strafvermeidung für Corporate Compliance, Berlin, 2008, S. 134–175 (zitiert: *Binder* in: Rechtliche Grundlagen des Risikomanagements)

*Binder*, Jens-Hinrich, Bankensanierung: Perspektiven für die anreizkompatible Restrukturierung systemrelevanter Kreditinstitute, in: Allmendinger, Christoph/

Dorn, Friederike/Lang, Thomas/Lumpp, Stephanie/Steffek, Felix (Hrsg.), Corporate Governance nach der Finanz- und Wirtschaftskrise: Vorbilder und Ziele eines modernen Wirtschaftsrechts, Tübingen, 2011, S. 239–258 (zitiert: *Binder*, in: Corporate Governance nach der Finanz- und Wirtschaftskrise)

*Binder*, Jens-Hinrich, Interne Corporate Governance im Bankkonzern, in: Hopt, Klaus/Wohlmannstetter, Gottfried, Handbuch Corporate Governance von Banken, München, 2011, S. 685–716 (zitiert: *Binder* in: Hopt/Wohlmannstetter, Handbuch Corporate Governance Banken)

*Binder*, Jens-Hinrich, Vorstandshandeln zwischen öffentlichem und Verbandsinteresse – Pflichten- und Kompetenzkollisionen im Spannungsfeld von Bankaufsichts- und Gesellschaftsrecht, ZGR 2013, 760–781

*Binder*, Jens-Hinrich, Auf dem Weg zu einer europäischen Bankenunion? Erreichtes, Unerreichtes, offene Fragen, ZBB 2013, 297–312

*Blasche*, Sebastian, Auswirkungen von Verstößen gegen das KWG sowie von Abweichungen von de MaRisk auf die zivilrechtliche Haftung des Bankvorstands, WM 2011, 343–351

*Böhm-Dries*, Anne/*Eggers*, Holger/*Hortmann*, Steffen, Zukunft der Corporate Governance von Sparkassen, Betriebswirtschaftliche Blätter 2011, Ausgabe 1, S. 27–31

*Boos*, Karl-Heinz/*Fischer*, Reinfrid/*Schulte-Mattler*, Hermann (Hrsg.), Kreditwesengesetz – Kommentar zu KWG und Ausführungsvorschriften, 4. Aufl., München, 2012 (zitiert: *Bearbeiter* in: Boos/Fischer/Schulte-Mattler, KWG)

*Börner*, Christoph, Böse Banken? Zur öffentlichen Exponiertheit von Finanzintermediären, in: Müller, Stefan/Jöhnk, Thorsten/Bruns, Andreas (Hrsg.), Beiträge zum Finanz-, Rechnungs- und Bankwesen: Stand und Perspektiven, Wiesbaden, 2005, S. 347–366 (zitiert: *Börner* in: Beiträge zum Finanz-, Rechungs- und Bankwesen)

*Brandi*, Tim Oliver/*Gieseler*, Konrad, Der Aufsichtsrat in Kreditinstituten – Persönliche Voraussetzungen, Sanktionen und Ausschüsse nach geltendem Recht und CRD IV, NZG 2012, 1321–1332

*Bresser*, Karl-Ludwig, Kontrolle- und Vertrauen – gleichermaßen unentbehrlich, Kreditwesen 1978, 12–14

*Breuer*, Rolf, Corporate Governance börsennotierter Banken, in: von Rosen, Rüdiger (Hrsg.), Corporate Governance – Nutzen und Umsetzung, Studien des deutschen Aktieninstituts, Heft 15, Frankfurt am Main, 2001, S. 18–28 (zitiert: *Breuer* in: v. Rosen (Hrsg.), Corporate Governance)

*Brown*, Courtney C., Putting the corporate board to work, New York, 1976

*Brunner*, Wolfgang/*Kühl*, Michael, Corporate Governance – ein Modell für öffentlich-rechtliche Kreditinstitute in Deutschland? Kreditwesen 2002, 1089–1094

*Buck-Heeb*, Petra, Selbstregulierung im Gesellschaftsrecht – Corporate Governance Regeln für die GmbH? In: Aderhold, Lutz/Grunewald, Barbara/Klingberg, Dietgard/

Paefgen, Walter (Hrsg.), Festschrift für Harm Peter Westermann - Zum 70. Geburtstag, Köln, 2008, S. 845–859 (zitiert: *Buck-Heeb* in: FS Westermann)

*Buck-Heeb*, Petra/*Dieckmann*, Andreas, Selbstregulierung im Privatrecht, Tübingen, 2010 (zitiert: *Buck-Heeb/Dieckmann*, Selbstregulierung im Privatrecht)

*Budäus*, Dietrich/*Hilgers*, Dennis, Public Corporate Governance, in: Hommelhoff, Peter/Hopt, Klaus/v. Werder, Axel, Handbuch Corporate Governance – Leitung und Überwachung börsennotierter Unternehmen in der Rechts- und Wirtschaftspraxis, 2. Aufl., Köln, 2009, S. 883–904 (zitiert: *Budäus/Hilgers*, in: Hommelhoff/Hopt/v. Werder, Handbuch Corporate Governance)

*Bühler*, Christoph, Regulierung im Bereich der Corporate Governance, Zürich, 2009

*Bundesregierung*, Grünbuch Corporate Governance in Finanzinstituten und Vergütungspolitik

Stellungnahme der Regierung der Bundesrepublik Deutschland, 01.09.2010, abrufbar unter https://circabc.europa.eu/sd/a/7bd8934e-f4c9-41ea-a0c6-05b98a22b7c4/German_Federal_Government_de.pdf (Stand 30.03.2016)

*Bundesverband Öffentlicher Banken Deutschlands (VÖB)*, Jahresbericht 2006

*Bunz*, Thomas, Der Schutz unternehmerischer Entscheidungen durch das Geschäftsleiterinteresse – Ein Beitrag zu mehr Rechtssicherheit im Umgang mit der Business Judgement Rule, Köln, 2011 (zitiert: *Bunz*, Der Schutz unternehmerischer Entscheidungen durch das Geschäftsleiterinteresse)

*Burgard*, Ulrich, Die Förder- und Treuepflicht des Alleingesellschafters einer GmbH – Überlegungen zu einer gläuibigerschützenden Corporate Governance bei der GmbH, ZIP 2002, 827–839

*Burger*, Christina/*Kalss*, Susanne, Die Betrachtung des Aktienregulativs als Beitrag der österreichischen Aktienrechtsgeschichte zur aktuellen Corporate Governance-Diskussion, GesRZ 2002, 51–63

*Burghof*, Hans-Peter, Bankenaufsicht und Corporate Governance, Kreditwesen 2007, 610–614

*Bürkle*, Jürgen, Europarechtliche Vorgaben für die interne Governance im Versicherungssektor, WM 2012, 878–886

*Buschmann*, Marco, EU-Grünbuch zur Corporate Governance – Alter Wein in neuen Schläuchen?, NZG 2011, 87–91

*Cahn*, Andreas/*Müchler*, Henny, Die Verantwortlichkeit der Organmitglieder einer Sparkasse für den Erwerb riskanter Wertpapiere, in: Burgard, Ulrich/Hadding, Walther/Mülbert, Peter/Welter, Reinhard, Festschrift für Uwe H. Schneider zum 70. Geburtstag, Köln, 2011, S. 197–228 (zitiert: *Cahn/Müchler*, in: FS U.H. Schneider)

*Caruso*, Patrizio, Der Public Corporate Governance Kodex, NZG 2009, 1419–1421

*Casper*, Matthias, Die Anwendbarkeit der Business Judgement Rule bei Landesbanken, in: Habersack, Mathias/Hommelhoff, Peter, Festschrift für Wulf Goette zum 65. Geburtstag, München, 2011, S. 29–42 (zitiert: *Caspar* in: FS Goette)

*Central Bank of Ireland*, Corporate Governance Code for Credit Institititions and Insurance Undertakings 2013, 2013, abrufbar unter http://www.centralbank.ie/press-area/press-releases/Pages/RevisedCorporateGovernanceCodeforCreditInstitutionsandInsuranceUndertakings.aspx (Stand 30.03.2016)

*Clarke*, Blanaid/*Hardiman*, Niamh, Crisis in the Irish Banking System, 2012, abrufbar unter http://papers.ssrn.com/sol3/papers.cfm?abstract_id=2008302&download=yes (Stand 30.03.2016)

*Claussen*, Carsten/*Bröcker*, Norbert, Corporate-Governance-Grundsätze in Deutschland – nützliche Orientierungshilfe oder regulatorisches Übermaß?, AG 2000, 481–491

*Ciancanelli*, Penny/*Reyes-Gonzales*, José Antonio, Corporate Governance in Banking: A Conceptual Framework, 2000, abrufbar unter SSRN http://papers.ssrn.com/sol3/papers.cfm?abstract_id=253714 (Stand 30.03.2016)

*Cichy*, Patrick/*Cziupka*, Johannes/*Wiersch*, René, Voraussetzungen der Strafbarkeit der Geschäftsleiter von Kreditinstituten nach § 54a KWG n.F., NZG 2013, 846–852

*Cihak*, Martin/*Maechler*, Andrea Michaela/*Schaeck*, Klaus/*Stolz*, Stephanie, Who Disciplines Bank Managers?, Rev. Fin. 16 (2012) 197–243

*Coase*, Ronald, The Nature of the Firm, Economica (Blackwell Publishing) 4 (16) 386–405 (zitiert: *Coase* (1937)

*Cocris*, Vasile/*Unugureanu*, Maria Christina, Why are Banks Special? An Approach from the Corporate Governance Perspective, 2007, abrufbar unter http://papers.ssrn.com/sol3/papers.cfm?abstract_id=1090291 (Stand 30.03.2016) (zitiert: *Cocris/Unugureanu*, Why are Banks Special?)

*Comittee on the Financial Aspects of Corporate Governance*, Final Report, December 1992, (Cadbury Report), abrufbar unter http://www.ecgi.org/codes/documents/cadbury.pdf (Stand 30.03.2016) (zitiert: *Cadbury Report*)

*Committee on Corporate Governance*, Final Report, January 1998 (Hampel Report), abrufbar unter http://www.ecgi.org/codes/documents/hampel.pdf (Stand 30.03.2016) (zitier: *Hampel Report*)

*Committee of European Banking Supervisors* (CEBS), Consultation paper on the Guidebook of Internal Governance, 2010, abrufbar unter https://www.eba.europa.eu/documents/10180/105241/CP44v2.pdf (Stand 30.03.2016)

*Corrigan*, Gerald, Are banks special? 1982

*Cox*, Arthur/*Cain*, Robert/*O'Connor*, Orla, Ireland, in: Bösch, René (ed.), Banking Regulation – Jurisdictional Comparisions, London, 2012, S.. 145–160 (zitiert: *Cox/Cain/O'Connor*, in: Bösch (ed.), Banking Regulation)

*Cromme*, Gerhard/*Claassen*, Jürgen, Unternehmenskommunikation als Element der Corporate Governance, in: Hommelhoff, Peter/Hopt, Klaus/v. Werder, Axel, Handbuch Corporate Governance, 2. Aufl., Köln, 2009, S. 603–625 (zitiert: *Cromme/Claassen*, in: Hommelhoff/Hopt/v. Werder, Handbuch Corporate Governance)

*Däubler*, Wolfgang, Sonderarbeitsrecht für Finanzdienstleister, ArbuR 2012, 380–385

*Dauner-Lieb*, Barbara, Aktuelle Vorschläge zur Präsenzsteigerung in der Hauptversammlung, WM 2007, 9–16

*Dauner-Lieb*, Barbara, Unternehmerische Tätigkeit zwischen Kontrolle und Kreativität, in: Crezelius, Georg/Hirte, Heribert/Vieweg, Kaus, Festschrift für Volker Röhricht zum 65. Geburtstag, Köln, 2005, S. 83–104 (zitiert: *Dauner-Lieb,* in: FS Röhricht)

*Dauses*, Manfred (Hrsg.), Handbuch des EU-Wirtschaftsrechts, München, 2014, 35. EL (zitiert: *Bearbeiter* in: Handbuch EU-Wirtschaftsrechts)

*Davies*, Paul/*Enriques*, Luca/*Hertig*, Gerard/*Hopt*, Klaus/*Kraakman*, Reinier, Beyond the Anatomy, in: Kraakman, Reinier/Armour, John/Davies, Paul u.a., The Anatomy of Corporate Law, 2[nd] ed., Oxford/New York, 2009, S. 305–315 (zitiert: *Davies/Enriques/Hertig/Hopt/Kraakman* in: Kraakman/Armour/Davies, The Anatomy of Corporate Law)

*Demgensky*, Sascha/*Erm*, Andreas, Der Begriff der Einlagen nach der 6. KWG-Novelle, WM 2001, 1445–1454

*Detterbeck*, Steffen, Allgemeines Verwaltungsrecht – mit Verwaltungsprozessrecht, 12. Auflage, München, 2014 (zitiert: *Detterbeck*, Allgemeines Verwaltungsrecht)

*Devriese*, Johan/*Dewatripont*, Mathias/*Heremans*, Dirk/*Nguyen*, Gregory, Corporate governance, regulation and supervision of banks, Financial Stability Review 2004, S. 95–120, abrufbar unter http://www.nbb.be/doc/oc/repec/fsrart/FSR_2004_En_95_120.pdf (Stand 30.03.2016)

*Dewatripont*, Mathias/*Tirole*, Jean, The Prudential Regulation of Banks, New York, 1993

*Diamond*, Douglas W./*Dybvig*, Philip H., Bank Runs, Deposit Insurance, and Liquidity, J. Pol. Econ. 91 (1983) 401–419

*Dörner*, Dietrich/*Orth*, Christian, Bedeutung der Corporate Governance für Unternehmen und Kapitalmärkte, in: Pfitzer, Norbert/Oser, Peter/Orth, Christian, Deutscher Corporate Governance Kodex. ein Handbuch für Entscheidungsträger, 2. Aufl., Stuttgart, 2005, S. 5–21 (zitiert: *Dörner/Orth* in: Pfitzer/Oser/Orth, Deutscher Corporate Governance Kodex)

*Dreher*, Meinrad, Die BaFin geriert sich als Ersatzgesetzgeber, FAZ Nr. 216 v. 17.9.2009, S. 22

*Dreher*, Meinrad, Ausstrahlungen des Aufsichtsrechts auf das Aktienrecht, ZGR 2010, 496–542

*Dreher*, Meinrad/*Häußler*, Hendrik, Die Aufsicht über Versicherungsunternehmen durch die BaFin und die Überwachungsaufgabe des Aufsichtsrates, ZGR 2011, 471–515

*Druey*, Jean Nicolas, Corporate Governance, Einige allgemeine Überlegungen, GesRZ 2002 Sonderheft Corporate Governance, 32

*Ehlers*, Dirk, Die Anstalt öffentlichen Rechts als neue Unternehmensform der kommunalen Wirtschaft, ZHR 167 (2003), 546–579

*Ehricke*, Ulrich, „Softlaw" – Aspekte einer neuen Rechtsquelle, NJW 1989, 1906–1908.

*Eidenmüller*, Horst, Kapitalgesellschaftsrechts im Spiegel der ökonomischen Theorie, JZ 2001, 1041–1051

*Eidgenössische Finanzmarktaufsicht (FINMA)*, Rundschreiben 2008/24 – Überwachung und interne Kontrolle Banken, abrufbar unter https://finmarundschreiben.files.wordpress.com/2012/10/finma-rs-2008-24.pdf (Stand 30.03.2016)

*Eidgenössische Finanzmarktaufsicht (FINMA)*, Rundschreiben 2010/1 – Vergütungssysteme, abrufbar unter https://finmarundschreiben.files.wordpress.com/2012/10/finma-rs-2010-01-d.pdf (Stand 30.03.2016)

*Emmenegger* Susan/*Kurzbein*, Regula, Finanzmarktkrise und neue Corporate Governance von Banken, GesKR 2010, 462–475

*Emmenegger*, Susan, Prudentielle Corporate Governance in: Emmenegger, Susan (Hrsg.), Corporate Governance, Basel, 2011, S. 1–48 (zitiert: *Emmenegger* in: Corporate Governance)

*Emmenegger*, Susan, Grundsätze guter Unternehmensführung von Banken aus der Sicht des

Baseler Ausschusses und der FINMA, in: Hopt, Klaus/Wohlmannstetter, Gottfried, Handbuch Corporate Governance von Banken, München, 2011, S. 405–430 (zitiert: *Emmenegger* in: Hopt/Wohlmannstetter, Handbuch Corporate Governance Banken)

*Engels*, Wolfram, Bankensolvenztheorien und Praxis der Bankenaufsicht, in: Wissenschaftlicher Beirat des Instituts für bankhistorische Forschung e.V. (Hrsg.), Die Banken im Spannungsfeld von Notenbank und Bankenaufsicht; 4. Symposium zur Bankgeschichte, 3. Beiheft zum Bankhistorischen Archiv, Frankfurt, 1978, S. 23–31 (zitiert: *Engels* in: Banken im Spannungsfeld von Notenbank und Bankenaufsicht)

*Engels*, Andreas, Landesbanken zwischen Marktsteuerung und Marktwirtschaft, Baden-Baden, 2010

*Enriques*, Luca/*Hertig*, Gerard, Improving the Governance of Financial Supervisors, EBOR 2011, 357–378

*European Company Law Experts* (Böckli, Peter/Davies, Pau/Ferran, Ellis/Ferrarini, Guido/Garrido, José/Hopt, Klaus/ Pietrancosta, Alain/Pistor, Katharina/Roth, Markus/Skog, Rolf/Soltysinski, Stanislaw/Winter, Jaap/Wymeersch, Eddy), Making Corporate Governance Codes more effective – A response to the European Commission's Action Plan of December 2012, December 2013, abrufbar unter http://papers.ssrn.com/sol3/papers.cfm?abstract_id=2366273 (Stand 30.03.2016)

*Europäische Bankenaufsichtsbehörde (EBA)*, EBA-Leitlinien zur internen Governance (GL44), November 2011, abrufbar unter https://www.eba.europa.eu/documents/10180/103861/EBA_2012_00210000_DE_COR.pdf (Stand 30.03.2016)

*Europäische Bankenaufsichtsbehörde (EBA)*, Leitlinien zur Beurteilung der Eignung von Mitgliedern des Leitungsorgans und von Inhabern von Schlüsselfunktionen, November 2012, abrufbar unter https://www.eba.europa.eu/documents/10180/106695/EBA_2012_00220000_DE_COR.pdf (Stand 30.03.2016)

*Europäische Kommission*, Commission Staff Working Document, Corporate Governance in Financial Institutions: Lessons to be drawn from the current financial crisis, best practices, Accompanying document to the GREEN PAPER Corporate governance in financial institutions and remuneration policies, SEC(2010) 669 (zitiert: *Europäische Kommission*, Corporate Governance in Financial Institutions, SEC(2010)669)

*Europäische Kommission*, Grünbuch Corporate Governance in Finanzinstituten und Vergütungspolitik, KOM(2010)284, abrufbar unter http://eur-lex.europa.eu/LexUriServ/LexUriServ.do?uri=COM:2010:0284:FIN:DE:PDF (Stand 30.03.2016)

*Europäische Kommission*, Mitteilung für die Frühjahrstagung des Europäischen Rates, Impulse für den Aufschwung in Europa, TEIL 1, KOM 2009(114), abrufbar unter http://eur-lex.europa.eu/LexUriServ/LexUriServ.do?uri=COM:2009:0114:FIN:DE:PDF (Stand 30.03.2016)

*Europäische Kommission*, Grünbuch Europäischer Corporate Governance Rahmen, KOM(2011)164/3, abrufbar unter http://ec.europa.eu/internal_market/company/docs/modern/com2011-164_de.pdf (Stand: 30.03.2016)

*Europäische Kommission*, Commission Staff Working Document, Corporate Governance in Financial Institutions: Lessons to be drawn from the current financial crisis, best practices; Accompanying document to the GREEN PAPER Corporate governance in financial institutions and remuneration policies (COM(2010) 284 final), SEC 2010(669), abrufbar unter http://ec.europa.eu/internal_market/company/docs/modern/sec2010_669_en.pdf (Stand: 30.03.2016)

*European Association of Co-operative Banks*, Green Paper on Corporate Governance in financial institutions and remuneration policies, 01.09.2010, abrufbar unter https://circabc.europa.eu/sd/a/9e2f6a5b-849c-408e-9f60-09195f369e74/EACB_en.pdf (Stand 30.03.2016)

*European Association of Public Banks*, EAPB comments on the Green Paper on Corporate Governance in Financial Institutions, 01.09.2010, abrufbar unter https://circabc.europa.eu/sd/a/7d33942e-6fae-411e-afba-a1473d6a92ff/EAPB_en.pdf (Stand 30.03.2016)

*European Banking Federation*, Draft Response to the European Commissions Green Paper on Corporate Governance in financial institutions, 31.08.2010, abrufbar unter https://circabc.europa.eu/sd/a/5070cb60-59ec-4667-b303-1a84b9f23c72/EBF_en.pdf (Stand 30.03.2016)

*European Savings Banks Group*, ESBG Response to European Commission Consultation concerning the Green Paper on Corporate Governance in financial institutions and remunerations policies, 01.09.2010, abrufbar unter https://circabc.europa.eu/sd/a/fcd391fb-12e7-44db-8228-d11d63f168b5/ESBG_en.pdf (Stand 30.03.2016)

*Fahl*, Holger, Corporate Governance im Versicherungsverein a.G – Die Auswirkungen der Aktienrechtsreformen auf das System der Unternehmensführung und -kontrolle im VVaG, Karlsruhe, 2005 (zitiert: *Fahl*, Corporate Governance im Versicherungsverein a.G.)

*Fama,* Eugene, Agency Problems and the Theory of the Firm, J. Pol. Econ.88 (1980) 288–307

*Feddersen*, Dieter/*Hommelhoff*, Peter/*Schneider*, Uwe H., Corporate Governance – eine Einführung, in: Feddersen/Hommelhoff/Schneider (Hrsg.), Corporate Governance: Optimierung der Unternehmensführung und der Unternehmenskontrolle im deutschen und amerikanischen Aktienrecht, Köln, 1996, S. 1 (zitiert: *Feddersen/Hommelhoff/Schneider, U.H.*, in: Feddersen/Hommelhoff/Schneider, Corporate Governance)

*Ferran*, Eilis, New Regulation of Remuneration in the Financial Sector in the EU, ECFR 2012, 1–34

*Ferstl*, Matthias, Neuregelung des § 25a KWG/MaRisk für das Outsourcing: erste Erfahrungen aus Bankensicht, in: Grieser, Simon/Heemann, Manfred (Hrsg.), Bankaufsichtsrecht: Entwicklungen und Perspektiven, Frankfurt a.M., 2010, S. 1033–1057 (zitiert*: Ferstl*, in: Bakaufsichtsrecht)

*Fiedler*, Bernhard, Der Sonderbeauftragte als Eingriffsinstrument der Banken- und

Versicherungsaufsicht, Frankfurt, 2011

*Fleischer*, Holger, Informationsasymmetrie im Vertragsrecht - eine rechtsvergleichende und interdisziplinäre Abhandlung zu Reichweite und Grenzen vertragsschlußbezogener Aufklärungspflichten, München, 2000 (zitiert: *Fleischer*, Informationsasymmetrie im Vertragsrecht)

*Fleischer*, Holger, Zur Leitungsaufgabe des Vorstands im Aktienrecht, ZIP 2003, 1–11

*Fleischer*, Holger, Behavioral Law and Economics im Gesellschafts- und Kapitalmarktrecht – ein Werkstattbericht, in: Fuchs, Andreas/ Schwintowski, Hans-Peter/ Zimmer, Daniel (Hrsg.), Wirtschafts- und Privatrecht im Spannungsfeld von Privatautonomie, Wettbewerb und Regulierung, Festschrift für Ulrich Immenga zum 70. Geburtstag, München, 2004, S. 575–587 (zitiert: *Fleischer* in: FS Immenga)

*Fleischer*, Holger, Shareholders versus Stakeholders: Aktien- und übernahmerechtliche Fragen, in: Hommelhoff, Peter/Hopt, Klaus/v. Werder, Axel, Handbuch Corporate Governance, 2. Aufl., Köln, 2009, S. 185–218 (zitiert: *Fleischer* in: Hommelhoff/Hopt/v. Werder, Handbuch Corporate Governance)

*Fleischer*, Holger, Grundfragen der ökonomischen Theorie, ZGR 2001, 1–32

*Fleischer*, Holger, Handbuch des Vorstandsrechts, München, 2006

*Fleischer*, Holger, Shareholder vs. Stakeholders: Aktienrechtliche Fragen, in: Hommelhoff, Peter/Hopt, Klaus/v. Werder, Axel (Hrsg.), Handbuch Corporate Governance,

2. Auflage, Stuttgart/Köln, 2009, S. 185–218 (zitiert: *Fleischer*, in: Hommelhoff/Hopt/v. Werder (Hrsg.), Handbuch Corporate Governance)

*Fleischer*, Holger, Verantwortlichkeit von Bankgeschäftsleitern und Finanzmarktkrise, NJW 2010, 1504–1506

*Fleischer*, Holger, Zukunftsfragen der Corporate Governance in Deutschland und Europa: Aufsichtsräte, institutionelle Investoren, Proxy Advisors und Whistleblowers, ZGR 2011, 155–181

*Fleischer*, Holger, Corporate Governance in Europa als Mehrebenensystem, ZGR 2012, 160–196

*Fischer*, Reinfrid/*Klanten*, Thomas, Bankrecht – Grundlagen der Rechtspraxis, 4. Auflage, Köln, 2010 (zitiert: *Verfasser* in: Fischer/Klanten, Bankrecht)

*Fockenbrock*, Dieter, Interview mit Klaus Hopt, „Gefahr der Überregulierung", Handelsblatt v. 2.1.2009, S. 12

*Forschner*, Julius, Wechselwirkungen von Aufsichtsrecht und Zivilrecht – Eine Untersuchung zum Verhältnis der §§ 31ff. WpHG und zivilrechtlichem Beratungsvertrag, Tübingen, 2013 (zitiert: *Forschner*, Wechselwirkungen von Aufsichtsrecht und Zivilrecht)

*Friebel*, Guido/*Langenbucher*, Katja, Die Institutsvergütungsverordnung: Ist Verantwortung für Misserfolge im Finanzsektor möglich?, GWR 2011, 103–105

*Frühauf*, Martin, Geschäftsleitung in der Unternehmenspraxis, ZGR 1998, 407–418

*Gann*, Philipp/*Rudolph*, Bernd, Anforderungen an das Risikomanagement, in: Hopt, Klaus/Wohlmannstetter, Gottfried, Handbuch Corporate Governance von Banken, München, 2011, S. 601–626 (zitiert: *Gann/Rudolph* in: Hopt/Wohlmannstetter, Handbuch Corporate Governance Banken)

*Ganske*, Matthias, Corporate Governance in öffentlichen Unternehmen, Frankfurt am Main, 2005

*Gerke*, Wolfgang/*Merx*, Christian, Chancen und Nutzen von Finanzmarktregulierung, in: Grundmann, Stefan/Haar, Brigitte/Merkt, Hanno/Mülbert, Peter O./Wellenhofer, Marina, Festschrift für Klaus J. Hopt zum 70. Geburtstag am 24. August 2010, Berlin, 2010, S. 1845–1864 (zitiert: *Gerke/Merx* in: FS Hopt)

*Gerum*, Elmar, Das deutsche Corporate Governance-System: Eine empirische Untersuchung, Stuttgart, 2007 (zitiert: *Gerum*, Das deutsche Corporate Governance-System)

*Geschwandtner*, Marcus/*Wieg*, Andreas, General- und Vertreterversammlung per Internet: Zur Corporate Governance der eG, Göttingen, 2002 (zitiert: *Geschwandter/Wieg*, General- und Vertreterversammlung per Internet)

*Geschwandtner*, Marcus, Staatliche Aufsicht über das genossenschaftliche Kreditwesen, Göttingen, 2005

*Geschwandtner*, Marcus/*Bach*, Melissa, Bezeichnungsschutz für Sparkassen, quo vadis?, NJW 2007, 129–133

*Gischer*, Horst/*Reichling*, Peter/*Stiele*, Mike, Marktzugang als Corporate-Governance-Element im deutschen Bankensystem, Kreditwesen 2007, 280–285

*Goette*, Wulf, Leitung, Aufsicht, Haftung – zur Rolle der Rechtsprechung bei der Sicherung einer modernen Unternehmensführung, in: Geiß, Karlmann/Nehm, Kay/Brandner, Hans Erich/Hagen, Horst (Hrsg.), Festschrift aus Anlass des fünfzigjährigen Bestehens von Bundesgerichtshof, Bundesanwaltschaft und Rechtsanwaltschaft beim Bundesgerichtshof, Köln/Berlin/Bonn/München, 2000, S. 123–142 (zitiert: *Goette* in: FS 50 Jahre BGH)

*Goette*, Wulf, Haftung, in: Hommelhoff, Peter/Hopt, Klaus/v. Werder, Axel, Handbuch Corporate Governance – Leitung und Überwachung börsennotierter Unternehmen in der Rechts- und Wirtschaftspraxis, 2. Aufl., Köln, 2009, S. 713–742 (zitiert: *Goette*, in: Hommelhoff/Hopt/v. Werder, Handbuch Corporate Governance)

*Goette*, Wulf, Organisationspflichten in Kapitalgesellschaften zwischen Rechtspflicht und Opportunität, ZHR 175 (2011), 388–400

*Grabau*, Maik/*Schlee*, Klaus, Die neuen MaRisk: Herausforderungen aus Sicht der Sparkassen-Finanzgruppe, Kreditwesen 2005, 392–394

*Graf*, Helmut/ *Bisle*, Michael, Der „Governance Kodex für Familienunternehmen“: Kein Ersatz für „maßgeschneiderte“ Gesellschaftsverträge, DStR 2010, 2409–2413

*Grapentin*, Tobias/*Berg*, Claudia/*Pfingsten*, Andreas, Stakeholder-Management von Sparkassen im Spiegel der Geschäftsberichte – theoretische Anforderungen, Bestandsaufnahme und kritische Bewertung, ZBB 2007, 399–410

*Grimm*, Martin, Organisationsrecht der Landesbanken im Spannungsfeld zwischen öffentlichrechtlichem Organisationsrecht und Aktienrecht – eine Untersuchung zur Übertragbarkeit aktienrechtlicher Bestimmungen auf das Organisationsrecht der Landesbanken, Bochum, 1988 (zitiert: *Grimm*, Organisationsrecht der Landesbanken im Spannungsfeld zwischen öffentlichrechtlichem Organisationsrecht und Aktienrecht)

*Grieser*, Simon/*Heemann*, Manfred, Bankaufsichtsrecht: Entwicklungen und Perspektiven, Frankfurt, 2010 (zitiert: *Bearbeiter* in: Grieser/Heemann)

*Grieser*, Simon, Struktur und Reform des Einlagensicherungs- und Anlegerentschädigungsgesetzes, in: Grieser, Simon/Heemann, Manfred (Hrsg.), Bankaufsichtsrecht: Entwicklungen und Perspektiven, Frankfurt a.M., 2010, S. 607–620 (zitiert: *Grieser* in: Bankaufsichtsrecht)

*Gropp*, Reint/*Köhler*, Matthias, Bank Owners or Bank Managers: Who is Keen on Risk? Evidence from the Financial Crisis, European Business School Research Paper No. 10-02, 2010, abrufbar unter http://papers.ssrn.com/sol3/papers.cfm?abstract_id=1555663 (Stand 30.03.2016)

*Grooterhorst*, Ursula, Unzulässigkeit einer Haftungserleichterung für Mitglieder des Verwaltungsrats von Landesbanken in der Rechtsform der Anstalt des öffentlichen Rechts, ZIP 2011, 212–219

*Gröschel*, Ulrich, Die deutsche Kreditwirtschaft, 11. Auflage, Stuttgart, 2011

*Große*, Jan-Velten/*Boos*, Karl-Heinz, 2005 – ein Fortschritt bei den Corporate Governance Regeln? WM 2006, 1177–1183

*Großfeld*, Bernhard, Internationalisierung als Berufschance, WPg 1998, 627–635

*Gruber*, Claus/ *Kaldemorgen*, Klaus, Corporate Governance in Deutschland aus Sicht der DWS, Kreditwesen 2007, 263–265

*Grundmann*, Stefan/*Mülbert*, Peter, ECLR - Corporate Governance - Europäische Perspektiven, Symposium zum 60. Geburtstag von Klaus J. Hopt am 1./2. September 2000 in Mainz, ZGR 2001, 215–223

*Grundmann*, Stefan/*Hofmann*, Christian/*Möslein*, Florian, Finanzkrise und Wirtschaftsordnung: Krisenursachen, Finanzmarktstabilisierung, Finanzmarktstabilität, in: Grundmann, Stefan/Hofmann, Christian/Möslein, Florian (Hrsg.), Finanzkrise und Wirtschaftsordnung, Schriften zum Europäischen und Internationalen Privat-, Bank- und Wirtschaftsrecht, Band 32, Berlin, 2009, S. 1–40 (zitiert: *Grundmann/Hofmann/Möslein* in: Grundmann/Hofmann/Möslein, Finanzkrise und Wirtschaftsordnug)

*Grundmann*, Stefan, Europäisches Gesellschaftsrecht – Eine systematische Darstellung unter Einbeziehung des Europäischen Kapitalmarktrechts, 2. Aufl., Heidelberg, 2011 (zitiert: *Grundmann*, Europäisches Gesellschaftsrecht)

*Günther*, Markus, Systemrelevanz von Finanzinstituten, WM 2010, 825–831

*Gup*, Benton E., Corporate governance in banks: does the board structure matter?, in: Gup, Benton E. (Hrsg.), Corporate Governance in Banking A Global Perspective, Cheltenham, 2007, S. 18–39 (zitiert: *Gup* in: Corporate Governance in Banking a Global Perspective)

*Gurlit*, Elke, Handlungsformen der Finanzmarktaufsicht, ZHR 177 (2013), 862–901

*Habbe*, Julia/*Köster*, Anna-Elisabeth, Neue Anforderungen an Vorstand und Aufsichtsrat von Finanzinstituten, BB 2011, 265–268

*Habersack*, Mathias, Die Legalitätspflicht des Vorstands der AG, in: Burgard, Ulrich/Hadding, Walther/Mülbert, Peter/Welter, Reinhard, Festschrift für Uwe H. Schneider zum 70. Geburtstag, Köln, 2011, S. 429–441 (zitiert: *Habersack* in: FS U.H. Schneider)

*Hackethal*, Andreas, Banken, Unternehmensfinanzierung und Finanzsysteme, Frankfurt, 2000

*Hackethal*, Andreas, German banks – a declining industry?, CFS Working Paper 2003/27, abrufbar unter http://papers.ssrn.com/sol3/papers.cfm?abstract_id=440861 (Stand 30.03.2016)

*Hadlock*, Charles/*Lee*, Scott/*Parino*, Robert, CEO careers in regulated enviroments: Evidence from electric und gas utilies, J. L. & Econ.45 (2002) 535–565

*Hafke*, Heinz Christian, Anmerkungen zur Corporate Governance in der Kreditwirtschaft, in: Häuser, Franz/Hammen, Horst/Hennrichs, Joachim/Steinbeck, Anja/

Siebel, Ulf/Welter, Reinhard, Festschrift für Walter Hadding zum 70. Geburtstag, S. 863–874, Berlin, 2004 (zitiert: *Hafke* in: FS Hadding)

*Hagendorff*, Jens/*Collins*, Michael/*Keasey*, Kevin, Regulation, Board Monitoring and Mergers Performance: Evidence from Acquiring Banks in the US and Europe, Corp. Govern. Int. Review, 18 (2010) 381–395

*Hahn*, Jörg, Das Novellierte Genossenschaftsgesetz – Auswirkungen und Chancen für die Kreditgenossenschaften in Deutschland: Unter Berücksichtigung von Corporate Governance, Basel II und IAS 32, Göttingen, 2008 (zitiert: *Hahn*, Das Novellierte Genossenschaftsgesetz)

*Hartmann-Wendels*, Thomas/*Pfingsten*, Andreas/ *Weber*, Martin, Bankbetriebslehre, 5. Auflage, Heidelberg, 2010 (*Hartmann-Wendels/Pfingsten/Weber*, Bankbetriebslehre)

*Hartmann*, Wolfgang, Aufgabe und Rolle des Risikoausschusses von Banken, in: Hopt, Klaus/Wohlmannstetter, Gottfried, Handbuch Corporate Governance von Banken, München, 2011, S. 527–582 (zitiert: *Hartmann* in: Hopt/Wohlmannstetter, Handbuch Corporate Governance Banken)

*Hau*, Harald/*Thum*, Marcel, Subprime Crisis and Board (In-)Competence: Private vs. Public Banks in Germany, ECGI – Finance Working Paper No. 247/2009, 2009, abrufbar http://papers.ssrn.com/sol3/papers.cfm?abstract_id=1360698 (Stand 30.03.2016)

*Hauschka*, Christoph, Corporate Compliance – Handbuch der Haftungsvermeidung im Unternehmen, 2. Aufl., München, 2010 (zitiert: *Bearbeiter* in: Hauschka, Corporate Compliance)

*Hellgardt*, Alexander, Europäisches Kapitalmarktrecht und Corporate Governance – Unternehmensüberwachung als Ziel der Europäischen Kapitalmarktregulierung, in: v. Baum, Harald/Fleckner, Andreas/Hellgardt, Alexander/Roth, Markus (Hrsg.), Perspektiven des Wirtschaftsrechts: deutsches, europäisches und internationales Handels-, Gesellschafts- und Kapitalmarktrecht, Beiträge für Klaus Hopt aus Anlass seiner Emeritierung, Berlin, 2008, S. 397–422 (zitiert: *Hellgardt*, in: Perspektiven des Wirtschaftsrecht)

*Hellwig*, Martin, Finanzmarktregulierung – Welche Regelungen empfehlen sich für den deutschen und europäischen Finanzsektor?, Finanzkrise und Reformbedarf, Gutachten E zum 68. Deutschen Juristentag, in: Ständige Deputation des Deutschen Juristentages (Hrsg.), Gutachten E/F/G zum 68. Deutschen Juristentag, Finanzmarktregulierung, München, 2010 (zitiert: *Hellwig*, Finanzmarktregulierung, Gutachten E zum 68. Deutschen Juristentag)

*Hellwig*, Hans-Jürgen, Die Finanzkrise – Fragen und Anmerkungen, in: Grunewald, Barbara/Westermann, Harm Peter (Hrsg.), Festschrift für Georg Maier-Reimer zum 70. Geburtstag, München, 2010, S. 201–218 (zitiert: *Hellwig* in: FS Maier-Reimer)

*Helios*, Marcus/*Strieder*, Thomas, Beck'sches Handbuch der Genossenschaft, München, 2009 (zitiert: *Bearbeiter* in: Helios/Strieder, Handbuch Genossenschaft)

*Hemeling*, Peter, Grenzen der Aufsicht, ZHR 174 (2010), 635–641

*Hemeling*, Peter, Organisationspflichten zwischen Rechtspflicht und Opportunität, ZHR 175 (2011), 368–387

*Henneke*, Hans-Günter, Sparkassen- und Landesbankenstruktur nach der Finanzkrise, DVBl. 2010, 472–479

*Hennrichs*, Joachim, Grünbuch Europäischer Corporate Governance Rahmen – Plädoyer wider EU-Regulierung und für Privatautonomie, GmbHR 2011, R257-R258

*Henssler*, Martin/*Strohn*, Lutz (Hrsg.), Gesellschaftsrecht, 2. Auflage, München, 2014 (zitiert: *Bearbeiter* in Henssler/Strohn, Gesellschaftsrecht)

*Heremans*, Dirk, Corporate Governance Issues for Banks – A Financial Stability Perspective, 2007, abrufbar unter http://papers.ssrn.com/sol3/papers.cfm?abstract_id=1024693 (Stand 30.03.2016)

*Herring*, Frank/*Fiedler*, Bernhard, Der Sonderbeauftragte in der Bankenaufsicht, § 45c KWG - Neuregelung durch das Restrukturierungsgesetz, WM 2011, 1311–1318

*Heun*, Werner, Finanzaufsicht im Wandel, JZ 2012, 235–242

*High-level Expert Group on reforming the structure of the EU banking sector* (chaired by Erkki Liikanen), Final Report, 2012, abrufbar unter http://ec.europa.eu/internal_market/bank/docs/high-level_expert_group/report_en.pdf (Stand 30.03.2016)

*High-level Group on Financial Supervision in the EU* (chaired by Jacques de Larosiére), Report, 2009, abrufbar unter http://ec.europa.eu/internal_market/finances/docs/de_larosiere_report_en.pdf (Stand 30.03.2016)

*Highbury*, Lord David Simon of, Praktische Erfahrungen mit Corporate Governance in Kontinentaleuropa, Großbritannien und den USA, in: Cromme, Gerhard (Hrsg.), Corporate Governance Report 2002: Vorträge und Diskussionen der 1. Konferenz Deutscher Corporate Governance Kodex, Stuttgart, 2002, S. 55–65 (zitiert: *Highbury* in: Cromme, Corporate Governance Report 2002)

*Hilgard*, Mark, Haftung von Bankvorständen und deren aufsichtsrechtliche Verantwortung, Frankfurt am Main, 2010

*Hilgard*, Mark, Haftung von Bankvorständen und deren aufsichtsrechtliche Verantwortung, in: Grieser, Simon/Heemann, Manfred (Hrsg.), Bankaufsichtsrecht: Entwicklungen und Perspektiven, Frankfurt a.M., 2010, S. 157–178 (zitiert: *Hilgard*, in: Bankaufsichtsrecht)

*Hilgers*, Hans Anton/*Kurta*, Linda, Die fachlichen und persönlichen Anforderungen an Mitglieder von Verwaltungs- und Aufsichtsräten, ZBB 2010, 471–479

*Hilke*, Henning, Risiko und Bankenaufsicht – Eine rechtsvergleichende Analyse der präventiven Begrenzung bankbetrieblicher und systemischer Risiken, Frankfurt am Main, 2014 (zitiert: *Hilke*, Risiko und Bankenaufsicht)

*Hirschman*, Albert O, Exit, Voice and Loyalty – Responses to decline in Firms, Organizations and States, Cambridge, Mass./London, 1970 (zitiert: *Hirschman*, Exit, Voice, and Loyalty)

*Hirshleifer*, David/*Teoh*, Siew Hong, Herd Behavior and Cascading in Capital Markets: A Review and Synthesis, Europ. Finan. Manage.9 (2003) 25–66

*Hoffmann*, Guido, Grenzen der Einflussnahme auf Unternehmensleitungsentscheidungen durch Kreditgläubiger, WM 2012, 10–19

*Hoffmann*, Jochen, Das Ende des amerikanischen Trennbankensystems, WM 2000, 1773–1783

*Höfling*, Wolfram, Finanzmarktregulierung: welche Regelungen empfehlen sich für den deutschen und europäischen Finanzsektor? Gutachten F zum 68. Deutschen Juristentag, in: Ständige Deputation des Deutschen Juristentages (Hrsg.), Gutachten E/F/G zum 68. Deutschen Juristentag, Finanzmarktregulierung, München, 2010 (zitiert: *Höfling*, Finanzmarktregulierung, Gutachten F zum 68. Deutschen Juristentag)

*Hommelhoff*, Peter/*Hopt*, Klaus/*von Werder*, Axel, Handbuch Corporate Governance – Leitung und Überwachung börsennotierter Unternehmen in der Rechts- und Wirtschaftspraxis, Stuttgart, 2. Auflage, 2010 (zitiert: *Bearbeiter* in: Hommelhoff/Hopt/von Werder, Handbuch Corporate Governance)

*Hommelhoff*, Peter/*Schwab*, Martin, Regelungsquellen und Regelungsebenen der Corporate Governance, in: Hommelhoff, Peter/Hopt, Klaus/v. Werder, Axel, Handbuch Corporate Governance – Leitung und Überwachung börsennotierter Unternehmen in der Rechts- und Wirtschaftspraxis, 2. Aufl., Köln, 2009, S. 51–86 (zitiert: *Hommelhoff/Schwab*, in: Hommelhoff/Hopt/v. Werder, Handbuch Corporate Governance)

*Hönsch*, Hennig/*Kaspar*, Martin, Der Nominierungsausschuss nach § 25d Abs.11 KWG, AG 2014, 297–308

*Hopt*, Klaus, Der Kapitalanlegerschutz im Recht der Banken: gesellschafts-, bank- und börsenrechtliche Anforderungen an das Beratungs- und Verwaltungsverhalten der Kreditinstitute, München, 1975 (zitiert: *Hopt*, Der Kapitalanlegerschutz im Recht der Banken)

*Hopt*, Klaus/*Teubner*, Gunther (Hrsg.), Corporate Governance and Directors' Liabilities – Legal, Economic and Sociological Analyses on Corporate Social Responsibilty, Berlin, New York, 1984 (zitiert: *Hopt/Teubner*, Corporate Governance and Directors' Liabilities)

*Hopt*, Klaus, Aktionärskreis und Vorstandsneutralität, ZGR 1994, 534–566

*Hopt*, Klaus, Die Haftung von Vorstand und Aufsichtsrat – zugleich ein Beitrag zur corporate governance-Debatte, in: Immenga, Ullrich/Möschel, Wernhard/Reuter, Dieter (Hrsg.), Festschrift für Ernst-Joachim Mestmäcker zum siebzigsten Geburtstag, Baden-Baden, 1996, S. 909–931 (zitiert: *Hopt*, in: FS Mestmäcker)

*Hopt*, Klaus, „Corporate Governance: Aufsichtsrat oder Markt? – Überlegungen zu einem internationalen und interdisziplinären Thema“, in: Hommelhoff, Peter/Rowedder, Heinz/Ulmer, Peter (Hrsg.), Max Hachenburg, Dritte Gedächnisvorlesung 1998, Heidelberg, 2000, S. 9–47 (zitiert: *Hopt*, in: Max Hachenburg – Dritte Gedächnisvorlesung)

*Hopt*, Klaus, Unternehmensführung, Unternehmenskontrolle, Modernisierung des Aktienrechts – zum Bericht der Regierungskommission Corporate Governance in: Hommelhoff, Peter/Lutter, Marcus/Schmidt, Karsten/Schön, Wolfgang/Ulmer, Peter (Hrsg.), Corporate Governance, ZHR-Beiheft 71 (2002), S. 27–67 (zitiert: *Hopt*, ZHR-Beiheft 71 (2002))

*Hopt*, Klaus, Übernahmen, Geheimhaltung und Interessenkonflikte: Probleme für Vorstände, Aufsichtsräte und Banken, ZGR 2002, 333–376

*Hopt*, Klaus, Corporate Governance in Europa: Neue Regelungsaufgaben und Soft Law, GesRZ 2002, Sonderheft Corporate Governance, 4–13

*Hopt*, Klaus, ECLR Interessenwahrung und Interessenkonflikte im Aktien-, Bank- und Berufsrecht – Zur Dogmatik des modernen Geschäftsbesorgungsrechts, ZGR 2004, 1–52

*Hopt*, Klaus, „Kodex für Banken“, Handelsblatt v. 28.1.2009, S. 19

*Hopt*, Klaus, Corporate Governance von Banken – Überlegungen zu den Grundsätzen des Basler Ausschusses für Bankenaufsicht vom Februar 2006 in: Habersack, Mathias/Joeres, Hans-Ulrich/Krämer, Achim, Entwicklungslinien im Bank- und Kapitalmarktrecht – Festschrift für Gerd Nobbe, Köln, 2009, S. 853–882 (zitiert: *Hopt* in: FS Nobbe)

*Hopt*, Klaus, Die internationalen und europarechtlichen Rahmenbedingungen der Corporate Governance, in: Hommelhoff, Peter/Hopt, Klaus/v. Werder, Axel, Handbuch Corporate Governance – Leitung und Überwachung börsennotierter Unternehmen in der Rechts- und Wirtschaftspraxis, 2. Aufl., Köln, 2009, S. 39–70 (zitiert: *Hopt*, in: Hommelhoff/Hopt/v. Werder, Handbuch Corporate Governance)

*Hopt*, Klaus, Europäische Corporate Governance für Finanzinstitute?, EuZW 2010, 561

*Hopt*, Klaus, Comparative Corporate Governance: Ein Themenkatalog, International Congress on Comparative Law, Washington 2010 in: Kindler, Peter/Koch, Jens/Ulmer, Peter/Winter, Martin, Festschrift für Uwe Hüffer zum 70. Geburtstag, München, 2010, S. 355–364 (zitiert: *Hopt* in: FS Hüffer)

*Hopt*, Klaus, The European Company Law Action Plan Revisited: An Introduction, ECGI - Law Working Paper No. 140/2010, 2010, abrufbar unter http://papers.ssrn.com/sol3/papers.cfm?abstract_id=1554662 (Stand 30.03.2016)

*Hopt*, Klaus, Vergleichende Corporate Governance – Forschung und internationale Regulierung, ZHR 175 (2011), 444–526

*Hopt*, Klaus, Corporate Governance – zur nationalen und internationalen Diskussion, in: Hopt, Klaus/Wohlmannstetter, Gottfried, Handbuch Corporate Governance von Banken, München, 2011, S. 3–31 (zitiert: *Hopt* in: Hopt/Wohlmannstetter, Handbuch Corporate Governance Banken)

*Hopt,* Klaus, Staatliche und halbstaatliche Eingriffe in die Unternehmensführung - Deutscher Juristentag im September 2012 in München, NZG 2012, 619

*Hopt,* Klaus, Better Governance of Financial Institutions, 2013, abrufbar unter http://papers.ssrn.com/sol3/papers.cfm?abstract_id=2212198## (Stand 30.03.2016)

*Hopt,* Klaus, Die Verantwortlichkeit von Vorstand und Aufsichtsrat: Grundsatz und Praxisprobleme – unter besonderer Berücksichtigung der Banken, ZIP 2013, 1793–1806

*Houston,* Joel/*James,* Christopher, CEO compensation and bank risk: Is compensation in banking structured to promote risk taking?, J. Monetary Econ 36 (1995) 405–431

*Hucke,* Anja, Corporate Governance Standards in deutschen Unternehmen – nützlich oder überflüssig? in: Hucke, Anja (Hrsg.), Aktuelle Entwicklungen im Unternehmensrecht – Stand und Perspektiven, Wiesbaden, 2003, S. 72–93 (zitiert: *Hucke* in: Aktuelle Entwicklungen im Unternehmensrecht)

*Hüffer,* Uwe, Beck'sche Kurzkommentar AktG, 11. Aufl., München, 2014 (zitiert: *Bearbeiter* in: Hüffer, AktG)

*Hummler,* Konrad, Schmutzige Gamellen – Eine Betrachtung zum Thema „Corporate Governance", in: Waldburger, Robert/Baer, Charlotte/Nobel, Ursula/Bernet, Benno (Hrsg.), Wirtschaftsrecht zu Beginn des 21. Jahrhunderts, Festschrift für Peter Nobel zum 60. Geburtstag, Bern, 2005, S. 161–173 (zitiert: *Hummler,* in: FS Nobel)

*Hütten,* Christoph, Unternehmenseigener Corporate-Governance-Kodex – Zulässigkeit und Sinnhaftigkeit in Zeiten von TransPuG und Deutschem Kodex, BB 2002, 1740–1742

*Hütten,* Hilmar, Diskussionsbericht zum Vortrag von Stefan Zimmermann, in: Allmendinger, Christoph/Dorn, Friederike/Lang, Thomas/Lumpp, Stephanie/Steffek, Felix (Hrsg.), Corporate Governance nach der Finanz- und Wirtschaftskrise: Vorbilder und Ziele eines modernen Wirtschaftsrechts, Tübingen, 2011, S. 106–110 (zitiert: *Hütten,* in: Corporate Governance nach der Finanz- und Wirtschaftskrise)

*Hütz,* Gerhard, Die Bankenaufsicht in der Bundesrepublik Deutschland und in den USA – ein Rechtsvergleich, Berlin, 1990 (zitiert: *Hütz,* Bankenaufsicht)

*Insam,* Alexander/*Hinrichs,* Lars/*Hörtz,* Martin, Vergütungssysteme nach der Instituts-Vergütungsordnung, DB 2012, 1568–1572

*Issing,* Ottmar/*Bluhm,* Marcel, Anforderungen an eine neue Ordnung der Finanzmärkte, in: Hopt, Klaus/Wohlmannstetter, Gottfried, Handbuch Corporate Governance von Banken, München, 2011, S. 77–93 (zitiert: *Issing/Bluhm* in: Hopt/Wohlmannstetter, Handbuch Corporate Governance Banken)

*Jennen*, Bas/*van de Vijver*, Banking and Securities Regulation in the Netherlands, Den Haag, 2010 (zitiert: *Jennen/van de Vijver*, Banking and Securites Regulation in the Netherlands)

*Jhering*, Rudolph v., Der Zweck im Recht, Leipzig, 1893

*Jensen*, Michael C./*Meckling*, William H., Theory of the Firm: Managerial Behavior, Agency Costs and Ownership Structure, J. Fin. Econ.3 (1976) 305–360

*Just*, Susan, Die Anwendbarkeit des Deutschen Corporate Governance Kodex auf nicht börsennotierte Unternehmen, Hamburg, 2007 (zitiert: *Just*, Die Anwendbarkeit des Deutschen Corporate Governance Kodex auf nicht börsennotierte Unternehmen)

*Kallmeyer*, Harald, Kapitalmarktrechtliche Corporate Governance-Regeln, in: Lutter, Marcus/Scholz, Manfred/Sigle, Walter, Festschrift für Martin Peltzer zum 70. Geburtstag, Köln, 2001, S. 205–217 (zitiert: *Kallmeyer* in: FS Peltzer)

*Kaplan*, S.N. Corporate Governance und Unternehmenserfolg: Ein Vergleich zwischen Deutschland, Japan und den USA, in: Fedderssen, Dieter/Hommelhoff, Peter/Schneider, Uwe H. (Hrsg.), Corporate Governance: Optimierung der Unternehmensführung und der Unternehmenskontrolle im deutschen und amerikanischen Aktienrecht, Köln, 1996, S. 301–315 (zitiert: *Kaplan*, in: Corporate Governance)

*Kashyap*, Anil K./*Rajan*, Raghuram/ *Stein*, Jeremy C., Banks as Liquidity Providers: An Explanation for the Coexistence of Lending and Deposit-Taking, J. Fin.57 (2002) 33–73

*Kemter*, Virginie, Corporate Governance nach der Finanzkrise unter besonderer Berücksichtigung des Bankensektors, 2013 (zitiert: *Kemter*, Corporate Governance nach der Finanzkrise)

*Kern*, Alexander, Corporate governance and banks: The role of regulation in reducing the principal-agent-problem, J. Bank. Reg., 7 (2006) 17–40

*Kiethe*, Kurt, Die zivil- und strafrechtliche Haftung von Vorstandsmitgliedern einer Sparkasse für riskante Kreditgeschäfte, BKR 2005, 177–186

*Kindler*, Peter, Finanzkrise und Finanzmarktregulierung - Ein Zwischenruf zum 68. Deutschen Juristentag, NJW 2010, 2465–2469

*Kirchmaier*, Tom, Inject Governance, and Not Just Cash: Some Thoughts on the Governance of Banks, 2008, abrufbar unter http://papers.ssrn.com/sol3/papers.cfm?abstract_id=1303202 (Stand 30.03.2016)

*Kirchner*, Christian, Institutional Deficits in the International Financial Market Crisis, in: Grundmann, Stefan/Haar, Brigitte/Merkt, Hanno/Mülbert, Peter O./Wellenhofer, Marina, Festschrift für Klaus J. Hopt zum 70. Geburtstag am 24. August 2010, Berlin, 2010, S. 2095–2112 (zitiert: *Kirchner* in: FS Hopt)

*Kirchner*, Christian/*Kaal*, Wulf, Economics of Finacial Market Regulation, in: Nobel/Krehan/Tanner, Economics of Financial Market Regulation: Banking Regulation,

Corporate Governance, Financial Reporting Standards and Hedge Funds, in: Nobel, Peter/Krehan, Katrin/Tanner, Anne-Cathrine (Hrsg.), Law and Economics of Global Financial Insitutions, Third International Conference on Law and Economics at the University of St. Gallen June 4, 2010, St. Gallen, Switzerland, Zürich, 2010, S. 5–26 (zitiert: *Kirchner/Kaal* in: Law and Economics of Global Financial Insitutions)

*Kirkpatrick*, Grant, Corporate Governance – Lessons from the Financial Crisis, June 2009, abrufbar unter http://www.oecd.org/finance/financial-markets/42229620.pdf (Stand 30.03.2016)

*Kirkpatrick*, Grant/*Lehuedé*, Hector/*Teichmann*, Dorothee, Corporate Governance Lessons from the Financial Crisis, 2012, abrufbar unter http://papers.ssrn.com/sol3/papers.cfm?abstract_id=2393978 (Stand 30.03.2016)

*Kirschbaum*, Tom, Die Entwicklung eines Public Corporate Governance Kodex für öffentliche Banken, BKR 2006, 139–146

*Klein,* Mikko, Die Privatisierung der Sparkassen und Landesbanken: Begründungen, Probleme und Möglichkeiten aus ökonomischer und rechtlicher Perspektive, Frankfurt, 2003 (*Klein*, Die Privatisierung der Sparkassen und Landesbanken)

*Klöhn*, Lars, Kapitalmarkt, Spekulation und Behavioral Finance: Eine interdisziplinäre und vergleichende Analyse zum Fluch und Segen der Spekulation und ihrer Regulierung durch Recht und Markt, Berlin, 2006 (zitiert: *Klöhn*, Kapitalmarkt, Spekulation und Behavioral Finance)

*Klöhn*, Lars, Interessenkonflikt zwischen Aktionären und Gläubigern der Aktiengesellschaft im Spiegel der Vorstandspflichten – Ein Beitrag zur Leitungsaufgabe des Vorstands gemäß § 76 AktG, ZGR 2008, 110–158

*Klöhn*, Lars/*Hornuf*, Lars, Crowdinvesting in Deutschland - Markt, Rechtslage und Regulierungsperspektiven, ZBB 2012, 237–266

*Klöhn*, Lars, Der Aufschub der Ad-hoc-Publizität wegen überwiegender Geheimhaltungsinteressen des Emittenten (§ 15 Abs. 3 WpHG), ZHR 178 (2014), 55–97

*Knauff*, Matthias, Der Regelungsverbund: Recht und Soft Law im Mehrebnensystem, Tübingen, 2010 (zitiert: Kanuff, Der Regelungsverbund)

*Koch*, Raphael, Unzulänglichkeiten im Übernahmerecht? Das Verhinderungsverbot aus institutionenökonomischer Perspektive, WM 2010, 1155–1160

*Koller*, Ingo, Die Abbedingbarkeit des Anlegerschutzes durch Information im europäischen Kapitalmarkt, in: Baums, Theodor/Lutter, Marcus/Schmidt, Karsten/Wertenbruch, Johannes (Hrsg.), Festschrift für Ulrich Huber zum siebzigsten Geburtstag, Tübingen, 2006 (zitiert: *Koller*, in: FS Huber)

*Kommission Governance Kodex für Familienunternehmen*, Governance Kodex für Familienunternehmen, 2010, abrufbar unter http://www.kodex-fuer-familienunternehmen.de/kodex (Stand 30.03.2016)

*Köhler*, Matthias, Corporate Governance and Current Regulation in the German Banking Sector: An Overview and Assessment, ZEW - Centre for European Economic Research Discussion Paper No. 10-002, 2010 abrufbar unter http://papers.ssrn.com/sol3/papers.cfm?abstract_id=1551270 (Stand 30.03.2016)

*Konnertz-Häußler*, Christine, Corporate Governance als Problemlösungsstrategie bei der GmbH, Göttingen, 2011

*Koppensteiner*, Hans-Georg, Bankenaufsicht und Bankengruppe, Heidelberg, 1991

*Körnert*, Jan, Paradigmenwechsel in der deutschen Bankenregulierung, ZHR 176 (2012), 96–128

*Kraakman*, Reinier, Corporate Liability Strategies and the Costs of Legal Controls, Yale L.J. 93 (1983–1984) 857–898

*Kraakman*, Reinier/*Armour*, John/*Davies*, Paul u.a. (Hrsg.), The Anatomy of Corporate Law, 2nd ed., Oxford/New York, 2009 (zitiert: *Kraakman/Armour/Davies*, The Anatomy of Corporate Law, 2009)

*Kräkel*, Matthias, Organisation und Management, 4. Auflage, Tübingen, 2010

*Krieger*, Gerd/*Schneider*, Uwe H., Handbuch Managerhaftung, 2. Aufl., Köln, 2010 (zitiert: *Bearbeiter* in: Krieger/Schneider, U.H., Handbuch Managerhaftung)

*Krieger*, Gerd, Corporate Governance und Corporate Governance Kodex, ZGR 2012, 202–227

*Kronke*, Herbert, Konditionierung der Unternehmensverfassung von Publikumsgesellschaften durch „Soft Law" – Deutschland und Italien im Vergleich, in: Schneider, Uwe H./Hommelhoff, Peter/Schmidt, Karsten/Timm, Wolfram/Grunewald, Barbara/Drygala, Tim (Hrsg.), Festschrift für Marcus Lutter zum 70. Geburtstag, Köln, 2000, S. 1449–1461 (zitiert: *Kronke*, in: FS Lutter)

*Kügel*, Wilfried/*Plaßmann*, Kirsten, Die „Hygiene-Ampel" bei Lebensmittelkontrollen – Grünes Licht für den Verbraucherschutz?, LMuR 2012, 1–9

*Kuhner*, Christoph, Unternehmensinteresse vs. Shareholder Value als Leitmaxime kapitalmarktorientierter Aktiengesellschaften, ZGR 2004, 244–279

*Kümpel*, Siegfried/*Wittig*, Arne, Bank- und Kapitalmarktrecht, 4. Aufl., Köln, 2011 (zitiert: *Bearbeiter* in: Kümpel/Wittig, Bank- und Kapitalmarktrecht)

*Kunze*, Britta, Überwachung operationeller Risiken bei Banken – Interne und externe Akteure im Rahmen qualitativer und quantitativer Überwachung, Wiesbaden, 2007 (zitiert: *Kunze*, Überwachung operationeller Risiken bei Banken)

*Lange*, Knut Werner, Corporate Governance in Familienunternehmen, BB 2005, 2585–2590

*Langenbucher*, Katja, Zur rechten Konkretisierung angemessener Vorstandsbezüge – Kapitalmarktrecht oder Verbandsrecht?, in: Burgard, Ulrich/Hadding, Walther/Mülbert, Peter/Welter, Reinhard, Festschrift für Uwe H. Schneider zum 70. Geburtstag, Köln, 2011, S. 751–762 (zitiert: *Langenbucher* in: FS U.H. Schneider)

*Langenbucher*, Katja, Frauenquote und Gesellschaftsrecht, JZ 2011, 1038–1046

*Langenbucher*, Katja, Bausteine eines Bankgesellschaftsrechts – Zur Stellung des Aufsichtsrats in Finanzinstituten, ZHR 176 (2012), 652–668

*Lautenschläger*, Sabine/ *Ketessidis, Adam,* Führung von gruppenangehörigen Banken und ihre Beaufsichtigung, in: Hopt, Klaus/Wohlmannstetter, Gottfried, Handbuch Corporate Governance von Banken, München, 2011, S. 739–776 (zitiert: *Lautenschläger/Ketessidis,* in: Hopt/Wohlmannstetter, Handbuch Corporate Governance Banken)

*Lebert*, Rolf, „Landesbanken driften auseinander", FTD v. 1. September 2010, S. 16

*Lehmann*, Matthias/*Manger-Nestler*, Cornelia, Einheitlicher Europäischer Aufsichtsmechanismus: Bankenaufsicht durch die EZB, ZBB 2013, 2–21

*Lehrl*, Thorsten, Sachkunde - Zuverlässigkeit - persönliche Ausschlussgründe von Aufsichtsräten gemäß § 36 Abs. 3 KWG, BKR 2010, 485–500

*Lenz*, Christof, Wem nützt eigentlich die Bankenaufsicht?, NVwZ 2010, 29–32

*Leuschner*, Carl-Friedrich/ *Wolfgarten*, Wilhelm, Corporate Governance –Neue Anforderungen an Verwaltungs- und Aufsichtsräte von Kredit- und Finanzdienstleistungsinstituten, WPg 2015, 375–382

*Levine*, Ross, The Corporate Governance of Banks: A Concise Discussion of Concepts and Evidence, World Bank Policy Research Paper No. 3404, September 2004, abrufbar unter SSRN http://papers.ssrn.com/sol3/papers.cfm?abstract_id=625281 (Stand 30.03.2016)

*Leyens*, Patrick, Corporate Governance: Grundsatzfragen und Forschungsperspektiven, JZ 2007, 1061–1072

*Leyens*, Patrick, Finanzmarktregulierung: Reform zwischen öffentlichem und privaten Recht, AnwBl 2010, 584–588

*Leyens*, Patrick, Tagungsbericht Abteilung Öffentliches und Privates Wirtschaftsrecht, 68. Deutscher Juristentag, JZ 2011, 418–419

*Leyens*, Patrick, Corporate Governance: Grundsatzfragen und Forschungsperspektiven, in: Allmendinger, Christoph/Dorn, Friederike/Lang, Thomas/Lumpp, Stephanie/Steffek, Felix (Hrsg.), Corporate Governance nach der Finanz- und Wirtschaftskrise: Vorbilder und Ziele eines modernen Wirtschaftsrechts, Tübingen, 2011, S. 3–34 (zitiert: *Leyens*, in: Corporate Governance nach der Finanz- und Wirtschaftskrise)

*Leyens*, Patrick/*Schmidt*, Frauke, Corporate Governance durch Aktien-, Bankaufsichts- und Versicherungsrecht – Ausgewählte Einflüsse, Impulse und Brüche, AG 2013, 533–547

*Lindner-Lehmann*, Monika, Regulierung und Kontrolle von Banken: Prinzipal-Agenten-Konflikte bei der Kreditvergabe, Wiesbaden, 2001 (zitiert: *Lindner-Lehmann*, Regulierung und Kontrolle von Banken)

*Littger*, Michael, Deutscher Corporate Governance Kodex – Funktion und Verwendungschancen, Baden-Baden, 2006 (zitiert: *Littger*, Deutscher Corporate Governance Kodex)

*Littger*, Michael, Funktion und Verwendungschancen der neuen Kodizes am Beispiel von Corporate Governance, Rechtstheorie 38 (2008), 495–505

*Lohse*, Andrea, Unternehmerisches Ermessen - zu den Aufgaben und Pflichten von Vorstand und Aufsichtsrat, Tübingen, 2005 (zitiert: *Lohse*, Unternehmerisches Ermessen)

*Louven*, Christoph/*Raapke*, Julius, Aktuelle Entwicklungen in der Corporate Governance von Versicherungsunternehmen, VersR 2012, 257–270

*Ludwig*, Jan, Branchenspezifische Wirtschaftsaufsicht und Corporate Governance – Auswirkungen der Banken- und Versicherungsaufsicht auf den gesellschafts- und kapitalmarktrechtlichen Ordnungsrahmen, Berlin, 2012 (zitiert: *Ludwig*, Branchenspezifische Wirtschaftsaufsicht und Corporate Governance)

*Lunk*, Stefan/*Besenthal*, Friederike, Die neuen Regelungen zu Banken Boni – Auswirkungen der Boni-Deckelungen auch auf bestehende Verträge?, NZG 2013, 1010–1014

*Lutter*, Marcus, Pflichten und Haftung von Sparkassenorganen, Köln, 1991

*Lutter*, Markus, Die Kontrolle der gesellschaftsrechtlichen Organe – Corporate Governance – Ein internationales Thema, Jura 2002, 83–88

*Lutter*, Marcus, Vergleichende Corporate Governance – Die deutsche Sicht, ZGR 2001, 224–237

*Lutter*, Marcus, Die Erklärung zum Corporate Governance Kodex gemäß § 161 AktG – Pflichtverstöße und Binnenhaftung von Vorstands- und Aufsichtsratsmitgliedern, ZHR 166 (2002), 523–543

*Lutter*, Marcus, Der Kodex und das Recht, in: Grundmann, Stefan/Haar, Brigitte/Merkt, Hanno/Mülbert, Peter O./Wellenhofer, Marina, Festschrift für Klaus J. Hopt zum 70. Geburtstag am 24. August 2010, Berlin, 2010, S. 1025–1038 (zitiert: *Luttter* in: FS Hopt)

*Lutter*, Marcus, Haftung und Verantwortlichkeit - Verantwortung von Organen und Beratern, DZWIR 2011, 265–270

*Lutter*, Marcus, Zur Durchsetzung von Schadensersatzansprüchen gegen Organmitglieder, in: Burgard, Ulrich/Hadding, Walther/Mülbert, Peter/Welter, Reinhard, Festschrift für Uwe H. Schneider zum 70. Geburtstag, Köln, 2011, S. 763–770 (zitiert: *Lutter* in: FS U.H. Schneider)

*Lüttringhausen*, Jan, Die risikolose Welt der Staatsanleihen under Solvency II und Basel III, EuZW 2012, 321–323

*Macey*, Jonathan/ *O'Hara*, Maureen, The Corporate Governance of banks, FRBNY Economic Policy Review, April 2003, S. 97–107, abrufbar unter http://www.newyorkfed.org/research/epr/03v09n1/0304mace.pdf (Stand 30.03.2016)

*Macey*, Jonathan/ *O'Hara*, Maureen, Bank Corporate Governance: A Paradigm for the Post-Crisis World, 2014, abrufbar unter https://fnce.wharton.upenn.edu/linkservid/6703E275-5056-893A-285F1F77AF3D52FF/showMeta/0/ (Stand 30.03.2016)

*Macht*, Christian, Der Baseler Ausschuss für Bankenaufsicht und Basel II: Bankenregulierung auf einem internationalen level playing field, Baden-Baden, 2007 (zitiert: *Macht*, Der Basler Ausschuss für Bankenaufsicht und Basel II)

*MacNeil*, Ian, The trajectory of regulatory reform in the UK in the wake of the financial crisis, EBOR 2010, 483–526

*Martinek*, Michael, Wettbewerbliche Interessenkonflikte von AG-Aufsichtsräten im Lichte der Corporate Governance-Diskussion, WRP 2008, 51–67

*Martin*, Johannes/*Zimmermann*, Stefan, Corporate Governance im Prinzipal-Agenten-Verhältnis, in: Allmendinger, Christoph/Dorn, Friederike/Lang, Thomas/Lumpp, Stephanie/Steffek, Felix, Corporate Governance nach der Finanzkrise – Vorbilder und Ziele eines modernen Wirtschaftsrechts, Tübingen, 2011, S. 81–105 (zitiert: *Martin/Zimmermann* in: Allmendinger u.a. (Hrsg.), Corporate Governance nach der Finanzkrise)

*Mattheus*, Daniela, Mängel in der Abschlußprüfung: Tatsachenbericht und Analyse aus juristischer Sicht, in: Der Wirtschaftsprüfer als Element der Corporate Governance: Vorträge des 12. Bonner Europa-Symposions, 2001, S. 7–17 (zitiert: *Mattheus*, in: Der Wirtschaftsprüfer als Element der Corporate Governance)

*Maunz*, Theodor/*Dürig*, Günter, Grundgesetz Kommentar, 70 El. 2013b (zitiert: *Bearbeiter* in Maunz/Dürig, GG)

*McKinsey*, Global Investor Opinion Survey: Key findings, 2002, abrufbar unter http://www.eiod.org/uploads/Publications/Pdf/II-Rp-4-1.pdf (Stand 30.03.2016)

*Mehran*, Hamid/*Morrison*, Alan/*Shapiro*, Joel, Corporate Governance and Banks: What have we learned form the financial crisis?, Federal Reserve Bank of New York Staff Reports, no. 502, 2011 abrufbar unter http://papers.ssrn.com/sol3/papers.cfm?abstract_id=1880009 (Stand 30.03.2016)

*Meister*, Edgar, Drei-Säulen-Modell im deutschen Bankenmarkt - Vergangenheit oder Zukunft?, in: Fischer, Thomas/Pape, Christoph (Hrsg.), Handbuch der deutschen Sparkassen: Leistungsstärke, Kundennähe, Markterfolg, Frankfurt am Main, 2005, S. 60–67 (zitiert: *Meister* in: Fischer/Pape, Handbuch der deutschen Sparkassen)

*Mendrzyk*, Christopher, Das deutsche Aktienrecht verglichen mit den Principles of Corporate Governance der OECD, Frankfurt, 2004

*Merkt*, Hanno, Zum Verhältnis von Kapitalmarktrecht und Gesellschaftsrecht in der Diskussion um die Corporate Governance, AG 2003, 126–136

*Merkt*, Hanno, Selbstkontrolle und Staatsaufsicht bei der Corporate Governance, in: Hommelhoff, Peter/Hopt, Klaus/v. Werder, Axel, Handbuch Corporate

Governance – Leitung und Überwachung börsennotierter Unternehmen in der Rechts- und Wirtschaftspraxis, 2. Aufl., Köln, 2009, S. 683–711 (zitiert: *Merkt*, in: Hommelhoff/Hopt/v. Werder, Handbuch Corporate Governance)

*Merkt*, Hanno, Kreditinstitute und ihre Transparenzpflichten in: Habersack, Mathias/Hommelhoff, Peter (Hrsg.), Festschrift für Wulf Goette zum 65. Geburtstag, München, 2011, S. 313–331 (zitiert: *Merkt* in: FS Goette)

*Merkt*, Hanno, US-amerikanisches Gesellschaftsrecht, 3. Aufl., Frankfurt am Main, 2013

*Mertens*, Hans-Joachim, Der Aktionär als Wahrer des Rechts? - Aktuelle Probleme der Durchsetzung von Aktionärsrechten, AG 1990, 49–55

*Mill*, John Stuart, Grundsätze der politischen Ökonomie, Hamburg, 1852

*Miller*, Geoffrey P./*Rosenfeld*, Gerald, Intellectual Hazard and the Design of Financial Stability Regulation, in: Nobel, Peter/Krehan, Katrin /Tanner, Anne-Catherine (Hrsg.), Law and Economics of Global Financial Insitutions, Third International Conference on Law and Economics at the University of St. Gallen June 4, 2010, St. Gallen, Switzerland, Zürich, 2010, S. 169–184 (zitiert: *Miller/Rosenfeld* in: Law and Economics of Global Financial Insitutions)

*Monks*, Robert/*Minow*, Nell, Corporate Governance, 3. Aufl., Chichester, 2004

*Möschel*, Wernhard, Das Wirtschaftsrecht der Banken: die währungs-, bankaufsicht-, kartell- und EWG-rechtliche Sonderstellung der Kreditinstitute, Königstein, 1972 (*Möschel*, Das Wirtschaftsrecht der Banken)

*Möschel*, Wernhard, § 6 Finanzmarktkrise: Die staatliche Verantwortung, in: Grundmann, Stefan/Hofmann, Christian/Möslein, Florian (Hrsg.), Finanzkrise und Wirtschaftsordnung, Schriften zum Europäischen und Internationalen Privat-, Bank- und Wirtschaftsrecht, Band 32, Berlin, 2009, S. 105–118 (zitiert: *Möschel* in: Grundmann/Hofmann/Möslein, Finanzkrise und Wirtschaftsordnung)

*Mößle*, Bernd, Abschlussprüfer und Corporate Governance, Frankfurt, 2003

*Möslein*, Florian, Contract Governance und Corporate Governance im Zusammenspiel, JZ 2010, 72–80

*Möslein*, Florian, „Governance by Default – Innovation und Koordination durch dispositives Recht; in: Grundmann, Stefan/Haar, Brigitte/Merkt, Hanno/Mülbert, Peter O./Wellenhofer, Marina, Festschrift für Klaus J. Hopt zum 70. Geburtstag am 24. August 2010, Berlin, 2010, S. 2861–2880 (zitiert: *Möslein* in: FS Hopt)

*Möslein*, Florian, Dispositives Recht – Zwecke, Strukturen und Methoden, Tübingen, 2011 (zitiert: *Möslein*, Dispositives Recht)

*Möslein*, Florian, Europäische Zertifizierung mitgliedstaatlichen GmbH-Rechts – Eine „dritte Spur“ zwischen Harmonisierung und supranationale Rechtsformen, ZHR 176 (2012), 470–512

*Möslein*, Florian, Grundsatz- und Anwendungsfragen zur Spartentrennung nach dem sog. Trennbankengesetz, BKR 2013, 397–405

*Mülbert,* Peter, Shareholder Value aus rechtlicher Sicht, ZGR 1997, 129–172

*Mülbert,* Peter, Bankenaufsicht und Corporate Governance - Neue Organisationsanforderungen im Finanzdienstleistungsbereich, BKR 2006, 349–360

*Mülbert,* Peter, Corporate Governance von Banken, ZHR 173 (2009), 1–11

*Mülbert,* Peter, Corporate Governance of Banks after the Financial Crisis - Theory, Evidence, Reforms, ECGI – Law Working Paper No. 130/2009, 2010, abrufbar unter: http://papers.ssrn.com/sol3/papers.cfm?abstract_id=1448118## (Stand 30.03.2016) (zitiert: *Mülbert,* Corporate Governance of Banks after the Financial Crisis)

*Mülbert,* Peter, Corporate Governance of Banks, EBOR 2009, 411–436

*Mülbert,* Peter, Corporate Governance in der Krise, ZHR 174 (2010), 375–384

*Mülbert,* Peter/*Citlau,* Ryan, The Uncertain Role of Banks' Corporate Governance in Systemic Risk Regulation, ECGI – Law Working Paper No. 179/2011, 2011, abrufbar unter http://papers.ssrn.com/sol3/papers.cfm?abstract_id=1885866 (Stand 30.03.2016)

*Mülbert,* Peter, Corporate Governance von Banken: Ein europäisches Konzept?, ZVglRWiss 113 (2014), 520–534

*Müller,* Hans-Christian, Stabilisierende Unruhe, Handelsblatt v. 26. Juni 2010

*Müller,* Klaus-Peter, 2001–2011: Selbstverpflichtung zur guten Unternehmensführung in Deutschland – Erreichtes und Erwartungen, Hauptrede zur 10. Deutsche Corporate Governance Kodex-Konferenz am 30. Juni 2011, abrufbar unter http://www.dcgk.de/de/kommission/die-kommission-im-dialog/deteilansicht/dokumentation-10-corporate-governance-konferenz.html (Stand 30.03.2016)

*Müller,* Reinmar H., Corporate Governance in den Medien, St. Gallen, 2005.

*Mullineux,* Andy, The corporate governance of banks, J. Fin. Reg. Compl. 14 (4) (2006) 375–382

*Münchener Kommentar zum Aktiengesetz,* hrsg. v. *Gotte,* Wulf/*Habersack,* Mathias:

Band 2: §§ 76–117, 4. Aufl., München, 2014

Band 3: §§ 118–178, 3. Aufl., München, 2013

(zitiert: *Bearbeiter* in: MünchKomm-AktG)

*Münchener Kommentar zum GmbHG,* hrsg. v. *Fleischer,* Holger/*Goette,* Wulf:

Band 1: §§ 1–34, 1. Aufl., München, 2010

(zitiert: *Bearbeiter* in: MünchKomm-GmbHG)

*Münchener Kommentar zum HGB,* hrsg. *Schmidt,* Karsten

Band 4: § 238–342e, 3. Aufl., München, 2013

(zitiert: *Bearbeiter* in: MünchKomm-HGB)

*Natz,* Alexander/*Zumdick,* Ulf/*Heck,* Matthias, Bericht aus Brüssel, LMuR 2009, 59–62

*Niedereichholz*, Mirjam Christina, Einflussfaktoren des deutschen Corporate Governance-Systems auf die Vorstandsvergütung, Mannheim, 2010

*Nederlandse Vereniging van Banken*, Code Banken, abrufbar unter http://www.nvb.nl/media/document/000592_code-banken-nl.pdf (Stand 30.03.2016)

OECD, OECD Grundsätze der Corporate Governance, 2004, abrufbar unter http://www.oecd.org/corporate/ca/corporategovernanceprinciples/32159487.pdf (Stand 30.03.2016)

*Otte*, Max, Volks- und Raiffeisenbanken als Stabilitätsfaktor in Wirtschaftskrisen: eine polit- und institutionenökonomische Perspektive, ZfgG 2010, 89–103

*Pacces*, Alessio M., Consequences of Uncertainty for Regulation: Law and Economics of the Financial Crisis, ECFR 2010, 479–511

*Paschos*, Nikolaos, Bericht über die Diskussion der Referate Weber und Weipert in: Gesellschaftsrechtliche Vereinigung (Hrsg.), Gesellschaftsrecht in der Diskussion 2003, Köln, 2004, S. 145–150 (zitiert: *Paschos* in: Gesellschaftsrecht in der Diskussion 2003)

*Patzina*, Reinhard/*Bank*, Stefan/*Schimmer*, Dieter/*Simon-Widmann*, Michaele, Haftung von Unternehmensorganen, München, 2010

*Pautsch*, Arne, Privatisierung des öffentlichen Bankensektors: Eine Untersuchung zur Rolle des Staates in der Kreditwirtschaft unter Berücksichtigung aktueller Entwicklungen im nationalen und europäischen Recht, München, 2003 (zitiert: *Pautsch*, Privatisierung des öffentlichen Banksektors)

*Peemöller*, Volker H., Corporate Governance – Diskussion in Deutschland, in: Schachtschneider, Karl Albrecht/ Piper, Henning/ Hübsch, Michael, Transport – Wirtschaft – Recht, Gedächtnisschrift für Johann Georg Helm, Berlin, 2001, S. 581–595 (zitiert: *Peemöller* in: GS Helm)

*Pellens*, Bernhard/ *Strzyz*, Adam, Rechnungslegung von Unternehmen und Konzernen, in: Hommelhoff, Peter/Hopt, Klaus/v. Werder, Axel, Handbuch Corporate Governance – Leitung und Überwachung börsennotierter Unternehmen in der Rechts- und Wirtschaftspraxis, 2. Aufl., Köln, 2009, S. 533–561 (zitiert: *Pellens/ Strzyz*, in: Hommelhoff/Hopt/v. Werder, Handbuch Corporate Governance)

*Peltzer*, Martin, Corporate Governance aus der Sicht der deutschen Reformdiskussion, in: Hommelhoff, Peter/Rowedder, Heinz/Ulmer, Peter (Hrsg.), Max Hachenburg, Dritte Gedächnisvorlesung 1998, Heidelberg, 2000, S. 49–104 (zitiert: *Peltzer*, in: Max Hachenburg – Dritte Gedächnisvorlesung)

*Peltzer*, Martin/*von Werder*, Axel, Der „German Code of Corporate Governance (GCCG)“ des Berliner Initiativkreises, AG 2002, 1–15

*Peters*, Kerstin, Die geplante europäische Bankenunion – eine kritische Würdigung, WM 2014, 396–404.

*Peuker*, Enrico, Die Anwendung nationaler Rechtsvorschriften durch Unionsorgane – ein Konstruktionsfehler der europäischen Bankenaufsicht, JZ 2014, 764–771

*Pfitzer*, Norbert/*Oser*, Peter/*Orth*, Christian, Deutscher Corporate Governance Kodex. ein Handbuch für Entscheidungsträger, 2. Aufl., Stuttgart, 2005 (zitiert: *Bearbeiter* in: Pfitzer/Oser/Orth, Deutscher Corporate Governance Kodex)

*Picot*, Arnold/*Dietl*, Helmut/*Franck*, Egon, Organisation: Eine ökonomische Perspektive, 3. Aufl., Stuttgart, 2002 (zitiert: *Picot/Dietl/Franck*, Organisation)

*Pietrancosta*, Alain, Enforcement of corporate governance codes: A legal perspective, in: Grundmann, Stefan/Haar, Brigitte/Merkt, Hanno/Mülbert, Peter O./Wellenhofer, Marina, Festschrift für Klaus J. Hopt zum 70. Geburtstag am 24. August 2010, Berlin, 2010, S. 1109–1138 (zitiert: *Pietrancosta* in: FS Hopt)

*Plogmann*, Friedhelm, Kreditgenossenschaften angesichts des Strukturwandels der Sparkassen – Die Sicht der Praxis, in: Kreditgenossenschaften angesichts des Strukturwandels der Sparkassen – Die Sicht der Praxis, Marburg, 2006, S. 11–32 (zitiert: *Plogmann*, in: Kreditgenossenschaften angesichts des Strukturwandels der Sparkassen – Die Sicht der Praxis)

*Pohl*, Manfred, Entstehung und Entwicklung des Universalbankensystems, Frankfurt am Main, 1986

*Polo*, Andrea, Corporate Governance of Banks: The Current State of the Debate, 2007 abrufbar unter http://papers.ssrn.com/sol3/papers.cfm?abstract_id=958796 (Stand 30.03.2016)

*Pontzen*, Martin, Bankenkrise – ein Wort beschwört Böses, ZfKW 2003, 78–84

*Preußner*, Joachim, Organisationsrecht des Aufsichtsrates von Anstalten des Öffentlichen Rechts - Rechtliche Aspekte zur Tätigkeit von Aufsichtsräten am Beispiel der Landesbank Berlin (LBB), LKV 2004, 299–302

*Preußner*, Joachim, Risikomanagement im Schnittpunkt von Bankaufsichtsrecht und Gesellschaftsrecht - Zur Schrittmacherrolle des Aufsichtsrechts am Beispiel der Organisation des Risikomanagements in Kreditinstituten, NZG 2004, 57–61

*Preussner*, Joachim, Corporate Governance in öffentlichen Unternehmen, NZG 2005, 575–578

*Radke*, Christoph, Die Entsprechenserklärung zum Deutschen Corporate Governance Kodex nach § 161 AktG – Grundlagen und Haftungsfragen, Frankfurt am Main, 2004 (*Radke*, Die Entsprechenserklärung zum Deutschen Corporate Governance Kodex)

*Rappaport*, Alfred, Creating Shareholder Value, New York, 1986

*Recknagel*, Daniela, Sicherungsstatutarischer Dritteinfluss auf Organbesetzung und Geschäftsführung: am Beispiel der Einflussrechte der Sicherungseinrichtungen des Kreditgewerbes, Göttingen, 2008 (zitiert: *Recknagel*, Sicherungsstatutarischer Dritteinfluss auf Organbesetzung und Geschäftsführung)

*Redeke*, Julian, Zur gerichtlichen Kontrolle der Angemessenheit der Informationsgrundlage im Rahmen der Business Judgment Rule nach § 93 Abs.1 Satz 2 AktG, ZIP 2011, 59–64

*Regierungskommission Deutscher Corporate Governance Kodex*, Bericht der Regierungskommission Deutscher Corporate Governance Kodex an die Bundesregierung, 2010, abrufbar unter http://www.dcgk.de/de/presse/deteilansicht/pressemitteilung-22.html (Stand 30.03.2016)

*Richter*, Rudolf/*Furubotn*, Eirik G, Neue Institutionenökonomik, 4. Aufl. Tübingen, 2010

*Rieder*, Markus/*Holzmann*, Daniel, Die Auswirkungen der Finanzkrise auf die Organhaftung, AG 2011, 265–274

*Riethmüller*, Tobias, Diskussionsbericht zum Vortrag von Jens-Hinrich Binder, in: Allmendinger, Christoph/Dorn, Friederike/Lang, Thomas/Lumpp, Stephanie/Steffek, Felix (Hrsg.), Corporate Governance nach der Finanz- und Wirtschaftskrise: Vorbilder und Ziele eines modernen Wirtschaftsrechts, Tübingen, 2011, S. 259–262 (zitiert: *Riethmüller*, in: Corporate Governance nach der Finanz- und Wirtschaftskrise)

*Ringleb*, Henrik-Michael/*Kremer*, Thomas/*Lutter*, Marcus/*v. Werder*, Axel, Kommentar zum Deutschen Corporate Governance Kodex, 5. Aufl., München, 2014 (zitiert: *Verfasser* in: Ringleb u. a., Deutscher Corporate Governance Kodex)

*Rocholl*, Jörg, Corporate Governance von Banken, ZBB 2012, 388–393

*Rocholl*, Jörg, Unternehmensfinanzierung im Licht des finanzwirtschaftlichen Strukturwandels, in: Hüther, Michael/Bergmann, Knut/Enste, Dominik (Hrsg.), Unternehmen im öffentlichen Raum – Zwischen Markt und Mitverantwortung, Wiesbaden, 2015, S. 185–200 (zitiert: *Rocholl*, in: Unternehmen im öffentlichen Raum)

*Rode*, Oliver, DerDeutsche Corporate Governance Kodex – Funktionen und Durchsetzungsmechanismen im Vegleich zum britischen Combined Code, Frankfurt, 2009 (zitiert: *Rode*, Der DCGK)

*Roh*, Lars/*Vogel*, Hans-Gert, Corporate Governance - Herausforderung und Chance für Sparkassen, Sparkasse, 2004, Heft 11, S. 8

*Romeike*, Frank, Die Bankenkrise: Ursachen und Folgen im Risikomanagement, Köln, 2010

*Rosenau*, James/*Czempiel*, Ernst-Otto, Governance without Government – Order and Change in World Politics, Cambridge, 1992 (zitiert: *Rosenau/Czempiel*, Governance without Government)

*Ross*, Stephen A., The Economic Theory of Agency: The Principal's Problem, Am. Econ. Review 63 (1973) 134–139

*Roth*, Günther H., Die (Ohn-)Macht der Hauptversammlung - Oder - Unlautere Werbung für Aktienrecht, ZIP 2003, 369–378

*Roth*, Markus, Unternehmerisches Ermessen und Haftung des Vorstands: Handlungsspielräume und Haftungsrisiken insbesondere in der wirtschaftlichen Krise, München, 2001 (zitiert: *Roth*, Unternehmerisches Ermessen und Haftung des Vorstands)

*Roth,* Markus, Arbeitnehmerbeteiligung, Corporate Governance und Theorie der Unternehmung – Unternehmerische Mitbestimmung und Betriebsrenten in transatlantischer Perspektive, in: v. Baum, Harald/Fleckner, Andreas/Hellgardt, Alexander/Roth, Markus (Hrsg.), Perspektiven des Wirtschaftsrechts: deutsches, europäisches und internationales Handels-, Gesellschafts- und Kapitalmarktrecht, Beiträge für Klaus Hopt aus Anlass seiner Emeritierung, Berlin, 2008, S. 237–262 (zitiert: *Roth,* in: Perspektiven des Wirtschaftsrecht)

*Rothenhöfer,* Kay, Interaktion zwischen Aufsichts- und Zivilrecht – Dualismus der Wohlverhaltensregeln des WpHG unter besonderer Berücksichtigung der Vertriebsvergütungen, in: v. Baum, Harald/Fleckner, Andreas/Hellgardt, Alexander/Roth, Markus (Hrsg.), Perspektiven des Wirtschaftsrechts: deutsches, europäisches und internationales Handels-, Gesellschafts- und Kapitalmarktrecht, Beiträge für Klaus Hopt aus Anlass seiner Emeritierung, Berlin, 2008, S. 55–84 (zitiert: *Rothenhöfer,* in: Perspektiven des Wirtschaftsrechts)

*Ruzik,* Andy, Bankenkrisen und –insolvenzen – Ein besonderes Phänomen, BKR 2009, 133–141

*Rudolp*h, Bernd, Strukturwandel in der Industriefinanzierung seit den 90er Jahren: Ursachen und Folgen, in: Wissenschaftlicher Beirat des Instituts für bankhistorische Forschung e.V. (Hrsg.), Bankkredit oder Kapitalmarkt: Alternativen der Industriefinanzierung in Deutschland, Beiheft 40, Frankfurt, 2001, S. 55–69 (zitiert: *Rudolph,* in: Bankkredit oder Kapitalmarkt)

*Rudolph,* Bernd, Unternehmensfinanzierung und Corporate Governance - Entwicklungen und weiterer Anpassungsbedarf, BB 2003, 2053–2560

*Rudolph,* Bernd, Bankenregulierung nach der Finanzkrise, in: Grundmann, Stefan/Haar, Brigitte/Merkt, Hanno/Mülbert, Peter O./Wellenhofer, Marina, Festschrift für Klaus J. Hopt zum 70. Geburtstag am 24. August 2010, Berlin, 2010, S. 2407–2426 (zitiert: *Rudolph* in: FS Hopt)

*Rudolph,* Bernd, Eigenkapitalanforderungen in der Bankregulierung, ZHR 175 (2011), 284–319

*Rümker,* Dietrich, Zur Organverfassung öffentlich-rechtlicher Kreditinstitute, in: Hadding, Walther/Immenga, Ulrich/Mertens, Hans-Joachim/Pleyer, Klemens (Hrsg.), Festschrift für Winfried Werner zum 65. Geburtstag, Berlin, 1984, S. 745–776 (zitiert: *Rümker,* in: FS Werner)

*Sacarcelik,* Osman, Europäische Bankenunion: Rechtliche Rahmenbedingungen und Herausforderungen der einheitlichen europäischen Bankenaufsicht, BKR 2013, 353–360

*Sanio,* Jochen, Corporate Governance und die Rolle der Finanzaufsicht, in: *Cromme,* Gerhard (Hrsg.), Corporate-Governance-Report 2007: Vorträge und Diskussionen der 6. Konferenz Deutscher Corporate-Governance-Kodex, S. 7, Stuttgart, 2007 (zitiert: *Sanio,* in: Corporate Governance Report 2007)

*Schäfer*, Frank A., Verjährung von Schadensersatzansprüchen von Kreditinstituten gegen ihre Leitungs- und Aufsichtsorgane, in: Grunewald, Barbara/Westermann, Harm Peter (Hrsg.), Festschrift für Georg Maier-Reimer zum 70. Geburtstag, München, 2010, S. 583–600 (zitiert: *Schäfer*, in: FS Maier-Reimer)

*Schäfer*, Hans-Bernd/*Ott*, Claus, Lehrbuch der ökonomischen Analyse des Zivilrechts, 5. Aufl. Heidelberg, 2012

*Schäfer*, Lars, Corporate Governance bei Kapitalanlagegesellschaften: Fund Governance, Berlin, 2009 (zitiert: *Schäfer*, Fund Governance)

*Schäfer*, Thomas/*Rolker*, Andreas, Bankenaufsicht im Spannungsfeld von Regulierung und Wettbewerb, in: Grieser, Simon/Heemann, Manfred (Hrsg.), Bankaufsichtsrecht: Entwicklungen und Perspektiven, Frankfurt a.M., 2010, S. 4–22 (zitiert: *Schäfer/Rolker*, in: Bankaufsichtsrecht)

*Schall*, Alexander, Corporate Governance after the Death of the King – the Origins of the Separation of Powers in Companies, ECFR 2011, 476–488

*Schanze*, Erich, Stellvertretung und ökonomische Agentur-Theorie – Probleme und Wechselbezüge in: Ott, Claus/Schäfer, Hans (Hrsg.), Ökonomische Probleme des Zivilrechts, Heidelberg, 1991, S. 60–75 (zitiert: *Schanze*, in: Ott/Schäfer, Ökonomische Probleme des Zivilrechts)

*Scharfstein*, David/*Stein*, Jeremy, Herd Behavior and Investment, Am. Econ. Review 80 (1990) 465–479

*Scheffler*, Eberhard, Die Überwachungsaufgabe der Geschäftsführung, in: Scheffler, Eberhard (Hrsg.), Corporate Governance, Schriften zur Unternehmensführung, Band 56, Wiesbaden, 1995, S. 79–101 (zitiert: *Scheffler* in: Scheffler (Hrsg.), Corporate Governance)

*Schieritz*, Mark/*Storn*, Arne, Finanzaufseherin Elke König, Rot für: „hoch riskant", Die Zeit v. 13.2. 2014, abrufbar unter http://www.zeit.de/2014/08/bafin-elke-koenig (Stand 30.03.2016)

*Schmidt*, Reinhard, Stakeholderorientierung, Systemhaftigkeit und Stabilität der Corporate Governance in Deutschland, März 2006, Working Paper Series: Finance and Accounting, No. 162, abrufbar unter http://hdl.handle.net/10419/23426 (Stand 30.03.2016)

*Schimansky*, Herbert/*Bunte*, Hermann-Josef/*Lwowski*, Hans-Jürgen, Bankrechts-Handbuch, 4. Aufl. München, 2011 (zitiert: *Bearbeiter* in: Schimansky/Bunte/Lwowski, Bankrechts-Handbuch)

*Schlierbach*, Helmut/*Püttner*, Günter, Das Sparkassenrecht in der Bundesrepublik Deutschland, 5. Aufl., Stuttgart, 2003

*Schmidt*, Rainer, Gutachten – Rechtsregeln beim Kauf der Hypo Group Alpe Adria durch die Bayerische Landesbank, 2010, abrufbar unter https://www.bayern.landtag.de/fileadmin/scripts/get_file/Gutachten_Prof_Schmidt_080510.pdf (Stand 30.03.2016).

*Schneider*, Sven H., Sanctioning by the ECB and national authorities within the Single Supervisory Mechanism, EuZW-Beilage 2014, 18–24

*Schneider*, Uwe H., Das Finanzierungsrecht der öffentlich-rechtlichen Kreditinstitute, in: Jayme, Erik/Kegel, Gerhard/Lutter, Marcus (Hsg.), Ius inter nationes. Festschrift für Stefan Riesenfeld aus Anlass seines 75. Geburtstag Heidelberg, 1983, S. 237–256 (zitiert: *Schneider*, U.H., in: FS Riesenfeld)

*Schneider*, U.H., Europäisches Bankenrecht und Wettbewerb der Bankensysteme, Saarbrücken, 1990

*Schneider*, Uwe H., Europäische und globaler Wettbewerb der Bankensysteme, in: Kübler, Friedrich/Mertens, Hans-Joachim/Werner, Winfried, Festschrift für Theodor Heinsius zum 65. Geburtstag am 25. September 1991, Köln, 1991, S. 733–752 (zitiert: *Schneider, U.H.*, in: FS Heinsius)

*Schneider*, Uwe H., Kapitalmarktorientierte Corporate Governance Grundsätze, DB 2000, 2413–2417

*Schneider*, Uwe H./*Strenger*, Christian, Die „Corporate Governance-Grundsätze" der Grundsatzkommission Corporate Governance (German Panel on Corporate Governance), AG 2000, 106–113

*Schneider*, Uwe H., Die Revision der OECD Principles of Corporate Governance, AG 2004, 429–434

*Schneider*, Uwe H., Konzern-Corporate Governance, in: Waldburger, Robert/Baer, Charlotte/Nobel, Ursula/Bernet, Benno (Hrsg.), Wirtschaftsrecht zu Beginn des 21. Jahrhunderts, Festschrift für Peter Nobel zum 60. Geburtstag, Bern, 2005, S. 337 (zitiert: *Schneider*, in: FS Nobel)

*Schneider*, Uwe H., Gute Corporate Governance für Staatsunternehmen - Eine kritische Bewertung der OECD-Grundsätze der Corporate Governance für Staatsunternehmen, AG 2005, 493–498

*Schneider*, Uwe H., Europäische Bankenunion – ein Etikettenschwindel, EuZW 2012, 721–722

*Schneider-Lenné*, Ellen R., Das anglo-amerikanische Board-System, in: Scheffler, Eberhard (Hrsg.), Corporate Governance, Schriften zur Unternehmensführung, Band 56, Wiesbaden, 1995, S. 27–55 (zitiert: *Schneider-Lenné*, in: Scheffler (Hrsg.), Corporate Governance)

*Schröder*, Christian, Keine Strafbarkeitsrisiken für verantwortungsvoll handelnde Geschäftsleiter nach § 54a KWG, WM 2014, 100–105

*Schünemann*, Wolfgang, Corporate Governance in der Diskussion, VW 2003, 26–29

*Schüppen*, Matthias, Der Kodex – Chancen für den Deutschen Kapitalmarkt!, DB 2002, 1117–1119

*Schürnbrand*, Jan, Public Corporate Governance Kodex für öffentliche Unternehmen, ZIP 2010, 1105–1110

*Schwarz*, Phililp, Neues aus der Rechtsprechung zum Anlegerschutz und die Verantwortlichkeit der Organmitglieder von Kreditinstituten – Bericht vom Bankrechtstag 2012, ZBB 2012, 314–320

*Schwarz*, Philip, Institutionelle Stimmrechtsberatung: Rechtstatsachen, Rechtsökonomik, rechtliche Rahmenbedingungen, Regulierungsstrategien, Berlin, 2013 (zitiert: *Schwarz*, Institutionelle Stimmrechtsberatung)

*Schwarz*, Sebastian Henner, Regulierung durch Corporate Governance Kodizes, 2004

*Schwennicke*, Andreas/*Auerbach*, Dirk, Kreditwesengesetz (KWG) mit Zahlungsdiensteaufsichtsgesetz, Kommentar, 2. Auflage, München, 2013 (zitiert: *Bearbeiter* in: Schwennicke/Auerbach, KWG)

*Schwintowski*, Hans-Peter, Corporate Governance im öffentlichen Unternehmen, NVwZ 2001, 607–612

*Scott*, Kenneth, The Financial Crisis: Causes and Lessons, Journal of Applied Corporate Finance 22, 22–29 (2010)

*Seibert*, Ulrich, Im Blickpunkt: Der Deutsche Corporate Governance Kodex ist da, BB 2002, 581–584

*Seibert*, Ulrich, GmbH-Reform: Der Referentenentwurf eines Gesetzes zur Modernisierung des GmbH-Rechts und zur Bekämpfung von Missbräuchen - MoMiG, ZIP 2006, 1157–1168

*Seibert*, Ulrich, Gesetzliche Steuerung im Gesellschaftsrecht, ZRP 2011, 166–169

*Shleifer*, Andrei/*Vishny*, Robert W., A survey of corporate governance, J. Fin. 52 (1997) 737–783

*Shull*, Bernard, Corporate governance, bank regulation and activity expansion in the United States, in: Gup, Benton E. (Hrsg.), Corporate Governance in Banking A Global Perspective, Cheltenham, 2007, S. 1–17 (zitiert: *Shull*, in: Corporate Governance in Banking a Global Perspective)

*Silverentand*, Larissa, Netherlands, in: Bösch, René (ed.), Banking Regulation – Jurisdictional Comparisions, London, 2012, S. 229–244 (zitiert: *Silverentand*, in: Bösch (ed.), Banking Regulation)

*Simon*, Oliver/*Koschker*, Maximilian, Vergütungssysteme auf dem Prüfstand – Neue aufsichtsrechtliche Anforderungen für Banken und Versicherungen, BB 2011, 120–126

*Simon*, Stefan, Erkenntnisgewinn in der Corporate Governance Diskussion, NZG 2013, 19

*Singh*, Dalvinder, Corporate governance and the interests of depositors, J. Bank. Reg.7 (2006) 189–190

*Smith*, Adam, The Wealth of Nations, 1776, zitiert nach Neuauflage New York, Bantam 2003 (zitiert: *Smith*, The Wealth of Nations, 1776 [Reprint 2003])

*Speckbacher*, Gerhard, Shareholder Value und Stakeholder Ansatz, DBW 57 (1997), 630–639

*Speicher-Utsch*, Sarah, „Von privat für privat", Financial Times Deutschland v. 8.11.2010

*Spindler*, Gerald, Unternehmensorganisationspflichten – Zivilrechtliche und öffentlich-rechtliche Regelungskonzepte, Köln, 2001 (zitiert: *Spindler*, Unternehmensorganisationspflichten)

*Spindler*, Gerald, Stimmrecht und Teilnahme an der Hauptversammlung – Entwicklungen und Perspektiven in der EU und in Deutschland, in: Gesellschaftsrechtliche Vereinigung (Hrsg.), Gesellschaftsrecht in der Diskussion 2005, Köln, 2006, S. 31–64 (zitiert: *Spindler*, Gesellschaftsrecht in der Diskussion 2005)

*Spindler*, Gerald/*Stilz*, Eberhard (Hrsg.), Kommentar zum Aktiengesetz, 2. Aufl., München, 2010 (zitiert: *Bearbeiter*, in: Spindler/Stilz, AktG)

*Spong*, Kenneth/*Sullivan*, Richard, Corporate Governance and Bank Performance, 2007, abrufbar unter http://papers.ssrn.com/sol3/papers.cfm?abstract_id=1011068 (Stand 30.03.2016)

*Spong*, Kenneth/ *Sullivan*, Richard J, Corporate governance and bank performance, in: Gup, Benton E. (Hrsg.), Corporate Governance in Banking A Global Perspective, Cheltenham, 2007, S. 40–59 (zitiert: *Spong/Sullivan* in: Corporate Governance in Banking a Global Perspective)

*Ständige Deputation des Deutschen Juristentages (Hrsg.)*, Verhandlungen des 69. Deutschen Juristentages München 2012 Band II/1: Sitzungsberichte – Referate und Beschlüsse, München, 2010

*Ständige Deputation des Deutschen Juristentages (Hrsg.)*, Verhandlungen des 69. Deutschen Juristentages München 2012 Band II/2: Sitzungsberichte – Diskussion und Beschlussfassung, München, 2010

*Staudinger*, Julius v. (Begr.), Kommentar zum Bürgerlichen Gesetzbuch mit Einführungsgesetz und Nebengesetzen, Bearbeitung 1989 (zitiert: Staudinger/*Bearbeiter*)

*Steffek*, Felix, Gläubigerschutz in der Kapitalgesellschaft, in: v. Baum, Harald/Fleckner, Andreas/Hellgardt, Alexander/Roth, Markus (Hrsg.), Perspektiven des Wirtschaftsrechts: deutsches, europäisches und internationales Handels-, Gesellschafts- und Kapitalmarktrecht, Beiträge für Klaus Hopt aus Anlass seiner Emeritierung, Berlin, 2008, S. 291–324 (zitiert: *Steffek* in: Perspektiven des Wirtschaftsrecht)

*Steffek*, Felix, Gläubigerschutz in der Kapitalgesellschaft - Krise und Insolvenz im englischen und deutschen Kapitalgesellschafts- und Insolvenzrecht, Tübingen, 2010 (zitiert: *Steffek*, Gläubigerschutz in der Kapitalgesellschaft)

*Strenger*, Christian, Erfahrungen mit der Umsetzung von Corporate Governance in Deutschland, in: von Rosen, Rüdiger (Hrsg.), Corporate Governance – Nutzen und Umsetzung, Studien des Deutschen Aktieninstituts, Heft 15, Frankfurt am Main, 2001, S. 56–65 (zitiert: *Strenger*, in: v. Rosen (Hrsg.), Corporate Governance)

*Strenger*, Christian, Corporate Governance: Entwicklung in Deutschland und internationale Konvergenz, DStR 2001, 2225–2228

*Teichmann*, Christoph, ECLR Corporate Governance in Europa, ZGR 2001, 645–679

*Thelen-Piscke*, Hiltrud/*Sawahn*, Wiebke, Regulatorische Agenda 2014 für Vorstand und Aufsichtsrat, Kreditwesen 2014, 116–120

*Theisen*, Manuel, Aufstieg und Fall der Idee vom Deutschen Corporate Governance Kodex, DB 2014, 2057–2064

*Theurl*, Theresia, Sind Kreditgenossenschaften Banken öffentlichen Interesses?, Kreditwesen 2004, 950–952

*Thole*, Christoph, Managerhaftung für Gesetzesverstöße – Die Legalitätspflicht des Vorstands gegenüber seiner Aktiengesellschaft, ZHR 173 (2009), 504–535

*Thümmel*, Roderich, Persönliche Haftung von Managern und Aufsichtsräten, 4. Auflage, Stuttgart, 2008

*Tieben*, Mirja, Das Drei-Säulen-System des Bankenmarktes als regulierungsrechtliche Steuerungsressource, Tübingen, 2012

*Tiemann*, Konstantin, Privatisierung öffentlicher Unternehmen in Deutschland und Frankreich - Ein verfassungs- und wettbewerbsrechtliches Problem, dargestellt am Beispiel des Bankensektors, Frankfurt am Main, 2009 (zitiert: *Tiemann*, Privatisierung öffentlicher Unternehmen)

*Timm*, Wolfram, Corporate Governance Kodex und Finanzkrise, ZIP 2010, 2125–2133

*Tirole*, Jean, Hierarchies and Bureaucracies: On the Role of Collusion in Organizations, Journal of Law, Economis and Organization, 2 (1986), 181–214

*Träm*, Michael, Neue Entwicklungen der staatlichen Bankenaufsicht in Deutschland und den USA sowie der Einfluß von Basel II, Frankfurt am Main, 2006

*Tröger*, Tobias/*Dangelmayer*, Stephan, Eigenhaftung der Organe für die Veranlassung existenzvernichtender Leistungsmaßnahmen im Konzern, ZGR 2011, 558–588

*Tröger*, Tobias, Der Einheitliche Aufsichtsmechanismus (SSM) – Allheilmittel oder quacksalberische Bankenregulierung?, ZBB 2013, 373–395

*Trute*, Hans-Heinrich, Verwantwortungsleitung als Schlüsselbegriff eines sich verändernden Verhältnisses von öffentlichen und privaten Sektor, in: Schuppert, Gunnar Folke (Hrsg.), Jenseits von Privatisierung und „schlankem" Staat – Verantwortungsteilung als Schlüsselbegriff eines sich verändernden Verhältnisses von öffentlichem und privatem Sektor, Baden-Baden, 2001, S. 13–46 (*Trute*, in: Schuppert, Privatisierung)

*Ulmer*, Peter, Aktierecht im Wandel, AcP 202 (2002), 143–178

*Ulmer*, Peter, Der Deutsche Corporate Governance Kodex - ein neues Regulierungsinstrument für börsennotierte Aktiengesellschaften, ZHR 166 (2002), 150–181

*Ungureanu*, Maria-Cristina, Effective Systemic Players in the Corporate Governance of Banks: A Closer Look at Supervision, 2008, abrufbar unter http://papers.ssrn.com/sol3/papers.cfm?abstract_id=1307644 (Stand 30.03.2016)

*Ungureanu*, Maria-Cristina, Banks: Regulation and Corporate Governance Framework, 2008, abrufbar unter http://papers.ssrn.com/sol3/papers.cfm?abstract_id=1084042 (Stand 30.03.2016)

*Van Aaken*, Anne, Shareholder Suits as a Technique of Internalization and Control of Management – A Functional and Comparative Analysis, RabelsZ 68 (2004), 288–327

*Van der Elst*, Christoph, Corporate Governance and Banks: How justified is the match?, ECGI - Law Working Paper No. 284/2015, 2015, abrufbar unter http://papers.ssrn.com/sol3/papers.cfm?abstract_id=2562072 (Stand 30.03.2016)

*Van Hulle*, Karl/*Maul*, Silja, Aktionsplan zur Modernisierung des Gesellschaftsrechts und Stärkung der Corporate Governance, ZGR 2004, 484–505

*Vogel*, Hans-Gert, Neue Gestaltungsoptionen im Sparkassenrecht - Trägerkapital und Stiftungsmodell nach dem neuen hessischen Sparkassengesetz, BKR 2009, 106–110

*Voigt*, Stefan, Institutionenökonomik, 2. Aufl., Suttgart, 2009

*Voigt*, Stefan, The ripple effects of the Sarbanes-Oxley Act, JITE 2011, 165–167

*von Medem*, Andreas, Managergehälter: Leistung, Anreize und Verantwortlichkeit, in: Allmendinger, Christoph/Dorn, Friederike/Lang, Thomas/Lumpp, Stephanie/Steffek, Felix (Hrsg.), Corporate Governance nach der Finanz- und Wirtschaftskrise: Vorbilder und Ziele eines modernen Wirtschaftsrechts, Tübingen, 2011, S. 111–134 (zitiert: *v. Medem*, in: Corporate Governance nach der Finanz- und Wirtschaftskrise)

*von Rosen*, Rüdiger, Corporate Governance- Nutzen und Umsetzung, in: von Rosen, Rüdiger(Hrsg.), Corporate Governance – Nutzen und Umsetzung, Studien des Deutschen Aktieninstituts, Heft 15, Frankfurt am Main, 2001, S. 9–12 (zitiert: *v. Rosen* in: v. Rosen (Hrsg.), Corporate Governance)

*von Bonin*, Gregor, Die Leitung der Aktiengesellschaft zwischen Shareholder Value und Stakeholder-Interessen, Baden-Baden, 2003 (zitiert: *v.Bonin*, Die Leitung der Aktiengesellschaft zwischen Shareholder Value und Stakeholder-Interessen)

*von Werder*, Der Deutsche Corporate Governance Kodex – Grundlagen und Einzelbestimmungen, DB 2002, 801–810

*von Werder*, Axel, Ökonomische Grundfragen der Corporate Governance; in: Hommelhoff, Peter/Hopt, Klaus/v. Werder, Axel, Handbuch Corporate Governance – Leitung und Überwachung börsennotierter Unternehmen in der Rechts- und Wirtschaftspraxis, 2. Aufl., Köln, 2009, S. 3–37 (zitiert: *v. Werder*, in: Hommelhoff/Hopt/v. Werder, Handbuch Corporate Governance)

*von Werder*, Axel/*Bartz*, Jenny, Corporate Governance Report 2014: Erklärte Akzeptanz des Kodex und tatsächliche Anwendung bei Vorstandsvergütung und Unabhängigkeit des Aufsichtsrats, DB 2014, 905–914

*Wabnitz*, Heinz-Bernd/*Janovsky*, Thomas (Hrsg.), Handbuch des Wirtschafts- und Steuerstrafrechts, 3. Auflage, München. 2007 (zitiert: *Bearbeiter* in: Wabnitz/Janovsky, Handbuch des Wirtschafts- und Steuerstrafrechts)

*Wackerbarth*, Ulrich, Investorvertrauen und Corporate Governance, ZGR 2005, 686–725

*Wagner*, Gerhard, Prävention und Verhaltenssteuerung durch Privatrecht – Anmaßung oder legitime Aufgabe, AcP 206 (2006), 351–476

*Wallace*, J.D., Ethics in Trainings Methods, in: Chandler, Rpbert C. (ed.), Business and Corporate Integrity – Sustaining Organizational Compliance, Ehtics, and Trust, 2014, S. 118–134 (zitiert: *Wallace*, in: Chandler, Business and Corporate Integrity)

*Walker*, David, A report of corporate governance in UK banks and other financial industry entities – Final recommendations, 2009, abrufbar unter http://webarchive.nationalarchives.gov.uk/+/http:/www.hm-treasury.gov.uk/d/walker_review_261109.pdf (Stand 30.03.2016)

*Waigel*, Christian, Deutsche Bankenaufsicht und internationale Bankenaufsicht, in: Grieser, Simon/Heemann, Manfred (Hrsg.), Bankaufsichtsrecht: Entwicklungen und Perspektiven, Frankfurt a.M., 2010, S. 39–58 (zitiert: *Waigel*, in: Bankaufsichtsrecht)

*Warncke*, Markus, Prüfungsausschuss und Corporate Governance: Einrichtung, Organisation und Überwachungsaufgabe, Berlin, 2. Aufl., 2010 (zitiert: *Warncke*, Prüfungsausschuss und Corporate Governance)

*Weber*, Manfred, Corporate-Governance-Systeme auf dem Prüfstand: Das Grünbuch der EU-Kommission, Kreditwesen 2010, 722–724

*Weber*, Martin, Die Entwicklung des Kapitalmarktrechts im Jahr 2010, NJW 2011, 273–282

*Weber*, Martin/*Steffen*, Sascha, Thesen zur Reform des Einlagensicherungssystems, in: Hopt, Klaus/Wohlmannstetter, Gottfried, Handbuch Corporate Governance von Banken, München, 2011, S. 303–314 (zitiert: *Weber/Steffen* in: Hopt/Wohlmannstetter, Handbuch Corporate Governance Banken)

*Weber-Rey*, Daniela, Ausstrahlung des Aufsichtsrechts (insbesondere für Banken und Versicherungen) auf das Aktienrecht – oder die Infiltration von Regelungssätzen?, ZGR 2010, 543–590

*Weber-Rey*, Daniela/*Buckel*, Jochen, Die Pflichten des Aufsichtsrats bei der Mandatierung des Vergütungsberaters, NZG 2010, 761–766

*Weber-Rey*, Daniela, Corporate Governance in Europa: die Initiativen der EU-Kommission, Zentrum für Europäisches Wirtschaftsrecht, Nr. 193, 2012 abrufbar unter http://www.zew.uni-bonn.de/publikationen/schriftenreihe-des-zentrums-fuer-europaeisches-wirtschaftsrecht/heft193weberrey.pdf (Stand 30.03.2016)

*Weber-Rey*, Daniela/*Baltzer*, Corinna, Verlautbarungen der EU und der BaFin zur internen Governance von Banken, in: Hopt, Klaus/Wohlmannstetter, Gottfried, Handbuch Corporate Governance von Banken, München, 2011, S. 431–468 (zitiert: *Weber-Rey/Baltzer* in: Hopt/Wohlmannstetter, Handbuch Corporate Governance Banken)

*Weber-Rey*, Daniela, 10 Jahre Deutscher Corporate Governance Kodex – Regelungsdruck und Transparenz, Akzeptanz und Abweichkultur, KSzW 2013, 77–82

*Weber-Rey*, Daniela/*Buckel*, Jochen, Corporate Governance in Aufsichtsräten von öffentlichen Unternehmen und die Rolle von Public Corporate Governance Kodizes, ZHR 177 (2013), 13–49

*Weiss*, Michael, Hybride Regulierungsinstrumente - Eine Analyse rechtlicher, faktischer und extraterritorialer Wirkungen nationaler Corporate-Governance-Kodizes, Tübingen, 2011 (zitiert: *Weiss*, Hybride Regulierungsinstrumente)

*Weller*, Marc-Philippe, Corporate Governance in geschlossenen Gesellschaften: Status quo und Anforderungen, ZGR 2012, 386–417

*Wentges*, Paul, Corporate Governance und Stakeholder-Ansatz - Implikationen für die Betriebliche Finanzwirtschaft, Neue betriebswirtschaftliche Forschung, Band 302, Wiesbaden, 2003 (zitiert: *Wentges*, Corporate Governance und Stakeholder Ansatz, 2003)

*Westman*, Hanna, The Role of Ownership Structure and Regulatory Environment in Bank Corporate Governance, 2010, abrufbar unter http://papers.ssrn.com/sol3/papers.cfm?abstract_id=1435041 (Stand 30.03.2016)

*Wiebke*, Harald, Das neue Aufsichtsrecht für Finanzdienstleistungsunternehmen, DStR 1998, 491–498

*Wiedemann*, Herbert, Verantwortung in der Gesellschaft – Gedanken zur Haftung der Geschäftsleiter und der Gesellschafter in der Kapitalgesellschaft, ZGR 2011, 183–217

*Wiedemann*, Herbert/ *Wank*, Rolf, Begrenzte Rationalität - gestörte Willensbildung im Privatrecht, JZ 2013, 340–345

*Williamson*, Oliver E., Transaction-Cost Economics: The Governance of Contractual Relations, J. L. & Econ. 22 (1979) 233–261

*Windbichler*, Christine, The Public Spirit of the Corporation? EBOR 2001, 795–815

*Windbichler*, Christine, Empfehlen sich besondere Regeln für börsennotierte und für geschlossene Gesellschaften?, JZ 2008, 840–846

*Windbichler*, Christine, Dienen staatliche Eingriffe guter Unternehmensführung?, NJW 2012, 2625–2630

*Wingendorf*, Christian, Corporate Governance für Sparkassen – gesellschaftsrechtliche und aufsichtsrechtliche Entwicklungen, in: Müller, Stefan/Jöhnk, Thorsten/Bruns,

Andreas, Beiträge zum Finanz-, Rechnungs- und Bankwesen: Stand und Perspektiven, Wiesbaden, 2005, S. 287–301 (zitiert: *Wingendorf* in: Beiträge zum Finanz-, Rechnungs- und Bankwesen)

*Wittig*, Arne, Reform der Corporate Governance von Finanzinstituten als Reaktion auf die Finanzmarktkrise - Ein Überblick zu den aktuellen Überlegungen, WM 2010, 2337–2343

*Wittmann*, Martin, Zum Erfordernis eines Bankenführerscheins für Aufsichtsräte, DB 2007, 2579–2582

*Wohlmannstetter*, Gottfried, Corporate Governance von Banken, in: Hommelhoff, Peter/Hopt, Klaus/v. Werder, Axel, Handbuch Corporate Governance – Leitung und Überwachung börsennotierter Unternehmen in der Rechts- und Wirtschaftspraxis, 2. Aufl., Köln, 2009, S. 905–930 (zitiert: *Wohlmannstetter*,, in: Hommelhoff/Hopt/v. Werder, Handbuch Corporate Governance)

*Wohmannstetter*, Gottfried, Corporate Governance von Banken, in: Hopt, Klaus/ Wohlmannstetter, Gottfried, Handbuch Corporate Governance von Banken, München, 2011, S. 31–75 (zitiert: *Wohlmannstetter* in: Hopt/Wohlmannstetter, Handbuch Corporate Governance Banken)

*Wohlmannstetter*, Gottfried, Die Rolle des Jahresabschlussprüfers bei der Corporate Governance von Banken, in: Hopt, Klaus/Wohlmannstetter, Gottfried, Handbuch Corporate Governance von Banken, München, 2011, S. 199–222 (zitiert: *Wohlmannstetter* in: Hopt/Wohlmannstetter, Handbuch Corporate Governance Banken)

*Wolfers*, Benedikt/ *Voland*, Thomas Europäische Zentralbank und Bankenaufsicht – Rechtsgrundlage und demokratische Kontrolle des Single Supervisory Mechanism, BKR 2014, 177–185

*Woywode*, Michael/*Keese*, Detlef/*Tänzler*, Jan, Corporate Governance in geschlossenen Gesellschaften – insbesondere in Familienunternehmen – unter besonderer Berücksichtigung von Aufsichtsgremien, ZGR 2012, 418–445

*Wulf*, Daniel, Der Verwaltungsrat öffentlich-rechtlicher Kreditinstitute: Befugnisse und Verantwortlichkeit des Verwaltungsrates öffentlich-rechtlicher Kreditinstitute des Bundes und der Länder, Köln, 1992 (zitiert: *Wulf*, Der Verwaltungsrat öffentlich-rechtlicher Kreditinstitute)

*Wundenberg*, Malte, Compliance und die prinzipiengeleitete Aufsicht über Bankengruppen, Tübingen, 2012

*Wymeersch*, Eddy, Corporate Governance Regeln in ausgewählten Rechtssystemen, in: Hommelhoff, Peter/Hopt, Klaus/v. Werder, Axel, Handbuch Corporate Governance – Leitung und Überwachung börsennotierter Unternehmen in der Rechts- und Wirtschaftspraxis, 2. Aufl., Köln, 2009, S. 137–160 (zitiert: *Wymeersch*, in: Hommelhoff/Hopt/v. Werder, Handbuch Corporate Governance)

*Wymeersch*, Eddy, Sharholder(s) matter(s), in: Grundmann, Stefan/Haar, Brigitte/ Merkt, Hanno/Mülbert, Peter O./Wellenhofer, Marina, Festschrift für Klaus J.

Hopt zum 70. Geburtstag am 24. August 2010, Berlin, 2010, S. 1565–1594 (zitiert: *Wymeersch* in: FS Hopt)

*Wymeersch*, Eddy, Das neue europäische Finanzmarktregulierungs- und Aufsichtssystem, ZGR 2011, 443–470

*Zeitler*, Franz-Christoph, Finanzmarktkrise und Bankenaufsicht, in: Grieser, Simon/ Heemann, Manfred (Hrsg.), Bankaufsichtsrecht – Entwicklungen und Perspektiven, Frankfurt am Main, 2010, S. 3–15 (zitiert: *Zeitler* in: Bankaufsichtsrecht – Entwicklungen und Perspektiven)

*Zentraler Kreditausschuss (ZKA)*, Stellungnahme des Zentralen Kreditausschusses (ZKA) zum Grünbuch der EU-Kommission „Corporate Governance in Finanzinstituten und Vergütungspolitik", abrufbar unter https://circabc.europa.eu/sd/a/98815313-9f11-4dc5-a645-c8ce34d09823/Zentraler_Kreditausschuss_de.pdf (Stand 30.03.2016)

*Zimmer*, Daniel, Finanzmarktregulierung – Welche Regelungen empfehlen sich für den deutschen und europäischen Finanzsektor, Gutachten G zum 68. Deutschen Juristentag in: Ständige Deputation des Deutschen Juristentages (Hrsg.), Gutachten E/F/G zum 68. Deutschen Juristentag, Finanzmarktregulierung, München, 2010 (zitiert: *Zimmer*, Finanzmarktregulierung, Gutachten G zum 68. Deutschen Juristentag)

*Zimmer*, Daniel, Vom Informationsmodell zu Behavioral Finance: Brauchen wir „Ampeln" oder Produktverbote für Finanzanlagen?, JZ 2014, 714–721

*Zimmermann*, Steffen, Die MaRisk als „regulatorischer Imperativ", BKR 2005, 208–217